인재집

이 책은 2022~2023년도 정부(교육부)의 재원으로 한국고전번역원의 지원을 받아 수행된 '권역별거점연구소협동번역사업'의 결과물임.

This work was supported by Institute for the Translation of Korean Classics - Grant funded by the Korean Government.

한국고전번역원 한국문집번역총서 / 경북대학교 영남문화연구원

인재집 5

訒齋集

최현 지음 崔晛
김영옥 김승호 정지아 김동현 송희준 옮김

일러두기

1. 이 책의 번역 대본은 한국고전번역원에서 간행한 한국문집총간 제67집에 실린 《인재집(訒齋集)》으로 하였다. 번역 대본의 원문 텍스트와 원문 이미지는 한국고전종합DB(http://db.itkc.or.kr)에서 확인할 수 있다.
2. 내용이 간단한 역주는 간주(間註)로, 긴 역주는 각주(脚註)로 처리하였다.
3. 한자는 필요한 경우 이해를 돕기 위하여 넣었으며, 운문(韻文)은 원문을 병기하였다.
4. 맞춤법과 띄어쓰기는 한글 맞춤법과 표준어 규정을 따랐다.
5. 이 책에서 사용한 부호는 다음과 같다.
   ( ) : 번역문과 음이 같은 한자를 묶는다.
   〔 〕: 번역문과 뜻은 같으나 음이 다른 한자를 묶는다.
   " " : 대화 등의 인용문을 묶는다.
   ' ' : " " 안의 재인용 또는 강조 문구를 묶는다.
   「 」: ' ' 안의 재인용을 묶는다.
   『 』: 「 」 안의 재인용을 묶는다.
   《 》: 책명 및 각주의 전거(典據)를 묶는다.
   〈 〉: 책의 편명 및 운문·산문의 제목을 묶는다.
   □ : 글자의 자리를 비워 둠을 나타낸다.
   ▨ : 마멸 또는 삭제된 원문 글자의 자리를 나타낸다.

차례

인재집 습유

인재집 발

인재집 후지

인재집 연보

인재집 부록

신도비명神道碑銘

묘지명墓誌銘

인재집

별집 제1권

관서록 關西錄

관서록 關西錄

만력(萬曆) 38년(1610, 광해군2) 봄, 사헌부 지평(司憲府持平)으로 있다가 어떤 일로 인하여 피혐(避嫌)[1]하고 군직(軍職)으로 교체되었고, 실록청 낭청(實錄廳郎廳)을 띠고 있다가 특별히 암행어사에 임명되었기에 행장을 꾸렸다. 여름 5월 18일에 명패(命牌)[2]를 받들어 대궐에 나아가 삼가 봉서(封書 임금이 신하에게 내리는 사서(私書))를 받고서 평안도를 안찰하러 나갔다. 6월 25일에 위원(渭原)에 이르러 장계를 올려 다음과 같이 말하였다.

"신은 명을 받아 온 뒤로 명나라 사신을 지대(支待 사신에게 필요한 물품을 보급하는 일)하는 일의 상황에 대해 방문해서 알아보는 업무로 각 참(站)에 달려가 탐문해 보았습니다. 가다가 의주(義州)에 이르러서는 길을 바꾸어 강변(江邊)으로 들어가서 각 진(鎭)의 성지(城池), 기계(機械)와 군기(軍器), 조련(操鍊)하는 등의 여러 일을 살펴보고자 하였는데, 강을 따라 있는 일로(一路)가 내지(內地)와 다른 점이 있었습니다. 시랑(豺狼 승냥이와 이리)과 호랑이 소굴 같은 깊은 숲에 단지 하나의 좁다란 길만 있어 벼랑을

1 피혐(避嫌) : 헌부(憲府)에서 논핵(論劾)하는 벼슬아치가 벼슬에 나가는 것을 피하던 일을 말한다.

2 명패(命牌) : 임금이 신하를 부르는 '명(命)' 자를 쓴 나무패이다.

따라서 가야 하고, 달리 통할 수 있는 길이 없었습니다. 그리고 각 관(官)의 진보(鎭堡) 외에는 머물러 묵으면서 살펴보는 일을 할 만한 촌가(村家)가 전혀 없었고, 또한 오랑캐 땅과는 강을 사이에 두고 서로 마주 대하고 있어서 항상 경계를 엄하게 해야 할 곳이었습니다. 그래서 이전에 이렇게 명을 받들고 갈 경우에 반드시 선문(先文)[3]을 발송하여 군의 위엄을 갖추어 영송(迎送)하였다고 하기에, 신 또한 이전 규례에 의거하여 공적인 행사로 바꾸었으니, 그렇게 하지 않으면 형세상 촌락을 출입하면서 암암리에 그 득실을 살필 수가 없었기 때문이었습니다. 게다가 큰비가 연일 내려 강과 시내에 물이 불어 넘쳐 관로(官路)는 물결에 묻히고 작은 길은 구덩이와 골짜기에 끊어졌으니, 반드시 비가 개고 수위가 낮아져서 사람과 물건이 교통할 수 있기를 기다린 뒤라야 산을 넘고 골짜기를 건너서 이에 과감히 앞으로 나아갈 수 있었습니다. 그래서 한 달이 이미 지났지만 겨우 위원에 도착하여 한 모퉁이에서 머물러 있으면서 오랫동안 복명(復命)[4]을 지체하고 있으니, 지극히 황공하여 죄를 기다리고 있습니다.

신이 탐문하는 과정에서 들은 일은 우선 기다렸다가 조정에 돌아가서 서계(書啓)를 올리려고 생각하였습니다만, 오직 추구비 권관[5](楸仇非權管) 정시웅(鄭時雄)에 대해서는 먼저 보고드립니다.

3 선문(先文) : 중앙 관서의 관원이 지방으로 출장 갈 적에 도착할 날짜를 미리 그 지방에 통지하는 것을 말한다.

4 복명(復命) : 왕명을 받아 어떠한 일을 하고서 그 결과를 보고하는 것이다.

5 권관(權管) : 조선 시대 때 변경의 작은 진(鎭)에 두었던 종9품의 무관직이다.

그는 성질이 본래 탐욕스럽고 포악하여 토병(土兵)들을 잔학하게 부리고서 형장(刑杖)을 지나치게 사용하여 군졸(軍卒)들의 마음이 떠나게 되었다는 것을 경계 가까이 이르렀던 날에 이미 들은 바가 있었습니다. 마침 벽단(碧團)에 거주하는 충순위(忠順衛) 김언국(金彦國)이란 자가 정시웅과 원한이 있는 사이로, 그가 함부로 행한 일 10여 조목을 고소한 바 있었는데, 신은 원수지고 원망하는 사람 사이에는 으레 얽어 넣는 일이 많다고 여겨 듣고서 믿지 않았습니다. 벽단에 도착하기에 미쳐서는, 추구비 권관 정시웅이 번(番)을 서게 된 토병(土兵) 출신 네다섯 명을 스스로 거느리고 군기(軍器) 점검차 바야흐로 소속된 벽단진(碧團鎭)에 이르렀거늘, 신이 김언국이 고소한 바의 진위(眞僞)를 징험해 보고자 본보(本堡)의 토병 서너 명을 불러 따져 심문하는 중에, 토병들이 그 주장(主將)이 범한 바의 일에 대하여 곧장 말하기 어렵다고 하였으나, 원망하고 북받치는 형상이 말투와 얼굴색에 드러났습니다. 또한 조목에 따라 제시하고 심문하였더니 감히 모두 숨기지 못하였는데, 대개 김언국이 말한 바와 더불어 심히 다르지 않았으며, 또 벽단진 병방(兵房)에게 물어보니 곧 그 말 또한 동일하였습니다.

그가 드러나게 행한 자취는, 체부 종사관(體府從事官)이 토병에게 재주를 시험하여 상으로 준 낙폭지(落幅紙)[6]를 토병에게 주

6 낙폭지(落幅紙) : 과거에 떨어진 사람의 답안지로, 대개 서울과 지방의 시소(試所)에서 비변사로 보내면, 비변사에서 분배하여 변병(邊兵)의 지의(紙衣)나 군문(軍門)의 화전(火箭) 따위를 만드는 데 사용하였다.

지 않고 탈취하여 옷을 만든 것입니다. 입방(入防)[7]하는 군에게는 침징(侵徵)[8]하여 목필(木匹)을 많이 받고, 토병을 방송(放送)하여 인삼을 캐고 말을 매입하였습니다. 장(杖)의 형벌을 사용할 때는 오로지 자르지 않은 큰 나무를 사용하였고, 혹 사람의 머리카락을 잘라 그 분노를 상쾌하게 풀었습니다. 형편없이 잔폐한 보(堡)에서 밭을 빼앗고 소를 탈취해서 사사로이 둔전(屯田)을 만들었으니, 원망을 취함이 끝이 없었습니다. 기타 마음대로 넘치게 행한 일이 또한 여기에 그치지 않습니다. 그래서 따져 심문함이 얼마 되지 않아 그 정상(情狀)이 모두 드러났거늘, 정시웅은 그 토병들이 자신이 범한 바를 숨겨 주지 않는다며 다시 성을 냈습니다.

신이 출발한 뒤에는 여러 가지 단서로 공갈 협박하매 토병들이 죄를 얻을까 염려되며, 이로 인하여 토병들이 도망하여 흩어져 버리고 남아 있는 자도 모두 조만간에 반드시 흩어질 형세에 있습니다. 정시웅의 이치에 어긋나며 탐욕스럽게 제멋대로 행한 형상은 여기에 근거해서 알 수 있습니다. 그런데도 스스로 징계하여 끊어 내지 못하고 잔폐한 병졸들에게 원망을 불러오게 하였으니 그 폐해가 작지 않을 뿐 아니라, 그의 임기가 7월에 만료된다고 하는데 신이 돌아가 입계(入啓)하기를 기다린 뒤에 처리하게 되면 체차할 기한이 이미 지나 버립니다. 거래(去來)[9]를 이렇듯 태

7 입방(入防) : 방수(防戍)에 들어가는 것을 말한다.

8 침징(侵徵) : 징수하지 못한 조세를 그 친족이나 이웃에게 강제로 걷는 것이다.

9 거래(去來) : 사건이 일어나는 대로 하속(下屬)이 윗사람이나 관청에 가서 알리는 일을 말한다.

연하게 해서는 족히 그의 죄를 징계할 수 없어서 한 보(堡)가 다 비게 되겠기에, 부득이 신이 한편으로는 병사(兵使)에게 공문서를 보내서 임시 장수를 정해 보내 그로 하여금 진정시키도록 하였거니와, 위에 열거한 정시웅의 죄상을 조정에서는 이것으로써 속히 처치하여 군사의 마음을 안정시키시옵소서. 운운."

홍봉선을 논한 장계 같은 날

論洪奉先狀 同日

신이 듣자옵건대, 영유 현령(永柔縣令)[10] 홍봉선(洪奉先)이 명나라 사신〔天使〕에게 물품 공급하는 일을 칭탁하여 백성들에게서 두텁게 거두어 많은 수(數)를 이미 거둬들였고, 또 은량(銀兩)을 천사의 가정(家丁)[11]과 우리나라 역관들에게 두터이 뇌물로 주고 명성과 칭송을 확장하여, 원접사(遠接使)가 포계(褒啓)[12]하고자 하다가 말을 듣고서 그치기에 이르렀습니다.

대개 명나라 사신의 행차에 선물 주기를 아랫사람에게도 미치는 것을 비록 면할 수 없다 하더라도, 그들이 요구함을 기다리지도 않고 미리 먼저 뇌물을 주어 그 채울 수 없는 욕심을 열게 하여 그들로 하여금 도처에서 일을 만들어 그 이로움을 요구하도록 하매, 뇌물을 주는 자는 칭송을 얻고 뇌물을 주지 않는 자는 책망을 받으니, 이런 기풍이 한번 자라나면 뒷날의 폐단이 끝이 없을 것입니다. 뿐만 아니라 이는 우리나라 통역을 맡은 관원들이

10 영유 현령(永柔縣令) : 영유는 평안도 영변(寧邊)의 속현으로, 평양(平壤) 서북쪽에 있는 고을이다. 사면이 산으로 둘러싸여 있으며 서쪽은 서해와 접해 있다. 《新增東國輿地勝覽 卷51 永柔縣》

11 가정(家丁) : 원래 집에서 부리던 남자 일꾼 또는 종을 뜻한다. 임진왜란 당시 명나라 장수들은 자신들의 가정들까지 데리고 와서 생활의 편의를 도모하였다고 한다.

12 포계(褒啓) : 각 도의 관찰사나 어사(御史)가 선정(善政)한 수령을 포상하도록 계문하는 것을 말한다.

마땅히 엄하게 경계해서 폐단을 만들어 내지 못하도록 해야 할 것이고, 후한 뇌물로 결탁함은 더욱 마땅하지 않음이 되거늘, 전년(前年)이 이와 같고 금년이 또한 이와 같아서 그 폐단이 백성에게 미치는데도, 도리어 은량(銀兩)을 적게 썼다는 포상(褒賞)을 입으니, 한 도(道) 안에 공적(公的) 논의가 비등하게 올라 자자합니다.

신이 그 경계에 들어가서 또 들으니, 현령이 도임(到任)한 지 여러 해가 됨에 점차 처음과 같지 않아 모자라는 액수를 징수함〔徵闕〕이 너무 과중하고, 이번에 행차하는 명나라 사신에게 지대(支待)하는 물품을 거듭 민간에서 징수함으로써, 원망하는 말이 길에 가득하였습니다. 말을 달려 본현에 들어가 문서(文書)를 찾아보고, 군기(軍器)를 점검하고 검열하는 즈음에 현령이 또 목면 한 필〔木壹疋〕을 급창(及唱)에게 시켜 신이 데리고 간 마부에게 뇌물로 주었으니, 그 정상이 매우 나쁘다고 할 만합니다.

신이 본현에서 말을 달려 증산(甑山)을 향해 갈 즈음, 마침 관아에서 파견한 아전이 백지(白紙) 한 권을 가지고 지나가기에 잡아서 심문해 보니, 곧 징궐(徵闕)하는 종이라고 사실대로 공초하였습니다. 그래서 그 문서를 찾아보았더니, 각 관에서 어사가 도(道)에 있다는 소식을 듣고 일체 문서의 형적을 없앴기 때문에 찾아낼 수가 없었사옵니다.

신이 데리고 간 마부는 이미 형문(刑問)[13]을 받고 취초(取招)[14]

13 형문(刑問) : 죄인의 정강이를 때리며 캐어묻는 것을 말한다.

14 취초(取招) : 죄인을 취조하여 범죄 사실을 진술하게 하는 것을 말한다.

해서 받았던 목필(木疋)은 군기(軍器)에 보충해 사용하도록 증산현에 남겨 두었거니와, 홍봉선의 죄상은 조정에서 처치하시옵소서. 운운.

복명 때 올린 서계[15] 8월 22일

復命時書啓 八月二十二日

신은 삼가 엄명을 받들고 평안도의 각 고을 촌락을 암행하여 수령(守令)과 변방 장수의 탐포함과 청렴함, 능한지의 여부와 성지(城池), 군기(軍器), 조련(操練) 등의 일, 그리고 민간의 고질이 된 폐단과 명나라 사신에게 물품 제공하는 상황 등에 대해 찾아가 살펴보았습니다. 신이 막 그 경계에 들어갔을 때 명나라 사신이 이미 강을 건넜다는 소식을 들었기에, 혹 말을 달려 각 참(站)에 이르러 여러 설비를 점검하고 검열하고 혹 촌리(村里)를 출입하며 능한지의 여부를 살펴보았습니다.

대개 감사(監司) 최관(崔瓘)[16]은 미리 조치를 해서 대응할 여러 설비를 모두 이미 정돈해 두었고, 각 참(站)과 각 읍(邑)에는 특별히 태만하고〔怠慢〕 일을 만들며〔生事〕 함부로 하고〔泛濫〕 침징(侵徵)하는 사람이 없었습니다. 그 가운데 민간에서 남봉(濫捧 정해진 수량보다 더 많이 받아들임)하여 사사로이 뇌물을 준 자에 대해서는 이미 먼저 치계(馳啓)를 하였습니다.

안주 목사(安州牧使) 김덕함(金德諴)[17]은 청렴하고 삼가는 행실

15 복명(復命) 때 올린 서계 : 최현이 1610년(광해군2) 5월 평안도 암행어사로 나갔다가 돌아온 뒤에 임금께 올린 것이다.

16 최관(崔瓘) : 1563~1630. 본관은 강화(江華), 자는 영중(瑩仲), 호는 미옹(迷翁)이고, 개명(改名)은 최수(崔琇)이다. 1590년(선조23) 문과에 급제하고, 사간원 사간, 시강원 보덕, 호조 판서 등을 지냈다.

이 있는 데다 나랏일을 받들어 행하는 정성을 극진히 하였습니다. 두 해 동안 명나라 사신이 옴에 사람들은 당황하면서 어찌할 줄 몰랐지만, 김덕함은 명나라 사신이 지나가는 길 곁의 시들어 잔폐한 고을을 다스리면서도 말소리와 얼굴색이 동요하지 않았고 백성들을 힘들게 하지 않으면서 여유롭게 대응하였습니다. 그리하여 온 경내의 백성이 서로들 칭송하였으니, 그의 다스림은 서로(西路)에서 제일(第一)이었습니다.

가산 군수(嘉山郡守) 이익빈(李翼賓)은 도임(到任)한 이후에 여러 가지 폐하였던 것을 모두 흥기시켰고, 명나라 사신을 접대하고 응대하는 일에 백성들을 어지럽게 하지 않았습니다. 그러면서도 공장(供帳)[18]의 여러 설비를 환하게 일신(一新)하고, 준비할 바를 분담하여 그 덕택이 병정관(幷定官 접대를 함께 책임진 고을)에게까지 미치게 하였으니, 일을 처리하는 재주가 다른 사람이 미치기 어려운 바였습니다.

옥강 만호(玉江萬戶) 이복화(李復華)는 군졸을 어루만져 보살피고 기계(器械)를 수리해 잘 관리하였습니다. 전 만호(前萬戶)가 군기(軍器)를 그냥 내버려둔 탓에 오래되어 썩고 둔해진 것을 한

17 김덕함(金德諴) : 1562~1636. 본관은 상주(尙州), 자는 경화(景和), 호는 성옹(醒翁)이다. 임진왜란 때 연안(延安)에서 의병을 모집하고 군량을 조달하는 일을 맡았으며, 여러 고을을 맡아 다스렸다. 광해군 때 인목대비(仁穆大妃)에 대한 폐모론에 반대하다가 남해(南海)로 유배되었다. 인조반정 후 대사성, 대사헌 등을 역임하였다. 저서로는 《성옹유고(醒翁遺稿)》가 있다.

18 공장(供帳) : 연회를 열 때 필요한 여러 가지 재료를 준비하고 천막을 치는 등의 일을 말한다.

결같이 모두 새롭게 하였습니다.

신이 또 창성(昌城)의 경내에 들어가니, 경내의 남녀노소와 선비들과 군리(軍吏) 등이 길에 가득 나와 호소(呼訴)하였는데, 모두 "전 부사(前府使) 강효업(康孝業)은 관직 생활이 청렴하고 검소하였고, 백성들의 오래된 병폐를 모두 제거하였으며, 게다가 마음을 다해 나랏일을 행하여 일 년이 채 되기 전에 내외의 두 성(城)을 완전하게 하였습니다. 그래서 온 경내 백성들이 다들 포증(褒贈)의 명이 내리기를 기다렸는데, 필경에 처음에는 부지런했고 끝에는 태만하였다는 죄가 어진 수령에게 더해지니, 경내의 군민(軍民)들이 모두 원통한 마음을 품고 있습니다."라고 하였습니다. 신은 민정(民情)의 허위(虛僞)와 공역(功役)의 다소를 자세히 살피려고 내외의 성지(城址)를 둘러보았는데, 그 높고 장엄하며 완전하고 튼실함이 삭성(朔城)과 다름이 없었고, 아직 구비되지 않은 것은 문루(門樓)와 치첩(雉堞 성 위에 낮게 쌓은 담)뿐이었습니다. 또 지형이 기울어 무너진 곳은 흙으로 메우고 돌을 운반하여 지대(地臺)를 완전히 쌓은 연후에 높은 담을 쌓아 세웠습니다. 공사를 한 것이 이와 같이 넓고 큰데도 일 년 안에 이룰 수 있었던 것은 태만한 자가 할 수 있는 일이 아닌 듯합니다. 이미 파직한 관직을 모름지기 번거롭게 계청할 수는 없지만, 백성들의 마음이 이와 같음을 말리고 막을 수는 없습니다. 그래서 감히 들은 바를 가지고 아울러 상달(上達)합니다.

성천 부사(成川府使) 이순경(李順慶)은 나이가 들어 힘이 없고 성격 또한 느리고 더디어서 정사를 하리(下吏)에게 맡기매 백성들이 그 폐해를 받고 있습니다. 신이 불시에 말을 달려 들어가서 군기(軍器)를 점검하고 검열해 보니, 태반이 깨지고 부서졌는데도 수리·보수를 하지 않았습니다. 화약은 습기를 머금고 있어 세 번 총통을 발사해도 모두 화기가 일어나지 않았습니다.

강서 현령(江西縣令) 남윤(南贇)은 하리(下吏)에게 정사를 맡긴 탓에 부역(賦役)이 고르지 않고 징수해 거둠이 번잡하고 가혹하니 백성들이 고통을 견디지 못하고 있습니다.

영변 판관(寧邊判官) 김흥국(金興國)은 호령이 전도(顚倒)되고 세금 거둠이 가혹하고 급하여, 백성들의 마음을 잃은 것이 쌓여 원망과 미움이 한꺼번에 일어나고 있습니다. 경내의 민정(民丁)에게 식구를 계산하여 포(布)를 거두어들이면서 혹 미두(米斗)로 정하였고, 비록 머슴이나 걸인이라 할지라도 독촉하여 징수하였습니다. 신이 촌집에 묵고 있을 때, 마침 머슴이 포(布)를 구비할 수 없어 주인집에까지 침탈하였다가 울부짖으며 내쫓기는 모습을 보았습니다.

구령 만호(仇寧萬戶) 최율(崔嵂)은 토병(土兵)을 포학하게 부린 탓에, 달아나고 흩어짐이 이어졌습니다. 신이 갔던 날 소장을 올린 자가 많았는데, 최율이 가혹하게 형장(刑杖)을 시행하여 그 분한 마음을 풀어서 장졸(將卒)들의 이산(離散)한 마음을 이미 그대로 두기 어려운 형편이 되었습니다.

청수 만호(淸水萬戶) 안준(安畯)은 글을 알지 못한 채, 그 직분에 자리만 지키고 있으며, 성지(城池)와 군기(軍器)를 전혀 수리하고 다듬어 놓지 못하고 있습니다.

소파아 권관(小坡兒權管) 김광보(金光寶)는 사람됨이 잡되고 좀스러워 변방 장수에 부합하지 않습니다. 그는 잔폐한 병졸들을 피나게 긁어 대고 사적인 둔(屯)을 많이 만들었습니다. 신이 소파아를 찾아갔던 날, 말을 타고 가며 송림연대(松林煙臺)를 보았더니 곧 황폐하게 풀에 덮였고 사람의 발자취도 보이지 않았습니다. 그가 살펴보고 지키는 임무에 뜻이 없음을 알 수 있었습니다.

성지의 형세와 민생의 고질적인 병폐에 이르러서는 감히 보고 들은 것을 채택하여 기록해서 별책으로 만들어 아뢰어 올리옵니다.

강을 따라 벌여 있는 보
沿江列堡

신은 삼가 강을 따라 있는 작은 보(堡)를 살펴보았습니다. 비록 바둑판처럼, 별처럼 나열해 펼쳐져 있으나, 모두 군사가 없는 폐한 성(城)으로 쓸쓸히 빈 골짜기 가운데에 있으며 적막하여 사람의 발자취도 없으니 지나는 객이 모두 두려워하는 마음을 품습니다. 그리고 숲이 우거진 사이에서 잔폐한 성채를 겨우 찾았더니, 곧 이른바 '권관(權管), 만호(萬戶)'란 자가 단지 토병(土兵) 두세 명을 거느리고 문을 나와 영송(迎送)하였는데, 믿을 바가 무엇이 있어서 진보(鎭堡)의 모양새를 갖추겠습니까. 먹을 식량은 한 달에 6두(斗)를 공급하니, 비록 기계(器械)를 수리하고 다듬고자 하더라도 할 수가 있겠습니까. 단지 입방군졸(入防軍卒)의 고혈을 빨아서 제 몸을 보전할 비용으로 삼고, 한 해에 갖추는 군기(軍器)라고는 활 한 장(張), 화살〔箭〕 한 부(部)로 이로써 책임을 면하고자 하는데 그조차도 공급하지 아니하니, 어느 겨를에 군졸을 훈련시켜서 지키고 막을 계책에 생각이 미치겠습니까.

국가가 온전히 성대하던 시대에는 강을 따라 진(鎭)을 설치함에 혹 크게도 하고 혹 작게도 하여 성(城)이 군사를 받아들일 수 있도록 하고 군(軍)이 성을 지킬 수 있도록 하였습니다. 그래서 당초에 진을 설치한 곳은 강변(江邊)의 일곱 고을에 불과하였고, 작은 보(堡)의 설치는 뒷날에야 창건하였습니다. 신이 몸소 강 길을 지나가며 보를 설치했던 곳을 살펴보았는데, 지형의 이로움[19]

을 택하지 않았고 긴요한지 긴요하지 않은지를 헤아려 보지 않아 외적(外敵)을 막는 데 뜻이 있지 않았고, 단지 농민을 막고 보호하는 곳으로 삼고 있을 뿐이니, 지금의 이른바 '수호청(守護廳)'이란 곳과 같았습니다. 그 뒤에 거주하는 백성이 점차 많아지자, 이로 인하여 성을 쌓아서 보(堡)를 만들어 권관(權管)에게 지키게 하였으니, 곧 옛날에 이른바 '수호장(守護將)'이란 것입니다. 이 때문에 밭〔田〕이 있으면 백성이 있고, 백성이 있으면 보(堡)가 있습니다. 보 가까이에 거주하는 백성은 '토병(土兵)'이라고 이르는데, 비록 이 토병이 농민을 지킨다는 의미였더라도 이미 그 형세(形勢 적을 제압할 수 있는 기세)를 잃고, 병사 또한 시들고 잔약합니다. 그러니 만약 몰래 침범당하는 근심이 생기면 모두 도마 위의 고기[20] 꼴이 되는지라, 이는 백성을 적에게 먹이로 주는 것입니다. 더구나 강을 따라 있는 요해지는 적(賊)이 반드시 쳐들어오는 곳이거나 우리가 반드시 지켜야 할 곳인데도 오히려 능히 지키지 못하고 있으니, 군사는 적고 대비할 곳은 많아 한갓 빈 성만 끼고 있는 것보다는 차라리 이 쓸모없는 작은 보(堡)를 철거하여 마땅히 지켜야 할 성을 튼실하게 함이 낫지 않겠습니까.

19 지형의 이로움 : 원문은 '지리(地利)'로, 《맹자》〈공손추 하(公孫丑下)〉에 "천시는 지리만 못하다.〔天時不如地利〕"라고 하였다.

20 도마 위의 고기 : 원문은 '궤상지육(机上之肉)'으로, 도륙당함을 말한다. 당나라 말기에 주온(朱溫)이 나라를 찬탈한 뒤에 무고한 사람을 살해하고, 부자간에 한 여자를 소유하여 인륜을 어지럽히는 부끄러운 짓을 함으로써 주우규(朱友珪)의 화를 불러 7년도 못 되어 자식이 아비를 도마 위의 고기를 난도질하듯〔如机上肉〕 도살한 일이 있는 데서 유래하였다. 《通鑑節要 卷49 五代紀》

근자에 요양(遼陽)에 삼전보(三奠堡)를 설치한 뒤로부터 강 건너 일대가 우리의 방패막이가 되었으니, 창성(昌城) 이서(以西)는 목전에서 노략질당하는 근심을 면할 수 있습니다. 오늘날 긴요한 것은 의주(義州)의 경계(境界)에 있는 것이 아니고 창성과 삭주 그 위쪽에 있으니, 이른바 '전쟁은 정한 형태가 없고 수비에는 정한 계책이 없으니 그 때에 따라 응대할 뿐이다.'라는 것입니다.

신의 어리석은 생각으로는 미곶(彌串)[21] 이남(以南)은 바다 도적에 대비하기 위하여 모름지기 합병해서는 안 되겠습니다만, 인산(麟山) 이북에서 청수(淸水)에 이르기까지는 마땅히 주진(主鎭)에 합하고 소보(小堡)의 장수를 속히 제거한다면, 곧 군졸은 아울러 침범당할 근심이 없고 주진은 미리 기른 병사가 있게 될 것입니다. 지금은 그 군사가 적어서 성을 튼실하게 할 수 없을까 염려하는 까닭에 겨울철에는 곧 작은 보를 큰 진〔大鎭〕에 첩입(疊入)[22]합니다만, 초춘(初春)부터 가을 성숙기에 이르기까지는 모두 주장(主將)이 거느리도록 하여, 비록 첩입한 이름이 있더라도 첩입한 실상이 없어서, 주장의 침해하고 폭악함이 전과 같으며, 요역(徭役)의 중첩됨도 전과 같습니다. 그러니 아무 일 없는 날에 침해와 부려짐을 괴롭게 당하다가 난리가 임박한 때에 창졸간에 첩입되는 것과는, 어찌 그 쓸모없는 진장(鎭將)을 제거하여 주장에게 미리 소속시키는 것이 더 나음이 됨 만하겠습니까. 지금

21 미곶(彌串) : 평안도 용천(龍川)에 있는 진소(鎭所) 이름이다.

22 첩입(疊入) : 변방 백성들을 적의 약탈로부터 보호하기 위하여 성안으로 들어가 대피하게 하던 것을 말한다.

한 말〔斗〕의 곡식이 있는데 한 마리 쥐가 갉아 먹는 것도 오히려 근심이 되거늘, 하물며 열 마리 쥐가 함께 갉아 먹음이겠습니까.

이제 강변에 벌여 있는 보(堡)에 대해 아울러 다음과 같이 기록하고 그 아래에 주(註)를 달아 놓겠습니다. 그 긴요한 곳은 테두리를 치고 긴요하지 않은 곳은 테두리를 치지 않는 것으로 구별하였습니다.

인산진

麟山鎭

서쪽으로 압록강에 임해 있고, 북쪽으로 진강성(鎭江城)을 마주 대하고, 동쪽으로 의주부(義州府)에 20리 연이어 있습니다. 성(城)은 넓어 1,500여 첩(堞)이며 형세가 평탄하여 3,000여 명의 병사를 쓰지 않으면 지킬 수가 없습니다. 토병은 150명으로, 도망하고 사망한 자가 30명이고, 입방군(入防軍)은 단지 4명이 있으니, 겨울이 되면 15명을 더해 넣습니다. 다만 토병은 모두 본주(本州)에 문적이 있는 까닭에 무릇 명나라 사신 행차와 연경으로 가는 사신 행차가 있으면 곧 본주에서 그 전결(田結)에 따라 부마(夫馬)[23]와 지응(支應)[24]의 물품을 내도록 책임 지웁니다. 또 본진(本鎭)에 공문서를 보내어 군마(軍馬)를 책정하도록 명하고 첨사(僉使)로 하여금 본주에 독촉해 보내도록 하니, 군졸들이 견디

23 부마(夫馬) : 인부(人夫)와 말(馬), 또는 마부와 말을 말한다.

24 지응(支應) : 관원의 공무 출장 중에 소용되는 물품을 현지에서 대어 주는 일을 말한다.

지 못하여 서로 이어서 달아났습니다. 지금은 이미 의주에 첩입(疊入)되었는데도 첨사가 오히려 빈 기기만 끌어안고 있으므로 군사들이 양진(兩鎭)의 호령에 지쳐 있어 방수(防守)에 이득이 없습니다. 의당 첨사를 혁파하여 없애고 본주에 합해야 합니다.

의주부

義州府

지역이 요양(遼陽)과 접하여 사신을 맞이하고 전송하는 초입의 길이 되는지라, 책응(策應)[25]을 위한 여러 준비가 다른 고을에 비해 배가 됩니다. 그래서 공적·사적인 역량을 이미 분주하게 공돈(供頓)[26]하는 사이에 다 소진하였으니, 어느 겨를에 방어하고 지키는 일에 생각이 미치겠습니까. 또 성지(城池)가 넓고 커서 둘레가 4,000여 첩이나 되는데, 오직 서문(西門)에서 북쪽으로 이어지는 수백 첩이 강에 임하여 매우 험준하고, 그 나머지는 혹 조금 유리한 형세가 있으나 그다지 험고(險固)하지 않으며, 혹은 평탄하고 성이 낮아서 수비하고 막기에 어려우니, 반드시 수만 명의 군사가 있어야 성을 튼실하게 할 수 있습니다. 주(州) 안에는 토병 630여 명, 삼수군(三手軍 포수(砲手), 살수(殺手), 사수(射手)) 320여 명, 출신(出身 무과 급제자)한 무사(武士) 120여 명으로, 합해서 1,000여 명

25 책응(策應) : 필요한 물자를 책정하여 관계 관청 또는 공계에 공급하게 하는 것을 말한다.

26 공돈(供頓) : 숙식을 제공한다는 뜻이다. 공(供)은 제공한다는 뜻이고, 돈(頓)은 숙식을 말한다.

이 있는데, 1,000여 명의 군사를 4,000여 첩의 성에 펼쳐 놓았으니, 만약 적이 이르면 어찌 하루아침인들 대항할 수 있겠습니까.

오직 하나의 계책이 있으니, 조정에서 만약 변방 군(郡)을 잘 돌보아 주어 그 공부(貢賦)를 견면해 주고 그 요역(徭役)을 면제해 주어[27] 오로지 방어하고 지키는 데만 마음을 쏟아 다른 일로 침탈당하는 바가 되지 않게 해 준다면, 백성들이 즐겨 병역을 이행하고 도피하는 데 이르지 않을 것입니다. 또 호패법(號牌法)을 시행하여 백성들이 옮겨 가서 부역을 피하지 못하도록 하면, 본주(本州)의 민정(民丁)이 지금 5,000여 명이 있으니, 만약 정장(丁壯)을 모두 뽑아 미리 조련을 시키고, 성지(城池)를 수리·보수하고 그 규모를 조금 줄인다면 본주의 힘으로도 또한 성을 지킬 수 있을 것입니다. 그렇게 하지 않고 있다가 때가 닥쳐서 징발하면, 짐승이 놀라듯 새들이 흩어지듯 하여 호령이 행해지지 않으리니, 비록 혹 몰고 닦달하여 성으로 들어가게 하더라도 모두 절제(節制)할 수 있는 병사가 아니니, 또한 장차 어찌 쓰겠습니까.

건천보 마땅히 권관을 혁파하여야 함

乾川堡 宜革權管

의주 동쪽 25리에 있으며, 성(城) 남쪽에는 작은 봉우리가 눌러 임하고 있고, 반드시 지켜야 할 긴요한 곳은 아닙니다. 지금 청성에 첩입(疊入)되었으며, 토병이 30명이고 입방군(入防軍)은 5명입니다.

27 면제해 주어 : 복호(復戶)를 뜻하는 것으로, 국가에서 조세나 요역을 면제해 줌을 말한다.

수구진 마땅히 만호를 혁파하여야 함

水口鎭 宜革萬戶

건천 동쪽 10리에 있으며, 잔폐한 성채가 가시나무 잡목에 덮여 있는데 둘레가 200여 첩이 되고, 동남쪽에는 산이 눌러 임함이 있습니다. 사면이 평탄하여 사람들이 넘어 들어갈 수 있으니 지킬 수 있는 땅이 아닙니다. 지금 청성에 첩입되었고, 토병이 35명이며, 강 건너에는 당인(唐人)들의 촌락이 있습니다.

옥강진 마땅히 만호를 혁파하여야 함

玉江鎭 宜革萬戶

수구 동북쪽 35리에 있으니, 앞 여울에 백옥(白玉) 같은 넓고 편편한 바위가 강 가운데 있기 때문에 옥강(玉江)이라고 이름하였습니다. 성터는 강에 임하여 조금 험하고, 둘레가 60여 첩으로 매우 협소하여 무리를 수용하기 어렵습니다. 강 건너에 마을 여염집이 바라보이니 곧 당인(唐人)들의 거처입니다. 본보(本堡)는 지금 청성에 첩입되었으며, 토병이 10여 명이고, 입방군이 5명입니다.

방산진 마땅히 첨사를 혁파하여야 함

方山鎭 宜革僉使

옥강 동북쪽 12리에 있으며, 북쪽으로 요동(遼東) 관전보(寬奠堡)와의 거리가 수십 리입니다. 이전에는 첨사진(僉使鎭)이 되었지만 지금은 만호(萬戶)로 내려왔으며, 물력(物力)은 건천보(乾川堡)와 옥강보(玉江堡) 등보다 조금 낫습니다. 성은 둘레가 460첩이며, 토병이 37명이고 입방군이 5명입니다. 평상시에는 수십 명이 나누어 방어하는데, 지금은 창성과 삭주의 축성(築城)하는 일 때문에 줄여서 들였다고 합니다. 다른 진보(鎭堡) 또한 동일합니다. 본성(本城)은 4면이 낮고 움푹하며 구릉이 이어 있으니, 비록 5, 6천 명이 있다 하더라도 성을 지키기 불가합니다. 지금 청성에 첩입되었습니다.

청성진 마땅히 500명의 군사를 더하여야 함

清城鎭 宜添軍五百名

예전에는 만호를 두었는데, 지금은 첨사진으로 승격하여 건천, 수구, 옥강, 방산, 청수 등 다섯 보(堡)를 아울러 본진에 소속시켰습니다. 변란이 있으면 이 5보의 병사를 첩입하여 지키고, 아무 일이 없을 때는 흩어져 각자의 보에 있습니다. 군기(軍器)는 겨우 사용할 만하고, 군량은 이미 5보의 군량미 250여 석(石)을 거두어 창고를 지어 비축해 두었습니다. 성지(城池)의 형세는 삼면이 험하고 강물이 둘러 흐르며, 정동향의 한 등성이가 산으로 평평하게 이어졌지만 말을 타고 나란히 갈 수는 없습니다. 만약 산등성이 두세 곳에 돈대(墩臺)를 설치하면 적들이 감히 가까이 오지 못할 것입니다. 안은 평이하고 밖은 험하여 적을 방어하기에 가장 좋은 형세를 갖춘 곳입니다. 또 창삭 이서(以西)의 강 길과 귀성(龜城), 용천(龍川)으로 향하는 작은 길을 차단해 막아서 여기에 겹진을 설치함이 가장 좋은 계책이 됩니다.

첨사(僉使) 권경(權璟)[28]은 또한 마음을 다하여 조치해서 무기

28 권경(權璟) : 1604~1666. 본관은 안동(安東), 자는 경옥(景玉), 호는 대은(臺

와 기구들을 수리하고 정리하니, 사람들이 마땅한 사람을 얻었다고 칭송하였습니다. 다만 성의 둘레가 460첩(堞)이 되니, 비록 험한 첩의 반을 제외하더라도 오히려 230첩이 있게 되므로, 반드시 1,000명의 군사가 있어야 성을 지킬 수 있습니다. 그런데 본진의 토병은 단지 40여 명이 있고, 내지의 입방군 또한 40명을 넘지 않으며, 소속된 5보의 군사 또한 150여 명이니, 완급(緩急)의 일이 있을 즈음에 그 때에 맞추어 취합하게 되면 그 기세가 반드시 흩어질 것인지라, 형세(形勢)가 비록 좋다 하더라도 군사가 없음에야 어찌하겠습니까. 지금 마땅히 5보의 군사를 본진에 합해 들이고, 내지의 군사 500명을 더 들여서 항상 변란에 대비해야 합니다. 그리고 성지를 수리하고 쌓는다면 5보에 들어와 사는 민정(民丁)에서 또한 수백 명의 군사를 얻을 수 있을 것입니다.

청수진 마땅히 만호를 혁파하여야 함

清水鎭 宜革萬戶

청성(靑城) 동북쪽 15리에 있습니다. 성은 산기슭 평원에 있으니 지킬 수 있는 곳이 아니며, 둘레는 150첩이고, 토병은 20명으로, 또한 청성(淸城)에 첩입되었습니다.

구령진 마땅히 군사 500명을 더하고, 첩입하지 말아야 함

仇寧鎭 宜添軍五百名 勿爲疊入

청수 동북쪽 25리에 자리하며 끊어진 언덕이 강에 다다라 있고, 그

隱)이며, 영남의 영해부(寧海府)에 거주하였다.

언덕을 따라 성(城)을 만들었으니 둘레가 240여 첩이 됩니다. 형세는 동북쪽은 험하고 서남쪽은 평평하여 큰 산과 서로 이어져 있습니다. 하지만 동서쪽 10여 리는 모두 강을 따라 바위 벼랑이어서 사람의 발걸음이 통하기 어려우니, 만약 군병(軍兵) 1,000명이 있으면 지켜 방어할 수 있습니다. 또 삭주(朔州)로 출입하는 길이 하나는 창성(昌城)을 경유하고 하나는 이 구령진을 경유합니다. 삭주는 북쪽 변방의 목에 해당하는 요충지이고 이 구령진 또한 삭주의 문호(門戶)가 되니, 마땅히 하나의 진(鎭)을 두어 창성, 청성과 더불어 서로 기각(掎角)[29]을 이루게 하면 또한 서쪽으로 향하는 적을 차단해 막을 수가 있습니다. 지금 장차 삭주에 첩입하려 함은 아마 옳은 계책이 아닌 듯합니다. 또 삭주에는 군량이 200여 석, 대두(大豆)가 200여 석, 토병이 40여 명 있으니, 만약 내지의 군사 500명을 더해 넣어 병사(兵使)로 하여금 지휘하여 성지(城池)와 군기(軍器)를 수리하고 잘 다듬어 우선 이 진을 견고하도록 한 뒤에 천천히 일의 형세를 관찰한다면 혹 마땅함을 얻을 듯합니다.

삭주부 마땅히 군사 500명을 더하여야 함

朔州府 宜添軍五百名

창성과 구령 두 길목을 출입하는 길이니, 북쪽 변방의 요충지이

29 기각(掎角) : 사슴을 잡을 때 뒤에서는 발을 잡고, 앞에서는 뿔을 쥔다는 말로, 앞뒤에서 협공함을 뜻한다. 《춘추좌씨전(春秋左氏傳)》 양공(襄公) 14년 조에, "비유하자면 사슴을 잡는 것과 같으니, 진나라 사람은 뿔을 잡아당기고, 여러 융인은 다리를 잡아당기는 격이다.〔譬如捕鹿, 晉人角之, 諸戎掎之.〕"라고 한 데서 유래하였다.

며, 성(城)은 평원에 자리하고 있어 사면에 험한 지형이 없습니다. 다만 창성과 구령 두 곳은 산이 높고 길이 험하여 사람과 말이 겨우 통행하며, 숲이 깊고 골짜기가 길어 냇물이 휘감아 돌아 흐르니 복병을 둘 만한 곳입니다.

부사(府使) 이경립(李景立)은 부임한 후 몇 년 동안 여러 가지 폐했던 것을 모두 흥기시켰고, 한결같이 병사(兵使)의 지휘를 따라 높은 담장을 쌓아 올렸으니 흰 분칠을 한 듯한 성첩이 우뚝 두드러지게 솟아서 범하기 어려운 형세를 갖추고 있습니다. 군량을 비롯하여 전투하고 지키는 여러 무기는 자못 모두 정돈하여 갖추어 놓았습니다. 훈련한 별무사(別武士) 20명과 아동대(兒童隊) 12명은 각각 스스로 말을 구비 하였는데 관(官)에서 또한 그 값을 도와주었습니다. 그들은 모두 홍금전포(紅錦戰袍)와 철갑(鐵甲)과 철 투구를 착용하였으며, 혹은 말 위에 서서 달리고 혹은 철편을 휘두르고 혹은 쌍검을 휘둘렀습니다. 활을 쏘고 말을 타는 기량이 지극히 정교하고 오묘하니, 부사가 모두 그 요역을 면제해주고〔復戶〕 친히 스스로 어루만지고 길렀기에 이윽고 부자(父子) 같은 병사[30]가 되었습니다. 다만 사람들이 다투어 부러워하고 본받으려 하며 들어오기를 원하는 자가 많으니, 그 복호가 지나치게 많아서 농민을 상하게 할까 염려하였습니다. 그래서 지금은 곧 더

30 부자(父子) 같은 병사 : 원문은 '부자병(父子兵)'으로, 복심(腹心)의 병사를 말한다. 오기(吳起)의 '병서(兵書)'에 "병은 먼저 병사의 마음을 얻음을 근본으로 삼으니, 이를 '부자병'이라 이름한다.〔兵先以得士心爲本, 名曰父子兵.〕"라고 한 데서 유래하였다.

들어오지 못하게 합니다. 신이 삭주부에 들어가서 성곽(城郭)을 두루 살펴보고, 무기고를 검열해 보고 무사의 재주를 시험해 보니, 곧 시행하고 조치하며 경영하고 힘씀에 마치 신귀(神鬼)가 도와 이룬 듯함이 있었습니다. 참으로 인재가 있으면 정사는 거행되지 않음이 없는 것입니다.

염려스러운 점은 우리나라는 장수(將帥)를 자주 바꾸는 탓에 그 뜻을 게으르게 하고, 혹 승진해서 옮겨 감이 너무 빠른 탓에 그 마음을 교만하게 하며, 혹 의론(論議)에 단서가 많아 번번이 견제[31]를 당하니, 곧 성을 쌓던 사람이 가 버리고 성을 훼손할 사람이 이르게 됩니다. 또 삭주는 원래 웅대하고 부유한 고을이 아닙니다. 민가는 오직 100호(戶)이고 군사는 오직 50명이며 입방군(入防軍) 또한 겨우 40여 명인데, 성은 둘레가 3,000여 척(尺)이니, 반드시 5,000명의 군졸이 있어야 큰 적을 막을 수 있습니다. 장수를 이미 마땅한 사람을 얻은 상태에서 적이 만약 조금 이르면, 비록 수천 명으로도 혹 지킬 수 있습니다만, 지금 현재 있는 수백 명의 잔폐한 군졸로는 결코 방어하기 좋은 형세를 이룰 수가 없습니다. 이것은 곧 조정에서 조처하지 않으면 안 되는 것입니다.

31 견제 : 원문은 '철주(掣肘)'로, 다른 사람의 일에 간섭하여 뜻한 바를 이루지 못하게 하는 것을 뜻한다. 춘추 시대 노(魯)나라 복자천(宓子賤)이 단보(亶父)를 다스리러 갈 때 노나라 임금이 참소하는 사람의 말을 믿고 자신을 신임하지 않을까 염려하였다. 그는 계책을 내어 두 사람의 서리(書吏)로 하여금 글씨를 쓰게 하고 자신은 곁에서 팔뚝을 잡아끌어 방해하면서 글씨가 좋지 못하면 노기를 띠었다. 이에 서리가 글씨 쓰기를 포기하고 떠나자, 노나라 임금이 탄식하면서 그 뜻을 알아차렸다고 한 데서 가져왔다. 《呂氏春秋 具略》

지금 부사(府使)는 이미 잘 다스리는 재주를 지녔고 또 전환(轉幻)해 내는 수단을 지니고 있으니 비록 전장의 진영에서 시험해 보지는 못하였지만, 그가 실시하는 것을 살펴보면 반드시 기특한 재주를 지니고 있는 자입니다. 조정에서 만약 이동시키거나 체직해 바꾸지 아니하고 수십 년을 기한으로 병한(屛翰)[32]의 책무를 맡기며, 또 변방 백성의 고통을 특별히 완화시켜 모두 군사 되기를 싫어하지 않도록 하면서 호패법을 엄하게 시행하게 하면, 고을에 있는 정장(丁壯)들에서 또한 500여 명을 뽑아낼 수 있을 것입니다. 여기에 내지(內地)의 군사 수백 명을 더하여 완비하고 모아 훈련을 시킨다면 5, 6년이 지나지 않아 우뚝이 북방의 보장(保障)[33]이 될 것입니다.

신의 어리석은 생각으로는, 감사(監司)와 병사(兵使) 또한 이미 마땅한 사람을 얻은즉 반드시 세월(歲月)로 한정할 필요가 없으니, 비록 10년을 맡기더라도 오랜 기간이 아닐 것입니다. 감사와 병사를 이미 그에 마땅한 사람을 얻어서 오롯이 위임하였다면

32 병한(屛翰) : 나라의 중요한 책무를 띰을 의미한다. 《시경》 〈판(板)〉에 "대덕의 사람은 나라의 울타리가 되고 대군사는 나라의 담이 되며, 큰 제후국은 나라의 병풍이 되고 대종은 나라의 기둥이 된다.〔价人維藩, 大師維垣, 大邦維屛, 大宗維翰.〕"라고 한 데서 유래하였다.

33 보장(保障) : 나라를 지키는 든든한 울타리를 말한다. 당나라 안녹산(安祿山)과 사사명(史思明)이 반란을 일으켜 수양성(睢陽城)이 반란군에 포위되었다. 성안에 양식이 고갈되자 사람들은 모두 성을 버리고 도주하자고 하였으나, 장순(張巡)과 허원(許遠)이 "수양은 강회(江淮)의 보장(保障)이다. 만약 이 성을 버리고 떠나면 적이 반드시 승세를 타고 깊이 쳐들어올 것이니, 그렇게 되면 강회는 없게 될 것이다." 하고 끝까지 수양을 지키다 전사한 데서 가져왔다. 《新唐書 卷192 張巡列傳》

변방의 사정을 잘 알고 또한 인재(人材)가 능한지의 여부도 알 수 있을 것이니, 비록 변장(邊將)과 수령(守令)을 스스로 들어 조정에 의망(擬望)하여 천거하도록 해도 안 될 것이 없겠습니다.

지금 서북 지방의 근심거리가 아침이 아니면 저녁에 닥칠 것인데, 담장은 잔폐하여 부서졌으며 여러 진(鎭)은 텅 비었습니다. 그러면서 군사에게는 격월(隔月)의 군량이 없고 장수에게는 훈련된 군졸이 없는데 자주 가고 자주 체직됨으로써 구차히 면할 계책이나 내니, 이런 폐습을 그대로 따라 하면 조정에서 비록 백 가지 단서로 규획(規畫) 하더라도 좋은 계책을 얻지 못할 것입니다.

신은 원하옵건대, 지금 이후로는 감사와 병사 및 변장(邊將) 가운데 명성과 공적이 이미 드러난 사람은 삼가 체직하여 바꾸지 말아서, 공로가 있으면 품계를 더하고 상을 후하게 주어 권면해서 그 관직을 늙어 죽을 때까지 하여 길이 막아 주는 울타리가 되도록 함이 좋겠습니다. 반초(班超)[34]가 수십 년 서역(西域)에 있으면서, 매번 살아서 옥문관(玉門關)에 들어가고 싶어 했지만 그렇게 하지 못하였습니다. 멀리 절역의 변방을 지키면서 군주를 근심하고 집을 그리워하는 생각이 비록 마음에 절실하였지만 끝내 감히 돌아가지 않았던 것은 나랏일이 이것보다 중한 점이 있기 때

34 반초(班超) : 후한(後漢) 때 사람으로, 반고(班固)의 아우이다. 그는 서역(西域)으로 나가는 관문인 옥문관(玉門關)을 나가 서역의 50여 국을 정벌하여 모두 중국에 조공하도록 해서 정원후(定遠侯)에 봉해졌다. 서역 평정 뒤에 오랫동안 이역에 있었다고 생각하고, 중원으로 돌아가고 싶어서 황제께 상소하여 "신이 감히 주천군까지 가기는 바랄 수 없지만, 살아서 옥문관에 들어가기를 소원합니다.〔臣不敢望到酒泉郡, 願生入玉門關.〕"라고 말하였다. 《後漢書 卷47 班超列傳》

문이었습니다.

삭주 축성의 감관(監官)[35]은 과거 급제한 최용수(崔龍水)로, 부사(府使)의 뜻을 잘 받들어 시종 부지런히 단속하며, 산에 들어가 나무를 베고 벼랑을 따라 돌을 운반하매, 들판에서 묵으며 식사를 하면서도 자신의 집에 들어가지 않았습니다. 공사를 감독할 때는 군졸을 침해하지 않고, 일을 나누어 공평하게 하였습니다. 일을 시작한 초기에는 한창 강하고 혈기 왕성할 나이였는데 일 년 안에 머리털과 수염이 모두 하얗게 되었으니, 그가 부지런히 힘쓰고 노심초사하였음을 사람들이 칭찬하고 감탄하지 않음이 없었습니다. 삭성이 기월(朞月 1년) 만에 완공될 수 있었는데도 군민(軍民)들의 원망이 적은 것은, 부사가 잘해서이기도 하지만 또한 마땅한 감관을 잘 얻었기 때문이기도 합니다. 감사와 병사가 이미 장계(狀啓)를 올렸는데 지금까지 하나의 품계를 올려 주는 상도 받지 못하여 사람들이 마음에 자못 섭섭하게 여기거늘, 하물며 그 가계가 비천(卑賤)하지 않고 또 과거 급제한 사람으로 순실(淳實)하고 근면함이 일을 맡길 만함에 있어서이겠습니까. 만약 이 사람을 포상하여 만호(萬戶)로 승진시켜 구령(仇寧) 등지에 배치한다면, 변방의 일에 익숙하기 때문에 이루는 성과를 볼 수 있을 것입니다. 그리하면 다른 진(鎭)의 사람들이 풍문을 듣고 이를 본받아 나랏일에 마음을 다하여 관서(關西)의 여러 군(郡)에 모두 최용수 같은 이가 있게 될 것입니다.

35 감관(監官) : 조선 시대에 각 관청과 궁방(宮房)에서 회계를 맡아보던 사람으로, 조정을 대신하여 특정 업무의 진행을 감독하기도 하였다.

또 이른바 '별무사(別武士)', '아동대(兒童隊)'는 모두 재목을 갖춘 정예롭고 건장한 병사로서 급할 때 반드시 쓸 만한 점이 있는데, 변방 먼 지방에 전쟁의 도구가 갖추어지지 않은 탓에 탈 말을 모두 재산을 다 쏟아부어 비싼 값으로 사서 별도로 길러 그 기예를 겨룹니다. 활과 화살, 창과 검으로 재주를 시험할 때는 비록 소장한 군기(軍器)를 사용하지만, 평소 사사로이 익힐 때는 또한 반드시 스스로 준비해서 사용하였습니다. 촌락 여항의 궁핍한 백성이 마련하기가 매우 어려웠지만, 단지 한때의 신진기예(新進氣銳)로 다른 사람을 이기기에 힘쓰는 까닭에 그 외 다른 것은 계산하지 않습니다. 만약 이러한 때에 윗자리에 있는 사람이 이들을 격려하여 길러 주지 않는다면 몇 년 뒤에는 예리한 기운이 점차 나태해지고 전투하는 말과 군장(軍裝) 또한 모두 노쇠하고 무디게 될 것이며, 자신은 이룬 것 없이 살아갈 도리가 날로 위축되는데, 도리어 여러 장수의 침해와 소요를 받게 될 것입니다. 그러면 후회와 근심이 뒤따르고 원망하는 말이 마구 생겨나 사람들이 권하지 않고 경계하지도 않으리니, 이 또한 양병(養兵)의 방법에 해로움이 있지 않겠습니까.

옛사람이 이르기를, "왕께서 현사를 이르게 하려고 하신다면, 먼저 저로부터 하소서."[36]라고 하였습니다. 지금 용감한 병사를 격려

36 왕께서……하소서 : 전국 시대 때 연 소왕(燕昭王)이 천하의 인재를 불러 모으려 하면서 곽외(郭隗)에게 의논을 하니, 곽외가 "지금 왕께서 참으로 현사를 이르게 하시려면, 먼저 저로부터 하소서.〔今王誠欲致士, 先從隗始.〕"라고 하자, 소왕이 마침내 황금대(黃金臺)를 세우고 곽외를 사사(師事)하니, 악의(樂毅) 등 명사(名士)들이 많이 모여들었다고 한다. 《史記 卷34 燕召公世家》

하고자 하신다면, 먼저 삭주로부터 시작하시기를 원합니다. 그래서 신임하는 신하를 자주 파견하여 여러 진을 두루 살펴보아, 전사들 가운데 기예가 무리에서 빼어난 자에게 특별히 포상을 더 행하되, 혹 도내의 포(布)와 소금〔鹽〕을 주고 혹 호남의 전죽(箭竹)을 하사하며 혹 목장의 마필(馬匹)을 주어서 그 쓰임새를 도와준다면, 사람들이 다투어 갈고 닦아서 거의 태만한 기운이 없을 것입니다. 병법(兵法)에 "아직 싸우지 않을 때 그 기상을 기른다.〔未戰養其氣〕"라고 하였고, 또 "예리한 기운을 나태하게 하지 말아야 한다.〔勿令銳氣惰〕"라고 하였으니, 이를 두고 한 말입니다.

갑암보 마땅히 권관을 혁파하여야 함

甲岩堡 宜革權管

삭주의 북쪽 20리, 창성의 남쪽 20리의 두 협곡 사이에 있으며, 성은 높이가 한 장(丈)에 미치지 않고, 토병은 단지 4명이 있으며, 결코 지키기가 불가합니다. 지금 창성에 첩입되었습니다.

창성부 마땅히 군사 500명을 더하여야 함

昌城府 宜添軍五百名

남쪽으로 삭주와 40리 거리에 있고 서북쪽으로 압록강과 3, 4리 거리에 있으며, 토성(土城)은 둘레가 4,180척(尺)이고 석성(石城)은 4,080여 척입니다. 성안에는 인가(人家)가 90호이고 샘 우물이 15곳이며, 토병이 50명이고, 군량은 대소미(大小米 쌀과 좁쌀) 2,000여 석이 있습니다.

이 지역은 정히 노호(老胡 누르하치)의 소굴과 이어져 있는데 중원(中原)의 진보(鎭堡) 또한 여기에서 그칩니다. 그래서 적들이 반드시 쳐들어오는 지역이니, 조정에서는 등한히 보아서는 아니 되고 반드시 문무(文武)를 겸비한 사람을 얻어서 수천 명의 정예병을 맡겨 항상 훈련을 더 시키고 군량을 많이 비축하여 엄하게 경계하여 지키게 한 뒤라야, 거의 창졸간에 붕괴되는 근심을 없앨 수 있습니다. 그리고 본성의 형세(形勢)가 비록 매우 험준하지는 않지만 높은 곳을 따라 기초를 쌓아서 성 밖을 굽어 임해 보니 지키기가 쉽습니다. 다만 서문(西門) 옛터가 매우 좋은데, 지금은 성이 크고 군사가 적음으로써 줄여서 작게 하였고, 개축한 자리가 옛터의 험준함과 같지 않으며, 성 밖 또한 구릉이 마주 대하고 있어서 화살과 투석이 통과할 수 있습니다. 하지만 새로 쌓은 성은 또한 매우 장엄하고 견고함이 삭성과 다름이 없으면서 형세는 곧 삭주보다 나으니, 병사가 있고 군량이 있으며 또 그 마땅한 사람을 얻으면 곧 지켜 방어할 수 있습니다. 바야흐로 지금 병사를 얻을 계책은 공부(貢賦)를 견면해 주어 방수(防戍)를 온전히 하도록 하면서 호폐법을 시행하는 것보다 나은 것이 없습니다. 이렇듯 은혜를 베풀고 이렇듯 법을 행하게 되면 창성 또한 오륙백 명을 얻을 수 있을 것입니다.

운두리보 마땅히 권관을 혁파하여야 함

雲頭里堡 宜革權管

창성 북쪽 15리에 있으며, 대로(大路)와 거리가 조금 멉니다. 성은 둘레가 60첩(堞)이며, 지킬 수 있는 땅이 아닙니다. 토병은 5명이며, 지금 창성에 첩입되었습니다.

묘동보 마땅히 권관을 혁파하여야 함

廟洞堡 宜革權管

창성 동쪽 15리에 있으며, 성은 산기슭 평원에 있는데 과반이 무너지고 훼손되었으며 둘레가 370척(尺)입니다. 토병은 5명으로, 지킬 수 있는 땅이 아닙니다. 지금 또한 창성에 첩입 되었습니다. 강 건너에는 당인(唐人)이 많이 거주하고 작은 보(堡)가 있으며, 호인(胡人) 또한 40리 떨어진 지역에 거주하는데, 이 이상은 당인이 거주하지 않습니다.

우구리보 마땅히 군사 수십 명을 더하여 운산 길과 통하게 하되, 첩입하지 말아야 함

牛仇里堡 宜添軍數十名 以通雲山之路 而勿爲疊入

창성 동쪽 40리, 창주 동남쪽 40리의 산골짜기에 있으며, 창주에 첩입되었습니다. 성은 잔폐하고 병사는 적어서 지킬 수 있는 형세가 없으며, 창주로부터 운산(雲山)을 향해 가는 길이 이곳에서 나오니, 보를 설치하고 군사 수십 명을 더하여 내외로 출입하는 길이 통하게 하지 않으면 안 됩니다.

어정보 마땅히 권관을 혁파하여야 함

於丁堡 宜革權管

창성 동북쪽 20리 산기슭 평전(平田)에 있으며 강물이 흘러 성 밑으로 내려옵니다. 성은 둘레가 60여 첩이며, 토병은 6명이고, 무과 급제한 금군(禁軍)이 2명이며, 지킬 수 있는 땅이 아닙니다.

전자동보 마땅히 권관을 혁파하여야 함

田子洞堡 宜革權管

창주 동남쪽 15리에 있으며, 성은 평지의 계곡 가에 있는데 둘레가 60여 척(尺)입니다. 토병은 7명이며, 창주에 속해 있습니다.

창주진 마땅히 군사 500명을 더하고 험지를 택하여 진을 옮겨야 함

昌洲鎭 宜添軍五百名而擇險移鎭

창성 동쪽 40리에 있습니다. 산기슭을 따라 성을 만들었는데, 동북쪽은 산이 이어졌으나 험하지 않고, 서남쪽은 작은 시내에 임하여 있습니다. 계곡 건너에는 가로놓인 언덕이 성을 누르는 형세를 하고 있는데, 화살과 투석은 미치지 못하지만 조총(鳥銃)은 미칠 만하며, 강 건너 오랑캐 땅의 산〔胡山〕이 성안을 굽어보고 있습니다. 이곳은 오랑캐의 요해지를 마주하고 있으니, 마땅히 큰 진(鎭)을 두어야 합니다. 그래서 겨울에는 병사(兵使)가 진에 머물러 있다가 얼음이 녹은 뒤에 병영으로 돌아갑니다. 토병은 60명이고 입방군(入防軍)은 200명인데, 여름에는 그 가운데 50명을 줄입니다. 본진(本鎭)의 군량은 100석(石)이고 병영(兵營)의 군량은 800~900석입니다. 성은 둘레가 600여 첩이며 높이는 13척입니다. 성첩(城堞)이 비록 높기는 하나 전벽(磚甓)으로 쌓았고 습한 흙으로 그 사이를 채워 오래되면 썩어 무너지고 비가 내리면 문득 붕괴되어 4, 5년이 채 되지 않아서 폐한 성이 됩니다. 그래서 훼손되는 대로 보수하느라 일이 그칠 때가 없으며, 무수하게 땜질한 곳[37]이 부스럼이나 흉터처럼 빽빽하고, 입방군이 많지 않아서 토병이 항상 판축(版築)하는 일을 하매 수선(修繕)하는 괴

로움이 새로 쌓는 것보다 심합니다.

금년 봄 초에 75파(把)를 개축하였는데, 본월(本月)에 큰비가 내려 붕괴된 것이 동서남북 도합 200여 파이며, 문루(門樓) 또한 허물어진 곳이 많습니다. 당초에 벽돌로 성을 처음 쌓았을 때는 성가퀴를 분칠한 것이 마치 구름 같아서 아름답다고 일컫지 않는 사람이 없었고, 대소의 사신(使臣)으로 이곳을 지나가는 자들 또한 모두 이를 보고 금성탕지(金城湯池)[38]라고 하였습니다. 그러나 겨우 몇 년이 지났는데 연이어 계속 무너지고 있습니다.

신이 말을 달려 본진에 도착하니, 토병과 무사(武士) 등이 근심스럽고 괴로운 상태를 호소하기를, "금년에 이미 수재(水災)를 입어 인명(人命)이 장차 다하려 하는데, 성(城)도 모두 무너져 귀신을 부릴 수도 없고 반드시 인력을 써야 하지만, 군민(軍民)들이 또한 감당할 수 있는 형편이 아닙니다. 비록 혹 한번 수리하여 고치더라도 내년에 이와 같고 또 그 내년에도 이와 같다면 성은 완전할 날이 없고 백성들의 힘은 고갈되어 버릴 것입니다."라고 하였습니다.

신이 성 위를 둘러보니 곧 본진은 북쪽으로 오랑캐 땅과 이어져 있으면서 단지 한 줄기의 강물을 사이에 두고 있으며, 또 창삭으로 출입하는 초두(初頭)에 관계되는 극도의 요해에 있습니다.

37 무수하게 땜질한 곳 : 원문은 '백공천창(百孔千瘡)'으로, 백 개의 구멍과 천 개의 종기라는 뜻이다. 여기서는 무너져 보수하고 땜질한 성의 낡은 형상을 의미한다.

38 금성탕지(金城湯池) : 쇠로 만든 성이라는 뜻으로, 산하가 요새지(要塞地)로 견고함을 말한다. 《한서(漢書)》 권45 〈괴통전(蒯通傳)〉에 "모두 쇠로 만든 성과 끓는 못처럼 만들어야 공격할 수 없다.〔皆爲金城湯池, 不可攻也.〕"라고 한 데서 가져왔다.

그런데 성지(城池)의 형세가 원래 험조(險阻)하지 않은 데다 동서의 20여 곳이 무너지고 훼손되어 형편없음이 폐기된 성과 같은 점이 있었습니다. 첨사(僉使) 정희현(鄭希玄)이 비록 친히 토병을 거느리고 훼손되는 데마다 문득 보수했지만, 그 외 남아 있는 것이 모두 차례로 문드러지고 갈라질 형세에 놓여 있어서 지극히 마음을 서늘하게 하였습니다. 금년에 비록 혹 수리해서 다 쌓는다고 하더라도, 해마다 이와 같다면 민력(民力)을 허비하고 고갈시키면서도 성은 완전할 수가 없으리니, 그들의 말에 이치가 없지 않습니다.

대개 신이 중원(中原)에 들어갔을 때, 벽돌〔磚〕로 성을 쌓는 제도에 대해 물어보니, 곧 "성 면 너비 몇 장(丈)의 사이에 오로지 전벽(磚甓)만 사용하고 흙을 섞지 않으며 회(灰)로 이를 봉합하기 때문에 습기가 스며들지 않아서 견고하게 마른 상태를 길이 오래 유지할 수 있습니다."라고 하였습니다. 그런데도 세월이 오래된 성을 자세히 살펴보았더니, 곧 사이사이에 퇴락한 데가 많아 돌로 쌓은 성과 같지는 않았습니다. 중원의 경우에는 곧 돌을 운반하기는 지극히 어렵지만 물력(物力)은 넉넉하기 때문에 이를 사용하여 성을 만들었던 것입니다.

그러나 우리나라의 경우에는 돌은 많이 있지만 조치하기 어려운 것이 회(灰)이며, 벽돌을 구워 만드는 것 또한 그 묘법을 찾지 못하였습니다. 채 구워지지 않은 벽돌에 진흙을 섞고, 단지 외면만 쌓아서 흰 회로 칠을 하며 그 안쪽은 곧 모두 흙으로 메우고, 한 주먹 되는 벽돌은 포갠 것이 몇 장(丈)에 이릅니다. 이는 알을 포개서 산을 만드는 것과 다름이 없으니, 그것이 어찌 견고할 수가 있겠습니까. 만약 장맛비가 내리는 때를 만나면 흙벽 사이로 물이 배어들어 붕괴되고 무너짐은 형세가 그러한 것입니다.

만약 중원의 제작을 본받아 그 넓이에 오로지 전벽(磚壁)만 사용하고 석회로 봉합한다고 할지라도 그 공(功)은 또한 돌을 운반함이 편리함만 못할 것입니다. 토민들이 모두 말하기를, "금년부터 시작하여 으레 들어오는 원군(元軍) 외에 별도로 축성하는 군사 200~300명을 쓰되 이름을 적어서 들여보내면, 근처 층암절벽의 바위를 정(釘)을 사용하여 쪼개 내어 절벽 아래에 모아 두고, 얼음이 얼 때를 기다려 삼동(三冬)에 끌어다 두었다가 봄이 오면 공사를 시작합니다. 지대(地臺)로부터 요중(腰中)에 이르기까지는 모두 돌로 쌓아 그 기초를 견고히 하고, 그 뒤에 요중으로부터 치첩(雉堞)에 이르기까지는 오로지 회벽(灰甓)을 사용하여 쌓으면 그 형세가 견고하고 완전하여 거의 붕괴될 근심이 없습니다. 만약 혹 일시에 공사를 마칠 수 없을 것 같으면 금년에 한 면을 쌓고 이듬해에 한 면을 쌓으면 몇 년이 되지 않아 완전하게 할 수 있습니다."라고 하였습니다. 이 말은 매우 합당합니다. 다만 본성의 형세(形勢)는 가장 편리하지 않은 곳이 되니, 만약 성을 지키고자 한다면 반드시 정예병 3,000명을 써야 겨우 형세를 이룰 수 있겠는데, 성은 잔폐하고 군사는 적으니 매우 우려할 만합니다.

신의 견해로는 병사(兵使)가 한 도(道)의 주장(主將)으로서 창주에 진주(進駐)하여 적이 쳐들어오는 길 초입에 바짝 다가가 있으니, 만약 포위라도 당하게 되면 성의 완전함은 이미 기필할 수가 없고, 강변의 여러 진에 절제(節制)할 사람이 없게 되므로 거의 계책을 내지 못하게 됩니다. 운산(雲山)의 청산창(青山倉)은 형세가 험하고 또 창성(昌城), 창주(昌洲), 벽동(碧潼), 이산(理山),[39] 위원(渭原) 등 6, 7개의 큰 진 가운데 끼어 있습니다. 6, 7진으로부터 내지의 운산과 영변(寧邊) 길로 통하는 것이 모두 청산창 아래로 나가고 양창(兩昌 창주, 창성)에 가장 가깝습니다. 그러니 여기를 병사의 행영(行營)으로 삼는다면, 다만 그 가운데 자리하여 통제하고 호령하기에 편이하여 강변에 급한 일이 있을 때 성세(聲勢)로 서로 원조할 수 있을 뿐 아니라, 또 중문(重門)이 겹겹이 잠긴 형세를 가지고 있어서 적들이 감히 내지의 길을 뚫고 들어오지 못할 것입니다. 원하옵건대 조정에 명하여 다시 더 상의하여 십분(十分) 마땅하게 조치하여 후회가 없도록 하는 것이 어떠하옵니까.

대길호리보 마땅히 권관을 혁파하여야 함

大吉號里堡 宜革權管

창주 동북쪽 15리에 있으며, 성은 둘레가 60여 첩(堞)이고, 토병은 5, 6명이며, 지킬 수 있는 곳이 아닙니다. 겨울에는 곧 창성에 첩입됩니다.

소길호리보 마땅히 권관을 혁파하여야 함

小吉號里堡 宜革權管

대길호 동북쪽 15리에 있습니다. 수 척(數尺)의 잔폐한 성채가

39 이산(理山) : 두주(頭註)에 "곧 지금의 초산으로, 아래에 나오는 것도 동일하다.〔卽今楚山下同〕"라고 하였다. 평안도의 초산은 원래 이름이 이산(理山)이었는데 정조의 이름과 발음이 같으므로 바꾸었다. 《日省錄 正祖 卽位年 5月 22日》

산허리의 제비둥지 같으니, 지킬 수 있는 곳이 아닙니다. 성은 둘레가 50여 첩이고, 토병은 10여 명이며, 겨울에는 벽단진(碧團鎭)에 첩입됩니다.

벽단진 마땅히 군사 300명을 더하여야 함

碧團鎭 宜添軍三百名

창주 동쪽 45리에 있으며, 강과의 거리가 몇 리이고, 남쪽으로는 큰 내가 성 아래를 둘러 흘러서 서쪽으로 강에 들어갑니다. 성은 둘레가 3,530여 척(尺)이고, 토병과 무과 출신자가 모두 70여 명이며, 병영의 군량은 100여 석(石)이고, 입방군은 100여 명인데 여름에는 10여 명입니다.

이 땅은 또한 요충 지역에 관계되어 있는데, 성이 산 밑의 평평한 곳에 자리하고 있어서 사방에 험한 지형이 없고, 성 또한 나지막하여 사람이 넘어 들어갈 수 있습니다. 동서쪽은 큰 산이 성을 누르고 있어 화살과 투석이 통과할 수 있으니, 적들이 만약 올라오게 되면 성안의 사람은 감히 기세를 내지 못하고 장차 스스로 어지러워질 것입니다. 그래서 본진(本鎭)의 사람이 매번 축성하기를 원하였는데, 병사(兵使) 유형(柳珩)[40]이 반드시 지키기가 불가하다는 것을 알고 수축하지 말게 하였으니, 대개 또한 쓸모없는 땅에 공력(功力)을 헛되이 낭비하는 점을 중하게 여겨서였습니다.

40 유형(柳珩) : 1566~1615. 본관은 진주(晉州), 자는 사온(士溫), 호는 석담(石潭)이고, 시호는 충경(忠景)이다. 1594년(선조27) 무과에 급제하고, 안동 부사, 경상도 우병사, 평안 병사 등을 역임하였다.

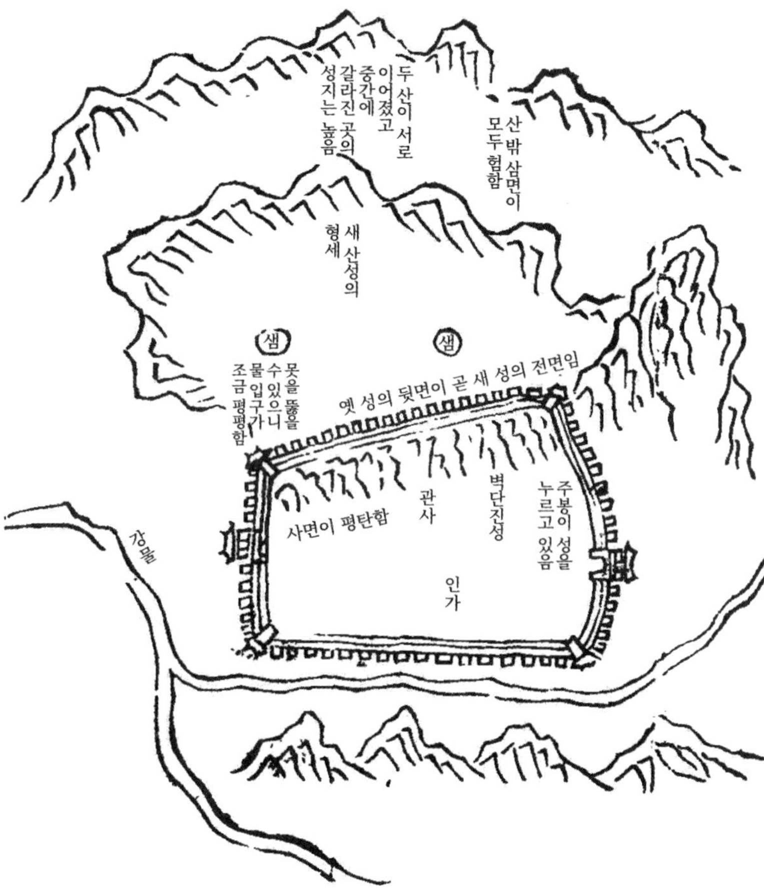

신은 살펴보건대, 본성 뒤쪽 백여 보(步)쯤에 산성의 형세를 이룬 곳이 있기에 직접 가서 자세히 살펴보았더니, 곧 과연 절승(絶勝)이었습니다. 동쪽 남쪽 북쪽 세 방면은 매우 험하였고 오직 서쪽 한 방면만 심히 험한 정도에는 이르지 않았는데, 그러면서 또한 높은 곳에 올라 아래를 내려다보는 형세이고, 사방에는 마주하는 산봉우리가 없고 샘물이 솟아 나오고 있었습니다. 본진의 사람에게 상세히 물어보니, "옛날부터 사람들이 모두 '이 성(城)이 좋다.'라고 말하였고, 병사(兵使) 또한 옮겨 축성하고자 하였지만, 조정에서 예전 주둔지를 옮겨 설치하기 어려워했기 때문에 중지하였습니다."라고 하였습니다.

본성은 둘레가 1,000파(把)인데, 산성은 곧 1,100파로 크고 작은 것이 알맞고, 비록 본성에 비해 100파가 더 많지만, 평이하고 험준한 형세가 현격히 달라 방어와 수비 또한 쉬워서 일은 반만 해도 공(功)은 배가 될 것입니다. 신이 생각건대, 이 진을 벌써 허물어서는 안 된다면 마땅히 내지의 군사 300여 명을 시켜 산성을 옮겨 축성해야 하겠습니다. 그러면 1년 안에 비록 공사를 다 마칠 수 없다 하더라도, 힘이 닿는 대로 조금씩 형편껏 설치하여 점차 수축(修築)하는 것이 또한 본진을 결코 지킬 수 없는 것보다는 나을 것입니다. 하물며 신구(新舊)의 성이 서로의 거리가 매우 가까워 본성 뒷면이 곧 새 성의 앞면에 있음이겠습니까. 관사(官舍)와 인가(人家)는 우선 예전 장소에 두고 그 성이 완비되기를 기다렸다가 천천히 옮겨 들여도 무방하겠습니다.

추구비보 마땅히 권관을 혁파하여야 함

楸仇非堡 宜革權管

벽단 북쪽 20리에 있으며, 성은 둘레가 40여 첩이고, 토병은 17명이며, 지킬 수 있는 땅이 아닙니다. 겨울에는 벽단진에 첩입됩니다.

마전보 마땅히 권관을 혁파하여야 함

麻田堡 宜革權管

벽단 동쪽 20리에 있으며, 성은 산골짜기 가운데 있는데 둘레가 50여 첩입니다. 토병은 9명이고, 지킬 수 있는 땅이 아닙니다. 겨울에는 벽단진에 첩입됩니다.

벽동군 마땅히 군사 200명을 더하여야 함

碧潼郡 宜添軍二百名

벽단 동쪽 60리에 있습니다. 큰 시내가 남쪽으로부터 성 서쪽으로 둘러 나오고 작은 시내가 동쪽으로부터 성 남쪽으로 둘러 나와서 두 시내가 합하여 북쪽으로 흘러 강에 유입됩니다. 산을 따라 성을 만들어서 그 형세가 매우 험합니다. 둘레가 500첩(堞)인데 동쪽 봉우리에서부터 서북쪽 모퉁이에 이르기까지 400첩은 외면이 깎아지른 듯하므로 사람이 기어 올라갈 수 없으며, 동쪽 봉우리에서부터 북쪽 모퉁이에 이르기까지 100첩은 조금 평평하지만 지형이 자못 높아서 방어하고 수비하기가 쉽습니다. 오직 북쪽의 산이 성에 임하여 마주 대하고 있어 곧 적을 맞을 곳인데 서로의 거리가 200보 떨어져 있어서 포를 쏘면 미칠 수 있고, 화살과 투석은 미치지 못합니다. 강변 성지(城池)의 형세 가운데 오직 여기가 가장 좋습니다. 민호(民戶)엔 130명의 장부(丈夫)가 있고 군량이 1,700여 석(石) 있으며 잡곡이 4,000석 있으니, 급한 일이 있을 때는 600~700명이 몇 개월 지탱할 양식이 됩니다. 오직 샘우물은 13곳인데 오랫동안 가물면 물이 부족하다고 합니다.

군수(郡守) 원수신(元守身)은 자못 군민(軍民)들의 마음을 얻었으며, 군기(軍器) 또한 많이 수리하고 정돈해 두었습니다. 다만 성이 비록 높고 험하다 하더라도 반드시 정예병 600~700명이 있어야 방어하고 지킬 수 있습니다. 그런데 본군은 토병이 160여 명이고 입방군이 15, 16명이니, 설령 천해의 험지가 있다 한들 어찌 한갓 지리(地利)만 믿고 반드시 지켜 낼 수 있겠습니까. 비록 입방군을 200명 더한다 해도 오히려 부족합니다. 오직 경내에 있는 남자 장정들을 만약 남김없이 징발한다면 300~400명을 얻을 수 있겠지만, 다만 병사를 징발한다는 명을 들으면 서로 이어 도피하니, 이는 호패법을 시행하지 않을 수 없는 것입니다.

본군의 무사(武士) 가운데는 말 타고 활쏘기를 잘하며 말 타고 철봉〔鐵棍〕을 잘 다루는 자가 11명이고, 아동대(兒童隊)로 말 위에 서서 검을 쓰는 자가 6명이 있는데, 나이가 모두 13, 14세입니다. 이제 바야흐로 익히기 시작하였기에, 비록 삭주(朔州)의 능숙한 병사만은 못하지만, 그 가운데 사노(寺奴) 몽립(夢立)과 관노(官奴) 두성(斗星) 이 두 사람은 기예가 가장 절묘하여 삭주 병사와 다름이 없습니다. 아동대들이 말하기를, "말 위에서 기예를 익힌 것은 같으나, 삭주 사람에게는 곧 모두 천한 신분을 면하게 하는 첩지를 주고 또 전투 말을 상으로 주었는데, 우리는 상을 받지 못하였으니 지극히 원망스럽고 서글픈 마음이 듭니다."라고 하였습니다. 신의 생각으로는 중한 상을 내리면 반드시 용감한 사내가 있으리니, 신의를 지켜 시상하기[41]를 또한 폐하여서

41 신의를 지켜 시상하기 : 원문은 '사목지신(徙木之信)'으로, 나무를 옮겨 놓는 자에게 약속대로 상을 주어 정부의 지시나 명령을 믿게 함을 말한다. 전국 시대 진(秦)

는 안 될 듯합니다. 벽동의 아동대 가운데 기예가 가장 정예로운 자에게도 삭주의 예(例)에 의거해서 상을 논하여 장려하는 뜻을 보여서 그들이 스스로 자랑스러워하고 분발하도록 함이 어떠하겠습니까.

대파아보 마땅히 권관을 혁파하여야 함
大坡兒堡 宜革權管

벽동 동쪽 15리에 있는데, 대령(大嶺)이 중간에 막혔습니다. 성(城)은 산 밑에 있는데, 둘레가 130여 첩입니다. 토병과 무과 급제한 무사가 모두 20명으로, 지킬 수 있는 땅이 아니며, 겨울에는 벽동군에 첩입됩니다.

소파아보 마땅히 권관을 혁파하여야 함
小坡兒堡 宜革權管

대파아 북쪽 30리에 있는데, 두 대령이 중간에 막혔습니다. 성은 산 밑에 있는데, 잔폐하고 부서져 형편없어 지키기가 불가하여 벽동군에 첩입되었습니다. 토병과 과거 출신 무사가 모두 20여 명입니다.

나라 효공(孝公)이 상앙(商鞅)의 개혁안을 채용하면서 백성들이 새로운 법령을 믿지 않을까 두려워 세 길 되는 나무를 도성의 남문(南門)에 세워 놓고, 이것을 북문(北門)으로 옮기는 자가 있으면 50금(金)을 주겠다고 선포하였는데, 한 사람이 그것을 옮기자 곧 50금을 주고, 법령을 반포한 일에서 유래하였다. 《史記 卷68 商君列傳》

광평보 마땅히 군사 300명을 더하여야 함

廣坪堡 宜添軍三百名

소파아 북쪽 15리에 있으며, 성은 산 밑에 있는데 둘레가 78첩이고, 과거 출신자와 토병이 20여 명이며 아이진(阿耳鎭)에 첩입되었습니다. 광평은 파저강(坡猪江)[42] 하류 호인(胡人)들이 출입하는 길에 있어서 또한 요해의 지역에 해당이 되는데, 본보의 형세가 편리하지 않아서 지키기가 불가합니다. 동북쪽 몇 리쯤에 넓은 들판 황폐한 밭인 펀펀한 땅이 있으니 수백일경(數百日耕)[43]에 이를 만합니다. 이곳이 이른바 '넓고 평평하다〔廣坪〕'는 곳으로, 보(堡) 또한 이로 인하여 이름을 붙인 것입니다. 그 가운데에는 우뚝 솟은 작은 언덕이 있어서 성을 쌓아 수비할 곳으로 삼을 만합니다. 만약 본보를 여기에 옮겨 설치해서 소파아의 토병을 합하면 50여 명에 이를 수 있습니다. 또 가까운 곳에서 유랑해 온 자들 가운데 경작하기를 원하는 백성이 많지만, 적이 쳐들어오는 길의 요충에 있는데도 의지할 만한 성이 없어서, 이 때문에 주저하며 결정하지 못하고 있습니다. 지금 만약 옮겨 설치한다는 기별을 듣게 되면 하루아침에 들어와 경작하려는 백성이 100여 명에 이를

42 파저강(坡猪江) : 파저강(婆猪江)을 가리킨다. 만주 요령성(遼寧省) 임강현(臨江縣) 서북에 있는 삼차자(三岔子)에서 발원하여 압록강으로 흘러드는 강으로, 한대(漢代)에는 비류수(沸流水)라 불렀고 명말(明末)에는 동성(佟姓)이 이 유역에 많이 살았기 때문에 동가강(佟家江)이라 불렀다. 이 유역 일대에 여진의 추장 건주위(建州衛) 올량합(兀良哈) 이만주(李滿住)가 그 부족을 이끌고 살고 있었다.

43 수백일경(數百日耕) : 소 한 마리로 수백 일 동안 갈 수 있는 넓이의 밭을 의미한다. '일경(日耕)'은 소 한 마리로 하루 동안에 갈 수 있는 밭의 넓이를 말한다.

뿐만이 아닐 것이고, 만약 몇 년을 복호(復戶)해 주어 이로 인하여 토병을 만든다면 또한 이로써 작은 보를 만들 수도 있습니다. 본보의 사람들은 아이진에 첩입되어 벽동군에서 요역(徭役)을 하는데, 두 곳이 모두 두세 개의 높고 험한 고개를 넘어야 해서 사람은 병들고 말은 폐사하는지라, 서로 이어 도망가고 흩어집니다.

신이 소파아에서 광평으로 향해 가려 하는데 도로가 끊어져 말이 나아갈 수가 없었습니다. 본보의 토병들이 와서 그 이로움과 해로움에 대해 위와 같이 진술하기에, 신이 즉시 높은 곳에 올라가 조망해 보니, 전야(田野)의 넓음이 과연 말한 것과 같았습니다. 신의 생각에는, 성을 쌓는 공사가 어렵다면 어렵겠습니다만, 여기는 오랑캐들이 쳐들어오는 요충지에 해당하는 지역으로서 경작할 수 있고 수비할 수 있는 이런 곳을 얻는 것이 우연이 아닌 듯합니다. 그리고 들어오기를 원하는 백성들이 저와 같이 많아서 뒷날 모두 방수(防戍)할 군사로 삼을 수가 있으니, 이는 조정에서 모집하고자 해도 얻을 수 없던 바였습니다. 지금 비록 일시에 완료할 수는 없다 하더라도, 마땅히 병사(兵使)로 하여금 그 형편(形便)을 살펴보아 먼저 목책(木柵)을 설치하도록 하고, 두 보(堡)의 백성들을 합하여 만호(萬戶)로 승격시키며, 널리 농민들을 모집하여 그들에게 경작하도록 하고 그 몇 년의 요역을 감해 주도록 합니다. 혹 거친 들판에 둔전을 설치하여 내지의 군사 수백 명을 더 들여서 여름에는 농사짓고 겨울에는 성을 쌓도록 하면, 몇 년 되지 않아서 완취(完聚 성을 완성하고 백성이 모여 살게 함)할 수 있을 것입니다.

아이진 마땅히 군사 200명을 더하여야 함

阿耳鎭 宜添軍二百名

광평 동쪽 45리에 자리하니 큰 고개 두 개를 넘어 통건강(通巾江) 건너에 있습니다. 강물이 깊고 험하며 운산(雲山) 경계로부터 나와 북쪽으로 흘러 성 아래에 이르러 삼면을 둘러 압록강으로 흘러 들어갑니다. 성터〔城址〕는 사면이 매우 험하여 사람이 기어 올라갈 수 없으니, 강변에 진(鎭)을 설치한 곳으로 여기가 둘째 험지가 됩니다. 성은 두 봉우리 사이에 있어서 지형이 매우 높지만 성안은 평평하며, 둘레는 330여 첩(堞)인데, 오직 서문(西門)은 40여 첩으로 험하지 않습니다. 만약 옛 성터를 따라 증감하게 되면 험하여 넘을 수가 없어서 지켜야 할 곳이 10여 첩에 불과합니다. 그런데 그 성 서쪽의 깎아지른 절벽을 버리고 줄여서 산허리에 가로놓아 쌓아 그 형세(形勢)를 잃어버렸습니다. 그러므로 방어하고 수비할 곳이 배로 많으니, 후인은 성을 쌓은 뜻을 자못 이해할 수가 없습니다.

지금 만약 옛 성터를 고치고 수리하려 한다면 곧 깎아지른 절벽이 둘러 있음은 하늘이 만든 높은 성이니, 쌓을 것이 치첩(雉堞)에 불과할 따름입니다. 만약 내지의 군사 200여 명을 더한다면 몇 개월 지나지 않아 완전히 마칠 수가 있으니, 이곳은 긴요한 곳으로 그냥 둘 수 없을 듯합니다.

또 본진의 토병들이 말하기를, "성은 이산(理山) 경계에 있는데 벽동(碧潼) 땅에서 경작하고 있는지라, 두 곳에서 일을 나누어 하므로 그 고통을 견디지 못하겠지만, 만약 벽동 땅이 아니면 경작할 조그마한 땅도 없습니다."라고 합니다. 경자년(1600, 선조33)

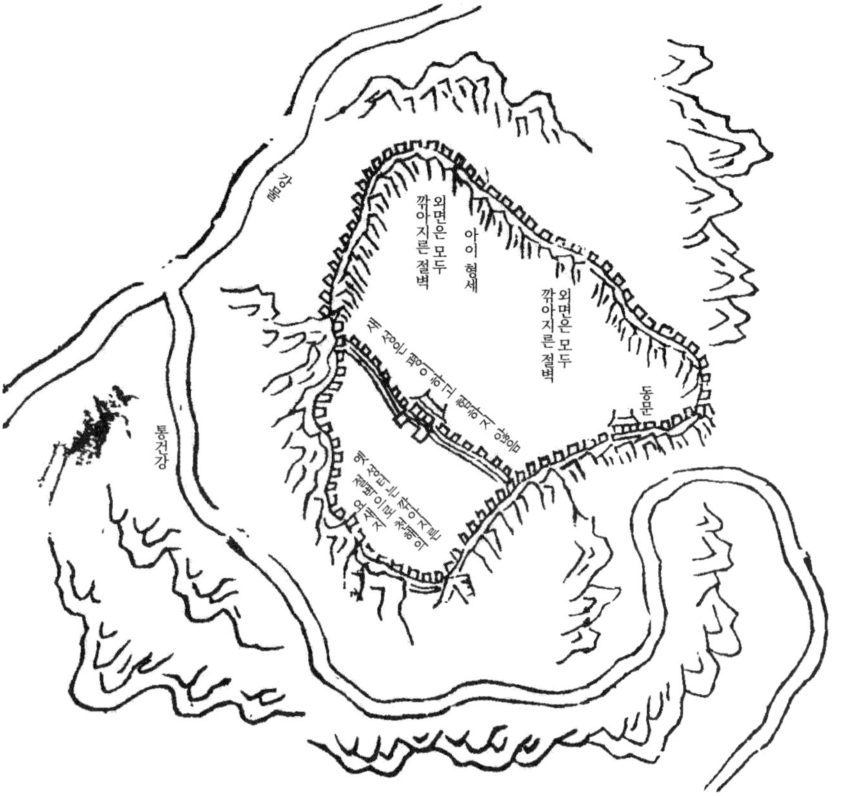

간에 감사(監司) 서성(徐渻)[44]이 백성들의 정상을 채취하여 장계(狀啓)를 올려, 토병이 경작하는 전답을 이산으로 편입시켜 그들로 하여금 한 곳에서 요역에 응하게 하도록 진달하였는데, 범범하게 장계를 논하여 다만 성 아래 약간의 전답만 편입시키고 두세

44 서성(徐渻) : 1558～1631. 본관은 대구(大邱), 자는 현기(玄紀), 호는 약봉(藥峯)이며, 시호는 충숙(忠肅)이다. 1586년(선조19) 문과에 급제하고, 1599년 함경도 감사가 되었으며 그해 가을에 황해도 감사가 되었다. 저서로는 《약봉집(藥峯集)》이 있다.

곳의 마을 전답은 옮기지 않고 그대로 벽동군에 소속시켜서 일을 나누어 함이 전과 같았습니다.

신이 친히 그 이른바 '두세 마을 전답'이란 곳을 살펴보았더니, 모두 성 위에서 한 번에 조망하는 곳에 자리하여 멀어도 2, 3리에 지나지 않았습니다. 그래서 벽동군에서는 제거해도 별 손해될 것이 없지만 본진에서는 가장 편의하고 가까운 곳이 되니, 백성들이 원하는 바를 따라 모두 이산에 소속시켜 본진의 토병으로 하여금 농사지어 먹을 곳이 있도록 하고, 두 곳에서 나누어 일하는 침해의 폐단이 없도록 하는 것이 마땅할 듯합니다.

금사동보 마땅히 권관을 혁파하여야 함

金士洞堡 宜革權管

아이 남쪽 20리 깊고 후미진 곳에 있으며, 형세가 험하지 않습니다. 토병은 10여 명으로, 겨울에는 곧 아이진에 첩입됩니다.

이산군[45] 마땅히 옛 덕리에 진을 옮기고 군사 500명을 더하여야 함

理山郡 宜移鎭古德里 添軍五百名

아이 동북쪽 70여 리에 있는데, 길이 험해서 통행하기 어렵습니다. 성은 협곡 중에 있는데 둘레가 300첩이며, 민결(民結 백성이

45 이산군(理山郡) : 저본에 '이(理)' 자의 우측 획이 빠져 있는데, 《신증동국여지승람》 제55권 '이산군(理山郡)' 조목에 의하면 "동쪽은 위원군 경계까지 24리 거리이다.〔東至渭原郡界二十四里〕"라는 구절이 있으니, 거리 측정에 다소 차이가 있으나, 이산군으로 보는 것이 타당할 듯하다.

경작하는 전결(田結))은 300호(戶)이고, 군량은 2,000여 석(石)이 있습니다. 토지는 척박하고 백성들은 가난하여 오래도록 폐한 읍(邑)이 되어 성내에 거주하는 백성은 단 27가(家)뿐입니다. 조정에서 공물(貢物)을 견감(蠲減)한 뒤로 유랑하며 떠돌던 이들이 조금 모였습니다.

전 군수(前郡守) 윤응서(尹應瑞)가 오랫동안 그 읍에 부임하고 있으면서 평탄하고 무난하게 정사를 행하였고, 영을 내려 시골 골짜기에서 성(城)으로 들어온 백성들에게 10년 동안 복호(復戶)할 것을 기약하고, 특별히 보호하고 구휼을 더하였습니다. 그런 뒤에 멀리 있는 촌락의 백성이 다투어 성중으로 들어와서, 지금은 100여 가(家)에 이르고 정장(丁壯)이 200명에 이르렀으니, 이로부터 비로소 완전한 고을이 되었습니다. 하지만 성지(城池)가 훼손되고 깨졌으며 관사(官舍)가 기울고 무너졌으니, 거주하는 백성들이 수리하고 쌓는 공사에 힘들어합니다. 금년에는 흙비가 내려 태반이 허물어져서 수리하고 쌓는 공사가 거의 마치려 하였는데, 신이 군(郡)에 들어가던 날 밤에 몇 곳의 성첩(城堞)이 아무 이유도 없이 절로 무너졌습니다.

본군에 거주하는 백성이 올린 장계에 "본 군은 파저강과 압록강이 모이는 곳에 끼어 있어서 가장 긴급한 상태에 놓인 곳인데, 성은 들쭉날쭉해서 형태를 갖춤이 없습니다. 당초에 이미 그 형세(形勢)를 잃었고, 또 견고히 쌓지 않고 마치 주먹만 한 작은 돌로 올망졸망 쌓아서 다만 신발 끝으로도 깨부술 수 있을 뿐 아니라, 비바람을 조금이라도 맞게 되면 문득 저절로 허물어지니, 매달 수리하고 고치는지라 백성들의 힘이 이미 다 소진되었고, 남아 있는 것도 모두 차례로 점차 붕괴될 조짐이 있습니다. 삼문(三門)의 누각(樓閣)과 세 곳의 포루(砲樓)와 관사(客舍) 창고(倉庫)와 향교(鄕校) 관청(官廳) 등 여러 곳이 모두 기울고 무너졌으니, 동서(東西)로 지탱하여 속히 수선하지 않으면 안 되는데, 한 고을의 잔폐한 백성으로는 형세상 공사를 시작하기 어렵습니다. 본도(本道)의 내지 군사와 황해도의 군사를 올겨울 내에 넉넉한 수로 들여보내서, 한편으로는 성첩(城堞)을 수리하여 쌓고 한편으로는 관사를 개조하여야 합니다. 이 절박하고 다급한 사정(事情)에 대해 사유를 갖추어 입계(入啓)하니, 속히 처치해 주십시오. 운운." 하였습니다.

신이 본군의 성과 관사가 붕괴되고 기울어 무너진 상태를 직접 살펴보니, 이상에서 진술한 것과 같았습니다. 그러니 수리·보수하는 공사를 형세상 그만두어서는 안 됩니다. 다만 본성의 형세(形勢)가 아주 편리하지 않아, 남북 양쪽의 산봉우리가 성 주변을 압도하여 마치 손으로 쓰다듬고 발로 찰 수 있을 듯합니다. 적들이 만약 높은 곳에 올라가면 성안에서는 싸우지도 않고 절로 어지러워질 것이니, 결코 방어하고 수비할 땅이 아닙니다. 이 때문에 병사(兵使) 또한 개축(改築)하지 않고 반드시 다른 곳으로 진(鎭)을 옮기려고 하였지만, 그때 합당한 땅을 얻지 못했다고 합니다.

신이 그 가까운 곳의 산천(山川) 형세를 둘러보고 또 토병을 방문해 보았더니, 성 남쪽 몇 리쯤에 덕리(㯖里) 옛 성이 있는데, 외면은 험조(險阻)하고 중앙은 평탄하여 진을 설치하기에 가장 합당하였습니다. 그래서 그 옛터로부터 척수(尺數)를 재어 보니, 둘레가 6,290척(尺)이었는데, 5,660척은 곧 비록 성을 쌓지 않더라도 적이 감히 접근할 수 없어서 다만 여장(女墻)[46]만 쌓으면 되겠고, 동북쪽 가장자리 630척은 마땅히 성첩(城堞)을 쌓아야 하지만 또한 안이 평평하고 밖이 험하여 적을 제압하기에 쉬웠습니다. 이로써 계산을 해 보니, 축성의 공사가 또한 매우 많지는 않을 듯합니다. 또한 성안에 물이 솟아 나오는 깊은 못〔淵〕이 있으니 넓기가 마치 작은 못〔池〕 같아 그 밑을 헤아릴 수 없으므로 일컬어 '용연(龍淵)'이라고 부르며 큰 가뭄에도 마르지 않습니다. 또 물이 솟아 나오는 샘이 두세 곳 있으니, 성이 험한 데다 물도 있는 것이 이곳보다 나은 데가 없습니다. 하늘이 만든 이 요새를 버리고서 낮고 움푹한 땅에 성을 쌓음은 사람의 소견에 알지 못하겠습니다.

신의 생각에는, 이산(理山)은 가장 긴요한 지역에 해당되는데, 본성이 이미 붕괴되어 버려질 형세에 놓여 있는 데다 문루(門樓)와 관사(官舍) 또한 장차 개조하려 함은, 인력(人力)을 헛되이 사용하여 다시 이전 규모를 따르는 것으로 알맞은 계책이 아니라 여겨집니다. 병사(兵使)가 우선 연기시키고 축성하지 말도록 한 것이 또한 이 때문입니다. 마땅히 병사에게 명하여 직접 덕리 옛 성을 자세히 살펴보게 하여 과연 신이 본 것과 부합한다면, 내지의 군사 500명을 더하여 비로소 올겨울부터 먼저 본진을 옮겨 설치하는 것이 아마 마땅할 듯합니다. 더구나 군(郡)과의 거리가 매우 가까워 일에 편이(便易)한 점이 많고, 이민(吏民)과 전토(田土) 또한 예부터 하던 대로 하면 되어서, 옮길 것은 가사(家舍)일

46 여장(女墻) : 성의 담 위에 요철(凹凸) 모양으로 올려 쌓은 작은 담장을 말한다.

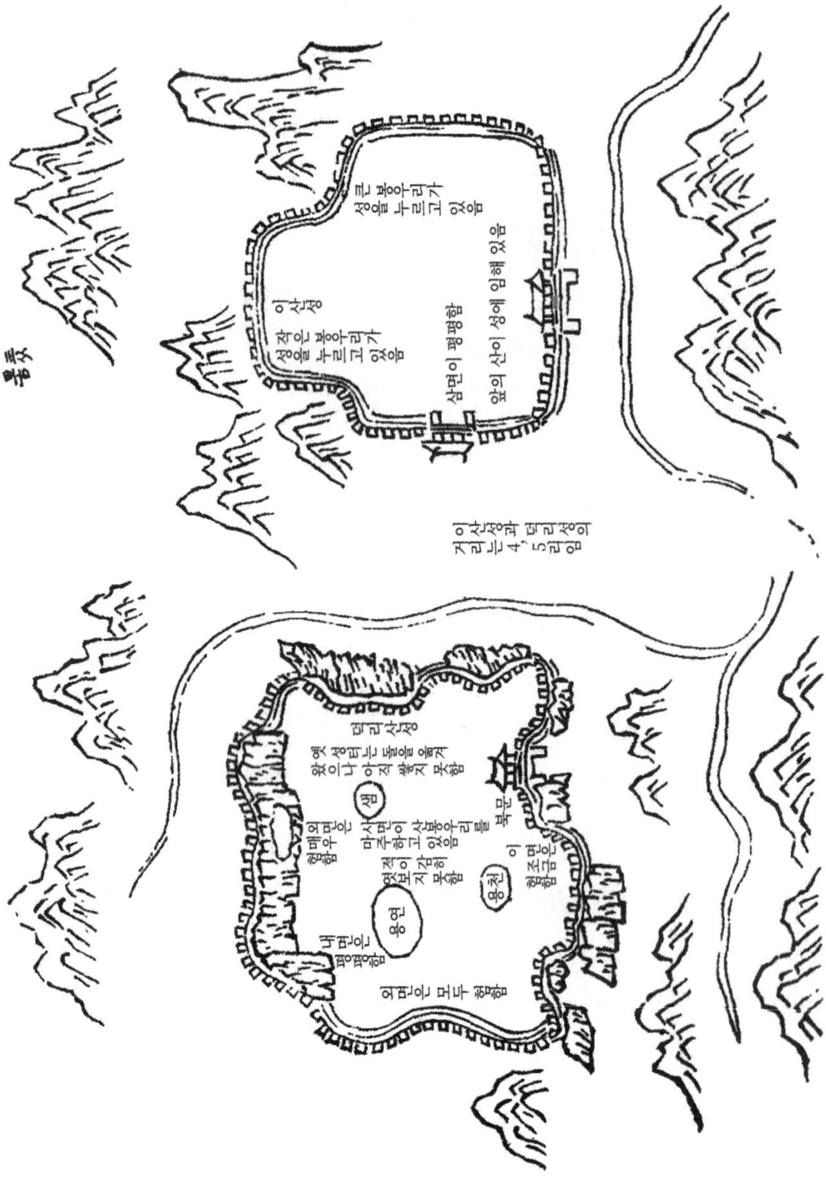
이산성
작은 봉우리가 성을 누르고 있음
큰 봉우리가 성을 누르고 있음
삼면이 평평함
앞의 산이 성에 임해 있음
이산성과 떠리성의 거리는 4, 5리임
떠리산성
샘
북문
용연
용천
외면은 모두 험함

따름입니다. 또 군수 박륜(朴崙)은 백성들의 마음을 매우 잘 얻었고 또 부지런하게 일을 한다는 칭찬이 있으니, 몇 년을 한계로 하여 감독을 맡기면 반드시 성과를 볼 것입니다.

산양회보 마땅히 형제암으로 진을 옮기고 군사 500명을 더하여야 함

山羊會堡 宜移鎭兄弟巖添軍五百名

아이 북쪽 50리, 이산군 서쪽 20리에 있습니다. 신은 산양회가 비록 작은 보이기는 하나, 지극히 긴요한 곳인 관계로 성지(城池)의 형세를 직접 스스로 자세히 살펴보지 않을 수 없다고 생각했습니다. 그래서 아이로부터 가서 살펴보려고 하였는데 강을 따라 석천(石遷)이 강물에 매몰되어 있어 인적이 통하지 않았습니다. 이에 마상(馬商)의 작은 거룻배를 타고 강을 거슬러 갔는데, 강물이 불어 물살이 급하고 양쪽 언덕에 깎아지른 절벽이 20여 리에 우뚝 서 있어서 발을 붙일 만한 곳이 없었습니다. 이미 노를 젓기도 어렵고 또 끌고 갈 수도 없어서 어쩔 수 없이 거룻배를 버리고 산을 올라 지름길로 이산(理山)으로 갔습니다. 이산으로부터 서쪽으로 20여 리를 달리자 곧 보(堡)에 이를 수 있었습니다. 이곳 산천(山川) 도로의 험함은 비록 용문(龍門) 검각(劍閣)[47]이라도 이보다 더할 수는 없을 것입니다.

47 용문(龍門) 검각(劍閣) : 용문은 중국 황하(黃河) 상류의 물이 급격히 쏟아져 내리는 협곡으로, 이곳은 세 층으로 이루어진 여울이 있어 수세가 매우 험하기로 유명한 곳이다. 검각은 사천성(四川省) 검각현(劍閣縣)에 있는 관문(關門)으로, 장안(長安)에서 촉(蜀)으로 들어가는 길목에 위치하는데, 검각현의 북쪽으로 대검(大劍)과 소검(小劍)이라는 두 산 사이에 잔교(棧橋)가 있는 요해처로 유명하다.

또 본보로부터 서쪽으로 10여 리를 나가서 이른바 '파저강'이란 강을 살펴보니, 크기가 대정강(大定江),[48] 청천강(菁川江)과 같고 북쪽으로 가다가 꺾여 남쪽으로 흘러 들어가 압록강에 합류하며, 정히 마치 보의 입구가 서로 마주하고 있는 듯하면서도 볼 수 있는 것이 10여 리였습니다. 노영(老營 본영(本營))은 강 상류에 자리하고 있으니 이곳과의 거리가 겨우 5일 일정의 정도라고 합니다. 강의 북쪽 30~40리 사이에는 또한 호인(胡人)들이 강 곁에 거주하고 있었는데, 여기서부터는 부락이 서로 연결되어 있다고 합니다.

신이 생각건대, 산천의 험함이 이미 이와 같고, 적의 침입을 받을 형세 또한 저와 같으니, 이른바 '적이 반드시 쳐들어오는 곳이고 우리가 반드시 지켜야 할 곳'으로, 마땅히 큰 진(鎭)을 설치하여 요충지를 장악해야 하는데, 작은 보와 잔폐한 성채는 산 밑에 붙어 있어서 사방에 험한 형세가 없고, 북쪽의 산은 성(城)에 임해 있어서 사람이 넘어 들어올 수 있습니다. 토병 20명은 지금 장차 이산에 첩입(疊入)하려고 합니다만, 이산 성지(城池)의 형세는 또한 본보와 더불어 다름이 없는지라, 다만 옮겨 이전하는 폐단만 끼칠 뿐, 결코 보호하고 지킬 수 있는 이치가 없으니 매우 우려할 만합니다.

서쪽으로 바라보니 동구(洞口) 10리쯤에 형제암이란 것이 있었는데, 암석 산이 둘러 있어 마치 하늘이 만든 형상인 듯하였습니

48 대정강(大定江) : 박천강(博川江) 또는 대령강(大寧江)이라고도 한다. 박천군의 서쪽 15리쯤에 흐른다. 《국역 신증동국여지승람 권54 평안도 박천군》

다. 토병에게 물어보니, 곧 옛날에 진(鎭)을 설치하기에 합당하다고 하였지만 수원(水源)이 부족하다고 하였습니다. 신이 직접 가서 둘러보니, 사면이 모두 험하여 절로 성의 형세를 이루고 있어서 벽동(碧潼), 아이(阿耳)와 더불어 형세가 서로 비등하였습니다. 그리고 동서쪽 골짜기 입구에는 또 수원이 있어서 제방을 쌓아 가두면 또한 물이 부족할 근심이 없겠습니다. 이전 사람들이 물이 작은 것을 흠결로 삼은 것은 혹 상세히 알지 못해서인 듯하였습니다.

만약 여기에 의지하여 성을 만들어 첨사진(僉使鎭)을 설치하기를 마치 만포(滿浦)의 제도처럼 하고, 내지의 군사 수백 명을 더해서 성을 쌓고 이로써 지킨다면 곧장 파저강에 임하여 오랑캐들의 문호(門戶)를 바로 마주해서, 저들의 왕래와 동정(動靜)이 환하게 눈에 들어오게 되니, 그 문을 잠그고 그 목을 눌러 막는 것과 다름이 없을 것입니다. 또 강가 10여 리에는 비옥한 토지가 시야 가득 들어오는데 모두 성 밑에 있으니, 만약 백성들을 모집해 들어와 농사짓게 한다면 사람들이 모두 즐거이 부합할 것이고, 몇 년 뒤에는 토병 수백 명을 얻을 수 있을 것입니다.

체부(體府 체찰사의 주영(主營))의 둔전(屯田)은 본보의 강가에 설치하여 농우(農牛) 13마리와 농군(農軍) 5, 6명을 주어서, 권관(權管) 김덕인(金德仁)으로 하여금 관장하도록 한 다음, 권관에게 친히 농인들을 거느리고 늘 수호청(守護廳)에 있으면서 한편으로는 간망(看望)하고 한편으로는 경작(耕作)하도록 해야 합니다. 대개 둔전이 있는 곳이 바로 파저강 입구에 자리하니, 평일에 오랑캐들이 여상스레 사람들의 가축을 노략질해 갑니다. 그러므로 강

곁의 좋은 밭은 매우 넓지만 금지하여 경작하지 못하고 있습니다. 지금 만약 형제암에 진을 설치하면 천 이랑의 좋은 밭이 성 밖에 둘러 있게 되는데, 비록 수호(守護)하고 간망(看望)하지 않더라도 보존하여 노략질해 갈 염려가 없을 것입니다. 지금은 체부의 둔전

이 또한 버려져 거친 곳에 설치되어 있는데 거의 몇 개월 갈이〔數月耕〕에 이르니 토지가 비옥하고 벼 알곡이 매우 무성하여 만약 바람과 서리의 재앙이 없다면 가을이 되매 수백 석(石)의 곡식을 거둘 수 있다고 합니다. 다만 가을과 겨울 사이에 오랑캐들의 동정이 두려워할 만하여 거두어 수확해서 보관해 두기를 조금도 늦추어서는 안 되는데, 농군(農軍)의 수는 적고 토병의 힘은 미약해서 형세상 감당할 수가 없습니다. 또 이산에 거두어들여 놓도록 명하면, 둔전이 있는 곳으로부터 이산까지는 35리이니 수송하는 폐단 또한 매우 적지 않을 것입니다.

조정에서 만약 요해처(要害處)를 장악하길 생각하여 형제암에 진(鎭)을 설치할 것 같으면 마땅히 병사(兵使)로 하여금 지형을 살펴보고 우선 내지의 군사 300명으로 목책을 견고하게 설치해서 둔전에서 거둔 곡식을 보관하여 진(鎭)을 설치할 기지로 삼아야 합니다. 그리고 특별히 부지런히 일하는 성실한 장수를 택하여 첨사(僉使)의 임무를 맡기고, 그 인민(人民)이 조금 모이고 둔전에서 거둔 곡식이 넉넉함이 있기를 기다린 뒤에 점차 석성(石城)을 쌓아도 안 될 것이 없습니다. 지금 의논하는 자들은 반드시 '축성한 곳이 이미 많아서 다시 새로운 진(鎭)을 설치함에, 힘이 넉넉할 겨를이 없다.'고 여깁니다만, 신은 다른 곳의 축성을 늦출 수는 있어도, 이곳은 급하게 축성하지 않으면 안 된다고 생각합니다.

갈헌동보 마땅히 권관을 혁파하여야 함

乫軒洞堡 宜革權管

이산 동북쪽 20리에 있으며, 이산에 첩입되었습니다. 성은 골짜기

가운데 있는데 둘레가 60여 첩이며, 토병이 7명입니다. 강의 북쪽 10리에는 노야동(爐也洞)의 적들의 길〔賊路〕이 있고, 서쪽으로 10리 떨어진 곳에는 장동(長洞)의 적로가 있으며, 북쪽으로 20리 떨어진 곳에는 야둔동(也屯洞) 부락(部落)이 있으니, 세 적로의 요충지가 되므로 여기에 보를 설치하였습니다. 하지만 형세가 좋지 않고 병사들이 또한 외롭고 약하여 성을 지키기에 어렵습니다. 만약 이산군의 덕리에 큰 진(鎭)을 설치한다면 또한 이 적로를 막아 제압할 수 있습니다.

직동보 마땅히 권관을 혁파하여야 함

直洞堡 宜革權管

갈헌 북쪽 25리에 있는데 하나의 큰 고개를 넘습니다. 성은 강 언덕에 있는데 둘레가 94첩이고, 토병이 17명으로, 겨울에는 위원(渭原)에 첩입됩니다.

남파보 마땅히 권관을 혁파하여야 함

南坡堡 宜革權管

직동 동북쪽 20리에 있는데 하나의 큰 고개를 넘습니다. 성은 강변에 있는데 둘레가 40여 첩이고, 토병이 10명이며, 겨울에는 위원에 첩입됩니다.

위원군 마땅히 군사 300명을 더하여야 함

渭原郡 宜添軍三百名

남파 동쪽 25리에 있으며, 이산과의 거리가 75리입니다. 산기슭을 따라 성을 만들었는데, 둘레가 200여 첩입니다. 서남쪽에는 거룻배가 다닐 만한 시내가 있으니, 성 아래를 둘러 나와 북쪽으로 강에 흘러 들어갑니다. 동쪽에는 큰 봉우리가 서로 이어져 있어 곧장 성중에 임해 있으니, 반드시 산봉우리 위에 돈대(墩臺)를 설치해야 하며 혹 성(城)으로 주봉(主峯)을 애워싸 들인 연후에야 형

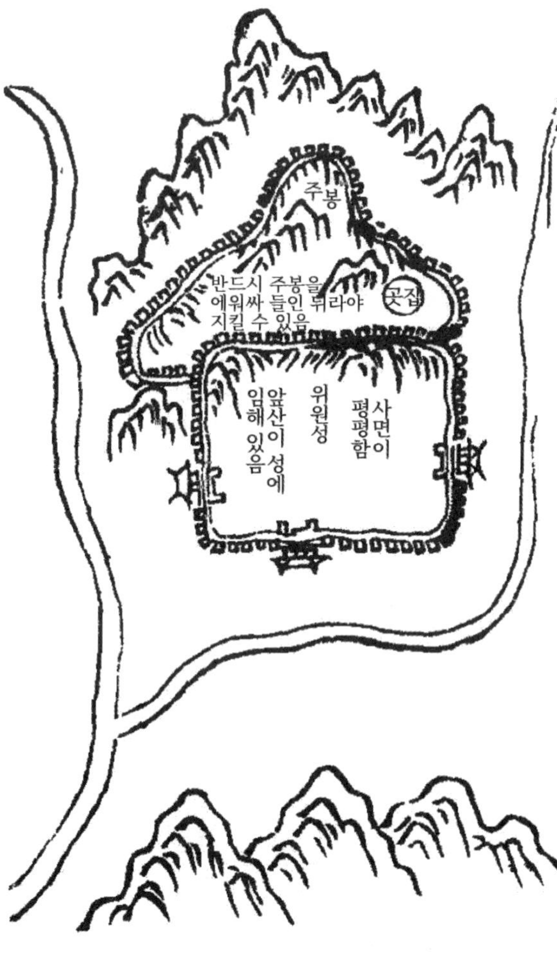

세(形勢)가 자못 온전할 수 있습니다. 지금 만약 입방군(入防軍) 300명을 더하여 군수(郡守)로 하여금 그 본성을 따라 증감하여 수리하고 쌓게 한다면 몇 개월 안에 수선하여 완전하게 할 수 있을 것입니다.

본성은 비록 정예병 1,000명이 있으나 방어하고 수비하기에 어려우니, 만약 뒷산 봉우리에 개축한다면 정예병 600~700명으로도 지킬 수 있습니다. 본군은 과거 무과 급제한 금군(禁軍)과 토병(土兵)이 95명이고, 군량은 5,500여 석(石)이며 대두(大豆)가 8,500석이고, 양 진영의 군량은 500여 석입니다. 군수 이계선(李繼先)은 맡은 직무에 부지런하여 군기(軍器)를 수리하고 정돈해 두었으며, 별도로 궁자(弓子 활) 30장(張)과 장편전(長片箭 긴 화살인 장전과 아기살인 편전) 77부(部)와 화약 100근(斤)을 갖추어 두었습니다.

오로량보 마땅히 만호를 혁파하여야 함

吾老梁堡 宜革萬戶

위원 동쪽 30리에 있으며 하나의 고개를 넘습니다. 압록강과의 거리가 조금 멀고, 독로강(禿魯江) 물이 설한령(雪寒嶺)에서 발원하여 강계성(江界城) 밖을 지나 본성의 북쪽으로 흘러내려서 압록강으로 들어갑니다. 성은 산 밑에 있는데 둘레가 100첩이고, 사면은 험하지 않으며, 남쪽 봉우리가 성을 누르고 있습니다. 지킬 수 있는 땅이 아니며, 위원진에 첩입되었고, 토병은 15명입니다.

고산리진 마땅히 군사 300명을 더하여야 함

高山里鎭 宜添軍三百名

오로랑 동쪽 30리에 있으며, 위원과의 거리는 60리입니다. 서쪽으로는 압록강에 다다라 있고, 동남쪽은 평평하며, 북쪽에는 갱참(坑塹 깊고 길게 파 놓은 구덩이)이 있습니다. 이로 인하여 성을 만들었는데, 둘레가 220여 첩입니다. 북쪽으로 구랑포동(仇良浦洞) 적로(賊路)가 15리 떨어져 있고, 여기에서 4식정(四息程 1식정은 30리) 거리에 적들의 초입 부락이 있으므로, 또한 긴요한 지역에 해당이 되는데, 성자(城子)가 잔폐하여 부서졌습니다. 첨사(僉使) 고경민(高敬民)이 입방군(入防軍) 20여 명을 거느리고 가서 개축하기를 반에 이르렀는데, 군사가 적어서 아직 완비하지 못하였습니다.

본성의 형세(形勢)는 평탄하고 험함이 서로 반반이니, 마땅히 정예병 500여 명을 써야 겨우 성을 지킬 수 있습니다. 그런데 토병과 출신한 금군(禁軍) 포·사수(砲射手)는 모두 100여 명이며, 군량은 본진과 병영(兵營)의 무곡(貿穀 양곡 매상)을 합해도 겨우 100여 석(石)입니다. 지금 마땅히 내지의 군사 300명을 더하여 본진에 입방(入防)토록 하고, 군량 1,000여 석을 저축해 두어서 완급(緩急)의 일이 있을 때 쓰는 용도로 갖춘 뒤라야 거의 창졸간에 닥치는 근심이 없을 것입니다.

벌징포보 마땅히 권관을 혁파하여야 함

伐澄浦堡 宜革權管

고산리 동쪽 45리에 있으며, 강과의 거리가 조금 멉니다. 성은 협곡 안에 있는데, 둘레가 200여 첩입니다. 긴요하게 지켜야 할 땅이 아니며, 겨울에는 곧 고산리에 첩입됩니다.

만포진 마땅히 군사 500명을 더하고 승격하여 군부를 설치해야 함

滿浦鎭 宜添軍五百名 陞設郡府

고산리 북쪽 50리에 있으니, 두 진(鎭)의 사이에 조도(鳥道)[49]가 강을 따라 수십 리입니다. 강변에 있는 여러 진의 곁 언덕에 성을 만든 것은 여기에서 그치며, 여기서부터 이상은 모두 내지에 진을 설치하였으니, 강변의 옛 군(郡)인 자성(慈城), 우예(虞芮), 여연(閭延), 무창(茂昌) 등지를 버려두고서는 지키지 못하기 때문입니다.

지형이 상류에 의거하여 형세가 웅장하고, 서변(西邊)으로는 강에 다다라 매우 험준하며, 북쪽에는 갱참(坑塹) 10여 길〔丈〕이 있습니다. 험준함을 따라 성을 만들었는데, 둘레가 640여 파(把)입니다. 다만 동남쪽으로는 산으로 이어져 평평하고, 또 모래 돌로 성을 쌓아 높이가 한 길〔丈〕에 불과하여 모양이 마치 돼지나 염소를 기르는 곳의 담장 같으며, 비가 내리면 무너지지 않는 날이 없어서, 성을 수리하는 공사가 일어나지 않는 해가 없습니다.

수항정(受降亭)[50]으로부터 동쪽으로 육지에 이어진 50여 파(把)는 전 첨사(前僉使) 원사립(元士立)[51]이 개축하였고, 남문(南門)

49 조도(鳥道) : 새 정도나 통과할 수 있을 만큼 험한 길을 말한다. 《화양국지(華陽國志)》에 "조도(鳥道) 4백 리가 너무 험하여 짐승도 다닐 길이 없고 다만 위로 날아다니는 새의 길만이 있다."라고 한 데서 유래하였다.

50 수항정(受降亭) : 오랑캐들로부터 항복을 받는다는 뜻으로 이름을 지은 정자이다. 1531년(중종26)에 만포 첨사(滿浦僉使)로 있던 장언량(張彦良)이 세웠다.

으로부터 동문에 이르기까지 350파는 현 첨사 김응서(金應瑞)[52]가 지난 가을부터 개축한 것으로 높이는 4장(四丈)을 한계로 하고 첩은 1장(丈)을 한계로 하였으니 가장 견고하게 되었습니다. 다만 입방군이 많지 않은 까닭으로 공사를 다 마치지 못하였기에 미처 쌓지 못한 곳이 아직 140여 파 있습니다.

성 가까운 동쪽 변에는 두 봉우리가 우뚝 솟아서 곧장 성안을 누르고 있으니, 적이 만약 높은 곳에 올라가 굽어 내려다본다면 성안의 동정과 허실을 알지 못함이 없으며 화살과 투석이 성내에 통투할 수 있습니다. 이곳을 만약 미리 대비하지 못하여 적들이 먼저 점거하도록 한다면, 성이 비록 백 장(丈)이라 하더라도 앉아서 패배할 것을 미리 알 수 있습니다.

첨사 김응서의 생각은 '이 두 봉우리에 그 천연의 요새를 따라 외성(外城)을 물려 쌓아서 성안으로 들이고, 토병을 더 늘려 거처토록 해서 큰 진(鎭)을 만들어 설치하면 형세(形勢)가 매우 완전해질 것이니, 비록 백만의 적이라 할지라도 감히 우러러보지 못할 것인데, 매번 어려운 시기에 공사가 과중함을 어렵게 여기고 있다.'라는 것입니다. 신의 소견으로는 '비록 외성(外城)을 물려 쌓지 않더라도, 가까운 요해의 봉우리 두세 곳을 택하여 별도로 돈

51 원사립(元士立) : 1569~1610. 본관은 원주(原州), 자는 현경(顯卿)이다. 나이 23세에 급제하여, 도총관 도사, 김해 부사, 평안도 병마우후 등을 역임하였다.

52 김응서(金應瑞) : 김경서(金景瑞, 1564~1624)의 초명이 응서이다. 본관은 김해(金海), 자는 성보(聖甫)이며, 시호는 양의(襄毅)이다. 무과에 급제한 후 임진왜란 때 왜적을 소탕하고 성을 탈환하는 데 큰 공을 세웠다. 평안도 방어사, 평안도 병마절도사, 북로 방어사 등을 역임하였다.

대(墩臺)를 설치하고 네 면에 돌 수레를 배치하여 우리 군이 쓸 수 있게 하면, 단지 수십 명의 군졸로도 각각 하나의 돈대를 지켜내고, 형세가 마치 자모(子母)의 진지 같아서 앞뒤에서 협공하는 기각(掎角)의 형세로 서로 원조할 수 있으리니 뒷날 반드시 완전한 승리를 거둘 터전이 될 것이다.'라는 것입니다.

두 계책 중 편의(便宜)한 계책을 다시 병사(兵使)와 감사(監司)로 하여금 서로 논의하여 형세를 자세히 살펴서 처리하도록 하고, 축성할 군사를 요량하여 들여서 첨사로 하여금 감독해서 성취토록 해야 하니, 국가가 변방에 진을 설치하는 계책에 있어 이것이 제일 먼저 힘써야 할 것입니다. 다만 본성은 반드시 정예병 1,000여 명에 군량 10,000여 석(石)이 있어야 거의 만전(萬全)할 수 있는데, 성내의 토병은 단지 100여 명이고 입방군 또한 100명을 넘지 않으며, 군량은 겨우 300석입니다. 혹 뜻하지 못한 변고가 있으면, 형세가 하루 안에 계책을 내어 대응하기에 미치지 못하는데도, 조정에서는 눈앞의 무사함에 빠져서 성을 튼실히 하여 미리 대비하는 계책을 내지 않으니, 참으로 마음을 서늘하게 합니다.

본포는 강변 첫머리에 있는 진(鎭)으로 호인(胡人)이 마주치는 곳이니, 비록 평일에 완전할 때일지라도 십분 뜻을 다 쏟지 않을 수 없습니다. 근본을 두터이 하고 구량(糗糧 말린 식량, 곧 군량)을 저장해 두며, 성을 완비하고 갑옷을 수선해 두며 위무(威武)를 성대하게 펼치고 장정들을 모집하여 조밀하게 성내에 거주토록 해서 적들이 보는 바로 하여금 날마다 새롭고 엄밀해 보이도록 해야 하거늘, 하물며 이 북로(北虜)가 으르렁거리며 엿보는 때야 말할 게 있겠습니까.

본진은 강계(江界)에 소속되어 군읍(郡邑)을 두지 않았기 때문에 백성도 없고 군량도 없어서 끝내 형편이 없는 데 이르고 말았습니다. 만약 근본을 두터이 하고 군사 식량을 풍족하게 하고자 한다면 본진에 군(郡)을 두는 것이 가장 좋습니다. 또 강계의 읍(邑) 됨됨이가 땅은 넓지만 사람이 드물어 먼 촌락의 백성들이 험준한 고개를 넘고 큰 시내를 건넘에 혹 5, 6일의 일정에 이르니, 백성들이 매우 괴로워합니다. 그리고 본읍의 물력(物力) 또한 땅이 넓다고 해서 더 풍부하지는 않아 이미 잔폐한 읍이 되었습니다.

신이 강변의 열읍(列邑) 5, 6곳을 살펴보니 땅이 100리에 불과한데도 오히려 성(城)도 있고 병사도 있었는데, 단지 군사가 적음을 한스러워하였고 땅이 협소한 것을 근심하지 않았습니다. 지금 강계 땅은 서쪽으로 고산리(高山里)로부터 북쪽으로 이동(梨洞)에 이르고 남쪽으로 적유령(狄踰嶺)에 이르기까지 500여 리에 13개 진(鎭)과 보(堡)가 한 경내에 열 지어 있는데, 다만 사람이 없는 것이 근심이고 땅이 없는 것은 근심거리가 아니었습니다. 마땅히 고산리 이동(以東)으로부터 상토(上土) 이서(以西)까지의 일곱 진(鎭)은 만포에 소속시켜 부(府)를 만들고, 이현(梨峴) 이남으로부터 적유령에 이르기까지 일곱 보(堡)는 강계부에 소속시키면, 두 읍이 고르고 알맞아 땅이 부족하지 않으면서 만포의 방어가 긴요한 곳에는 더욱 중요한 관문이 될 것입니다. 신이 순시하며 돌아볼 때, 고산과 상토 등의 일곱 보(堡)에 있는 백성들이 저마다 글을 올려 이렇게 말하였습니다.

"만포에 읍을 두면 다섯 가지 해로움을 제거하고 다섯 가지 이익이 있습니다. 만포는 호인(胡人)에게 음식을 장만해 주는 물품을 모두 강계에서 마련하는데, 장애되는 바가 많이 있습니다. 지금 만약 읍을 두면 이를 마땅히 스스로 마련해서 본부를 번거롭게 하지 않으리니, 이는 이익이 있고 해로움이 없는 첫 번째입니다. 먼 곳 촌락의 백성들이 산을 넘고 물을 건너 무릇 공부(貢賦)와 요역(徭役)이 있을 때 양식을 싸서 부(府)에 들어가는데, 그때마다 열흘이 소요됩니다. 지금 가까이에 붙어 있는 것을 나누어 두 읍에 소속시키면 백성들이 모두 편하게 여길 것이니, 이는 이익이 있고 해로움이 없는 두 번째입니다. 무릇 사신(使臣) 변장(邊將)의 순행이 있을 때, 각 참(站)의 맞이하는 군사와 대동해 온 병졸을 서쪽으로는 오로량진(吾老梁津) 머리에서 교체하고 남쪽으로는 적유령(狄踰嶺) 위에서 교체합니다. 이 둘 사이의 거리가 10여 일이 걸릴 만큼 떨어져 있어 군사를 징발해서 기다려 맞이함에 혹 수십 일이 소요됩니다. 또 도로가 험하고 교량이 통하지 않아서 수리·보수하는 공사로 거의 쉴 여가가 없고, 바야흐로 농사철이 되면 이로 인하여 생업을 잃어버립니다. 그래서 진(鎭)을 설치하기를 만포(滿浦)의 백성들뿐만 아니라 본읍의 사람들 또한 똑같이 원하니, 이는 이익이 있고 해로움이 없는 세 번째입니다. 더구나 읍을 설치하는 데 어려운 것이 그 관속(官屬)과 노비를 이주시키는 근심과 관사(官舍), 창고, 옥사를 경영해 짓는 폐단이 있기 때문이겠습니까. 지금 비록 만포에 읍을 설치하더라도 관사와 창고와 옥사가 구비되어 있고, 향리(鄕吏)와 노비가 각각 그 처소가 있으며, 본부 또한 만포에 힘을 분산시키는 폐단을 줄이니, 이는 이익이 있고 해로움이 없는 네 번째입니다. 일곱 보

(堡)의 백성들은 무릇 공부(貢賦)와 빙정(氷丁)의 납부, 예초(刈草)와 사냥의 부역에 참여하느라 험한 길을 건너 양식을 싸 가지고 감에 여러 날이 걸립니다. 그러므로 반드시 본부의 사람에게 방납(防納)[53]을 맡기매, 그 값이 배로 증가합니다. 군기(軍器)에 사용되는 동철(銅鐵), 정철(正鐵), 녹피(鹿皮), 장피(獐皮), 교사(膠絲 끈끈이 실), 궁각(弓角) 등의 물건에 이르러서는 모두 본부에 납입하니, 폐단이 백성들에게 미치는 점이 많습니다. 지금 만약 읍을 설치하면 본부는 방납의 폐단이 없어지고 본진은 기계(器械 무기 등)를 갖출 수 있으니, 이는 이익이 있고 해로움이 없는 다섯 번째입니다."

대개 사는 곳에 따라 사유를 적어 올려 두 읍을 설치하기를 원한 자가 모두 강계의 사람이면서 그 말이 다 같았으니, 그렇다면 한 경내 백성들의 마음을 여기에서 알 수 있고, 만포에 읍을 설치함의 이로움과 해로움이 분명히 드러납니다. 설혹 본부의 관리(官吏)가 그 땅을 분할하기를 싫어하여 조금 편치 않은 말을 하더라도 여기에 구애되어서는 안 됩니다. 이전부터 일곱 보〔七堡〕의 백성들이 해마다 새해 아침에 만포에 읍을 설치하기를 축원하였고, 여러 번 지나가는 사신(使臣)에게 그 이로움과 해로움을 진술하였지만 지금까지 그 원하는 바를 이루지 못하였습니다. 이것이 어

53 방납(防納) : 주군(州郡)에서 여러 관사(官司)에 바치는 공물(貢物)을 백성들이 혹 스스로 준비해 바치지 못할 경우, 하급 관리나 상인들이 이를 대신 관에 바치고 그 값을 받던 것을 말한다. 이 때문에 대신 바치는 상인이나 하급 관리가 중간 이익을 얻는데, 곱절로 받는 경우가 많았다. 국가에서 징수의 편의를 위해 이것을 장려하였으나, 폐단이 많아 임진왜란 이후 이를 폐지하고 대동법(大同法)을 시행하였다.

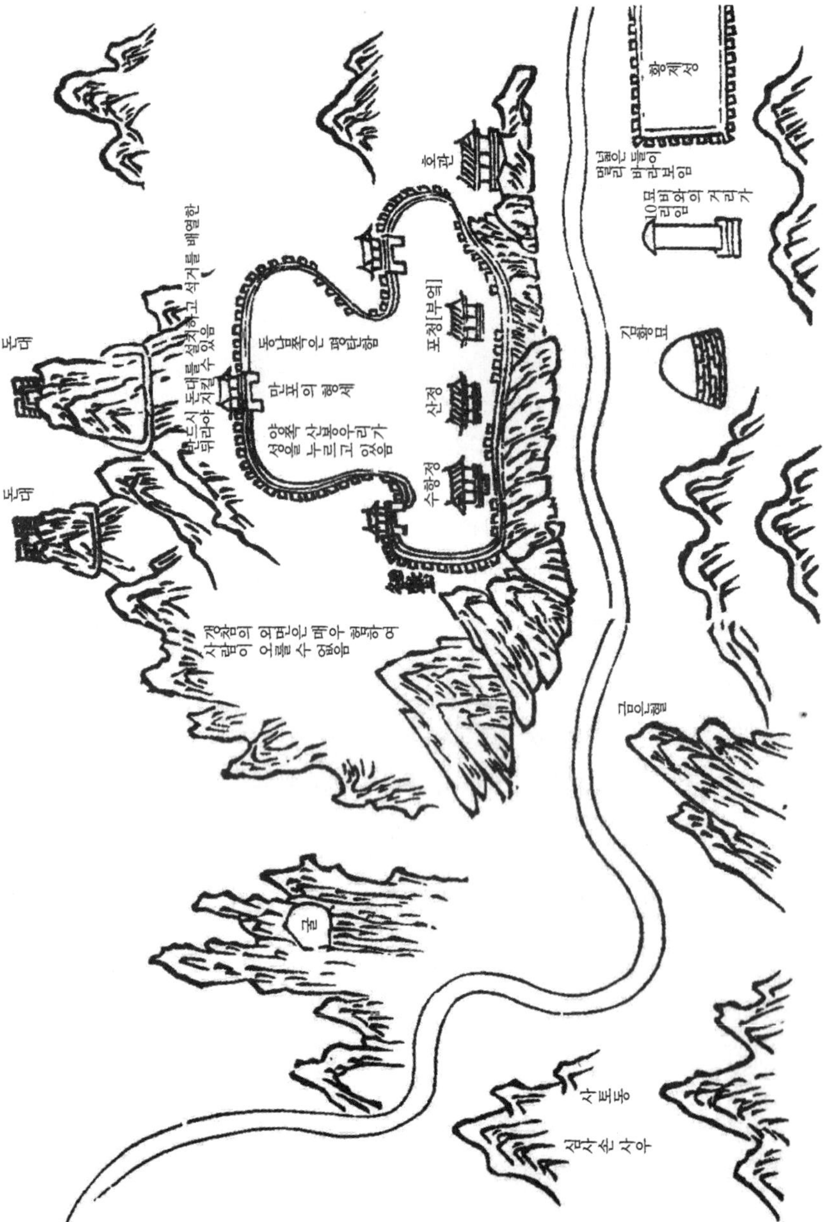
돈대
돈대
반드시 돈대를 설치하고 석거를 배열한 뒤라야 지킬 수 있음
동남쪽은 평탄함
만포의 형세
양쪽 산봉우리가 성을 누르고 있음
갱참의 외면은 매우 험하여 사람이 오를 수 없음
수항정
산정
포청[부엌]
호관
굴
사토동
심사손 사우
금은혈
김황묘
묘비와의 거리가 10리임
넓은 들이 멀리 바라보임
황제성

찌 모두 사사로운 마음이 발동한 바에서 나온 것이라 하겠습니까.

또 하나의 폐단이 있습니다. 부사(府使)와 첨사(僉使)는 같은 품계의 관직으로, 직임이 모두 첨절제사(僉節制使)여서 서로 통섭하지 못합니다. 그래서 예로부터 지금까지 서로 고하(高下)를 다투매 부사는 그 땅에 소속된 진(鎭)이라는 이유로 본진을 절제하고자 하고, 첨사는 자신 또한 절제하는 관직이라는 이유로 부사의 명을 따르지 않습니다. 마침내 혐의하고 틈이 생겨, 성난 것을 토병에게 풀며 채찍질을 마구 하고 잡역을 배로 징발하니, 이로 인하여 흩어져 떠돌아다니는 자가 또한 많습니다. 평상시에도 이와 같은데, 만약 위급한 일이 있으면 어찌 유지(維持)하고 서로 구원해 줄 수가 있겠습니까.

지금 마땅히 북도(北道) 회령(會寧)의 제도에 의거하여 주진(主鎭)의 첨사를 가선관(嘉善官)으로 삼는다면 본부가 압도할 수 없어서 길이 서로 다투는 근심이 없어질 것이며, 한편으로는 여러 보(堡)를 꽉 누르고 한편으로는 변방의 호인(胡人)에게 위엄을 보이리니, 그런 뒤라야 위엄과 권한이 나누어지지 않고 호령이 한 곳에서 나올 것입니다.

건자포보 마땅히 권관을 혁파하여야 함

乾者浦堡 宜革權管

만포 동남쪽 20리에 있으며, 성은 산기슭에 있는데 둘레가 70여 첩이며, 토병은 13명입니다. 지킬 수 있는 땅이 아니며, 겨울에는 만포에 첩입됩니다.

외질괴보 마땅히 권관을 혁파하여야 함

外叱怪堡 宜革權管

건자포 동쪽 20리에 있으니, 북쪽으로 적로(賊路)와의 거리가 20리입니다. 성은 평지에 있는데, 둘레가 330여 첩이고, 토병은 13명입니다. 지킬 수 있는 땅이 아니며, 겨울에는 만포에 첩입됩니다.

권관(權管) 오직(吳稷)[54]은 부임해 온 지 오래지 않아 명성이 이미 드러났으니, 달아났던 병졸들이 많이 돌아오자 힘써 농업을 권장하고 군기를 수리・관리하였으며, 게다가 무재(武才)와 문필(文筆)에 모두 능하니 일을 맡길 만합니다.

등공구비보 마땅히 권관을 혁파하여야 함

登公仇非堡 宜革權管

외질괴 동쪽 15리에 있으니, 상시로 적들이 정탐하는 곳입니다. 성은 산기슭 평평한 땅에 자리하여 지키기에 불가하며, 성 둘레는 140여 첩이고, 토병은 14명입니다. 겨울에는 상토(上土)에 첩입됩니다.

상토진 마땅히 군사 500명을 더하고 첩입하지 말도록 해야 함

上土鎭 宜添軍五百名 勿令疊入

등공구비 북쪽 15리에 있으니, 만포와 70리 거리입니다. 동쪽으로는 이령(梨嶺)을 넘어 이동보(梨洞堡)와 40리 거리이고, 북쪽으로는 마전령(麻田嶺)을 넘어 적로(賊路) 20리에 있습니다. 진(鎭)

54 오직(吳稷) : 1575~1619. 본관은 해주(海州), 자는 사형(士馨)이다. 나이 20세에 무과 급제하고, 선전관, 군기시 주부, 도총부 도사 등을 역임하였다.

으로부터 가장 큰 적로(賊路)인 서해평(西海坪 자성강구(慈城江口) 부근의 호인(胡人) 부락임) 강변에 이르기까지는 오식(五息, 30리) 노정이고, 다음으로 큰 적로인 조아평(照牙坪)에 이르기까지는 80리로, 이는 가장 적로의 요충지가 됩니다. 강 여울은 만포(滿浦)로부터 이상이 모두 얕은 여울로 건널 만합니다. 성은 평지에 있는데, 한 면은 갱참을 따라 험준함에 의거하였고, 한 면은 평평하여 반드시 견고하게 쌓아 힘을 다한 뒤라야 지킬 수 있습니다. 성은 둘레가 140여 첩입니다. 토병은 30여 명인데 달아난 자가 30여 명이며, 군량은 단지 40여 석(石)이 있으니, 변고가 있으면 마땅히 만포에 첩입하여야 합니다.

그렇지만 신의 계책으로는 상토는 진(鎭)의 됨됨이가 적로(賊路)에 가장 가까우니 진을 설치하지 않아서는 안 되고, 본진의 성지(城池)가 비록 형세(形勢)를 갖추지 못했다 하더라도 한쪽 면은 험지에 의거하니, 만약 이로 인하여 견고하게 쌓고 군량 1,000여 석을 더 비치하고 방어할 군사 500명을 더한다면 또한 한쪽 면을 유지할 수 있을 것입니다. 첨사(僉使) 한유길(韓惟吉)은 새로 도임한 지 얼마 되지 않았지만 부지런하고 유능하며 맑고 삼가 군민(軍民)들이 사랑하고 존중합니다. 만약 이로 인하여 지키고서 첩입하지 말도록 하며 더욱더 수축하게 한다면, 그 변방 울타리를 철거하여 적에게 길을 열어 주는 것보다 훨씬 좋은 방법일 것입니다.

이동보 마땅히 권관을 혁파하여야 함

梨洞堡 宜革權管

상토 남쪽 40리에 있는데, 이현(梨峴) 험준한 고개가 중도에 막혀 있어 인마(人馬)가 겨우 통과합니다. 본보 동북쪽에는 모두 적로(賊路)가 있으니, 서해평으로부터 곧장 강계(江界)로 향하는 길이 가장 적의 침입을 받을 수 있는 곳입니다. 성은 평지의 작은 시냇가에 있는데, 둘레가 200여 첩이고, 물가의 양쪽 면은 조금 험하고 산 주변의 두 면은 평평하며, 남문(南門)은 60~70척(尺)으로 더욱 낮게 움푹합니다. 이전에 권관 하태좌(河台佐)란 자가 있었으니, 그 옛터를 버리고 질퍽한 땅에 물려 축성을 하였는데, 마주하는 곳 지척에 작은 언덕이 있어서 지세(地勢)에 매우 어긋났습니다. 지금 마땅히 옛터를 따라 개축하여야 이 보를 방어하고 지킬 수 있습니다. 하지만 뒤에는 상토가 있고 앞에는 추파가 있으니 반드시 진(鎭)을 설치할 필요는 없습니다. 지금은 강계(江界)의 성에 첩입되었고, 토병은 16명입니다.

추파진 마땅히 군사 200명을 더하여야 함

楸坡鎭 宜添軍二百名

이동 남쪽 20리에 있으니, 동북쪽에는 모두 큰 적로(賊路)가 있습니다. 성은 평지 냇가에 있는데, 둘레가 160여 첩입니다. 서북쪽 냇가는 험준하여 범하기 어려우며, 동남쪽은 평탄하여 반드시 성지(城池)를 견고하게 쌓아야 적을 막을 수 있으며, 토병은 23명입니다. 이 진은 또한 적로의 요충지에 자리하며 강계의 문호(門戶)가 되니, 비록 큰 적을 막아 낼 수는 없다 하더라도, 만약 수백 명의 군사가 있으면 오히려 조무래기 적들을 제압할 수 있습니다. 마땅히 성을 보전하고 백성들을 모으며 입방군(入防軍) 200명을 더하여 상토와 강계 두 진(鎭)을 성원할 수 있게 함이 옳습니다.

종포보 마땅히 권관을 혁파하여야 함

從浦堡 宜革權管

이동 남쪽 15리, 황청 동쪽 15리, 추파 서쪽 8리에 있으며, 성은 평지에 있는데 둘레가 60여 첩입니다. 서문(西門) 밖 100보쯤에는 성에 임한 산이 있으니 결코 지킬 수가 없습니다. 또 몇몇 보(堡) 사이에 끼어 있으니 마땅히 추파와 합하여야 합니다. 토병은 23명입니다.

황청보 마땅히 권관을 혁파하여야 함

黃靑堡 宜革權管

북쪽으로 매우 험준한 황청령이 있으며, 성은 산 밑에 있는데 둘레가 70여 첩입니다. 성은 지킬 수 있는 형세가 없으며 또 긴요한 땅이 아니므로 마땅히 강계에 합해야 합니다.

마마해보 마땅히 권관을 혁파하여야 함

馬馬海堡 宜革權管

추파 남쪽 25리, 강계 북쪽 15리에 있는데, 북쪽에는 적로(賊路)가 있습니다. 성은 평지에 있는데 둘레가 100여 첩이고, 토병은 16명입니다. 성은 지킬 수 있는 형세가 없으며 또한 강계에 가장 가까우니 보(堡)를 설치하기에는 마땅하지 않습니다.

고협보 마땅히 진을 별하로 옮기고 군사 200명을 더하여야 함

古洽堡 宜移鎭別河 添軍二百名

강계 남쪽 75리 어지러운 산지 가운데 있는데, 사방에 외부에서

성원해 줄 곳이 없고 사람의 발자취가 이르지 않습니다. 북쪽으로 마마해에 이르고 서쪽으로 대로(大路)에 이르기까지가 모두 60여 리입니다. 대개 설한령(薛罕嶺)을 왕래하는 길로 이 보를 설치한 듯합니다. 하지만 설한령과의 거리가 10여 식(息) 떨어져 있어서 소식이 통하지 않으며, 또 후미져 깊숙한 골짜기에 자리하여 거주하는 백성이 드물고 적어서 경작하고 씨를 뿌릴 수가 없으며, 토병이 날로 점점 시들고 피폐해져서 이미 버려진 땅이 되었습니다.

본보 아래에 흐르는 70여 리 물길을 이름하여 '별하(別河)'라고 하니, 곧 적유령(狄踰嶺) 대로(大路)입니다. 강계와 80리 거리에 있고 적유령과 100여 리 거리에 있어서, 적들이 강계에 바짝 다가와 희천(熙川)을 뚫고 지나갈 때 반드시 이 길을 지나가니 가장 긴요한 곳이 됩니다. 또 평상시 크고 작은 공적인 행차로 희천, 강계를 왕래하는 자 또한 이 길을 지나갑니다. 또 수백 명이 경작할 만한 좋은 전답이 있는 곳이면서 형세(形勢)가 험조(險阻)하여 진(鎭)을 설치하기에 가히 합당합니다. 마땅히 고협보를 옮겨 이곳에 설치하여 만호진(萬戶鎭)으로 승격시키며, 백성들을 모집하여 농사를 짓게 하고 3년을 기한으로 복역(復役)[55]게 하면 희천 일로(一路)가 단절되는 우려가 없을 수 있습니다. 만약 축성을 어렵게 여긴다면 우선 목책을 설치해 놓고서 때를 기다려 축성하는 것도 안 될 게 없습니다.

권관 안신도(安信道)는 몸가짐이 청렴하고 삼가며 직책을 수행함에 부지런하고 유능합니다. 전에 북도(北道)에 있을 적에 누차

55 복역(復役) : 부과된 세금과 부역을 면제하는 것을 말한다.

성적(聲績)이 드러났고, 또 그 무예(武藝)가 여러 장수 가운데 가장 뛰어납니다. 이렇듯 한 사람에게 진(鎭)을 옮기는 일을 전적으로 맡기고, 승격해서 만호(萬戶)로 삼는다면 몇 년 되지 않아서 반드시 이루는 효과가 있을 것입니다.

강계부 마땅히 군사 300명을 더하여야 함

江界府 宜添軍三百名

만포(滿浦) 동남쪽 130리에 있으니, 천협(川峽)이 깊고 험하여 인마(人馬)가 통행하기 어렵고, 북쪽으로 추파와의 거리가 30여 리입니다. 성은 산기슭 두 시내가 교차해 흘러 모이는 곳에 있으니, 서북쪽은 강에 임한 깎아지른 절벽이고, 동남쪽은 평퍼짐하며 또 100보쯤 떨어진 곳에 마주하는 산이 있는데, 둘레가 600여 타(垜 장벽)입니다. 지금 바야흐로 동남쪽을 개축하고 있는데 공사를 아직 마치지 못하였습니다.

대개 강변의 여러 진이 상토(上土)에서 그쳤는데, 이 강계부는 홀로 수상(水上) 적로(賊路)의 요충지에 당해 있으니, 동쪽으로는 설한령으로 이어져 삼수(三水)와 별해(別害) 지역에 이르고, 남쪽으로는 적유령을 통과하여 희천(熙川)과 영변(寧邊) 길에 도달합니다. 또 여연(閭延)과 무창(茂昌)을 지키지 못한 뒤로, 호인(胡人)이 강을 넘어와서 거주하는 자가 날로 점점 많아지고 있으니, 서해평과 조아평에서부터 추파를 향해 돌격해 온다면 이 지역이 반드시 먼저 적의 공격을 받을 것입니다. 하지만 산천이 중첩되어 있고 사면이 깊고 후미져서 절벽을 가로질러 잔도를 만들고 계곡에 돌을 놓아 돌다리를 만들었으니, 군사와 말이 통할 수 있는 곳이 아닙니다. 만약 험조한 형세에 의거하여 복병을 많이 배치한다면 적들이 반드시 감히 마음대로 다니며 방자한 뜻을 행하지 못하다가, 오래 지나서는 스스로 물러날 것입니다.

본부는 토병이 100여 명 있는데 모두 말을 잘 타고 활을 잘 쏘며, 경내의 민정(民丁) 또한 900여 명에 이릅니다. 만약 조정에서 특별히 위안하고 보살펴 주어 그 부역(賦役)을 견감해 주고, 내지의 군사 수백 명을 더하여 항상 일정하게 방어하고 수비하도록 한다면, 몇 년을 기한으로 거의 완취(完聚)할 수 있어서 희천 일로(一路)에 우려가 없을 수 있을 것입니다.-강을 따라 있는 여러 진은 여기에서 그쳤다.-

내지의 방어하여 지킬 곳

內地控守之處

강변의 길〔路〕 가운데 내지(內地)를 뚫고 가는 길이 여섯이 있는데, 대로(大路)가 셋이고 지름길〔徑路〕이 셋입니다. 의주(義州)로부터 용천(龍川)과 선천(宣川)으로 향해 가서 안주(安州)에 도달하는 것, 창성(昌城)으로부터 삭주(朔州)와 귀성(龜城)으로 향해 가서 영변(寧邊)에 도달하는 것, 강계(江界)로부터 희천(熙川)으로 향해 가서 영변(寧邊)에 도달하는 것, 이것이 세 대로입니다. 창성과 창주(昌洲)로부터 완항(緩項)을 경유하여 청산성(靑山城) 아래를 지나 운산(雲山)에 도달하는 것, 벽동(碧潼)과 벽단(碧團)으로부터 구계(九階)를 경유하여 청산성 아래를 지나 운산에 도달하는 것, 이산(理山)과 위원(渭原)으로부터 주사령(朱沙嶺)을 경유하여 고연주(古延州)를 지나 운산에 도달하는 것, 이것이 세

지름길입니다.

지금 의주로부터 안주에 이르기까지는 각 참(站)이 연결되어 있어 소식을 전함이 끊어지지 않고, 또 삭주와 귀성 등지에도 진(鎭)을 설치하고 성을 쌓았는데, 오직 희천과 운산만은 세 지름길의 요충지에 자리하고 있음에도 홀로 축성(築城)해서 방수(防守)하는 곳이 없습니다. 청산성은 이미 창성과 창주, 벽동과 벽단, 위원과 이산의 세 길이 모이는 곳으로 형세가 매우 험하여 예전부터 진을 설치한 곳이 있습니다. 만약 이로 인하여 지킨다면 방어함에 번거롭게 하지 않고도 적들이 감히 침범하지 못할 것입니다. 또 그 성 아래에는 좋은 전답이 매우 넓게 있으며 거주하는 백성 또한 많습니다. 마땅히 이 땅을 분할하여 운산에 소속시키고, 군(郡)을 성내로 옮기고 군사 수백 명을 더하여, 겨울이 되면 병사(兵使)로 하여금 이곳에 옮겨 와 머물게 해서, 한편으로 강변을 응원(應援)하고 한편으로 내지의 자물쇠 역할을 하도록 해야 합니다. 그리하면 한곳을 방어하고 지켜 삼로(三路)를 막아서 우뚝하게 내외 보거(輔車)[56]의 형세가 있게 됩니다.

희천군(熙川郡)은 산 협곡 깊숙하고 후미진 곳에 끼어 있습니다. 강계(江界)와의 거리가 400리로, 시내와 산봉우리가 험하고 좁으

56 보거(輔車) : 보(輔)는 위턱뼈, 거(車)는 치아의 아래턱뼈를 의미하는 것으로, 서로 뗄 수 없는 밀접한 관계에 있다는 말이다. 《춘추좌씨전(春秋左氏傳)》 희공(僖公) 5년 조에, "광대뼈와 잇몸이 서로 의지하고, 입술이 없어지면 이가 시리게 된다.〔輔車相依, 脣亡齒寒.〕"라고 한 데서 유래하였다.

며 나무숲이 가려져 어둑하고, 그 사이에는 사람의 발자취가 끊어져 없습니다. 참역(站驛)은 군 지역에 있는 것이 셋이고 강계에 있는 것이 다섯인데, 또한 모두 잔폐하고 부서져 형편없어서 파발이 전달되지 않습니다. 만약 여름에 비가 내리거나 겨울에 눈이 내릴 때면 소식이 통하지 아니합니다. 크고 작은 공적 행차로 왕래할 즈음에는 돌 잔도를 마련하고 교량을 보수하느라 인마(人馬)를 독촉해 가매 구덩이와 계곡에 꺼꾸러지고 넘어지니, 잔폐한 호(戶)의 가난한 백성들이 그 고초를 이기지 못합니다. 그래서 토착민들이 점점 유랑하여 흩어지기에 이르고, 흘러 들어오는 자도 끊기어 왕래하지 않습니다.

금번에 신이 가서 잔폐하고 부서진 형상을 직접 보니, 다른 고을보다도 심하였습니다. 군내(郡內)는 쓸쓸하고 적막한 수십 가(家) 외에 사람이 거주하며 농사짓는 곳이 끊어져 없었고, 온 경내의 전결(田結)은 단지 60호(戶)에 인리(人吏)는 14명, 노비는 20명뿐이었습니다. 본군은 이 영로(嶺路)의 요충지인데 시들고 피폐함이 이와 같아서 자못 강변 내외의 맥락이 끊기는 데 이르렀으니, 이것은 작은 근심이 아닙니다.

신의 망령된 생각은 이렇습니다. 본군과 운산(雲山)은 되살아나서 회복될 동안 공부(貢賦)를 견감(蠲減)해 주고, 어진 관리를 택하여 보내되 그 가족을 데리고 가는 것을 면제합니다. 그리고 또 두 군으로부터 강변에 이르기까지는 마땅히 보(堡)와 대(臺)를 설치하되, 90리에는 하나의 작은 보(堡)를 설치하고 40리에는 하나의 돈대(墩臺)를 설치하기를 중원(中原)의 제도와 같이합니다. 작은 보의 경우는 보를 지키는 관원 한 명을 배치하고 병졸 50~60

명을 머무르게 하며, 돈대의 경우는 병졸 20~30명을 머무르게 하는데, 두 군(郡)의 군사를 각각 100여 명씩 내어 강변의 부방(赴防)을 면제시켜서 보와 대를 나누어 지키게 합니다. 그러면 두 군의 군사가 스스로 그 경내를 지키는 일을 즐거워하여 유랑하여 흩어질 마음이 없을 것이고, 파발을 놓고 공문서를 전함에 있어서 막히거나 지체될 근심이 없을 것입니다. 또 사행(使行)이 왕래할 적에 의지하고 머물 곳이 있게 되고, 강변의 맥락이 내지와 통하게 되며, 병사(兵使)가 칼자루를 잡고 호령을 펴기에도 매우 편리하고 쉬울 것이니, 막아서 지킴에 있어 이익이 없지 않을 것입니다. 포치를 편의(便宜)에 따라 삼가 그려서 뒤에 열거합니다.

영변은 성지 형세가 네 면이 모두 험하여 철옹성이라 부릅니다. 비록 그렇지만 둘레가 너무 넓어서 3만 2백여 파(把)에 이르니, 반드시 5만의 군사가 있어야만 성을 지킬 수 있습니다. 그러나 도내(道內)에는 달아나서 끊어진 호구를 제외하면 현존하는 원군(元軍)은 단지 9,158명뿐이며, 삼수군(三手軍)이 5,900명이고 출신한 금군(禁軍)과 별무사(別武士)가 모두 2,300명이니, 합하면 1만 7천3백여 명입니다. 그래서 한 도의 병사를 모두 합해서 이 성만을 오로지 지키기에도 오히려 부족한데, 강변의 여러 진은 또한 어떤 군사로써 지키고 막을 수 있겠습니까. 이는 이른바 '성은 크고 군사는 적다.〔城大軍少〕'라는 것이니, 결코 지킬 수가 없습니다.

병사(兵使) 유형(柳珩) 또한 이것을 염려하여 주봉(主峯)의 뒤쪽 북대(北臺)의 앞에 내성(內城)을 쌓고자 하였습니다만, 변방에 성을 쌓는 공사가 바야흐로 급하고, 또 조정의 의론이 상호 모순이

-강변으로부터 내지로 통하는 곳은 관령(關嶺)에 소보(小堡)와 연대(煙臺)를 설치하고 군사는 마땅히 600여 명을 쓰면서 8번(番)으로 나누어야 하니, 파수군(把守軍)은 모두 1년에 4,800명이며, 둔전(屯田)을 두고 모군(募軍)을 하면 매우 좋다.-

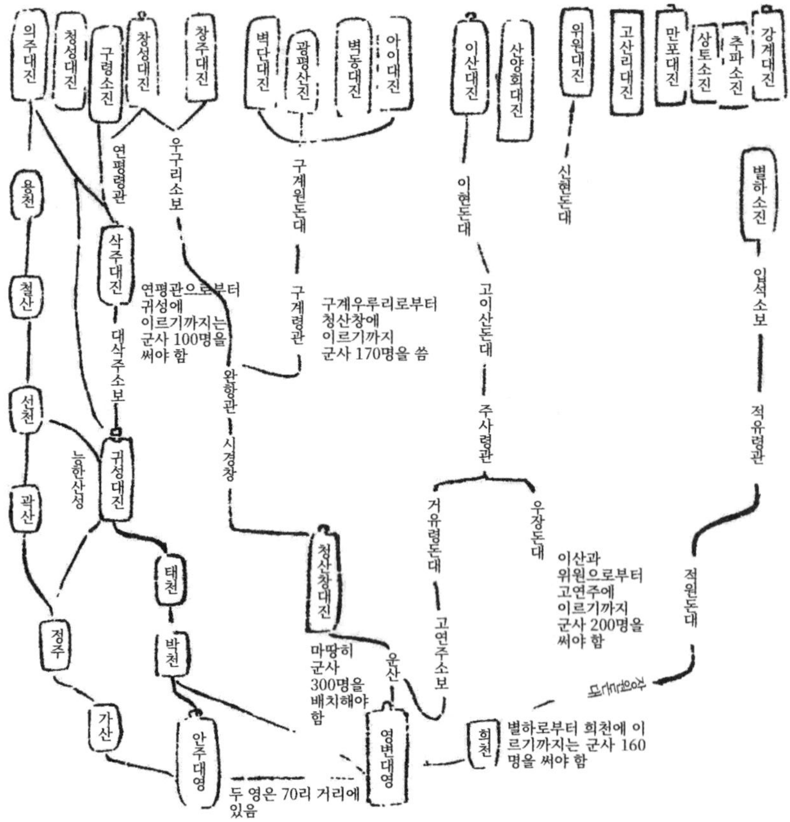

있는 것을 염려하였기 때문에 우선 그 계책을 멈추었다고 합니다.

신이 북대의 형세를 둘러보니 과연 빼어난 승경이었습니다. 그래서 신의 소견으로는 북대 및 약산(藥山)과 남산(南山)의 세 큰 봉우리에 의거하여 각각 하나의 성을 쌓아 솥발〔鼎足〕처럼 진을 만들었으면 합니다. 그렇게 하면 모두 그 험지를 얻어서 적들이 감히 성내로 막 돌격해 오지 못할 것입니다. 유형은 곧 세 큰 봉우리를 합하여 하나의 성을 만들고자 하니, 형세가 자못 온당하지 못한 점이 있습니다. 이는 곧 마땅히 장(長)의 계책에 따라 의논해서 행해야 하기에, 신 또한 감히 저의 견해를 견고하게 고집하지 못하였습니다.

외면은 모두 본성에 관계하여 수선(修繕)만 하면 될 따름이니, 단지 내면만 쌓는 것은 곧 축성의 공사가 또한 매우 많지는 않습니다. 만약 그렇게 하면 둘레가 1,600여 파(把)이니 6,000명의 군사로 이를 지킬 수 있으며, 소속된 진관(鎭官) 민정(民丁) 또한 5천~6천 명을 내려가지 않으므로, 그 사이에 원군(元軍)을 두 번으로 나누어 만들면 또한 서로 쉴 수 있는 군사가 있을 것입니다. 금일의 형세로써 말해도 오히려 너무 넓은 것을 근심하거늘, 그렇게 하지 않으면 그 지리(地利)를 잃게 됩니다. 이 밖에 좋은 계책은 더 없습니다.

대개 영변은 다만 곤수(閫帥)가 군영을 치고 있는 곳일 뿐 아니라, 동쪽으로 향산(香山)과 장백산(長白山)의 험조함을 의지하고, 서쪽으로 중강(重江)[57]과 큰 바다의 참호가 있으며, 안주(安州)와 서로 도와 응원〔聲勢〕할 수 있어 연기 불빛이 서로 바라보입니다. 적들이 서쪽을 경유하는 자는 반드시 안주를 지나고, 동북쪽을 경유하는 자는 반드시 영변을 지난 뒤라야 복심(腹心)을 뚫고 들어올 수 있습니다.

57 중강(重江) : 대동강과 청천강 두 강을 가리킨 듯하다.

신의 어리석은 생각으로는, 병사(兵使)는 영변을 본영(本營)으로 삼고 청산성(靑山城)을 행영(行營)으로 삼으며, 감사(監司)는 평양(平壤)을 본영으로 삼고 안주를 행영으로 삼아, 진실로 두 성을 막아 지킬 수 있다면, 지키는 것은 간약하고 제어하는 바는 넓으리니, 내지라고 해서 등한하게 보아 넘길 수가 없습니다. 다만 본도의 군사가 강변의 부역에 힘이 드는 상태에서 내지의 성을 나누어 쌓기에 힘이 넉넉하지 않은 점이 있습니다. 지금 마땅히 본도의 군사를 강변에 오롯이 투입해서 먼저 긴급한 곳을 수축하게 하고, 황해(黃海)의 군사로써 영변, 안주, 귀성 세 곳을 축성하게 하면, 서관(西關 평안도) 지역 내외의 요해지가 여기에 그쳐도 충분할 것입니다.

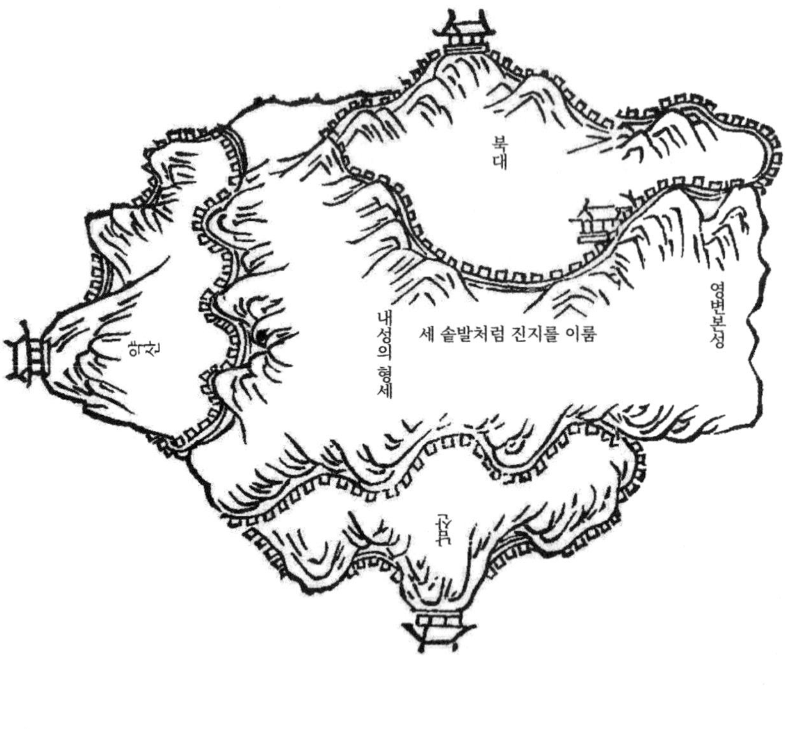

능한산성(凌漢山城)은 바로 곽산(郭山)과 선천(宣川)의 경계, 귀성(龜城) 지름길이 모이는 곳에 있으니, 길〔路〕이 불룩 일어난 곳에 있어서 형세가 험준하고 네 면이 모두 깎아지른 절벽입니다. 그 사이에 좁다란 길이 있는데, 겨우 걸어서 통행할 수 있으며, 숨을 헐떡이며 더위잡고 올라갈 수 있습니다. 성안에는 샘물이 마르지 않으니, 만약 제방을 쌓아 물을 저장하면 많은 군사가 마실 수 있습니다. 만약 여기에 산성을 쌓아서 안주성, 정주성과 더불어 서로 연결되게 하여 네 군(郡)의 백성들로 하여금 들어가 지킬 땅으로 삼도록 하면, 한편으로는 서로(西路)의 한문(捍門 방위하는 문)이 되고 한편으로는 바닷가의 보장(保障)이 될 것입니다. 다만 이 지역이 비록 긴급하기는 하나 강변(江邊)에 비해서는 조금 덜 급하니, 일시에 아울러 공사를 일으킴에 힘이 혹 부족할 것 같으면, 설사 축성을 하더라도 마땅히 강변이 완전히 이루어진 뒤에 해야 할 것입니다.

안주(安州)는 북쪽으로 향산(香山)과 접하고, 서쪽으로 큰 바다와 인접하며, 영변과는 60리 떨어져서 보거(輔車)의 형세를 가지고 있으니, 내지의 가장 좋은 요해지가 됩니다. 신이 가만히 살펴보건대, 관서(關西)에서 적들을 막는 형세가 강변(江邊)이 가장 좋고, 영변과 안주가 그다음이 됩니다. 이를 지나면 적들의 기세가 흩어져 나오고 문의 빗장이 이미 부서져서 비록 막고자 하더라도, 막을 수가 없습니다.

본주의 성지(城池)는 형세(形勢)를 매우 잘 갖추고 있으니, 만약 병사와 군량을 튼실하게 하고 알맞은 성주(城主)를 얻으면 반

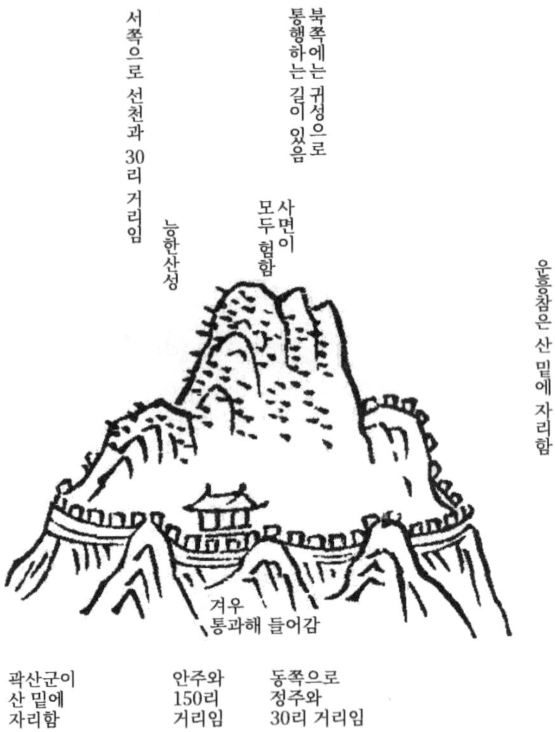

드시 지킬 수 있는 땅입니다. 본성(本城)은 둘레가 780여 타(垛 장벽)이니, 모름지기 군사 3,000여 명을 써야 성을 지킬 수 있는데, 본주의 원군(元軍)과 정주의 별갑병(別甲兵)·기병(騎兵)·보병(步兵)은 모두 450여 명으로, 강변에 가서 지키고 있습니다. 이 외에 원호(元戶 한 집을 단위로 만든 호적)의 보(保) 1,500여 명과 삼수군(三手軍) 200여 명은 혹 위급한 일이 있을 때 곧 영을 내려 성을 지키게 하더라도 태반이 부족합니다. 하지만 경내의 민정(民丁)과 소속된 영유(永柔), 숙천(肅川) 세 고을 백성들을 나란히 성으로 들여 채우면 사람이 없음을 근심하지 않아도 됩니다만, 오직 걱정은 급한 일에 임박하여 그 전야(田野)의 백성들을 불러 모았을 때 군졸은 많으나 정예롭지 못할까 하는 점입니다.

지금 만약 백성들로 하여금 옮겨 가고 도피하는 폐단이 없도록 하여 미리 본성에 소속시켜 항상 조련하도록 해서 사람들에게 각각 병사가 되어 전투를 익히도록 하면 몇 고을 사람의 힘으로도 충분히 성을 지킬 수 있습니다. 또 감사에게 명하여 평양을 본영으로 삼고 안주를 행영으로 삼아 겨울철 급히 방어해야 할 때는 진주(進駐)하며 계책을 내어 대응하도록 하고, 또 목민(牧民)을 잘하고 병사를 잘 거느리는 재주를 지닌 이를 얻어서 여러 해 동안 맡겨 그 뜻을 다 펼칠 수 있도록 하면, 군량을 비축하고 병사를 훈련시켜서 성(城)을 완전하도록 하고 백성들을 모을 수 있으리니, 백성들은 따르지 않음이 없고 일은 잘 행해지지 않음이 없을 것입니다.

다만 본성의 형세(形勢)가 비록 좋기는 하나, 또 고치지 않아서는 안 되는 점이 있습니다. 정동쪽에 산으로 이어진 하나의 등성이가 있는데, 저쪽이 높고 이쪽이 낮아서 수비하고 적을 막는데 방해가 됩니다. 성 밖 수십 보쯤의 산등성이에 가로놓인 언덕이 있는데, 본성에 비해 매우 높고, 가로놓인 언덕 밖은 곧 산등성이가 뚝 끊겨 마치 가로놓인 언덕 위에 작은 성을 쌓은 듯합니다. 그러니 그 형세를 따라 가로로 걸쳐 쌓고, 다시 자성(子城 성 안에 설치한 또 다른 작은 성)으로 본성에 연결하면, 우리가 의거하는 바가 험지를 모두 얻게 되므로 200명으로 이 작은 성을 지킬 수 있고, 적들이 감히 가까이 오지 못할 것입니다.

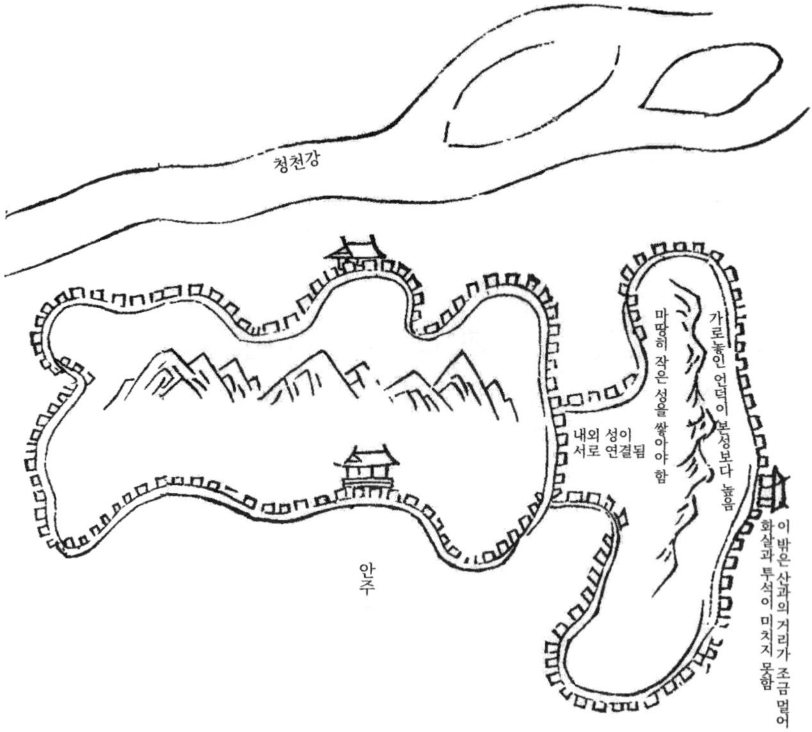

가장 근심할 만한 것은 본주가 보관하고 있는 군기(軍器)가 너무 소략한데, 본주가 시들고 피폐한 나머지 중국 사신에게 물품을 대 주는 일에 시달리다 보니, 도무지 많이 갖출 형세가 없다는 점입니다. 조정에서 마땅히 활과 화살 등 여러 기구를 속히 내려보내고 또 장인(匠人)을 보내어 급히 먼저 조치함이 아마 마땅할 듯합니다.

내지 축성의 폐단
內地築城之弊

안을 잘 닦아 밖의 적을 물리치는 것은 바꿀 수 없는 이치입니다.

국가로써 말해 보면, 평안(平安) 하나의 도(道)가 모두 외지(外地)가 되지만, 한 도(道)로써 말해 보면 강변(江邊) 여러 진(鎭)이 외(外)가 되고 선정(宣定 선천(宣川)과 정주(定州)) 이북(以北)이 내(內)가 되니, 만약 밖의 적을 물리치고자 한다면 반드시 먼저 강변 여러 진을 견고히 한 뒤에 차례차례 해 나가야 합니다. 지금 강변 여러 진은 잔폐하고 부서져서 형편없고 성지(城池)는 견고치 아니하며 군졸은 영락(零落)한데, 오직 내지 수령(守令)의 말을 듣고 여러 곳에 축성을 하니, 이는 완급·선후의 차례를 알지 못하는 것입니다.

신은 강변의 땅을 두루 답사해 보았는데, 크고 작은 진(鎭)·보(堡)와 산천의 평탄하고 험함은 발이 닿는 곳마다 마음에 합치하지 않음이 없었습니다. 지리(地利)의 험함이 강변만 한 데가 없고 풍기(風氣)의 강건함 또한 강변만 한 데가 없었습니다. 만약이 무언가 할 수 있는 형세에 따라 성곽(城郭)을 수선하여 완비하고 군병(軍兵)을 모집하며, 공부(貢賦)를 덜어서 면제해 주어 그들로 하여금 방어하고 수비하는 데 뜻을 온전히 쏟을 수 있도록 한다면, 몇 년 안에 변방의 담장이 견고해질 수 있고 적들이 감히 침범하지 못할 것입니다. 그렇지 않고 한갓 빈 성만 껴안고서 성곽을 완비하고 군사 모을 계책을 생각하지 않고, 오직 생각하기를 변방 성을 지키지 못하면 곧 내지에서 막아야지 하면서 금년에 축성하고 이듬해에도 축성한다면 도적이 이르기를 기다리지 않고도 힘이 이미 지쳐 버릴 것입니다.

정주(定州), 안주(安州), 평양(平壤), 황주(黃州), 서흥(瑞興), 평산(平山)과 같은 지역에는 성을 쌓은 곳이 이미 많은데도, 바야으로 지금 성을 쌓자는 의론이 시끌시끌하게 일어나 그치지 않습니다. 의주(義州), 인산(麟山), 용천(龍川), 철산(鐵山), 선천(宣川), 곽산(郭山), 가산(嘉山), 귀성(龜城), 영변(寧邊), 박천(博川), 자산(慈山)과 같은 곳은 모두 장차 축성의 공사가 일어남이 있을 것입니다. 가령 이런 등의 군읍(郡邑)에 성곽(城郭)이 장엄하고 견고하다 할지라도, 적들이 만약 갑자기 발발하여 일로(一路)로는 상토(上土), 만포(滿浦), 강계(江界) 땅을 경유하여 적유령(狄踰嶺)을 넘어 희천(熙川)으로 들어오고, 일로로는 이산(理山), 위원(渭原), 산양회(山羊會), 아이(阿耳) 등지를 경유하여 운산(雲山) 경계를 넘으며, 일로로는 벽단(碧團), 창성(昌城), 창주(昌洲)의 땅을 경유하여 삭주(朔州), 귀성(龜城) 경계를 넘어오면, 평원 넓은 들판 어디로도 가지 못할 곳이 없어서, 그 형세가 마치 분경(奔鯨)[58]이 거물에 부딪는 것과 같으리니, 반드시 대적하지 못할 것입니다.

신이 이번 행차에서 민정(民情)을 살펴보니 성을 비록 쌓지 않을 수는 없지만, 일을 담당한 사람이 부지런하고 유능하다는 이름을 얻고자 해서 공사를 감독함이 너무 급하였습니다. 그래서 군사들의 마음이 이반(離叛)하였으니 만약 성을 쌓는다는 말을 들으면 골치 아프게 여기고 이마를 찌푸리지 않음이 없었습니다. 지금 마땅히 변방 장수에게 유시를 내려 그 공역(功役)을 헤아려 시일을

58 분경(奔鯨) : 치달리는 고래로, 흉포한 무리를 비유한 말이다. 도잠(陶潛)의 〈명자(命子)〉에 "날뛰는 규룡은 구름을 휘돌고, 치달리는 고래는 물결을 놀라게 한다.〔逸虯遶雲, 奔鯨駭流.〕"라고 한 데서 가져왔다. 《陶淵明集 卷1 命子》

한계 지어서, 백성들로 하여금 남은 힘을 가지고 점진적으로 완료하도록 하고, 괜히 속히 완성하기에 힘쓰도록 해서는 아니 됩니다.

군안 감축의 폐단

軍案減縮之弊

방어하기 위해 가는 군사는 그 가고 오며 머물러 방어할 때 드는 비용과 양식 외에 으레 도방목(到防木),[59] 차비목(差備木), 마별목(馬罰木), 방패목(防牌木), 분접목(分接木), 군장점고목(軍裝點考木)이 있으며, 또 미두(米斗), 교사(膠絲 끈끈이 실), 우근(牛筋 활을 만들 때 사용함), 필묵(筆墨) 등의 물건을 납부하는데, 탐욕스런 진장(鎭將)은 침징(侵徵)[60]을 이보다 배로 합니다. 한 번 입역(立役 노비역을 충당함)하는 비용으로 큰 소 두세 마리〔隻〕에 가득 싣고 갔다가 빈 전대로 돌아옵니다. 심한 경우는 행장(行裝)까지 모두 팔아야 해서 가산이 이윽고 파탄이 나 버리니, 두 번을 하면 지탱할 수가 없습니다. 그래서 가난한 자는 이윽고 달아나고 부자는 점점 가난해져서, 날로 줄고 달로 깎이어, 모두 유리하여 달아나 버린 군안이 됩니다. 그러면 또 일족(一族)에게 징수하고 또 그 일족의 일족에게 징수하는 바람에 족린(族隣)에게 미치는 폐단이 점차 만연하여 백성들이 벗어날 수가 없습니다. 그러니 병사의 인원이 날로 줄어들고 양민(良民)이 날로 힘들어함이 마땅합니다.

59 도방목(到防木) : 진(鎭)으로 수자리를 가는 군사가 그곳의 장수에게 바치기 위해 가지고 가는 목필(木匹)을 말한다.

60 침징(侵徵) : 징수하지 못한 조세를 그 친족이나 이웃에게 강제로 걷는 것이다.

조정에서도 이러한 폐단을 염려하여 병신년(1596, 선조29)에, 10년 동안 끊어진 호(戶)에는 곧 군안(軍案)을 다 없애 주었으므로 근년에는 군졸이 조금 되살아났습니다. 하지만 한 번 다 없애 준 뒤에도 도망가고 죽음이 서로 이어졌습니다. 그때는 10년이 채 되지도 않았던 것이 지금은 또 10년을 헤아리게 되었으니, 일족들에게 끼치는 폐단이 또다시 전과 같습니다. 그 군사의 정수가 줄어듦을 염려하여 침해가 일족에게 미치는 것이, 어찌 싹이 자라지 않음을 근심하여 그 뿌리를 뽑아 올리는 것과 다르겠습니까. 싹이 자라게 하려면 우로(雨露)를 맞게 하고 가라지풀을 정리해 주는 것보다 좋은 것이 없으며, 병사가 풍족하게 하려면 그 생활의 방도를 후하게 하고 그 침어(侵漁)[61]를 금지하는 것만 함이 없습니다.

국가가 입법(立法)하던 초기에 군(軍)에는 모두 보솔(保率)[62] 3명이 있었습니다. 그래서 삼보(三保)가 각각 한 군〔一軍〕을 받들고 관(官)에서는 급료를 지급하지 않았으니, 그 제도가 매우 편리하였습니다. 지금은 곧 보솔을 충원하지도 않으면서 군졸의 양식을 공급하지 아니하니, 이것이 '그 생활의 방도를 후하게 해 주는 것'이라고 할 수 있겠습니까. 변장(邊將)의 녹(祿)을 지급하지 않은 채 입방(入防)하는 군졸에게 의식(衣食)을 해결하도록 하면, 또 어찌 그들의 의식을 빼앗는 것을 금할 수가 있겠습니까.

신이 보건대 각 진(鎭)의 변장은 달마다 급료로 쌀〔米〕 6두

61 침어(侵漁) : 그물로 고기를 잡듯이 백성의 재물을 침탈(侵奪)하는 짓을 말한다.

62 보솔(保率) : 보인(保人)과 솔정(率丁)으로, 정군(正軍)의 가사를 돕기 위해 배당한 것이 보인이고, 군사의 군무를 돕기 위해 배당한 것이 솔정이다.

(斗)와 노료(奴料 종의 급료)로 속미(粟米) 6두를 멀리 있는 관에서 받는데, 옮겨 와 받는 사이에 폐단을 끼침이 적지 않고, 또 모자라고 줄어드는 것이 많아서, 이것이 서울에 있는 포수(炮手)의 양식에도 미치지 못하니, 어찌 장사(將士)의 마음을 위로할 수가 있겠습니까. 사람에게는 구체(口體)를 봉양하려는 욕구가 있지 않음이 없고, 방유(房帷 방 안의 휘장)에서 아내와 함께 지내려는[63] 정(情)이 있지 않음이 없으며, 왕래하는 지인과 친구가 있지 않음이 없고, 노비와 말을 먹이고 기르는 물(物)이 있지 않음이 없는데, 만약 일체 똑같은 법으로써 장사의 정(情)과 욕구를 금하고서 모두 맑고 깨끗하도록[64] 하는 것이 곧 가능하겠습니까. 만약 그렇게 해 주지 않는다면 어찌 법을 범하는 자가 없겠습니까. 그런데 오히려 또한 각 보(堡)의 변장(邊將)에게 책임을 지도록 명하여 해마다 군기(軍器)를 구비하게 하고 포폄(褒貶)을 더합니다.

저 진보(鎭堡)의 장수들은 앞길이 아직 멀고 뜻이 입신출세하는 데 있어서 백 가지 계책으로 상(賞)을 바라고, 또한 견책을 받

63 아내와 함께 지내려는 : 원문은 '건즐(巾櫛)'로, 부부가 함께 사는 것을 의미한다. 춘추 시대 진(秦)나라에 인질로 잡힌 진(晉)나라 태자(太子) 어(圉)의 부인이 남편에게 말하기를 "저의 부친인 이 나라 군주가 저를 당신의 아내로 삼아서 수건과 빗을 들고 모시게 한 것은, 당신을 여기에 묶어 놓기 위해서였습니다.〔寡君之使婢子侍執巾櫛, 以固子也.〕"라고 한 데서 가져왔다. 《春秋左氏傳 僖公 22年》

64 맑고 깨끗하도록 : 원문은 '청여오릉(淸如於陵)'으로, 맑기가 오릉 사람 같다는 것이다. 전국 시대 제(齊)나라 사람 진중자(陳仲子)는 매우 청렴한 데다 세가(世家)의 집안에서 태어났는데, 형이 합(蓋) 땅에서 받는 녹이 만종(萬鍾)이었으나 불의한 녹이라 하여 먹지 않고 그 집에 살지도 않고, 오릉(於陵)에서 살며 몸소 신을 짜고 아내가 길쌈하여 생계를 유지하였다. 《孟子 滕文公下》

을까 두려워합니다. 그래서 부득불 토병을 가혹하게 침탈하고 방졸(防卒)을 수탈하여 책임을 메우는 바탕으로 삼으니, 그 자신은 부지런하고 유능하다는 이름을 얻지만, 군졸들은 살을 도려내고 발라내는 고통을 받습니다. 그 가운데 어진 사람은 나랏일에 그치지만, 탐욕스런 자는 또한 여기에 그치지 않습니다. 이런 까닭으로 군졸들이 심함에 이르지 않는 진장(鎭將)에 대해서는 곧 칭찬을 그치지 않으니, 또한 슬퍼할 만합니다.

그 사이에 진장(鎭將) 가운데 설령 굶주림을 참고 고통을 감내하면서 군졸을 침탈하지 않는 자가 있다 해도 그것은 천백(千百)에 한둘인데, 이 또한 '청렴과 삼감〔廉謹〕'이라는 두 글자를 얻는데 지나지 않을 따름이니, 무슨 일을 이룰 수가 있겠습니까. 더구나 이와 같이 한다면 권귀(權貴)를 섬길 방법이 없고 기계(器械 군기)를 마련할 방법이 없으니, 용렬하고 졸렬하다는 공박이 머지않아 이를 것입니다.

공자께서 말씀하시기를, "충신(忠信)으로 대하고 녹(祿)을 많이 줌은 선비를 권면하는 바이다."[65]라고 하였습니다. 만약 군자가 군주를 섬기는 것이라면 진실로 녹을 많이 주기를 기다릴 것이 없겠습니다만, 이른바 '권면한다〔勸之〕'라는 것은 또한 평범한 선비를 가리켜 말하는 것입니다. 지금 장사(將士)의 부류에게 그 군자의 행위를 모두 책임지우면서 녹을 주지 않은 채 그 군사들을 거느리게 하니, 이는 침어(侵漁)를 가르치는 것입니다. 이미 침어를

65 충신(忠信)으로……바이다 : 군주가 선비를 대하는 도리를 말한다. 《중용장구》 제20장에 나오는 말로 원문은 "충신중록(忠信重祿), 소이권사야(所以勸士也)."이다.

가르치고 또 군졸의 양식을 공급하지 않으면서 스스로 음식을 해결하도록 하고 멀리 절역의 변방에 수자리를 살게 하매, 지아비는 농사를 지어도 굶주리고 처는 직물을 짜도 추우며, 집이 부서지고 자산이 다 없어져서 길을 가며 부르짖고 영송하며 곡하게 됩니다. 이들은 전쟁의 노고 외에 또 장사(將士)들의 욕구를 채워 주어야 하는데, 수령의 가혹한 부림과 서리(胥吏)의 침징(侵徵)이 또 따라 더하게 되니, 항심(恒心)[66]이 어찌 변하지 않을 수 있겠으며, 원망이 어찌 일어나지 않을 수 있겠습니까. 그러니 궁해서 또한 달아나는 것은 형세가 그러합니다.

이와 같은데도 또한 그 일족(一族)을 침탈하여, 어깨를 연이어 달아나도록 합니다. 또 해마다 젖먹이 영아(嬰兒)까지 찾아내어 그 결원이 된 수에 충당하니, 이는 군민(軍民)을 몰아 흩어지게 하는 것입니다. 한 번 유랑하여 옮겨 다니는 백성이 되면 호령이 먹히지 않고, 만약 혹 호령을 더 하더라도 곧 또한 돌아보고 다른 데로 가 버립니다. 그리하여 삶의 즐거움이 되는 것은 오로지 유랑하여 옮겨 다니는 데 있고 삶의 고통이 되는 것은 오로지 군사가 되는 데 있으니, 군사의 정수가 줄어듦이 진실로 족히 괴이할 게 없습니다.

지금 살펴보니, 도내(道內) 열읍(列邑)에 입작(入作)[67]이라 불

66 항심(恒心) : 변함없이 항상 지니고 있는 마음을 말한다. 《맹자》 〈양혜왕 상(梁惠王上)〉에 "백성 같은 경우는 일정한 생업이 없으면 이로 인하여 변함없는 마음이 없어진다.〔若民則無恒產, 因無恒心.〕"라고 하였다.

67 입작(入作) : 일정한 거처 없이 떠돌아다니면서 사는 것을 말한다. 《춘추좌씨전》 소공(昭公) 25년에 "곤궁한 백성들이……해가 지면 작간을 한다.〔窮困……日入

리는 자는 모두 유랑해 옮겨 다니는 백성들입니다. 한 고을 안에 토착민은 지극히 적고 입작자가 열에 일고여덟이니, 만약 이들로 하여금 모두 군졸이 되도록 한다면 그 군졸이 없음을 근심하지 않아도 될 것입니다. 지금 마땅히 먼저 호패법(號牌法)을 시행하여 달아나 옮겨 다니지 말도록 한 뒤에, 각 관(官)의 수령에게 명하여 군안(軍案)을 쇄신하여 정리하게 하고, 유랑하여 달아났던 자에게 그 본적을 삭제해 주어 들어와 살도록 해서 보솔(保率)에 충원하도록 해야 합니다. 만약 혹 충원하지 못하면 관에서 그 식량을 주고 부방군(赴防軍)으로 가게 하고, 이미 군안에 소속되고 나서는 곧 신역(身役)을 견면해 주어 겸하여 침탈하는 근심이 없도록 해 준다면, 군졸들이 거의 살아가고 불어나는 방도가 있게 될 것입니다. 변방에 있는 장수에게는 또 호조(戶曹)로 하여금 각각 소재하는 관(官)에서 품계와 질직에 따라 녹을 지급하도록 합니다. 그런 뒤에 만약 군졸에게 차비목(差備木)・도방목(到防木)을 받는 자는 중한 법률로 논죄하면, 변장(邊將)이 백성들의 자산을 침탈함을 금할 수 있습니다.

삼수군이 두 가지 부역을 하는 폐단

三手軍兩役之弊

포수와 사수(射手)의 군사에게는 이미 봉족(奉足 보조)이 없고,

慝作〕"라고 한 데서 가져온 말이다. 《현종개수실록(顯宗改修實錄)》 2년(1661) 윤7월 13일 기사의 '입작민(入作民)'에 대한 원주(原註)에, "산중에 떠돌아다니는 백성을 '입작'이라 일컫는다.〔峽中流民, 稱入作.〕"라고 하였다.

또 양료(糧料 필요한 식량)도 없습니다. 부방(赴防) 갈 때는 관에서 포(布) 두 필을 급료로 지급하니, 두 필의 포는 입작(入作)에게서 징수하는데, 만약 입작이 없으면 혹 한 필을 지급하고 혹은 완전히 지급하지 않아서, 전답과 주택을 모두 팔아 스스로 비용을 마련해서 가야 합니다. 그런데도 그 토주(土主 지방 수령)에게 호소할 수가 없으니, 이것이 그 원망의 첫 번째입니다. 또 원군(元軍)의 봉족으로서 삼수군에 충원된 자는 곧 원호수(元戶首)[68]가 이미 그 포를 징수하는데, 그는 곧 또 포수군·사수군으로서 강변(江邊)에 달려가서 50일을 입방(入防)하여 하나의 몸으로 두 가지 부역을 하니, 이것이 그 원망의 두 번째입니다. 만약 원호수가 없을 경우에는 곧 이미 그 호수의 부역을 대신하여 두 달을 부방하고, 또 포수·사수의 일로써 다시 방소에 달려가야 하니, 이것이 그 원망의 세 번째입니다. 혹 인리(人吏 아전)로서 포수가 된 자나 혹 공사천(公私賤)으로서 포수가 된 자가 있습니다. 그 가운데 인리와 공사천은 곧 고생스럽게 조석으로 몰리고 부려짐을 당하고, 또 신구(新舊)의 영송(迎送)과 사행(使行)을 대접하고 모시는 일에 지쳐 있습니다. 그런데 또 포수의 요역을 하기 위하여 멀리 변방으로 수자리를 갑니다. 이는 하나의 몸에 백 가지 부역이 모이는 것이니, 그 원망의 네 번째입니다.

지금 적을 막고 성을 지키는 계책이 오로지 포수에게 의지하고

68 원호수(元戶首) : 원호의 호수로, 호수는 각 호(戶)의 수장을 말한다. 1호(戶)는 정호(正戶)와 봉족(奉足)으로 되어 있는데, 호수(戶首)는 정군(正軍)의 입역(立役)과 여정(餘丁)의 공부(貢賦)를 책임지고 독려하였다.

있는데, 새로 편대한 군오(軍伍)에 이미 봉족이 없는 데다 기르기를 이와 같이 야박하게 하면, 급한 일이 있을 때 또한 장차 어떻게 의지하겠습니까. 마땅히 각 관에 신칙하여 그 원군(元軍)의 봉족으로서 삼수군에 소속된 자는 그 봉족의 문안을 제거해 주어야 합니다. 그리고 정군(正軍)[69]의 예(例)로써 논하여 혹 보솔(保率) 두 명을 주고, 혹 왕래하며 머물고 방어할 때의 양식을 주어야 합니다.

무릇 공사(公私) 신역(身役)이 있는 사람으로 삼수군에 소속된 자는 일체 그 본역(本役)을 제거해 주어 무예를 익히는 데 전념하도록 해야 합니다. 만약 사천(私賤)일 경우에는 공천(公賤)을 대신 주고, 혹 본주(本主)가 부역함이 있는 경우에는 그 본주의 부역을 제거해 주어서, 변방의 군사로 하여금 병무를 즐겁게 행하도록 하면 수비하고 방어하는 방도에 가장 이로움이 있을 것입니다.

강변(江邊) 포수에 이르러서는 또 이보다 심한 점이 있습니다. 겨울도 없고 여름도 없이 항상 진소(鎭所)에 있어서 이미 방수(防戍)의 일에 응하고 있는데, 주진(主鎭)의 명령에 분주히 달려가느라 농사를 지을 수가 없어서 살아가는 일이 이미 궁핍합니다. 그런데 봉족도 주지 않고, 또 그 본역의 공부(貢賦)까지 징수하니, 신이 갔던 날 곳곳에서 소장을 올렸습니다. -이 아래는 결〔此下缺〕-

69 정군(正軍) : 병역 의무를 가진 양인(良人) 장정으로, 군역(軍役)에 종사하는 사람을 말한다.

군졸이 번갈아 방어하는 폐단

軍卒輪防之弊

국가가 내지의 군졸을 진보(鎭堡)의 원래 정한 방어군에 더해 넣는 규례는 7도(道)가 다 마찬가지입니다. 그런데 유독 평안도만이 번갈아 돌아가며 나누어 방어하니, 대개 강변(江邊)과 내지의 원근이 같지 않기 때문인 듯합니다. 금년에는 가까운 곳에 방어하러 달려간 자가 내년에는 먼 곳으로 가고, 금년에는 먼 곳에 방어하러 들어간 자가 내년에는 가까운 곳에서 방어하여 원근이 서로 휴식하여 수고롭고 괴로움을 균일하도록 해야 하는데, 지금은 그렇지 않습니다.

원근은 구분하지 않고, 진보(鎭堡)에 나누어 방어하기를 어떻게 할지가 오로지 병영(兵營)의 차지군관(次知軍官)에게 주는 물품의 후하고 박함에 달려 있는지라, 매번 번(番)을 서는 도목(都目)[70]이 임박하면 각 관에서 방비가 헐렁하거나 편하고 가까운 곳에 가기를 도모하는 무리가 혹 명주〔紬〕나 베〔布〕, 혹 소〔牛〕나 말〔馬〕을 그 유들에게서 거두어 모아 감관(監官)과 색리(色吏)에게 주고서 기필코 그렇게 도모하고자 합니다. 이러한 까닭으로 변방의 방어는 정해진 법식이 없으니, 진보(鎭堡)의 토병들은 먹고 살 수가 없고 분접(分接 다른 고장에서 와 사는 사람)한 민가는 점차 빈한해져서, 이로 인하여 달아나 흩어지는 자가 종종 있습니다.

본도에 방어하러 들어오는 군사도 만약 7도(道)의 예와 같이

70 도목(都目) : 도목정사(都目政事). 관원의 치적을 심사하여 그 성적에 따라 영전・좌천 또는 파면시키던 일을 말한다.

원래 정한 진보로 하면, 곧 방수(防戍)하는 군사가 번(番)을 마치는 날 그 군장(軍裝 지급받았던 군사 장비)과 행리(行李)를 주로 있었던 집에 맡겨 두게 되니, 그러면 성중에 군사 장비가 항상 남아 있어서 뒷날 전투에 임하여 쓸 때 또한 의지할 수 있으며, 또 군졸들이 무거운 군기를 지고 멀리 수자리 가는 고통도 없을 것입니다. 만약 원근이 고르지 않다는 것을 어려움으로 여긴다면, 중도(中道)를 한계로 삼아 두 달간 번을 서게 하고, 원관(遠官)인 경우는 날수를 감해서 번을 서게 하고 근관(近官)인 경우는 날수를 더하여 번을 서게 해서, 날수를 계산하여 증감해서 일정한 법식을 만든다면 또한 고르지 않은 폐단이 없을 것입니다.

임시로 삭선[71]을 설치한 폐단

權設朔膳之弊

본도는 예전에는 삭선(朔膳) 진상이 없었는데, 계갑(癸甲) 연간[72]에 하삼도(下三道 경상도, 전라도, 충청도)가 탕패(蕩敗)하여 공물 바치는 것을 전폐하였기 때문에, 임시로 본도에 삭선을 설치하여 하삼도가 소생해 회복되는 동안 봉진(封進 임금께 주상하는 물건)하도록 하였습니다. 그러다가 정미년(1607, 선조40)에 하삼도의 삭선을 다시 세웠는데, 본도에 임시로 설치했던 것은 예전 그대로 두었습니다.

71 삭선(朔膳) : 매달 초하룻날 각 도(道)에서 생산되는 물건으로 찬을 만들어서 임금에게 올리던 수라상을 가리킨다.

72 계갑(癸甲) 연간 : 계사년(1593, 선조26)과 갑오년(1594)을 아울러 칭하는 말로, 이 두 해에 걸쳐 전염병이 나돌았고 대기근이 있었다.

이른바 '삭선'이란 곧 매달 초하루에 봉진하는 물품으로, 임금께 올리는 물건에 해당하기 때문에 읍(邑)마다 배정하지 않음이 없습니다. 도리(道理 길)로써 말해 보면 평양(平壤)이 강변(江邊)과의 거리가 경성(京城)보다 멀어서 매달 초하루에 영문(營門)에 와서 납입할 즈음에 겨울에는 눈이 많이 내려 통행이 어렵고 여름에는 산에 물이 불어나 으레 기한 안에 이르지 못하니, 그 어렵고 고통스러움이 다른 도(道)의 백배나 됩니다. 조종조(祖宗朝)에 단지 삼명일(三名日)[73]의 물선(物膳)과 삼차(三次)의 고치(膏雉)·동어(凍魚)와 서직(黍稷)·속미(粟米)·생리(生梨) 등의 물품만을 본도에 배정하고, 삭선을 배정하지 않았던 것은 그 뜻이 여기에 있었습니다. 그런데 정미년에 이를 고쳐 마련할 때 임시로 설치했던 삭선을 파기하지 않고 그 수를 증익하였으니, 백성들이 괴이하고 의아하게 여기며 원망하고 탄식함이 진실로 당연합니다.

대개 본도는 사신(使臣)들에게 지공(支供)하는 물품에 거듭 곤란을 당하여 공사(公私)의 물품이 다 쓸어 버린 듯 없어 장차 수습할 수가 없습니다. 그래서 비록 항상 바치는 공물의 수를 헤아려 감해서 잔폐한 백성의 고통을 완화해 주어도 안 될 게 없는데, 지금같이 한때 임시로 설치한 일로 인하여 조종조의 규칙을 무너뜨리고 변방 백성에게 원망을 산다면 이는 곧 성상(聖上)께서 자신에게는 간략하게 하고 백성에게는 넉넉하게 해 주는 뜻이 아닌 듯합니다.

또 도내에 산(山) 꿩이 끊어져 없어진 지 이미 5, 6년이 지나

73 삼명일(三名日) : 설날, 동지, 임금의 생일을 말한다.

서 여러 군을 이어 한 마리의 꿩을 보게 되면 곧 사람들이 이를 가리켜 상서로움이라 여깁니다. 그래서 진상할 꿩은 순삭(旬朔)을 마련하려고 해도 오히려 마련할 수가 없었습니다. 지금 비록 꿩이 없다는 이유로 궁중에 바칠 물건에 마음을 다하지 않아서는 안 되지만, 한 도에 꿩이 없음은 매우 괴이하게 여길 만합니다. 또 도내에 배정한 생·건치(生乾雉)는 그 수가 너무 많으니, 만약 헤아려 감해 주지 않는다면 아마도 지탱하기 어려울 듯합니다.

인삼의 폐단

人蔘之弊

본 지역에는 인삼을 생산하는 곳이 비록 많지마는, 진상해 바칠 모양을 갖춘 인삼은 절대 부족하여 반드시 깊은 산 궁벽한 골짜기에 들어가야 우연히 채취할 수 있습니다. 그런데 근년에 인삼 상인이 산군(山郡)과 강변(江邊)의 지역에 어지러이 들어가서 곳곳에서 객주가 되어 마을 백성들과 결탁하여 비싼 값으로 거래를 합니다. 그래서 쓸 만한 인삼은 모두 인삼 상인의 손에 들어갔으니, 다만 경성부(京城府)와 개성부(開城府) 사람이 모두 인삼 상인이 될 뿐 아니라, 도내의 남녀노소가 농사일을 내팽개치고 모두 인삼 채취를 업으로 삼는 탓에 의식(衣食)의 근원이 모두 여기에서 나오게 되었습니다.

여름과 가을이 교체될 때면 천백(千百)으로 무리를 지어 산에 들어가 장막을 치고 있는데, 다만 도내의 사람들만 그러할 뿐 아니라, 강 건너 당인(唐人)과 호인(胡人)들도 이 가을 초기가 되면 곳곳에 무리를 결속하여 산에 들어가 인삼을 채취합니다. 이들이 만약 우리나라 사람을 만나면 모두 빼앗아 가 버리며, 혹 우리나라 사람이 살해를 당하기도 합니다. 그러므로 마을 백성 중에 인삼을 채취하는 자는 반드시 무리를 이룬 뒤에 캐러 가는데, 만약 혹 이들을 만나게 되면 달아나 숨는 것을 다행으로 여기니, 누가 기꺼이 관부(官府)에 알리겠습니까. 강변(江邊)의 진장(鎭將) 또한 일이 생길까 두려워하여 알면서도 금하지 않고서는, 사람을 대하여 곧 말하기를 "반드시 이런 일이 없다."라고 합니다.

신의 행차가 벽동(碧潼)에 이르렀을 때, 바라보니 당인의 배 7척이 우리 강가 언덕을 따라 거슬러 올라오고 있었습니다. 그래서 초관(哨官)[74]으로 하여금 그들이 오는 까닭을 물어보게 하니, 모두 인삼을 채취하는 자들이라 하였습니다. 또 "어사(御史)가 군(郡)에 들어와 너희를 나포해서 진강(鎭江)에 가서 심문하고자 한다."라고 말하자, 당인들이 처음에는 성내고 따지려 하더니, 어제 마침 신이 강 언덕을 따라 군(軍)의 위세를 갖추고 가는 것을 보았기 때문에 그 말이 진실인 줄 알았는지라, 20여 명이 즉각 배를 저어 흐름을 따라 내려갔습니다. 신이 마침 본 바가 이와 같으니, 그들의 왕래가 일정함이 없으며 변방 장수가 금지할 수 없음을 알 수가 있었습니다. 신이 또 토병에게 물어보니, 곧 "호인들은 사람이 없는 상토(上土) 이상의 지역에서 채취하므로 우리나라 사람이 우연히 그들을 만나게 되는 것은 혹 1년에 한 차례입니다만, 당인은 곧 혹 토민(土民)들과 가만히 약속한 뒤에 오는

74 초관(哨官) : 군영에 딸린 위관(尉官)의 하나로, 한 초(哨)를 거느리는 장교를 말한다.

자가 수십 명 무리를 이루어서 곳곳에 숨어 있으니, 족히 괴이할 것이 없습니다."라고 하였습니다.

대개 인삼은 우리나라의 큰 폐단이 되었으니, 식자(識者)들은 우물(尤物 요사한 물건)로 여깁니다. 그 폐해의 단서를 따져 보니, 당초에는 토산품을 공물로 납입하고 인삼 장사를 절대 금하였기 때문에 인삼값이 뛰지 않고 물건도 풍족히 쓸 수가 있었습니다. 그런데 근래에 나라의 기강이 해이해져서 통역관들이 공공연히 중국에 판매를 하고, 경성(京城)의 장사꾼들이 다투어 서로 중강(中江)[75]의 저자에다 내다 팝니다. 그래서 인삼 장수가 나라 안에 두루 퍼져 한 치의 인삼이 한 치의 금보다 비싸게 되었으며, 평시에는 곧 진상해 바치는 인삼 한 근의 값이 세 필(匹)의 포(布)값이라도 오히려 비싸다고 여겼는데, 지금은 백 필의 포값에 이릅니다. 이는 비록 중원에서 인삼을 매우 숭상해서 그렇게 된 것이기는 하나, 인삼 장사를 금할 수 없는 것이 방납(防納)의 폐단에서 말미암아서입니다.

각 부서의 하인 및 권호(權豪)들과 결탁한 경성 사람이 스스로 방납을 하기 때문에, 각 관(官)에서 비록 쓸 만한 인삼을 얻어서 경성으로 수송한다 해도, 각 부서의 관원이 직접 받지 않고 반드

75 중강(中江) : 의주(義州)의 건너편에 있으며, 중강 개시(中江開市)가 열리어 중국과 무역을 하던 곳이다. 임진왜란 중에 기황(飢荒)을 계기로 요동의 미곡(米穀)을 수입하기 위하여 1593년(선조26)에 처음 열었으며, 난이 끝나고 1601년(선조34)에 폐지하였다. 이듬해에 명나라의 요청으로 다시 열었다가, 1609년(광해군1)에 폐지하였다. 그 뒤 청나라가 개국하자 1628년(인조6) 2월 21일에 중강 개시를 실시하기로 청나라와 약조를 맺었다.

시 하인에게 품질을 살펴보도록 합니다. 그러면 간사한 아전은 반드시 그 방납의 이익을 취하고자 하여 꺾어서 버리며 말하기를, “이것은 쓸 수 없는 물건이다.” 하고, 스스로 방납을 하는 자일 경우에는 반드시 “품질이 좋다.”라고 하는데, 관원은 비록 혹 직접 살펴보더라도 상세히 알 수가 없고 또한 일을 만들까 두려워하여 짐짓 하리(下吏)의 말을 들어줍니다. 그래서 각 관은 품질 좋은 토산품을 마련해 얻는 것을 근심하지 않고, 다만 인정(人情)을 많이 마련하여 방납자를 구하려고 힘을 씁니다. 심한 경우는 비록 혹 방납하는 사람을 구했을지라도 즉시 값을 받지 않고 반드시 이익을 더 불리고자 하여 머뭇거리면서 납품하지 아니하다가, 막바지에 이르러서 먼저 그 물건을 납품하고서는 각 고을의 백성들에게 월리(月利)로 추징(追徵)합니다. 그래서 인삼 한 근(斤)의 가치가 베 백 필에 이르고, 월리로 추징하게 되면 이백 필에도 이르니, 백성들이 어찌 괴롭지 않을 수가 있겠습니까.

이것은 풀인 인삼이 절로 비싸진 것이 아니라, 그 값의 싸고 비쌈〔輕重〕을 저울질함이 각 부서의 하리에게 달려 있어서입니다. 그렇지 않으면 각 고을의 수령(守令)들이 비싸면〔重〕 잡아다 가두고 싸면〔輕〕 방면해 주니, 좌불안석하다가 방면되어 가기에 이르는 자가 종종 있습니다. 조정에서는 이런 간사한 아전을 금하지 아니하고 인삼 장사 금지도 느슨히 하면서 백성들에게 포(布)를 세금으로 거두어 장사꾼들에게 사서 쓰니, 장사꾼들이 마음대로 인삼을 채취함은 그 형세가 진실로 그러하였습니다.

장사꾼들이 이미 많아지면 곧 인삼값은 비싸지지 않을 수가 없고, 인삼값이 비싸지면 이를 채취하는 자가 많아지지 않을 수가 없습니다. 본토(本土)에서 인삼을 채취하는 백성이 인삼 상인과 결탁하여 미리 비싼 값을 받고 때에 미쳐 채취하면, 쓸 만한 인삼은 모두 장사꾼에게 팔아 버려서 관가에 납부하는 인삼은 모두 초삼(草蔘)[76]으로 진헌(進獻)하기에 합당하지 않습니다. 이는 이권(利權)이 방납하는 무리에게 돌아가서, 비록 토산품이 있더라도 나라에서는 절로 소유할 수가 없게 되는 것입니다. 게다가 파삼(破蔘)값도 중조(中朝)에서 뛰어 통역사들에게 다투어 파는지라 아주 작은 뿌리라도 파서 취하지 않음이 없습니다. 삼 뿌리는 한계가 있는데 채취하기를 끝없이 하매, 점차 적어져서 귀하게 되기에 이르러 장차 종자가 끊어질 형편이니, 진헌할 물건조차 얻기 어렵게 되는 근심이 있을까 걱정입니다.

신이 중조(中朝)에 들어갔을 때 가만히 그 말을 들어보니, 인삼은 큰 것을 취하지 않고, 색이 깨끗하면서 견고하고 강한 것을 취한다고 합니다. 그렇다면 진헌할 인삼의 견본 또한 조금 낮은 품질로 해도 일을 만들어 내는 데 이르지는 않을 것입니다. 인삼 견본의 품질이 이미 낮아지고서 백성들에게 채취해 납부하도록 하여 이어 갈 만한 방도로 삼은 뒤에는 통역관과 인삼 상인들이 매매하는 데 대한 법을 엄하게 세워서 사형의 법률로 논죄하기를 조종조(祖宗朝)의 고사(故事)같이 하면, 백성들은 고초를 받지 않

76 초삼(草蔘) : 정삼(正蔘)이 되지 않았을 때 캐는 인삼을 말한다. 《어우집(於于集)》 권5 잡저 〈안변삼십이책(安邊三十二策)〉에 "삼을 캐는 방법에, 7월에 붉은 열매가 보일 때 캔 것을 초삼 또는 달삼이라 하고, 8월에 누런 잎이 보일 때 캔 것을 정삼이라 한다.〔採蔘之法, 七月, 見紅實而採之, 名曰草蔘, 又曰達蔘. 八月, 見黃葉而採之, 名曰正蔘.〕"라고 하였다.

고 인삼값은 점차 낮아질 것입니다.

다만 인삼만 그러할 뿐 아니라, 이를 들어 미루어 보면 어떤 것도 그러하지 않음이 없습니다. 근래에 나라에서 부세를 더하지 않는데도 백성들이 초췌해지고, 민초들이 말리(末利 상업)로 달려가서 전결(田結)이 날로 줄어드는 것은 누가 그렇게 하도록 한 것이겠습니까. 생민(生民)의 고혈(膏血)이 국가로 들어오지 않고 모두 서리(胥吏)의 주머니로 들어가며, 권문(權門)의 가노(假奴)와 시정의 큰 상인들이 모두 방납하고 긁어 벗겨 가는 무리가 되었는데도 각각 믿는 바가 있는지라, 관원이 감히 제어하지 못하고 법부(法府)가 다스릴 수 없습니다. 엉긴 뿌리가 이미 굳어져 쌓인 폐습이 되어 버려 비록 인주(人主)의 위엄으로써도 감히 이들을 어찌하지 못하니, 통곡하고 눈물 흘리면서 길게 탄식할 만합니다. 신이 비록 폐단을 진술하였으나, 끝내 허투루 돌아간다면 또한 장차 어찌하겠습니까.

변방 성의 군사 모집 계책

邊城募軍之策

고어(古語)에 "일만 명을 징병하는 것이 일천 명을 모병하는 것만 못하다."[77]라고 하였습니다. 신이 남쪽 지방에 있을 때 가만히 보

77 일만……못하다 : 당나라 한유(韓愈)의 〈재차 악주 유 중승에게 준 편지〉에 "스스로 싸움을 용감히 함은 일만 명을 징병하는 것이 일천 명을 모병하느니만 못하다. [勇於自戰, 徵兵滿萬, 不如召募數千.]"라고 한 데서 인용하였다. 《唐宋八大家文鈔 卷4 韓愈 再與鄂州柳中丞書》

니, 보통 백성들이 모두 종군(從軍)을 싫어하는지라, 모병을 비록 부지런히 하더라도 피하기를 더욱 깊숙이 하고, 이름은 비록 군(軍)이라고 하지만 활 잡는 것도 이해하지 못하였으니, 그 백성이 되고 싶은 마음은 있으나 말 타고 활 쏘기를 익히지 않았기 때문이었습니다. 본도의 강변(江邊)을 살펴보기에 이르러서는 이른바 '토병'은 변방 지역에서 나고 자라서 창과 방패엔 익숙하지만, 사람들이 대대로 일삼는 업이 없어서 살아가기가 매우 힘들어 종군하여 방수(防戍)하는 것을 자신의 임무로 삼았습니다. 그리고 그 유랑하여 떠나 도피하는 자는 모두 살 자리를 잃어서 옮겨 간 사람들이었으니, 조정에서 만약 마땅하게 조치한다면 모병이 어렵지 않을 듯합니다. 이에 신은 '남쪽 지방은 할 만한 모양〔形〕은 있지만 할 만한 태세〔勢〕가 없으며, 서쪽 지방은 할 만한 모양은 없지만 할 만한 태세가 있다.'라고 생각하였습니다.

신이 연변(沿邊)의 여러 진(鎭)을 두루 살펴보니, 모두 텅 빈 성으로 지킬 만한 군사가 없고, 성지(城池)가 혹 많으나 유리한 형세를 잃어, 적들이 만약 돌격해 오면 대응할 수가 없겠으니, 이것이 이른바 '할 만한 모양이 없다.〔無可爲之形〕'라는 것입니다. 하지만 강변(江邊) 일곱 고을의 호구(戶口)에 남자 장정이 큰 군(郡)은 800~900명이고 작은 군은 500~600명입니다. 이들은 모두 옮겨 들어와 사는 백성이니, 만약 먼저 기강과 법을 세우지 않고 몰아서 성에 들이면 서로 거느리고 달아날 것입니다.

지금 조정에서 특별히 강변 일곱 고을을 더욱 돌보아 주어, 그 성(城)의 장정이 되는 자에게는 공부(貢賦)를 견감해 주고 요역(徭役)을 감해 주어, 백성들로 하여금 다투어 달려 성에 들어오도록 한 뒤에 다시 호패법을 엄하게 시행합니다. 그리하여 호패가 없고 요역이 없는 자는 난민(亂民)의 법으로 논죄하여 각 도(道)와 각 읍(邑)으로 하여금 가는 데마다 요역이 없는 곳이 없도록 하면, 다 마찬가지로 요역이 있는 백성이 되니, 누가 기꺼이 그 거처하는 곳을 버리고 옮겨 가기를 즐거워하겠습니까. 이미 옮겨 가지 아니하면 경내에 있는 백성들이 모두 토병이라, 한 고을의 백성으로도 충분히 한 고을의 성을 지킬 수 있으니, 이는 조정의 조치가 마땅함을 얻는 데 달려 있을 따름입니다.

또 신은 잠시 강변의 토병들의 재주를 시험해 보았습니다. 그들은 말 타고 활쏘기에 익숙하고, 추격해서 죽이는 데 용감하며, 험준한 산비탈을 오르내림이 날 듯이 빨랐습니다. 남방의 군사 10명은 서방의 군사 1명을 당할 수가 없고, 서방 내지의 군사 10명은 강변의 토병 1명을 당할 수가 없습니다. 또 그들은 병사가 되기를 싫어하지 않음이 남방과는 매우 달랐으니, 만약 혹 전투 말과 군사 장비를 대 주어 그 용맹하고 날랜 기상을 길러 준다면 모두 급한 일이 있을 적에 쓸 만한 인재가 됩니다. 이 조아(爪牙) 같은 병사[78]가 있는데도, 부리는 방법이 잘못되어 이와 같이 그 모양이 없으니, 진실로 탄식할 만합니다.

또 여러 진보(鎭堡)의 토병은 이미 본진의 군사가 되어서 오직 주장(主將)의 명령을 들어야 하는데, 또 본주의 땅에서 나는 것을

78 조아(爪牙) 같은 병사 : 맹수의 발톱과 어금니 같은 훌륭한 장수나 무사 등을 뜻한다. 《시경》 〈기보(祈父)〉에 "기보여, 나는 천자의 조아이다.〔祈父, 予王之爪牙.〕"라고 한 데서 유래하였다.

먹어서 마땅히 본관(本官)의 요역에 응해야 합니다. 그래서 이미 전결(田結)에 부역을 하고, 또 가호(家戶)에도 일을 하며, 또 따라서 그 자손을 찾아내어 아직 상투를 올리지도 않았을 때 혹 관속(官屬)으로 정하고 혹 다른 보에 충원하니, 마땅히 있을 곳을 잃고 유랑하여 흩어져 날로 점차 깎이고 약해지는 것이 족히 괴이할 게 없습니다. 강변(江邊)에 믿을 바는 토병인데 깎이고 약해짐이 심한 것이 이런 극한 지경에 이르렀으니, 이는 스스로 그 조아의 병사를 꺾어 버리는 것입니다.

지금 마땅히 특별히 변방 군(郡)의 수령에게 더욱 신칙을 해서, 이미 군사가 되었으면 전결에 대한 일정한 부세 외에 무릇 여러 호역(戶役)을 일절 침범하지 말고, 군사의 자손들은 길이 군사가 되게 하여 다른 부역을 정하지 말도록 해야 합니다. 이미 다른 부역에 소속된 자는 또한 주진(主鎭)의 관(官)에 명하여 쇄환(刷還)하도록 하고, 명령을 받들지 않는 자는 그 수령을 벌하면, 변방 지역의 군사가 방어하고 수비하는 데 전념하면서 달리 침범당해 흔들릴 근심이 없을 것이니, 자식을 낳고 손자를 낳아 점차 번성하고 불어나기에 이르면 군사의 정원이 감소되지 않을 수 있을 것입니다.

군마 영송의 폐단

軍馬迎送之弊

관서(關西) 한 도(道)는 사신(使臣)의 왕래에 숙식을 마련해 주느라 분주하여 공적·사적으로 힘이 고갈되어 쩔쩔매고 있습니다. 그래서 방어하고 수비하는 일에 대해서는 생각이 미칠 겨를이 없고 힘이 이를 수가 없으니, 형세가 진실로 그러합니다.

요동(遼東) 군마(軍馬)의 폐단에 이르러서는 신이 전에 연경에 갔다가 돌아왔을 때 극력 진달하여 아뢰었는데, 오히려 아직 변통(變通)하지 아니하였지만, 지금 감히 다시 번거롭게 아뢰지는 않겠습니다. 대개 이른바 '요동 지방 군마'라는 것은 처음에 사신 행차를 보호하기 위해서 마련된 것이지, 통역관들이 무역하려고 싣고 가는 짐수레를 위해서가 아니었습니다. 지금 연경에 가는 행차에 데리고 갈 사람을 날로 점차 더 청하니, 이는 나랏일에는 이익이 없고 다만 주전(廚傳 숙식(宿食)과 거마(車馬) 등을 대접하는 곳)에서 영송하는 폐단만 끼칩니다. 청컨대 신이 전에 아뢴 대로 서장관(書狀官) 및 데리고 가는 원역(員役 정관(正官) 외에 잡직을 맡은 인원)을 줄여 버리고 반전(盤纏 여비(旅費))의 비용을 은량(銀兩)으로 지급하면 요동 군마의 폐단은 감소하기를 기다리지 않아도 절로 줄 것입니다.

복명할 때 별책으로 올린 서계

復命時別冊書啓

신이 듣자옵건대, 나라를 다스리는 도(道)는 정사를 내는 근원을 맑게 하고, 쓰고 버리는 방법을 분명히 해서 조정이 맑고 밝으며 공도(公道)가 크게 행해지도록 함에 달려 있다고 합니다. 그런 뒤라야 안으로는 기강과 규모가 크게 확장되지 않음이 없고, 밖으로는 병농(兵農)과 여러 일이 차례대로 닦이고 거행되니, 이는 마치 사람의 심기(心氣)가 온화하고 평온하면 혈맥이 흘러 통하는 것과 같고, 마치 나무의 뿌리가 깊고 두터우면 가지가 번창하고 무성한 것과 같습니다. 그러므로 밖을 닦고자 하는 자는 먼저 안을 다스렸으니, 예로부터 어찌 조정이 다스려지지 않는데 변방의 업무가 다스려지는 경우가 있었겠습니까. 지금 신이 진달하는 바는 모두 허황된 겉치레라, 그림의 떡처럼 주린 배를 채울 수 없고 말로는 황하 물이 많아도 목마름을 해결할 수 없으니 끝내 무슨 보탬이 있겠습니까. 하지만 신하 된 자가 받은 직분에 각각 맡은 바가 있으니, 본원(本原)의 큰 기강이 비록 금일의 급선무라 하더라도 이는 실로 조정의 책무인지라, 신이 어찌 감히 지위를 벗어나 진언할 수 있겠습니까.

신은 서관(西關)으로 가라는 명을 받들어 그 지역 사정을 살피고 탐방하는 직무를 맡았는데, 군민(軍民)의 없애기 어려운 폐단과 성지(城池) 수리와 군사 조련에 관한 일에 이르기까지가 모두 봉지(封旨)에 담겨 있었으니, 신은 감격하고 황송하여 감히 눈으로 보고 귀로 들은 것을 조목조목 나열하여 진달해 아뢰었습니다. 그 외에 또 가만히 삼가 생각해 보니, 구중궁궐 깊은 곳에서 서북쪽을 근심하여 바야흐로 미리 대비할 계책[79]을 생각하시었으니, 신에게 명하신 것이 다만 여러 고을을 두루 다니며 산천을 둘러보도록 한 것일 뿐만 아니라, 반드시 추요(芻蕘)[80]의 말도 채집하여 듣고 싶으셔서였습니다. 그러니 신이 감히 성스러운 군주께서 길이 염려하시는 일에 대해 자세히 알아서 천려일득(千慮一得)[81]의 어리석음이라도 정리해서 재단하고 택하심에 대비하기를 생각하지 않겠습니까.

대개 조정의 득실은 재상에게 달려 있고, 변방 일의 이둔(利鈍)은 장수에게 달려 있습니다. 신 또한 성지(城池)의 형세(形勢)가 군사 행정의 말단 업무가 됨을 압니다. 비록 그렇지만 형세가

79 미리 대비할 계책 : 원문은 '주무지책(綢繆之策)'으로, 환란을 당하지 않도록 미리 조처하여 예방함을 말한다. 《시경》 〈치효(鴟鴞)〉의 "하늘에서 장맛비가 아직 내리지 않을 때, 저 뽕나무 뿌리를 거두어 모아다가 출입구를 단단히 얽어서 매어 놓는다면, 지금 이 아래에 있는 사람들이 혹시라도 감히 나를 업신여길 수 있겠는가.〔迨天之未陰雨, 徹彼桑土, 綢繆牖戶, 今此下民, 或敢侮予.〕"라는 말에서 가져온 것이다.

80 추요(芻蕘) : 꼴을 베고 나무를 하는 사람으로, 아무리 하찮은 사람의 말이라고 하더라도 그 가운데에는 쓸 만한 말이 있으므로 성인은 이를 취한다는 뜻을 표현할 때 흔히 쓴다. 《시경》 〈판(板)〉에 "선민이 말씀하셨나니, 꼴 베고 나무하는 사람에게도 묻는다.〔先民有言, 詢于芻蕘.〕"라고 한 데서 가져왔다.

81 천려일득(千慮一得) : 어리석은 자도 생각을 많이 하다 보면 한 가지 좋은 꾀를 낼 수 있다는 뜻으로, 《사기(史記)》 권92 〈회음후열전(淮陰侯列傳)〉의 "지자도 천 가지 생각 중에 반드시 하나의 잘못이 있고, 우자도 천 가지 생각 중에 반드시 하나의 옳음이 있다. 그러므로 광부의 말이라도 성인은 채택한다.〔智者千慮, 必有一失, 愚者千慮, 必有一得. 故曰狂夫之言, 聖人擇焉.〕"라는 말에서 가져온 것이다.

형성된 곳을 택하지 않고 성지를 잘 수리하지 않고서는 큰 적을 막을 수 있는 경우는 없습니다. 옛날 범중엄(范仲淹)[82]이 대순(大順)에 성을 쌓으니 서하(西夏)가 감히 변방을 침범하지 못하였고, 왕립신(汪立信)[83]이 양양(襄陽)에 성 쌓기를 청했는데, 송나라 사람은 그의 청을 들어주지 않았던 것을 후회하게 되었습니다. 그러므로 말하기를, "땅은 반드시 지켜야 할 곳이 있고, 요새는 반드시 의거해야 할 곳이 있다."라고 하였습니다. 우리나라는 시랑(豺狼 승냥이와 이리)이 호랑이 같은 나라와 더불어 베개를 나란히 하고 누워 있는 형상이어서 이들이 물어뜯으려는 근심이 조만간에 반드시 있으리니, 제압할 계책을 느슨히 해서야 되겠습니까.

지금 신이 큰 진(鎭)과 작은 보(堡)를 두루 살펴보고 강 길과 산 좁은 길을 끝까지 탐색하여, 형세의 평이함과 험함, 도로의 굽음과 곧음에 대해 그 대강을 조금 알게 되었습니다. 강변(江邊)의 여러 진에는 조금도 느슨해서는 안 되는 15성(城)이 있는데, 그 가운데 6성은 곧 조금 완비되어 있으니, 청성(淸城), 삭주(朔州),

82 범중엄(范仲淹) : 송(宋)나라 사람으로, 인종 때 지경주(知慶州)를 지냈다. 그때 범중엄이 경주 서북쪽 마포채(馬鋪砦)가 후교(後橋) 천구(川口)에 위치하여 적의 복중(腹中)에 있다고 여겨 성을 쌓고자 하매, 적이 반드시 분쟁을 일으킬 것을 예상하고 몰래 그의 아들 범순우(范純佑)와 변장 조명(趙明)을 보내어 그 땅을 먼저 점거하게 한 뒤, 성을 쌓을 판축(版築)을 갖추어 열흘 만에 성을 쌓았으니, 곧 대순성(大順城)이다. 이후로 서하(西夏)가 침범하지 못하였다. 《宋史 卷6 夏元昊拒命》

83 왕립신(汪立信) : 송나라 이종(理宗) 때 사람이다. 그는 양양(襄陽)이 포위되어 위급한 상황이었을 때 성을 쌓기를 청하였지만, 다른 사람들의 반대로 인해 이루지 못하였는데, 결국 함순(咸淳) 10년(1274)에 대원(大元)의 군사가 송나라를 침범하였다. 《宋史 卷416 汪立信列傳》

창성(昌城), 벽동(碧潼), 강계(江界), 고산리(高山里)입니다. 그 사이에 비록 아직 완비되지 않은 곳이 있으나, 만일 착실하게 수리하고 손을 보게 되면 금번 겨울 안에 일을 마칠 수 있으며, 적에게 임하여 지키고 막을 군사는 합하여 3만 명의 훈련된 정예병을 써야 합니다. 나머지 5성은 곧 성책(城柵)이 비록 남아 있기는 하나 제도가 미비하니, 의주(義州), 창주(昌州), 아이(阿耳), 위원(渭原), 만포(滿浦)입니다. 여기는 1천5백 명을 쓰면 또한 1년 안에 수리를 마칠 수 있으며, 적에게 임하는 군사는 합하여 3만 5천 명의 정예병을 써야 합니다. 나머지 4성은 곧 그 형세를 잃고 천조(天竈)[84]의 땅에 진영을 설치함은 바로 병법의 금기(禁忌)를 범하므로 형승(形勝)의 땅에 옮겨 쌓지 않을 수 없으니, 벽단(碧團), 이산(理山), 산양회(山羊會), 고협(古哈)의 별하(別河)가 그런 곳입니다. 진(鎭)을 옮겨 성을 쌓을 군사는 합하여 3천 명을 쓰며 전투하고 지키는 병사는 마땅히 2만 명을 써야 합니다.

이 15성 외에 또 마땅히 힘을 써야 할 곳으로 4개 진(鎭)이 있으니, 구령(仇寧), 광평(廣坪), 상토(上土), 추파(楸坡)입니다. 여기는 혹 예전 것을 그대로 두고 증축하거나 혹 옮겨서 성책을

84 천조(天竈) : 무후(武侯)가 "삼군이 나아가고 멈춤에 방법이 있을 것이리라." 하니, 오기(吳起)가 "천조(天竈)를 당하지 말고 용두(龍頭)를 당하지 말아야 하니, 천조는 큰 골짜기의 입구이고 용두는 큰 산의 끝자락이기 때문입니다." 하였다. 원주에 "천조는 큰 골짜기의 입구이니, 큰 골짜기의 입구에 진영을 정하면 첫 번째는 적에게 충돌을 당할까 두렵고 두 번째는 물에 침몰될까 두렵기 때문이다.〔天竈者, 大谷之口, 當大谷之口而營, 一則恐爲敵所衝, 二則恐爲水所沒.〕"라고 하였다. 《吳子直解 上卷 治兵》

설치하고서 모병을 하고 둔전(屯田)을 두어, 군사 2천 명으로써 한 편은 수비하고 한 편은 농사짓게 한다면, 또한 마땅히 몇 년 안에 성을 완성하고 백성을 모을 수 있을 것입니다.

옛날에 국가의 근심거리는 중대함이 육진(六鎭)[85]에 있고 서로(西路)가 그다음이었는데, 금일의 형세는 육진이 비록 급하기는 하나, 서로가 가장 중요합니다. 이른바 "병법에는 정해진 형태가 없고, 그 때에 따라 대응해야 할 뿐이다."라는 것이니, 어찌하여 그런 것일까요. 노추(奴酋 누르하치)의 소굴이 바로 파저강 상류에 의거하여 창삭(昌朔 창성, 삭주)과 서로 대치하니, 뒷날 혹 우리를 엿볼 뜻을 가지면 반드시 산융(山戎)의 여러 오랑캐를 몰아서 먼저 육진과 삼갑(三甲 삼수와 갑산)을 침범해서 함관(咸關)[86]을 마구 돌격하여 우리의 북로(北路)를 끊을 것입니다. 하지만 그들이 군침을 흘리는 곳[87]은 바로 서쪽 변방에 있고 북쪽 경계에 있지 않습니다. 그러므로 북쪽에서 오는 병사가 여기에 이르러 그치니, 이것은 동쪽을 향하면서 서쪽을 치는 술책입니다.

85 육진(六鎭) : 세종 때 여진족(女眞族)의 침입을 막기 위하여 1434년(세종16)에 함경도 북변(北邊)을 개척하여 설치한 경원(慶源), 회령(會寧), 종성(鍾城), 온성(穩城), 경흥(慶興), 부령(富寧) 등 여섯 진을 말한다.

86 함관(咸關) : 함관령(咸關嶺)으로, 함경남도 함주군(咸州郡) 덕산면(德山面)과 홍원군(洪原郡) 용운면(龍雲面) 사이에 있는 재이다.

87 군침을 흘리는 곳 : 원문은 '타이(朶頤)'로, 차지할 욕심을 갖고 있었다는 말이다. 《주역》 〈이괘(頤卦) 초구(初九)〉에 "너의 신령스러운 거북을 버리고 나를 보고서 턱을 늘어뜨리니, 흉하다.〔舍爾靈龜, 觀我, 朶頤, 凶.〕"라고 하였는데, 그 주에 "이(頤)는 물건을 씹는 턱을 이르는데, 사람이 제가 갖고 있는 좋은 것을 버리고 물건을 씹어 먹는 남의 턱만 쳐다보며 부러워하는 격이어서 흉하다."라고 하였다.

서쪽 변방을 출입하는 곳으로는 삼로(三路)가 있습니다. 일로(一路)로는 이파(梨坡)와 서해평(西海坪) 등지를 둘러 나와서 강계(江界)와 만포(滿浦)의 경계를 침범하여 우리의 힘을 분산시키는 것인데, 그 뜻이 곧 여기에 오롯이 있는 것이 아닙니다. 그러므로 만포 이상에서 나오는 경우에는 그 병사를 반드시 과장해서 부풀릴 것입니다. 또 일로로는 정예병을 선발하여 곧장 삼전(三奠) 이상 길을 경유하여 창삭 경계를 뚫고 나와 대로(大路)를 취하는 것인데, 오랑캐 산이 중첩되고 도로가 좁고 또 험하여 멀리 몰아오기가 쉽지 않습니다. 그러므로 창삭에서 나오는 경우에는 반드시 그 병사가 적으면서도 정예병일 것입니다. 또 일로로는 그들의 근거지에서 파저강이 흐르는 형세를 따라 병기와 군량을 싣고 곧장 산양회(山羊會)와 이산(理山) 등지에 도달하여 창주 길에서 합한 다음, 혹 의주(義州)로 향하고 혹 삭주와 귀성(龜城)을 향해 우리의 복심(腹心)을 엿보는 것입니다. 그러므로 산양회로 나오는 경우에는 그 병사가 반드시 많으면서도 튼실할 것입니다.

삼로(三路)로 오는 병사가 나누어 강변을 침략하면 그 병사가 흩어져서 막기가 쉽지만, 내지에서 합하면 그 형세가 성대해져서 방어하기 어렵습니다. 그러므로 왜적을 막을 때는 해상(海上)에서 막고, 북쪽 오랑캐를 막을 때는 강변에서 막아야 하니, 이를 지나치면 실로 계책을 만들어 내기가 어렵습니다. 그런데 지금은 강변에 오롯이 힘쓰지 않으면서 내지에서 막고자 하니, 이는 마치 담장을 평평하게 하고 자물쇠를 열고서 문정(門庭)으로 도적을 끌어들여 놓고 손으로 치는[88] 격입니다.

지금 강변의 여러 진이 모두 믿을 만한 데가 없지만, 그래도

근거지로 삼을 만한 형승(形勝)이 있으니, 우리가 만약 제압하고 지키는 요체를 조금 알아서 일찌감치 그에 대하여 조치를 알맞게 한다면, 어찌 오랑캐들의 계책에 무너지겠습니까. 위원(渭原)에서부터 창주(昌州)에 이르기까지 300여 리는 암석의 산봉우리들이 높고 험하며 도로가 막히고 좁으니, 한 사내가 창을 메고 있으면 일만의 기병이 전진하지 못합니다. 벽동진(碧潼鎭)과 아이진(阿耳鎭)은 바로 요충의 길에 당해 있어서 적을 제압하기가 쉽고, 오직 벽단(碧團)과 산양회(山羊會)와 이산(理山) 세 진(鎭)은 그 형세의 유리함을 잃었지만, 요새를 설치할 곳이 모두 멀지 않은 곳에 있습니다. 지금 만약 옮겨 축성하매 지형을 헤아리고 병사를 더해서 다섯 진(鎭)을 바둑판처럼 펼치고, 그 지형의 유리함에 따라 성벽을 튼튼히 하고 수비를 견고히 하며, 그 사이에 기병(奇兵 기습하는 병사)이 출입하고 매복하여 그 수미(首尾)를 끊어 버리면, 삼로의 적들이 쉽게 서로 합세하지 못하여 그 기세가 반드시 중간에 끊어질 것입니다. 중간에 끊어지면 저들은 깊이 들어오기 어렵고 우리는 견고히 지킬 수가 있습니다. 그렇게 되면 영변과 안주 이상의 지역을 적들이 감히 엿보지 못하리니, 다행함이 이보다 더 큼이 어디에 있겠습니까.

이런 까닭으로 전투를 잘하는 자는 헛소리를 과장하여 사람의 힘을 분산시키고, 수비를 잘하는 자는 요해지를 얻어서 적들의 기세를 흩어 버립니다. 저들이 헛소리로 과장함에 우리가 헛된 형세로 대응하면, 힘이 분산되고 중간이 비게 되어 반드시 다행하다는

88 손으로 치는 : 원문은 '수박(手搏)'으로, 손으로 상대를 쳐서 승부 내는 것을 말한다.

보장이 없을 것입니다. 그러므로 만포 이상의 지역은 적이 반드시 먼저 도모할 곳이지만 그 기세가 느슨하고, 이산 이하의 지역은 적이 반드시 뒤에 도모할 곳이지만 그 기세가 급하니, 진실로 좋은 장수를 잘 가려 보내어 다섯 진을 나누어 맡게 한 뒤에 막아서 지키는 책무를 맡긴다면 5, 6년이 되지 않아서 형세가 장엄하고 견고하게 되어 강을 따라 있는 진(鎭)들이 우뚝하게 금성탕지 같아 충분히 믿을 수 있을 것입니다.

비록 그렇지만, 강변의 형세가 혹 믿을 만해도 내지의 요충지를 조금이라도 소홀히 해서는 안 되니, 영변, 안주, 귀성, 청산성, 능한성 등이 그런 곳입니다. 만약 지혜롭고 용감한 인재를 얻어서 수만 명의 병사를 맡긴 뒤에 힘을 축적하고 정예로움을 기름에 세월이 쌓이면 거의 지킬 수 있을 것입니다. 다섯 성이 비록 혹 견고히 지켜지더라도, 또한 반드시 보장(堡障)을 펼쳐 연결하여 내외의 기맥(氣脈)을 통하도록 한 뒤라야 성원(聲援)이 서로 미칠 수 있고 위급할 때 서로 구제할 수 있으니, 이른바 사보(四堡), 오관(五關), 팔돈대(八墩臺)가 바로 그런 곳입니다. 군사 수천 명을 종횡으로 섞어 배치하되 완급을 짐작하고 헤아려 군병(軍兵)을 더하거나 빼면, 내외의 군사 정보가 소통할 수 있고 여러 진의 호령이 막히지 않을 것입니다. 이는 바로 수레를 타고 고삐를 정돈하여 여섯 마리 말을 잘 조화롭게 하는 것과 같습니다.

진실로 어리석은 저의 계책을 써서 차례로 닦아 거행하면 관서(關西) 일로(一路)는 오히려 하늘에서 비가 내리기 전에 보수하여 엮는[89] 듯 대비할 수 있을 것입니다. 하지만 서변(西邊)의 진(鎭)에서 수비하는 병사가 이미 10만이어서 한 해의 군량으로 도합 50만 석(石)을 지급하고, 장사(將士)와 인마(人馬)는 또 여기에서 제외되어 있는데, 합하여 수만여 석을 지급합니다. 그래서 만약 엄히 경계하여 변고에 대비하기를 10년의 오랜 시간 동안 유지하면, 마땅히 그 수보다 10배가 될 것입니다. 연경에 가는 사신 행차 비용과 황제 사신의 책응(策應)에 드는 비용 또한 여기에서 제외되어 있고, 경성(京城)의 금위군(禁衛軍)과 양남(兩南)에서 왜적을 막는 병사와 북관(北關)에서 방어 수비하는 군졸 또한 여기에서 제외되어 있으니, 국가가 어떻게 유지하여 뒤를 좋게 하는 계책을 세울지 알지 못하겠습니다.

오호라, 근본을 정돈하면 만 가지 일이 다스려지니, 조정이란 사방의 근본입니다. 지금 서쪽 관문을 공고히 하고자 한다면 반드시 먼저 조정의 책략을 정하여 마땅히 자목(字牧)의 임무[90]를 맡을 이를 택하여 백성들을 어루만지게 해야 하고, 또 병사들을 거느릴 재주 있는 이를 선택하여 사졸들을 기르게 해야 합니다. 그리고 또한 반드시 인애(仁愛)의 정치를 펼치고 견사(繭絲)[91]의 납입을 너그럽게 하여 나라의 근본을 견고토록 하며, 급하지 않은

89 하늘에서……엮는 : 환란이 닥치기 전에 미리 대비함을 말한다. 앞의 주 79 참조. 《詩經 鴟鴞》

90 자목(字牧)의 임무 : 자목은 고을 백성을 사랑으로 다스린다는 말로, 그 임무를 맡은 이는 목사 이하 군수, 현감 현령 등이다.

91 견사(繭絲) : 부세(賦稅)를 의미한다. 《국어(國語)》에 "조 간자(趙簡子)가 윤탁(尹鐸)을 시켜 진양(晉陽)을 다스리게 하니, 윤탁이 청하기를 '견사(繭絲)를 하오리까, 아니면 보장(保障)을 하오리까?' 했다."라고 한 데서 가져온 말로, 견사란 백성에게 재물을 받아 내기를 마치 누에고치에서 실을 뽑듯이 한다는 것이다.

비용을 줄이고 한계가 있는 재물을 절약하여 나라의 재정을 넉넉하게 하며, 권행(權倖)의 문호를 막고 청탁하는 길을 막아서 공도(公道)를 열며, 팽아(烹阿)[92]의 숯을 성대히 하고, 신의를 지키는 사목(徙木)[93]의 포상을 내걸어 큰 믿음을 보여야 합니다. 그리하여 사람들에게 모두 염치(廉恥)에 힘쓰고 충실(忠實)을 극진히 할 줄 알며, 의(義)에 달려가길 즐거워하고 공(功)을 일삼음을 권면하길 알게 한 뒤라야 성지(城池)를 지킬 수 있고 형세(形勢)를 형성할 수 있으며 군량을 공급할 수 있습니다. 알지 못하겠습니다마는, 전하께서는 그 또한 두려워하면서 생각이 미치고 분연히 떨쳐 일어나 행함이 있으신지요.

아아, 노호(老胡 누르하치)는 무예를 단련하고 무기를 쌓은 지 수십 년이 되었습니다. 위로 큰 나라를 넘보고 곁으로 이웃 나라를 엿보니, 그가 병사를 거두어들이고서 움직이지 않는 것은 요컨대 인(仁)해서가 아니라, 곧 계책을 축적하여 틈을 엿보는 것이었습니다. 지금은 곧 병력이 이미 강하고 기세가 이미 이루어졌으니, 가깝게는 곧 5, 6년이고 늦어지면 8, 9년에 그 기세가 반드시 움직일 것인데, 움직이면 반드시 수십 년 전쟁의 재앙을 받을 것

92 팽아(烹阿) : 탐관(貪官)을 삶아 죽이는 극형을 의미한다. 전국(戰國) 시대 제(齊)나라 위왕(威王)이 처음에 모든 지방 정치를 경대부(卿大夫)에게 위임하였는데, 여러 경대부 중 아 대부(阿大夫)가 정치를 가장 잘한다는 예찬의 소리가 날로 들리기에 사람을 보내어 아(阿) 땅을 살펴보았더니, 왕의 좌우에 뇌물을 써서 칭찬을 구한 일이 있었으므로 당장 아 대부를 잡아다 팽(烹)형에 처하였다. 《通鑑節要 卷1》

93 사목(徙木) : 나무를 옮겨 놓는 자에게 약속대로 많은 상금을 주어 정부의 지시나 명령을 믿게 함을 이른다. 앞의 주 41 참조. 《史記 卷68 商君列傳》

입니다. 이는 바로 군신(君臣) 상하가 잠을 자도 자리가 편하지 않고 음식을 먹어도 맛이 달지 않아 급급하게 수양(修攘 덕을 닦아 오랑캐를 치는 것)할 때입니다. 그런데도 오히려 시랑 같은 오랑캐가 침범하지 않은 것을 자신과 친해서라고 여겨 한갓 겉만 그럴듯하게 꾸미기를 마치 우인(偶人 허수아비)의 형상과 같이 하고, 한 고을, 하나의 진(鎭)도 문득 믿을 만한 형세가 없습니다. 이것이 신이 비분강개하며 눈물을 흘리면서 곁의 사람들의 비웃음과 질타를 피하지 않고 번거롭게 전하의 귀를 더럽힘이 여기에 이른 까닭입니다.

대개 일이란 발생하기 전에 먼저 말을 하면 사람들이 반드시 망녕되다고 여깁니다. 지금 신이 진실로 망언을 한 죄를 면하지 못하겠지만, 일이 이미 발생했는데도 언급함이 없는 것과 비교해 어느 것이 낫겠습니까. 전하께서 요망한 말을 했다는 이유로 신을 처벌하지 않으실 것 같으면, 마땅히 속히 일을 잘 아는 신하를 보내어 서변(西邊)을 경영해 다스리게 하되, 감사(監司), 병사(兵使)와 더불어 협심해서 서로 의논하여 먼저 본도의 힘을 헤아려 보게 해야 합니다. 그런 뒤에 황해도의 군사로써 도와 급한 것을 먼저 처리하고 늦추어도 되는 것을 뒤에 처리하여 성을 완비하고 백성을 모으며 군량을 적치하고 병사를 훈련시키되, 너무 급하여 백성들을 상하게 하지 말고, 너무 지체되어 기회를 잃게 하지 말며, 허풍 치는 말을 듣고서 이룬 계책을 흔들지 말고, 일을 맡긴 사람을 옮겨서 이전의 공을 손상하도록 하지 말아야 합니다. 그래서 조석으로 스스로 도모하고 세월을 두고 스스로 닦아서, 3년이 되어서는 조금 완성함을 바라고, 6년이 되어서는 성과가 있기를 요구하고, 9년이 되어서는 승리할 계책을 정한다면, 허한 것은 튼실하도록 할 수 있고 약한 것은 강하게 할 수 있습니다.

저들이 7년으로써 우리를 도모하면 우리는 6년으로써 지키고 막을 계책을 하며, 저들이 10년으로써 우리를 도모하면 우리는 9년으로써 스스로 견고케 할 계책을 해야 합니다. 옛사람이 이른바 "먼저 적이 이길 수 없게 만들어 놓고, 적을 이길 수 있기를 기다린다."[94]라고 한 것이 여기에서 벗어나지 않습니다. 다만 일찌감치 정하여 힘써 행하는 데 달려 있을 따름입니다. 그렇지 않고 미적거리며 안일하게 지내면서 다시 스스로 떨쳐 일어나지 않으며, 아무 일 없음을 다행으로 여기면서 세월을 그대로 흘려보내다가 오랑캐의 기마가 강을 건너오기에 미쳐서야 곧 다시 도모한다면, 신은 환후(桓侯)의 질병이 이미 어떻게 할 수 없게 되자 편작(扁鵲)이 바라보다가 달아나 버리는[95] 격이 될까 걱정입니다.-또 체부종사관(體府從事官)에게 올려 품의한 글이 있으니, 원집(原集)에 있다.-

94 먼저……기다린다 : 《손자(孫子)》 〈군형(軍形)〉에 "옛날에 전쟁을 잘한 이는 먼저 이길 수 없게 만들어 놓고, 적을 이길 수 있기를 기다린다.〔昔之善戰者, 先爲不可勝, 以待敵之可勝.〕"라고 한 데서 가져왔다.

95 환후(桓侯)의……버리는 : 환란의 대처가 늦었음을 의미한다. 편작(扁鵲)이 제나라 환후에게 말하기를 "병이 주리(腠理)에 있으므로 치료하지 않으면 장차 깊어질 것입니다."라고 하니, 환후가 기뻐하지 않으며 "의원의 이익만 좋아한다."라고 하면서 치료하지 않았고, 병이 장위(腸胃)에 들어가도 편작의 말을 믿지 않았다. 그 뒤에 병이 골수에까지 파고들자 편작이 멀리서 환후의 얼굴을 바라보고 도망쳤다. 《史記 卷105 扁鵲列傳》

포로로 잡혔다가 도망쳐 돌아온 사람들이 듣고 본 것을 부기해 붙임

附足被擄走回人聞見

포로로 잡혔다가 도망쳐 돌아온 사람인 종성 영(鍾城營 함경도 소재) 진무(鎭撫) 김옥정(金玉精)의 아들 정립(廷立)과 그 처 사리거, 그리고 같은 부(府)에 거주한 보인(保人)[96] 김억수(金億壽)의 아들 김금이(金金伊)와 그 처 자리거는, 어릴 때 오랑캐에게 잡혀가서 어느 군(郡)에 거주하며 살았는지를 알지 못하고 우리나라 말을 잘 알지 못하였습니다. 김정립이 말한 내용은 이렇습니다.

"지난 임진년 나이가 스무 살 때, 본부(本府)의 부계촌(富溪村)에 거주하였는데, 뜻하지 않게 오랑캐들이 경원(慶源)으로부터 습격해 오매 보군(步軍)은 방산(方山)에서부터 돌진해 이르고 기마병은 장풍동(長豐洞)에서 말을 타고 와서 노략질할 때였습니다. 그때 먼저 처와 형의 아들 응주(應周)가 일시에 잡혔는데, 사로잡힌 마을 사람들은 기억하지 못하겠습니다. 장풍의 거암(車巖)에 이르러서는, 매복해 있던 우리나라 병사들이 기다리고 있다가 돌격하여 오랑캐 12명을 죽였습니다. 그래서 장풍동 사람들은 사로잡히지 않았습니다. 그 3, 4일 뒤에 오랑캐들이 대거 다시 침입해 와서 불태우고 노략질하고 나서 떠나 아오지(阿吾地 함경도 소재)

96 보인(保人) : 군역에는 나가지 않고 베를 내어서 군역에 복무하는 사람을 보조해 주던 사람을 말한다.

의 홀을가적(忽乙可赤) 부락(部落)으로 들어가 8, 9일을 머물렀고, 이리저리 팔려 다니다가 후예(厚芮)에 들어가서 김금이 및 두 딸과 서로 만났는데, 그때 스스로 '계미년(1583, 선조16)에 사로잡혔다.'라고 말했습니다. 마침내 함께 살게 되어 후예에서 18년을 살았습니다.

지난해 겨울철에 노을가적(老乙加赤)[97]이 후예 사람들이 공물을 납입하지 않는다고 해서 일만의 군사가 갑자기 이르러 하루 만에 사십여 부락을 쳤습니다. 우리 네 사람 또한 동시에 사로잡혀 가서 노호(老胡)의 성안에서 3일을 머물렀습니다. 내외의 성안에는 사람들이 매우 조밀하게 거주하였습니다. 내성(內城)에는 노호의 족속과 노비 등이 거주하였고, 중성(中城)에는 우리나라 조정의 관원이나 일을 맡은 듯한 사람들이 거주하였으며, 외성(外城)에는 보통 백성들이 거주하였습니다.

우리는 그 뒤에 농소(農所)인 여인수(汝仁水) 가의 순마지(順麻地)로 보내졌습니다. 이른바 여인수는 아마 파저강(婆猪江)인 듯합니다. 농소의 거주지에는 곧 인가(人家) 5호(戶), 농부 7명, 소 7마리가 있었습니다. 말을 먹이는〔牧馬〕 곳에는 곧 목마인 7명이 있었고, 말은 산야(山野)에 흩어 놓고 먹였는데 암컷 말이 100여 필(匹)이었습니다. 이와 같은 것이 아홉 둔(屯)이었습니다. 암컷 말은 곧 타지도 않고 짐을 싣지도 않으면서 단지 번식하는 것만 취할 따름이었으므로 말이 매우 살찌고 빼어났는데, 흰색 말

97 노을가적(老乙加赤) : 건주위(建州衛)의 추장인 청(靑)나라의 태조(太祖) 누르하치를 일컫는 말이다.

이 반을 차지하였습니다. 수컷 말은 2, 3세가 되면 잡아 내어 거세하고는 별도로 본진 가까운 곳에서 기르면서 날마다 조련하여 길들인 뒤에 군중(軍中)에 나누어 공급하였습니다.

금년 2월에 노추(老酋)가 중원(中原)에서 공격해 온다는 기별을 듣고 각 부(部)에서 훈련된 병사를 여러 곳으로 흩어 보냈는데, 장수(將帥)의 수는 50명으로 한 사람이 각각 군사 1천 명을 거느렸습니다. 노추는 아들이 매우 많았는데, 군을 총괄하는 자가 2명이었고, 그 아우 소가을적(少加乙赤) 또한 별군(別軍)을 거느렸으니, 부자와 형제가 각기 그 군대를 통솔했습니다. 모든 군졸은 곧 나누어 상중하로 만들었습니다. 기병(騎兵)은 장갑(長甲)을 착용하고 화살 40개를 지고서 한 부대를 만들었습니다. 보병(步兵)은 단갑(短甲)을 착용하고 화살 30개를 지고서 한 부대를 만들고 또 가슴 가리개를 착용하고 화살 20개를 지고 한 부대를 만들었습니다. 각각 긴 창과 단검을 가졌는데, 검의 길이는 한 자 반 남짓했습니다. 행군할 때는 금고(金鼓)[98]를 울리지 않고 취라(吹螺 군사를 모을 때 부는 소라)를 불었습니다.

각각의 색의 소기(小旗)가 있었습니다. 노추는 누런 비단으로 기를 만들었고, 여러 장수는 붉은 비단으로 기를 만들었습니다. 훈련할 때, 군졸이 활을 잘 쏘면 상을 주는데, 혹 베나 비단을 주고 혹 소나 말을 주었습니다. 농부는 군병의 일을 알지 못하였고, 군사는 농사짓는 일을 알지 못하였습니다. 날마다 항상 훈련하고

98 금고(金鼓) : 군사를 정지하고 전진시키는 징소리와 북소리를 말한다. 《세종실록》 권12를 보면, "북을 치면 곧 전진하고 징을 치면 곧 정지한다."라고 하였다.

장수(將帥)가 이를 살펴보았는데, 노추는 10일에 한 번 살펴보았습니다. 갑주(甲胄)와 궁시(弓矢)와 창검(槍劍) 등의 무기는 항상 개조하였습니다.

4월에 노추가 장수를 정하고 병사를 거느리고서 여허(汝許)를 치러 갔는데, 이때 우리는 도망쳐 나와서 산으로 올라갔습니다. 15일 만에야 비로소 위원(渭原)에 도착했는데, 생각건대 농사짓던 곳으로부터 강변(江邊)에 이르기까지가 4, 5일 일정이었던 듯합니다. 이 외의 일은 어떠한지 알지 못하겠습니다."

인재집

별집 제2권

서계 書啓

장계 狀啓

서계 書啓

적상산성[99]에 대해 상고한 계 임자년(1612, 광해군4) 11월 옥당에서 근무할 때
赤裳山城考啓 壬子十一月直玉堂時

홍문관에서 다음과 같이 계를 올립니다.

무주(茂朱) 적상산성(赤裳山城)의 옛 궁궐은 어느 시대에 세워진 것인지 알 수 없었기에, 유신들에게 상고하여 아뢸 것을 전교하셨습니다.

신들이 이전의 역사서를 가져다가 상고해 보니, 별도로 드러나는 점은 없고 다만 《동국여지승람(東國輿地勝覽)》에 기록된 바[100]가 있을 뿐인데, 다음과 같습니다. "상산(裳山)은 무주현 남쪽 15리에 있는데, 세상에서는 상성산(裳城山)이라 부른다. 사방은 벼

99 적상산성(赤裳山城) : 전라북도(全羅北道) 무주(茂朱)에 있는 산성(山城)으로, 광해군(光海君) 6년(1614)에 사고(史庫)를 설치하였으며, 인조(仁祖) 때 순검사(巡檢使) 박황(朴潢)의 건의에 따라 수축(修築)하여 선원각(璿源閣)을 세웠다. 우리나라 5대 사고 중의 하나이다.

100 동국여지승람(東國輿地勝覽)에 기록된 바 : 《신증동국여지승람》 권39 〈전라도(全羅道) 무주현(茂朱縣)〉 조에 있다.

랑이 서 있고 층층이 우뚝하게 깎인 것이 마치 사람의 치마와 같기 때문에 이름을 붙였다. 옛사람들이 험준함에 의거하여 성을 만들었는데, 올라갈 수 있는 길이 겨우 두 갈래뿐이다. 그 가운데는 평탄하고 넓으며 냇물이 사방에서 솟아나니, 참으로 하늘이 만든 험지이다. 옛날 거란의 병사와 일본의 도적들이 침략했을 때, 주위 수십 고을의 백성들이 모두 이 산성에 의지하여 목숨을 보전하였다. 고려 도통사(都統使) 최영(崔瑩)이 산성을 세우고 창고를 설치하여 뜻하지 않은 전쟁에 대비할 것을 청하였다. 우리 조선 세종(世宗) 때 체찰사(體察使) 최윤덕(崔潤德)이 고을을 순행하다가 이곳에 이르렀는데, 마침 구름과 안개 때문에 어두컴컴하여 두루 살필 수가 없었다. 그래서 성을 쌓고 창고를 두는 것은 마땅하지 않다고 여겼기에 일이 마침내 중지되었다."라고 하였습니다.

또 "안렴암(按廉巖)이 상산 꼭대기에 있다. 그 길이는 여러 길이 되므로 그 위에 수십 명이 앉을 수 있다. 동으로는 가야산(伽耶山)을 바라보며 남으로는 지리산(智異山)을 바라보며 서쪽으로는 큰 바다〔서해〕를 바라보며 북으로는 화악(華岳 북한산)을 바라볼 수 있다. 옛날 거란병이 쳐들어와 노략질할 때 삼도의 안렴사(安廉使)가 이곳으로 피난을 왔기 때문에 일반 사람들이 이름을 붙였다."라고 하였습니다.

지금 도형(圖形)에서 이른바 '옛 궁궐 터'라는 것은 이 지역의 늙은이들이 전하는 말일 뿐이고, 또한 어느 시대에 세워진 것인지 명확하게 지적하지 못합니다. 다만 그 터가 층층이 포개지며 평탄하고 넓은 것이 완연히 계단의 모양을 하고 있습니다.

올해 봄에 승장(僧將) 덕웅(德雄)[101]이 그 터를 발굴했을 때,

은비녀, 동거울, 술동이 등의 기물을 그 가운데서 찾아 비변사로 실어 보냈는데, 이것 때문에 반드시 궁궐이라 단언할 수는 없습니다만 서로 전해 온 말이 혹 맞는 듯합니다. 그러나 이 밖에 삼각산(三角山)의 북한산성(北漢山城), 예안(禮安)의 청량산성(淸凉山城), 청송(靑松)의 주왕산성(周王山城)처럼 이른바 '옛 궁궐 터'라는 것이 즐비하게 많습니다. 혹 옛날 전란으로 어지럽던 때에 험지에 의거하여 이곳에서 병란을 피한 듯하나 믿을 만한 역사서로 징험할 수 없어 자세히 알 수 없습니다. 감히 아룁니다.

101 승장(僧將) 덕웅(德雄) : 사고 설치 직후에는 승려 덕웅이 승병 92명을 모집해 산성을 수축하는 한편, 분번(分番)으로 사각(史閣)을 수호하였다.

장계 狀啓

연경에 조회하러 갔을 때[102]의 장계 무신년(광해군 즉위년, 1608) 11월 옥하관에서

朝京時狀啓 戊申十一月在玉河館

신들 일행은 지난달 그믐에 무사히 북경에 도착하였고, 이달 초하루에 곧장 보단(報單)[103]과 해송주본(解送奏本)[104]을 홍려시(鴻臚寺)[105]에 올렸습니다만 정경(正卿)이 받아들이지 않고 말하기를, "표류한 인물은 흉사에 관계되니, 길조(吉朝)에 그 문서와 보단을 함께 받을 수 없소. 초삼일에 와서 바치시오."라고 하였습니다. 통사(通事)가 무릎을 꿇고 청하기를, "이 사람은 천조(天朝)의 인물이

102 연경에 조회하러 갔을 때 : 1608년 동지사 서장관(書狀官)으로 갔을 때 올렸던 장계이다.

103 보단(報單) : 우리나라 사신 행차의 인부와 마필이 책문에 들어가는 수효를 통지하는 단자(單子)를 말한다.

104 해송주본(解送奏本) : 해송(解送)은 인솔하여 인계하는 것으로, 당시 우리나라에 표류해 온 명나라 사람들을 돌려보내면서 아뢰었던 상주문(上奏文)을 말한다.

105 홍려시(鴻臚寺) : 빈객의 접대나 조회(朝會), 제사 등의 예법을 관장하는 관아의 이름이다.

기에 작은 나라가 상국을 공경히 섬겨 곧바로 해송(解送)하였습니다. 작은 나라에 있어서는 충순(忠順)이 되고 천조에 있어서는 경사가 됩니다. 전혀 흉사에 관계되지 않으니, 속히 받아 주시기를 바랍니다."라고 하였습니다. 좌경(左卿)이 "그대의 말이 옳소."라고 말하며 막 받으려고 하였으나 정경이 저지하였습니다.

통사가 문을 나오자 다시 불러 묻기를, "표류한 사람 가운데 다친 사람이 있습니까?"라고 하니, 대답하기를, "다친 사람이 전혀 없습니다. 배에 탔던 전원이 살았습니다."라고 하였습니다. 좌경은 처음부터 끝까지 받아들이고자 하였으나, 정경이 완강히 거절하며 따르지 않았습니다. 그 이유를 알아보니, 고부사(告訃使)[106]·봉주사(奉奏使)·진주사(陳奏使) 등의 행차에 주문(奏文)을 아뢸 때 인정(人情 뇌물)을 많이 소비하여 인삼 네다섯 근을 비용으로 쓰는 지경에까지 이르렀습니다. 정경 이하의 관원들이 직접 받는 것이 드디어 관례가 되었기에 이와 같이 저지하는 것이라 하였습니다.

연례(演禮)[107]는 5일과 6일로 정해졌습니다. 반드시 먼저 보단을 올리고 난 뒤라야 현조례(見朝禮)[108]와 현당례(見堂禮)[109] 그리고 연례(演禮)에 참석하는 등의 일이 비로소 차례대로 시행될 수

106 고부사(告訃使) : 국상(國喪)이 났을 때 이를 알리기 위해 중국으로 보내는 사신을 말한다.

107 연례(演禮) : 어떤 의식을 치르기 전에 미리 예행 연습을 하는 것을 말한다.

108 현조례(見朝禮) : 천자를 만나 인사하는 예이다.

109 현당례(見堂禮) : 장관(長官)을 알현하는 예를 말한다. 당(堂)은 해당 부서의 장관을 가리킨다.

있습니다. 그런 까닭으로 일부러 날짜를 늦추며 신들을 압박하여 반드시 뇌물을 주게 하였습니다. 해송주문(解送奏文)은 상국의 일에 관계되는 것이어서 우리나라가 요청하는 일에 비할 것이 아닙니다만 모든 일이 저지되니,[110] 무위(無謂 불법하고 부당함)가 이보다 심한 것이 없습니다.

오늘은 일단 그 말에 의거하여 다시 보단을 올릴 계획임을 아뢥니다. 관부(館夫)[111]들이 모두 말하기를, "저 사람이 이미 욕심이 싹텄으니, 인정을 행하지 않으면, 끝까지 결코 받지 않을 것입니다."라고 하였습니다. 오늘 만약 또 받지 않는다면, 연례가 이미 가까워졌으니, 형세가 장차 낭패가 될 것입니다. 매우 답답하고 걱정스러움을 아뢰옵니다.

110 모든 일이 저지되니 : 원문은 '일체□조(一體□阻)'로 한 자가 결락되었다.

111 관부(館夫) : 역관(驛館)에 딸리어 잡역에 종사하는 사람을 말한다.

역적 이괄을 토벌하여 평정한 뒤의 장계
討平适賊後狀啓

신이 독전어사(督戰御史)로서 이괄(李适)의 난 토벌의 명을 받았기에,[112] 무릇 역적 이괄을 토벌한 상황이나 승패의 실상은 모두 전날의 장계 가운데 있습니다. 그러나 그 가운데 기회와 형편의 이득과 손실, 장수와 병졸들의 부지런함과 태만함, 그리고 절의를 위해 죽은 사람 가운데 뚜렷하게 일컬을 만한 사람에 대해서는 급하여 경황이 없는 가운데 낱낱이 진술하여 아뢸 겨를이 없었습니다. 그런 까닭에 들은 바의 실적에 따라 지금 비로소 글로 적어 아뢰어 채납(採納)하여 열람하실 것에 대비합니다.

역적 이괄이 병사를 일으켰을 때, 숫자가 일만 이천에 이르렀는데 모두 겨울 석 달 동안 훈련을 받은 군사였습니다. 도원수(都元帥) 장만(張晩)의 수하에는 다만 기병 삼백 명만 있었고, 여러 장수들이 거느리는 병사도 도합 삼사백 명에 지나지 않았는데 모두 사방의 오합지졸이었습니다. 병사의 많고 적음과 용맹하고 겁약(怯弱)함이 적들과 매우 차이가 나서 역적을 보기만 해도 간담이 떨렸습니다. 또 여러 장수들도 이괄의 적수가 될 사람이 없어 용감히 싸우려는 의지가 없고 두려워 겁내는 마음만 있었습니다.

장만의 생각은 순한 양(羊)으로 사나운 이리를 공격하는 것은 그 형세가 맞지 않으니, 한번 패하여 다시 일어나지 못하면 다시

112 신이……받았기에 : 최현은 1624년(인조2)에 독전어사가 되었다.

수습하기 어렵다는 것이었습니다. 계책으로 역적 무리를 흩어지게 하고 기회를 살펴 움직여서 한번 싸워 공을 이루고자 생각하였습니다. 이 때문에 몸조심하면서 감히 전쟁을 결정하지 못하였습니다. 신(臣)이 지방으로 내려간 뒤에 그 역적의 무리들이 자산(慈山)과 강동(江東) 사이에서 머뭇거린다는 소식을 듣고 생각하기를, '역적의 무리들이 처음 모였을 때, 모두 관망하는 마음을 품고 있기에 비록 흩어져 떠나게 하고자 하더라도 싸우지 않으면 스스로 궤멸하기를 기필하기는 어렵다. 날이 오래되어 단결하게 되면 적들의 기세가 더욱 성대해질 것이니 급히 공격하는 것만 못하다.'라고 하였습니다. 두어 번 이문(移文)을 보내 독려하고 또 자주 여러 장수들에게 명령을 전하여 역적이 지경을 넘은 것을 관망만 했다는 것으로 책임을 물으니, 장만과 여러 장수들은 모두 편치 못한 마음이 있었습니다.

적들이 삼등(三登)[113]을 지나 장차 곡산(谷山)을 넘으려 한다는 소식을 들음에 이르러 신은 체찰부사(體察副使) 이시발(李時發), 황해 감사(黃海監司) 임서(林㥠)[114] 등과 평산성(平山城)에서 황해도의 여러 장수와 수령들에게 격문을 나누어 보내 밤낮으로 말을 달려 가게 하고, 성안에 있는 포수와 사수(射手)를 연달아 선발하여 모두 새장(塞墻)으로 가서 서너 곳에 나누어 주둔하도록

113 삼등(三登) : 평안도 평양 강동군 일대에 있었던 옛 고을이다.

114 임서(林㥠) : 1570~1624. 본관은 나주(羅州), 자는 자신(子愼), 호는 석촌(石村)이다. 1599년(선조32) 정시 문과에 급제하였다. 1623년 인조반정으로 안동 부사가 되고, 이어 황해도 관찰사가 되어 쌓였던 폐단을 일소하고 농업의 권장과 군사의 조련 등에 힘썼다. 저서로 《석촌유고》가 있다.

하였습니다. 겨우 기한에 맞추어 경계하여 지킬 수 있었기에 적들이 감히 새장을 넘지 못하고 방향을 돌려 수안(遂安) 지역으로 옮겨 들어갔습니다. 이에 새장으로 나온 뒤에는 그 형세가 더욱 급박하였기 때문에 급히 새장의 병사들을 불러 양파령(陽坡嶺)과 대현령(大峴嶺) 등에 나누어 적의 진로를 끊으니, 형세가 매우 고립되고 약해졌습니다.

또 이문(移文)을 보내 장만과 여러 장수들에게 전투를 독려하여 마침내 황주(黃州) 전투가 있었을 때에 역적 무리들이 갑옷과 무기를 내버리고 와서 아군의 진영에 투항한 사람이 수천 명이었습니다. 아군이 만약 병진을 견고하게 하여 무너지지 않는다면, 역적의 기세가 크게 꺾이게 될 것이니, 아군이 투항하는 적들을 보고서 선봉에서 적을 궤멸시킬 수 있다고 생각하였습니다. 이 전투에서 서로 번갈아 가며 이기고 져서 승부가 나지 않았습니다만 역적의 병사들은 크게 손상되었습니다. 그러나 장만과 여러 장수들은 모두 전투를 가벼이 여긴 것을 후회하고 신이 전투를 독려한 것에 대해 자못 원망하며 몸조심하는 것이 더욱 심하였습니다.

순변사(巡邊使) 변흡(邊潝)[115]이 급하게 보고한 것을 보니, 역적의 무리는 다만 오륙백 명만 남았다고 하고, 정탐하는 사람의 보고도 이것과 거의 같았습니다. 신들도 이 역적을 궤멸할 수 있

115 변흡(邊潝) : 1568~1644. 본관이 원주(原州)이며 1603년(선조36) 무과에 급제하였다. 1624년(인조2) 이괄(李适)의 난 때에는 황해도 병마절도사로서 양서 순변사(兩西巡邊使)를 겸하여 난의 평정에 크게 공헌하였으므로 진무공신(振武功臣) 2등으로 책록(冊錄)되어 원흥군(原興君)에 봉해졌다. 뒤에 삼도 수군통제사(三道水軍統制使)와 오위 도총관(五衛都摠管)을 역임하였다.

는 날을 정확하게 가리킬 것으로 생각했으나 사실 역적 병사들은 오히려 사오천 명이 있었습니다. 이시발, 임서, 김시언(金時言)[116]이 신과 함께 의논하기를, "적들은 반드시 큰길을 경유하여 자비령(慈悲嶺)을 넘어 곧장 봉산(鳳山)과 서흥(瑞興)으로 나오거나, 혹은 평산(平山)을 경유하여 곧장 경성(京城)으로 향하거나 혹은 신계(新溪)를 경유하여 적성(積城)으로 돌아 나올 것이다."라고 하고 드디어 군령을 보내 이인경(李寅卿)[117]은 자비령(慈悲嶺)을 수비하고 부원수(副元帥) 이수일(李守一)[118]과 방어사(防禦使) 이

116 김시언(金時言) : 1581～1643. 본관은 안동(安東), 자는 자중(子中), 호는 하담(荷潭), 시호(諡號)는 충익(忠翼)이며, 시양(時讓)으로 개명하였다. 광해군 때 전라 도사(全羅都事)로 있던 중에 향시(鄕試)에서 출제한 시제(試題)가 왕의 실정을 비유한 것이라 하여 종성(鍾城)에 유배되었다가 영해(寧海)로 이배되었다. 인조반정으로 풀려나 예조 정랑, 수찬, 교리, 응교, 경상도 관찰사를 역임하였다가 정묘호란이 일어날 징후가 보이자 평안도 관찰사 겸 체찰부사에 임명되었다. 이후 병조 판서, 강화 유수를 역임하였다. 저서로는 《하담파적록(荷潭破寂錄)》, 《하담집(荷潭集)》, 《부계기문(涪溪記聞)》이 있다.

117 이인경(李寅卿) : ?～?. 호는 만송당(萬松堂)이다. 김덕령(金德齡)의 처남으로, 담력과 지략이 있어 임진왜란이 일어나자 비분강개하여 백면서생으로서 김덕령과 더불어 의병을 일으켜, 진해・고성 지방을 방어하여 왜군의 호남 지방 진출을 막았다. 1624년(인조2) 이괄(李适)이 난을 일으킬 때 방어사로서 황해도에 있었다. 이때 지원 병력이 이르기도 전에 적병이 이르자 선봉에서 수백 명을 거느리고 용전분투하여 적병을 물리쳤다. 1627년 정묘호란에서도 북도 방어사가 되어 철령을 지키며 적을 크게 물리쳤다. 그러나 김덕령이 모함으로 화를 입은 뒤 눈뜬장님으로 칭탁하고 벼슬길에 나가지 않았다.

118 이수일(李守一) : 1554～1632. 본관은 경주(慶州), 자는 계순(季純), 호는 은암(隱庵), 시호는 충무(忠武)이다. 1583년(선조16) 무과에 급제하였다. 이괄(李适)이 반란을 일으키자 평안도 병마절도사로 부원수를 겸해 길마재〔鞍峴〕에서 반란군

확(李廓)[119]은 서흥대로(瑞興大路)를 수비하게 하였습니다. 좌우 방어사(左右防禦使) 이중로(李重老)[120]와 이성부(李聖符),[121] 이천 부사(伊川府使) 신경진(申景珍),[122] 장단 부사(長湍府使) 이원(李沅)[123] 등에게 급히 격문을 보내 동성 령(董城嶺)과 기린(麒麟)

을 무찔러 서울을 수복한 공으로 진무공신(振武功臣) 2등에 책록되고, 계림부원군(鷄林府院君)에 봉해졌다. 좌의정에 추증되었다.

119 이확(李廓) : 1590~1665. 본관은 전주(全州), 자는 여량(汝量), 시호는 충강(忠剛)이다. 신장이 8척이나 되고 음성이 큰 종소리 같았으며, 힘이 장사였다. 이괄(李适)이 난을 일으키자, 도원수 장만(張晩)의 군에 들어가 선봉이 되어 적을 격파하는 데 공을 세우고, 자산 부사를 거쳐 부총관이 되었다. 후에 충청도 병마절도사를 거쳐 1641년 삼도 수군통제사에 이르렀다. 병조 판서에 추증되었다.

120 이중로(李重老) : 1577~1624. 본관은 청해(青海), 자는 진지(鎭之), 호는 송계거사(松溪居士), 시호는 충장(忠壯)이다. 1605년(선조38) 무과에 급제하였다. 1623년 인조반정 때 참여하였으므로 정사공신(靖社功臣) 2등에 녹훈(錄勳)되었고 청흥군(青興君)에 봉하여졌다. 1624년 이괄(李适)이 반란을 일으키자 부도체찰사 이시발(李時發)과 함께 황해 방어사로서 반란군을 저지하는 책임을 맡았다. 예성강 상류인 마탄(馬灘)에서 여울물을 지켜 적을 막으려는 싸움을 준비하던 중, 적의 급습으로 관군이 패할 때 우방어사 이성부(李聖符) 등과 함께 전사하였다. 후에 병조 판서에 추증되었고, 금천의 민충사(愍忠祠)에 배향되었다.

121 이성부(李聖符) : 1583~1624. 본관은 전주(全州), 자는 존중(存中), 시호는 충장(忠壯)이다. 1608년(광해군 즉위년) 무과에 급제하였다. 이괄의 난이 일어나자 우방어사로 좌방어사 이중로(李重老)와 더불어, 평산의 저탄(猪灘)에 진을 치고 반군과 대전하였으나 패전하자 물에 투신, 자결하였다. 1684년(숙종10)에 금천의 민충사(愍忠祠)에 제향되었다.

122 신경진(申景珍) : ?~?. 본관은 평산(平山)이다. 1605년(선조38) 무과에 급제하였다. 후에 부총관, 충청 병사, 도총관을 거쳐 중추 부사 자리까지 올랐다.

123 이원(李沅) : 1763~1832. 본관은 전주, 자는 청지(淸之)이다. 덕흥대원군의 9대손이다.

지역을 나누어 지키게 하고자 하였습니다. 중로(中路)에 군령을 끊임없이 보냈으나 여러 장수들은 모두 두렵고 겁이 나서 기한에 맞추지 못했고 오직 이수일만 겨우 대로(大路)를 지켜 막았습니다. 기린 지역은 가장 서쪽에 치우쳐 있어 보낼 만한 병사가 없었기에 적들이 드디어 봉산(鳳山)을 넘어 기린 지역으로 향했습니다.

신들 세 사람은 여러 장수들을 독촉하여 부르고 저탄(猪灘), 마탄(馬灘), 기탄(歧灘) 등 세 곳으로 나가 방어하여 적의 기세를 억누르며 하루를 버티면서 장만 대병의 협공을 기다리게 하였습니다. 기린 지역은 험하고 좁아서 기마병들이 줄을 지어 싸우지 못하기에 적들이 항왜(降倭)[124]를 거느려 후군을 막고 좁은 길을 막아 지키니, 앞서 간 군대가 점점 멀어졌습니다. 장만의 선봉 부대가 이 때문에 가깝게 추격할 수 없었습니다. 이중로와 이성부는 신들이 장계에서 참수하기를 청한다고 한 것을 듣고서야 비로소 전진하였습니다. 이인경 또한 체찰사의 엄한 독려를 받고서야 비로소 병사를 진격시켰으나 기회가 이미 늦었습니다. 이확은 병사를 모아 삼탄(三灘 저탄(猪灘)·마탄(馬灘)·기탄(歧灘))을 지켰으나 병진을 이루기도 전에 적병이 이미 다다르니, 이확이 또 겁이 나 계책을 세우지 못하고 바위 벼랑의 불편한 곳에 진영을 쳤기에 적이 막 강을 건널 때에 맞추어 재빨리 공격할 수 없었습니다. 그 사졸들을 경계하여 화살 하나도 쏘지 않고 포탄 한 발도 쏘지 않은 채 적이 진영에 닥치기를 기다려 한꺼번에 함께 쏘고자 하였습니다.

적이 들이닥쳤을 때 적들은 기병(奇兵)으로 후군을 포위하여

124 항왜(降倭) : 임진왜란 때 조선에 투항하여 귀화한 일본인을 가리킨다.

좁혀 들어왔으나 장수와 병졸들은 대적할 수가 없어 벼랑에서 몸을 던져 물에 빠진 자가 줄을 이었습니다. 여러 장수와 수령 가운데 살해된 자가 십중팔구였으며, 사졸 가운데 반 이상이 포로가 되었습니다. 관서(關西)의 선봉 부대가 뒤따라 도착했을 때, 적은 이미 강을 건너 물을 사이에 두고 진을 쳤습니다. 장만 또한 평산(平山)에 이르러서야 비로소 신들과 함께 모여 의논하였습니다. 뒤늦게 원병을 보내 결사항전하려고 하였으나 적들이 여울의 양쪽을 막았고 포탄과 화살이 빗발치듯하여 우리 군사들이 건널 수 없었습니다. 신들과 평안도 지역의 병사들은 모두 적의 뒤쪽에 있었기에 앞으로 지킬 수 있는 곳은 오직 개성(開城)의 청석동(靑石洞)과 임진강 상하류의 여울뿐이었으니, 만약 이에서 굳게 지켜 하루를 버틸 수 있었다면, 이 적을 쳐서 무찌르는 것은 바로 이때였을 것입니다.

또 신들이 이미 장만과 함께 진영에 모였을 때, 양서(兩西 관서(關西)와 해서(海西) 즉 평안도와 황해도)의 군대가 모두 모였습니다. 신경원도 북병(北兵 함경도의 군사)을 거느리고 모이니, 군대의 기세가 크게 떨쳐지고 장수와 병졸들 또한 자못 용맹한 기상이 있어 다투어 결전하고자 하였으나, 불행하게도 이서(李曙)의 군대가 청석(靑石)에서 궤멸하였고 임진강에서 지키던 병사들도 적을 보고 달아났습니다. 적이 마침내 강을 건너매 일각(一刻)도 머무르지 않았습니다. 신들이 전투를 독려함이 매우 급하였고 장만 또한 이전의 계획이 허사(虛事)로 돌아갔습니다. 그래서 밤낮으로 갑절의 길을 달려 추격하였으나 군량미가 보급되지 않아 병사와 말이 피곤하고, 나무와 꼴을 베어 와서 밥을 짓다 보니 항상 적들보다 뒤

처지게 되었습니다.

신들이 밤에 파주(坡州)에 도착하여 장만과 이시발, 종사관 김기종(金起宗)[125]과 김시언(金時言), 총독 부사(總督副使) 최명길(崔鳴吉) 등과 함께 한곳에 모여 여러 장수들과 약속하여 말하기를, "지난날 결전하지 못하여 적들에게 이곳에 이르게 한 것은 기회를 만나지 못했기 때문이오. 어떻게 할 수 있는 기회는 오직 임진강에 달렸었는데, 적들이 이미 날듯이 강을 건너 조금도 멈춘 적이 없었소. 지금 어가(御駕)가 남쪽으로 몽진하여 경성을 지키지 않는다고 들었으니, 적들은 반드시 승승장구 경성으로 들어가 만약 날랜 기마병으로 한강을 건너 마구 공격을 한다면, 재앙을 장차 헤아릴 수 없을 것이오. 혹 도성에 주둔하여 차지하고 있으면서 백성들을 회유하고 협박한다면, 끝내 뿌리를 뽑기 어려울 것이오. 오늘 할 일은 죽음만 있을 뿐이오. 여러 장수들 가운데 만약 기묘한 계책을 내어 적을 격파하는 자가 있다면, 마땅히 중흥(中興)의 으뜸가는 공으로 삼을 것이니, 다 진술하여 숨기지 마시오."라고 하였습니다.

정충신(鄭忠信)이 말하기를, "북산(北山)을 먼저 점거하는 자가 이길 것이오. 오늘 만약 우리 군대가 먼저 안현(鞍峴)을 점거하여 유리한 형세를 보인다면, 도성 안의 백성들이 반드시 도울 수 있

125 김기종(金起宗) : 1585~1635. 본관은 강릉(江陵), 자는 중윤(仲胤), 호는 청하(聽荷)이다. 1618년(광해군10) 문과에 장원 급제하였다. 1624년(인조2) 이괄의 난 때 관서 도원수(關西都元帥) 장만의 종사관으로서 무공을 세워 진무공신 2등으로 책훈되고 영해군(瀛海君)에 봉해졌다.

어 적의 기세가 절로 꺾일 것이오. 원수(元帥)와 체부(體府) 또한 후방에 있으면서 전쟁을 독려하여 많은 병사로 적을 압도한다면, 죽음으로 싸우지 않을 사람이 없을 것이오. 오늘의 계획은 이보다 나은 것이 없소."라고 하였습니다. 선봉대장 남이흥(南以興),[126] 변흡(邊潝), 유효걸(柳孝傑),[127] 김완(金完),[128] 박상(朴瑺),[129] 이희건(李希健),[130] 성대훈(成大勳),[131] 신경원(申景瑗)[132] 등도 한목

126 남이흥(南以興) : 1576~1627. 본관은 의령(宜寧), 자는 사호(士豪), 호는 성은(城隱), 시호는 충장(忠壯)이다. 1602년 무과에 급제하였다. 이괄의 난 당시 도원수 장만(張晩)의 중군(中軍)으로서 많은 무공을 세워 그 공으로 연안 부사(延安府使)가 되었고, 진무공신(振武功臣) 1등에 책록되었으며 의춘군(宜春君)에 봉하여졌다. 이후 정묘호란이 일어나자 평안도 병마절도사로서 안주(安州)에서 후금군을 막다가 패하자 자살하였다. 뒤에 영의정에 추증되고, 의춘부원군(宜春府院君)에 추봉되었으며, 안주의 충민사(忠愍祠)에 제향되었다.

127 유효걸(柳孝傑) : 1594~1627. 본관은 진주(晉州), 자는 성백(誠伯)이다. 1618년(광해군10) 무과에 급제하였다. 이괄(李适)이 반란을 일으키자 좌협장(左協將)으로 공을 세워 진무공신(振武功臣) 2등에 책록되고 진양군(晉陽君)에 봉하여졌으며, 평안도 병사절도사에 이르렀다. 좌찬성에 추증되었으며, 시호는 장의(莊毅)이다.

128 김완(金完) : 1577~1635. 본관은 김해(金海), 자는 자구(子具)이다. 1597년 정유재란 때 어린 나이로 용맹이 알려져 전라병사 이복남(李福男)의 휘하에 들어갔다. 그해 여름에 무과에 급제했다. 1624년 이괄(李适)의 난이 일어나자 원수(元帥) 장만(張晩)의 선봉장으로 안현(鞍峴)에서 공을 세워 진무공신(振武功臣) 3등에 책록되고 학성군(鶴城君)에 봉해졌다. 훈련원 도정・황해도 병사를 지냈다. 병조 판서에 추증되고, 시호는 양무(襄武)이다.

129 박상(朴瑺) : 1582~1634. 본관은 무안(務安), 자는 중경(仲卿)이다. 이괄(李适)의 난을 진압하여 진무공신(振武功臣) 2등의 칭호를 받고 무령군(務寧君)에 봉해졌다. 충청도 병사(忠淸道兵使)・정주 목사(定州牧使) 등을 역임하였으며, 병자호란 때에는 장만(張晩)의 부장으로 활약하였다. 사후에 병조 판서(兵曹判書)에 추증되었다.

소리로 호응하며 모두 목숨을 바칠 마음이 있었고 용기가 분발하였기에 그 형세를 막을 수 없었습니다. 신들은 마침내 눈물을 흘리며 하늘에 맹세하고 거듭하여 힘껏 도와 군사와 말을 배불리 먹이고 출발했습니다. 오직 부원수 이수일만 약속할 때에 있지 않았기 때문에 전령으로 독촉했습니다.

장만은 황해 병사(黃海兵使) 변흡이 지위가 높고 기상이 강하여 조금도 용서함이 없다는 이유로 참퇴대장(斬退大將)으로 정하고 안현에서 만나기로 기약하였습니다. 신들은 장만과 함께 서교(西郊)[133]로 진격하여 주둔하고 계속 있었습니다. 이튿날 새벽에

130 이희건(李希健) : ?~1627. 본관은 홍주(洪州), 자는 중식(仲植), 시호는 장렬(壯烈)이다. 이괄(李适)의 난이 일어나자 군사를 데리고 원수 장만(張晩)을 따라 안현(鞍峴)에서 적을 쳐부수고 난을 평정하여 진무(振武)공신에 책록되고 홍양군(洪陽君)에 피봉되었다. 정묘호란(丁卯胡亂) 때 운암(雲巖)에서 적과 싸우다가 유시(流矢)에 맞아 순국하였다. 사후 좌찬성이 추증되고 용천의 충렬사(忠烈祠)와 안주(安州)의 충민사(忠愍祠)에 모셔졌으며 영조 때 시호가 내렸다.

131 성대훈(成大勳) : 1572~1636. 본관은 창녕(昌寧), 자는 중집(仲集)이다. 1605년(선조38) 무과에 급제하고 선전관이 되었다. 이괄(李适)의 난이 일어나자 정충신(鄭忠信)의 휘하에 들어가 길마재〔鞍峴〕 싸움에서 공을 세워 진무공신(振武功臣) 2등에 책록되고, 창산군(昌山君)에 봉해졌다. 시호는 충장(忠莊)이다.

132 신경원(申景瑗) : 1581~1641. 본관은 평산(平山), 자는 숙헌(叔獻)이다. 1605년(선조38) 무과에 급제하여 선전관에 등용되었다. 이괄(李适)의 난 때 신교(薪橋)에서 패전한 관군을 수습하여 안현(鞍峴)에서 반군을 대파함으로써 진무공신(振武功臣) 3등으로 녹훈되고, 평녕군(平寧君)에 봉해졌다. 병자호란 때 부원수로 맹산 철옹성(鐵甕城)을 지키고 있다가 적의 복병에게 생포되자 수십 일 동안 단식으로 항거하였다. 이듬해 강화가 성립되자 패전의 죄로 멀리 귀양 갔다.

133 서교(西郊) : 서대문 밖으로, 경기도 고양(高陽)과 파주(坡州) 두 지역을 아우르는 말이다.

성으로 들어온 적들이 과연 우리 군대가 안현에 주둔하여 점거한 것을 보고는 병사를 나누고 우리 군을 맞아 싸웠습니다. 정충신, 남이흥, 유효걸, 이희건, 김경운(金慶雲), 변흡, 박상, 성대훈, 신경원, 조시준(趙時俊) 등이 힘써 싸웠는데, 얼마 뒤 이수일이 홀로 정토사(淨土寺) 뒷봉우리에 진을 쳤습니다. 변흡이 영기(令旗 군령(軍令)을 전할 때 쓰던 기)를 보내 병사들에게 전진할 것을 재촉하였으나, 이수일은 듣지 않았습니다. 변흡이 또 장만에게 군관(軍官)을 보내니, 장만이 크게 노하여 급히 이수일에게 군관 신간(申柬)을 보내어 말하기를, "마땅히 군법으로 일을 처리하라."라고 하니, 이수일이 드디어 병사를 지휘하여 진격하였습니다.

적은 안현을 올려다보며 공격하면서 '우리 관군은 한 번의 공격에 곧 궤멸할 것이다.'라고 생각하였으나, 예닐곱 장수들이 용맹한 기상으로 떨쳐 공격하니, 적들이 마침내 크게 패하여 달아났습니다. 도성의 백성 가운데 성 위에서 관망하던 자들이 적병이 패하여 달아나는 것을 보고는 미리 신문(新門)[134]을 닫았기에 적들은 남문(南門)으로 달아났습니다. 남문은 미처 닫지 못했기에 적들이 마침내 함부로 들어와서 죽은 시체가 삼〔麻〕처럼 빽빽하였습니다. 적병 가운데 도성에 있던 자들은 또 성안의 백성들에게 어지러이 베어져 거의 다 죽임을 당했습니다. 적들이 그때 아직 아침을 먹지 않아 바야흐로 성에서 밥을 짓고 있었는데, 우리 백성들이 다투어 그 밥을 빼앗아 가지고 흩어지니, 적들이 밥을 먹

134 신문(新門) : 경성(京城)의 사대문 중 하나로, 정서쪽에 있는 문인 돈의문(敦義門)을 말한다.

을 수 없었습니다. 남은 적들이 아직 수천 명이나 있어 성안의 백성들을 죽이고 있으니, 이날 많은 병사들이 만약 승세를 타고 성으로 들어갔다면, 다 죽일 수 있었습니다. 그러나 병사와 말이 굶주리고 피곤하며, 또 적들이 거리에 병사를 매복하였을까 염려되고 날이 장차 저물려 하였기에 진격할 수 없었습니다.

마침내 병사를 나누어 그 달아나는 길에 매복하여 맞이하니, 적들이 일제히 고함을 지르며 창의문(彰義門)[135]으로 나오다가 이확의 군사들에게 진압되어 밤에 수구문(水口門)[136]으로 달아났습니다. 우리 군사들이 동교(東郊)까지 추격하니, 적들이 반은 풍양(豐壤)으로 향했으나 모두 우리 군사들에게 사로잡히거나 죽었습니다. 오직 이괄(李适)과 한명련(韓明璉)[137]만이 수백의 기병을 거느리고 마전포(麻田浦)를 건너 달아났다가 이천(利川)에 이르러 수하 장사(將士)에게 죽었습니다.

135 창의문(彰義門) : 경성(京城)의 사소문 중 하나로, 정서쪽에 있는 문인 돈의문(敦義門)과 정북쪽에 있는 문인 숙정문(肅靖門) 사이에 있던 서북간문(西北間門)을 말한다.

136 수구문(水口門) : 경성의 사소문 중 하나로, 정동쪽에 있는 문인 흥인문(興仁門)과 정남쪽에 있는 문인 숭례문(崇禮門) 사이에 있던 동남간문(東南間門)인 광희문(光熙門)의 속칭이다.

137 한명련(韓明璉) : ?~1624. 임진왜란과 정유재란 때 공을 세워 오위장(五衛將)이 되었다. 이어 방어사(防禦使)를 거쳐 1623년(인조1)에 귀성 순변사(龜城巡邊使)에 보임되었는데, 이듬해 이괄과 함께 반란을 기도하였다는 혐의로 체포, 압송 중 이괄의 도움으로 구출되어 반란군에 가담하였다. 각지의 관군을 패주시키고 서울을 점령하였으나, 길마재〔鞍峴〕의 싸움에서 선봉장으로 싸우다가 패배, 이괄과 함께 도주하던 중 이천(利川)에서 배반한 부하 장수에게 살해당하였다.

안현 전투에서 약속하여 지시한 이는 장만입니다. 으뜸으로 계책을 세워 진을 점거한 이는 정충신과 남이흥입니다. 선봉에서 적을 맞아 힘써 싸운 이는 이희건과 김경운입니다. 처음부터 끝까지 힘써 싸운 이는 유효걸, 성대훈, 박상, 김완, 이휴복(李休復),[138] 신경원, 조시준입니다. 진중에서 전쟁을 독려하여 장수와 병사들이 게으르지 않게 한 이는 변흡입니다. 모여 싸울 때 기세를 돕고 적의 수급을 벤 것이 가장 많은 이는 이수일입니다. 객병(客兵)으로 군세를 합하여 전쟁을 도운 이는 조광필(趙光弼), 이덕순(李德淳), 이숭원(李崇元), 여영원(呂榮元) 등입니다. 군졸 가운데 용감하게 잘 싸워 끝내 공을 이루게 한 이는 원수(元帥)의 병영에 있던 북병(北兵) 40인과 평양의 포수 90인입니다. 이것은 겉으로 분명하게 드러나 기록할 수 있는 것이며, 그 나머지 장관(將官)과 수급을 벤 것의 수량은 상세하게 기록할 겨를이 없습니다.

138 이휴복(李休復) : 1568~1624. 본관은 인천(仁川), 자는 사장(士長), 호는 양졸정(養拙亭)이다. 박제인(朴齊仁)의 문인이다. 임진왜란 때 곽재우(郭再祐)와 함께 의병을 일으켰고, 1606년(선조39) 무과에 급제하였다. 1624년(인조2) 이괄(李适)의 난 때 공을 세워 진무공신(振武功臣) 3등에 녹훈되었다. 호조 판서에 추증되고, 함안 도천사(道川祠)·도계서원(道溪書院)에 제향되었다.

습유 拾遺

시 詩 서 書 사적 事蹟

시 詩

잠에서 깨어 꿈속의 시를 쓰다

覺題夢中吟

정미년(1607, 선조40) 11월, 꿈에 두곡(杜谷)[139] 선생을 뵈었는데, 그때 김설(金渫)[140]이 그 자리에 있었다. 김설이 절구시 한 수를 지었는데, 첫 구는 '추(芻)' 자로 껍데기를 말하는 것이고, 둘째 구는 '갈(轕)' 자로 수레를 말하는 것이고, 셋째 구는 '기(機)' 자, 넷째 구는 '길(吉)' 자였다. 내가 곧바로 화운하였는데, 다음과 같다.

천지가 참으로 하나의 큰 껍데기 같아	天地眞如一大芻
가운데 왕래함에 멈추지 않는 수레 같네	中有來往無停轕

139 두곡(杜谷) : 고응척(高應陟, 1531~1605)으로, 본관은 안동(安東), 자는 숙명(叔明), 호는 두곡 또는 취병(翠屛)이다. 1561년 문과에 급제하여 풍기 군수(豐基郡守), 회덕 현감(懷德縣監) 등을 역임하고 경주 제독(慶州提督)으로 나갔다가 곧바로 사직하고는 고향으로 돌아와 있다가 죽었다. 저술로 《두곡집》이 있다.

140 김설(金渫) : 1578~?. 본관은 안동(安東), 자(字)는 여수(汝收)이며, 김회(金淮)로 개명하였다. 1612년(광해군4)에 문과 급제하였으며, 의성(義城)에 거주하였다.

닭 울고 개 짓는 것 또한 타고난 자질이니　　鷄鳴狗吠亦天機
잃음도 흉이 아니고 얻음도 길이 아닐세　　喪亦非凶得非吉

정인홍을 비웃다
嘲鄭仁弘

무신년(1608, 선조41) 3월 11일, 내가 설서(說書)로서 숙직하는 방〔直廬〕에 있으면서 정인홍이 임금의 부르심에 나아가 등대(登對)하였다는 말을 들었다. 그날 성을 나가 양재역(良才驛)에 이르러 머뭇거리면서 장차 사직소를 올리려 하였는데, 만류하려는 사람이 있었다. 내가 이에 절구 한 수를 지었으니, 다음과 같다.

옴도 말 한마디 때문이고 떠남도 말 때문이지만	來由一言去由言
떠나고 오는 것이 모두 하늘의 뜻일세	去去來來摠是天
이번에 떠나면 훨훨 나는 천리의 학이 되리니	此去飄然千里鶴
다시 옴은 한 푼의 가치도 없다네	再來不直一文錢

죽은 아내 이씨[141]에 대한 만사

亡室李氏輓

결혼한 지 지금 거의 이기[142]가 되었으나	結髮于今垂二紀
부인의 거동은 집안 명성 보전함에 실수 없었네	壼儀無失保家聲
넉넉지 못한 옷감과 양식은 오히려 이어 갔으나	不豐絲粟猶能繼
변변찮은 제수가 정에 맞지 않을까 걱정했었지	却恐蘋蘩未稱情
영원히 백년토록 고생을 함께하리라 여겼더니	永擬百年同契闊
어찌 천리 멀리서 유명을 달리할 줄 알았으랴	那知千里隔幽明
부부생활 영위함에 백년해로 어긋났고	經營有室違偕老
자식 없이 영결함에 멀리 벼슬 떠난 것 후회하네	訣別無親悔遠征
종들은 울부짖으며 주인의 은혜 생각하고	婢僕啼號思主惠
아이들은 애통해하며 친모를 잃은 듯이 하네	兒孫痛苦若親生
외로운 혼은 고향이 멀다고 한스러워 마오	孤魂莫恨家鄉遠
선영에 몸을 의탁하여 영원히 평안하길 바라오	託體先塋庶永寧

141 아내 이씨 : 최현의 세 번째 부인으로, 본관은 재령(載寧)이다. 1593년(선조 26)에 혼인하였고, 1615년(광해군7) 9월에 세상을 떠났다.

142 이기(二紀) : 1기(紀)는 12년으로, 즉 24년을 뜻한다.

서 書

정인홍에게 답하는 편지 별지는 원집에 있다
答鄭仁弘書 別幅在原集

근년에 천한 저의 발자취가 전혀 헌병(軒屛)[143]에 가까이 간 적이 없었으니, 다만 자잘한 세상일에 끌려 다니느라 3, 4년이 되도록 편지를 보내 속마음을 아뢰지도 못했습니다. 항상 한스러움을 품고 있었는데 김경원(金慶遠)이 오는 편에 대감의 편지를 받고는 인하여 줄곧 대감이 더욱 건강하다는 것을 알게 되었으니, 기쁘고 다행함이 어떠하겠습니까. 또 미천한 저를 보잘것없다고 거절하지 않으시고 생사를 묻고 경계와 가르침을 내려 주시니, 부끄러워 땀을 흘린 끝에 감사하고 다행함이 더욱 지극합니다.

미천한 저는 본래 굳세고 과감하게 떨쳐 일어나는 기상이 없고 성품이 게으르고 행실이 경박하여 학문의 힘이 쓸어 버린 듯이 남은 것이 없습니다. 용모를 단정히 하고 바르게 앉아 있는 것도 또한 억지로 할 수 없거늘, 하물며 이보다 더 어려운 것이야 말할

143 헌병(軒屛) : 마루의 난간과 방 안에 둘러친 병풍이라는 뜻으로, 어른의 가까운 곁을 이르는 말이다.

것이 있겠습니까. 사특하고 비루한 생각과 세상 물정에 어두운 생각이 번갈아 가며 마음을 어지럽게 하여 때에 따라 사라졌다가 때에 따라 일어나니, 이에 이르러 비로소 '홀로 있을 때를 삼간다〔謹獨〕'는 경계가 말하기 쉬운 것이 아님을 알겠습니다. 이런 경계를 넘을 수 있는 사람을 보면 마치 당상인(堂上人)을 우러르듯 하여 감히 가벼이 의논할 수 없으나, 이 경계를 넘지 못한 사람은 나와 수준이 같다고 여겨, 보기만 하면 곧 가벼이 여깁니다. 같은 세대의 벗들 사이도 이와 같은데, 어찌 감히 선현을 가벼이 의논할 수 있겠습니까. 유유(悠悠)히 부질없이 세월만 보내다가 이미 백발에 가까운데, 반평생 경영하던 학문이 모두 그림자를 잡는 것과 같으니, 실제로 터득한 것이 어찌 한 자〔尺〕 한 촌(寸)인들 있겠습니까.

늘그막에 계책은 궁하고 뜻은 비루한데도 다시 이른바 '장옥(場屋 과거 시험장)'이란 것에 들어가 과거 시험에 뽑혀 군문(君門 대궐)에서 임금을 배알하니, 사람들은 혹 그 실상이 없으면서도 사관의 반열에 있으며, 허명(虛名)을 훔쳐 가지고 있으면서 한 세상을 속이는 줄을 알지 못했습니다. 다만 제 마음에 부끄러울 뿐만이 아니니, 어찌 밝은 눈을 가진 사람의 비웃음거리가 되지 않겠습니까. 이미 굳센 힘과 씩씩한 걸음걸이가 없어 어두운 밤길에 넘어졌으니, 앞으로의 낭패스러움이 반드시 지난날보다 큰 것이 있을 것입니다. 이에 이르러서 비록 나를 사랑해 주는 사람에게 구원을 바라고자 하더라도 어찌 할 수 있겠습니까.

이 때문에 아직 넘어지기 전에 몸을 거두고 은둔하여 장자(長者)의 문하에서 종유하여 평소의 바람을 이루고자 생각하였습니다. 그러나 스스로 나약함을 헤아려 보니 아마 또한 결단할 수 없을 듯합니다.

대감께서 이른바 "감히 서로 안부를 물어서 그 사람에게 누가 되게 할 수 없다."라고 하신 것은 비천한 저의 발자취가 오랫동안 찾아뵙지 못한 것에 대해, 세상 사람들의 입방아를 두려워 한 것이라고 생각하였기에 소생에게 의아함을 두고 이 말을 한 것이 어찌 아니겠습니까. 자신의 주장이 스스로 구별된 뒤에 남들이 따르고 어김이 지난날과 달라지니, 대감께서 스스로 의심하였기에 남들이 그 일에 대해 의심하는 것 또한 혹 그런 것이겠지요. 나머지는 별지에 있으니, 부디 살펴보시기 바랍니다.

정인홍의 편지를 덧붙임

附仁弘書

일찍이 계수나무 잡은 경사[144]를 들었으나 지금까지 축하하지 못했고, 이어서 또 청반(淸班)[145]에 올랐다는 소식을 듣고도 오랫동안 축하하지 못했으니, 이는 진실로 노쇠한 물건이 인사를 한결같이 그만둔 결과이고, 또 스스로 편치 못한 한 가지 일이

144 계수나무 잡은 경사 : 과거 급제한 것을 가리킨다. 계수나무가 과거 급제를 뜻하는 것은, 진 무제(晉武帝) 때 극선(郤詵)이 현량 대책(賢良對策)에 장원하고서 "계수나무 숲의 한 가지나 곤륜산의 한 조각 옥과 같다.〔猶桂林之一枝, 崑山之片玉.〕"라고 한 데서 유래하였다. 《晉書 郤詵列傳》

145 청반(淸班) : 조선 시대, 학식과 문벌이 높은 사람에게 시키던 규장각(奎章閣), 홍문관(弘文館), 선전관청(宣傳官廳) 등의 벼슬로, 지위와 봉록은 높지 않으나 뒷날에 높이 될 인물을 발탁하는 자리였다.

있기 때문입니다.

보잘것없는 나와 서로 알게 되는 것은 세상이 꺼리는 바이니, 사람이 나에게 나아오는 것도 문득 스스로 편치 못하거늘, 하물며 나 자신이 감히 다른 사람에게 안부를 물어서 그 사람에게 누가 되게 할 수 있겠습니까. 이 때문에 머뭇거리며 안부를 듣는 것이 한번 끊어졌으니, 참으로 슬퍼할 만합니다. 다행히 김경원(金慶遠)이 나를 방문하였기에 감히 이렇게 안부를 묻습니다.

정인홍이 다시 보낸 편지 선생의 답서는 원집에 있다

仁弘再書 先生答書在原集

앞서 보내 주신 답장을 받았는데 오랫동안 묵혀 둔 생각을 다 쏟아 내셨기에 감사하고 다행함이 지금까지도 깊습니다. 지금 벼슬 살이는 오직 두루 편안하시리라 생각합니다. 지난 편지 가운데서 말씀드린 많은 내용은 홍영(泓穎)[146]으로 다할 수 있는 바가 아니니, 다만 한번 웃는 사이에 부칠 뿐이었습니다.

무릇 사람이 남의 말에서 알게 된 것은 상세하고 심오하지 않으며, 직접 보고 들은 것이라야 심오하고 분명합니다. 그대가 비록 김학봉(金鶴峯 김성일(金誠一))으로 인하여 듣고 본 바가 있더라도 학봉은 애초에 남명(南冥 조식(曺植)) 선생을 알지 못하고 다만 퇴계(退溪)의 서론(緖論)을 학습하였습니다. 비루한

146 홍영(泓穎) : 홍(泓)은 벼루의 별칭(別稱)인 도홍(陶泓)이고, 영(穎)은 붓의 별칭인 모영(毛穎)인데, 여기서는 필찰(筆札)의 뜻으로 쓰였다.

제가 어찌 평소에 보고 들은 바를 갑자기 바꾸어 남들이 하는 말에 동요한 적이 있었겠습니까. 또 나라의 역사서〔왕조실록〕를 비록 금하고 있으나 사류(士流)들 사이에 말이 전해진 것이 또한 여러 해 되었으니, 결코 망녕되이 전한 것은 아닙니다. 한 집안의 일도 사람에게 있는 손과 눈을 가릴 수 없고 사람에게 있는 빰과 혀를 재갈 물릴 수 없으니, 이 또한 상고하여 확정함이 있은 뒤라야 그 참되고 분명함을 알 수 있겠지요. 부디 그대는 충분히 헤아려서 제인(齊人)[147]이 됨을 본받지 않는 것이 어떠하고 어떠하겠습니까.

147 제인(齊人) : 견문이 좁고 고루한 사람을 이르는 말이다. 공손추(公孫丑)가 "부자께서 제나라에서 요직을 맡으시면 관중·안자의 공을 다시 이룰 수 있겠습니까?〔夫子當路於齊, 管仲晏子之功, 可復許乎?〕"라고 묻자 공자가 "그대는 진실로 제나라 사람이로다. 관중·안자를 알 뿐이로구나.〔子誠齊人也, 知管仲晏子而已矣.〕"라고 대답한 말에서 유래하였다. 《孟子 公孫丑上》 안자는 안영(晏嬰)에 대한 존칭이다. 여기서는 정인홍이 남명 조식만 맹목적으로 추종하는 것을 말한다.

사적 事蹟

세 어진이의 사적
三仁事蹟

농암(籠巖) 선생

선생의 휘는 주(澍)이고, 선산 김씨(善山金氏)이며, 아버지의 휘는 원로(元老)이다. 대대로 선산부 북쪽 주아리(走兒里)에서 살았었는데, 선생에 이르러 신곡(新谷)으로 옮겨 살았다. 개성 윤(開城尹) 유사우(柳思雨)의 딸에게 장가들었다. 고려가 망할 때, 선생은 중원(中原 명나라)에 사신으로 갔다가 돌아오지 않았다.[148] 부인 유씨는 유복자를 낳았는데, 이름은 양보(揚普)이다. 자손이 매우 번성하였다.

살펴보건대, 선생의 사적은 비록 실려 있는 서적이 없으나, 세상을 떠난 지 오래되지 않아 부로들이 혹 서로 전하는 것이 있었

148 선생은……않았다 : 김주는 1392년(공양왕4)에 하절사(賀節使)로 명(明)나라에 갔다가 돌아오는 길에 압록강에 이르러 고려의 패망과 조선의 개국 소식을 듣고, 동쪽을 향하여 통곡하며 부인 유씨에게 "충신은 두 임금을 섬기지 않는다 하였으니, 내가 강을 건너가면 몸 둘 곳이 없소."라는 편지를 쓰고, 중국으로 돌아가 다시 귀향하지 않았다. 그가 중국에 들어가자, 명나라 태조는 그를 예부 상서(禮部尙書)로 임명하였으나 끝내 사양하므로, 평생 동안 그에 해당하는 녹(祿)을 주었다고 한다.

다. 선생의 5대손 응교(應敎) 김진종(金振宗)[149]이 박용암(朴龍巖)[150]과 도의로 교제하였다. 이 일을 용암에게 은밀히 말한 적이 있었는데, 용암이 항상 더욱 경모하며 감탄하였다. 오직 선생의 절의가 민멸되어 전하지 않을까 염려하였기 때문에 둘째 아들 연(演)과 손자 수일(遂一)이 그 부사(父師 아버지 겸 스승)의 말을 기억하여 일기에 기록하였다.

나의 선군 또한 응교의 온 집안사람들에게 직접 그 말을 듣고 나에게 가르쳐 준 것이 이와 같았기에 항상 박군(朴君 박운)과 함께 들은 바를 논의하고 확정하여 농암을 천양할 수 있는 말을 생각한 것이 평소부터 그러하였다. 당시의 행적과 선생의 자손이 전한 바를 객관적으로 살펴보니, 자세하고 소략함은 비록 혹 같지 않았으나 대개 채미(採薇)[151]의 뜻에서 벗어나지는 않았다. 또 묘

149 김진종(金振宗) : 1496~1557. 본관은 선산(善山), 자는 효선(孝善), 호는 신재(新齋)·문암(文巖)이다. 1518년(중종13) 현량과(賢良科)에 피천(被薦)되었으며, 1528년 문과 급제하였다. 교리(校理)와 부응교(副應教)를 거쳐 헌납(獻納)이 되었다. 전적(典籍)으로 재임하던 중 1545년(명종 즉위년)에 을사사화가 일어나자 귀양 갔으며, 11년 동안 적소에서 시작 생활을 하다가 죽었다. 1570년(선조3)에 신원되었다.

150 박용암(朴龍巖) : 박운(朴雲, 1493~1562)이다. 본관은 밀양, 자는 택지(澤之), 호는 용암·운암(雲巖)·지암(止庵)이다. 선산(善山) 사람으로 박영(朴英)의 문인이며, 이황(李滉)과 편지로 학문의 질정을 받았다. 문집으로 《용암집(龍巖集)》이 전한다.

151 채미(採薇) : 문왕이 죽은 뒤에 문왕의 아들 무왕(武王)이 천자(天子)인 상(商)나라 주(紂)를 치니, 백이와 숙제가 말렸으나 듣지 않으므로, 두 사람은 불의(不義)한 주나라 곡식을 먹는 것을 부끄럽게 여겨 수양산(首陽山)에서 고사리를 캐어 먹으며 〈채미가(採薇歌)〉를 지어 불렀다. 《史記 伯夷列傳》 전 왕조에 대한 절의를 뜻한다.

지만 있고 묘표가 없는 것은 다만 선생만 그런 것이 아니라, 아들인 판관(判官) 양보(揚普) 또한 묘갈(墓碣)이 없고 손자인 현감 지(地)도 묘갈의 돌은 있으나 비문이 없다. 선생 이하가 모두 높은 품계에 추증되고 통상적인 예가 나라에서 미쳤다면, 어찌 기록할 만한 것이 한 글자도 없단 말인가.

그 증손자 대헌(大憲 대사헌(大司憲)) 지경(之慶)과 좌상(左相) 응기(應箕)에 이르러 비로소 묘갈을 세우고 조계(祖系)[152]를 갖추어 나열하였으나 모두 선생에 이르러서는 그치고 그 이름을 숨기고 쓰지 않았다. 대개 그 이름과 행적을 숨긴 것은 참으로 평범한 일이 아니다. 예의판서(禮儀判書)로 중국에 사신으로 갔다가 돌아오지 않은 것은 나라 사람들이 모두 아는 바이니, 비록 그 이름과 행적을 숨기고자 하더라고 어찌 가능하겠는가. 그렇다면 자손들이 전하는 바 '돌아와 압록강 가에 이르러, 유명(遺命)을 편지로 보냈다.'는 것은 영원한 이별을 알리면서 뗏목을 타고 출발할 때 은밀하게 부친 말이었기에 감히 드러내어 말할 수 없어 범범하게 "중국에 사신으로 갔다. 운운."이라고 한 것인 줄 어찌 알았겠는가.

세대가 이미 멀어지고 문헌으로 징험할 수 없으니, 이와 같은 일은 참으로 억측할 수 없다. 그러나 고려에 대한 뜻을 높게 가지고 의리를 지켜 훌쩍 멀리 떠난 행적을 끝내 민멸할 수 없는 점이 있다. 그래서 삼가 비루한 나의 견해를 기록하여 참고에 대비한다.

152 조계(祖系) : 집안의 계통을 기록한 문서를 말한다.

단계(丹溪) 선생

선생의 성은 하(河), 이름은 위지(緯地), 자는 천장(天章)이며, 대대로 진주(晉州)에 살았다. 아버지의 이름은 담(澹)인데 비로소 선산(善山) 연봉리(延鳳里)에 살았다. 선생은 침착하고 고요하며 말이 없었고, 학문에 부지런하고 예를 좋아하였다. 영묘(英廟 세종) 때에 생원으로 문과 장원에 뽑혔다. 집현전에 선보(選補)되어 박팽년(朴彭年), 성삼문(成三問), 신숙주(申叔舟), 최항(崔恒) 등 여러 공들과 경연에서 가까이 모시며 바른 정치를 하도록 보좌한 바가 많았다.

노산군(魯山君) 계유년(1453, 단종1)에 직제학(直提學)으로 휴가를 요청하고 고향으로 내려가 늙은 몸을 마칠 뜻이 있었다. 김종서(金宗瑞) 등을 주살함에 이르러 좌사간(左司諫)으로 부르니, 길에 올랐다가 병을 핑계로 사직하고 글을 올려 이상포상(履霜苞桑)의 계책[153]을 지극히 진술하였다. 을해년(1455, 세조1)에 광묘(光廟 세조)가 왕위를 선양받고 나서 상왕(上王 단종)에게 "하교하여 선생을 요청해 부르기를 매우 정성스럽게 하십시오."라고 아뢰었다. 선생이 부름에 나아가니, 예조 참판에 배수되었으나 상왕이

153 이상포상(履霜苞桑)의 계책 : 그 조짐을 보고 앞일을 경계하여 견고하게 하는 것을 뜻한다. 이상(履霜)은 차가운 서리가 내리면 얼음이 어는 매서운 추위가 이른다는 뜻으로, 미세한 조짐을 보고서도 앞으로 닥칠 일을 미리 알아야 한다는 말이다. 《주역(周易)》 〈곤괘(坤卦) 초육(初六)〉에 "서리를 밟게 되면 두꺼운 얼음이 곧 얼게 된다.〔履霜堅氷至〕"라는 말에서 유래하였다. 포상(苞桑)은 떨기진 뽕나무에 매어 놓는다는 뜻으로, 미리 예방하여 안전을 도모하는 것을 말한다. 《주역》 〈비괘(否卦) 구오(九五)〉의 "혹시 망하지나 않을까 하고 항상 염려해야만, 떨기진 뽕나무에 매어 놓은 것처럼 안정되리라.〔其亡其亡, 繫于苞桑.〕"라는 말에서 나온 것이다.

가여워서 관직을 피하였다. 병자년 5월에 박팽년, 이개(李塏), 성삼문, 유성원(柳誠源),[154] 유응부(兪應孚) 등과 함께 김질(金礩), 정창손(鄭昌孫)이 변고(變告)를 아뢴 것 때문에 여섯 사람이 같은 날 죽었다.

선생에게는 외아들이 있는데, 이름은 연(璉)이며 생원에 입격하였다. 삼가고 가행(家行)이 있었으나 연좌되어 세상을 떠났다. 체포되던 날 여유롭게 집안일을 처리하고 사당을 배알하고 하직하였다. 딸은 이유의(李由義)에게 시집갔는데, 출가했기 때문에 겨우 화를 면하였다. 이유의에게 또 딸이 있었는데 현감 김중경(金仲慶)에게 시집갔다. 중경의 후손들이 선생의 외손으로서 옛 묘지를 지키고 사당을 세워 제사를 받들었다.

경은(耕隱) 선생

선생의 성은 이(李), 이름은 맹전(孟專), 자는 백순(伯純), 호는 경은(耕隱)이다. 대대로 성주(星州) 북면(北面) 명곡촌(榆谷村)에 살았다. 아버지 휘 심지(審之) 판서공(判書公) 때에 선산(善山) 남면(南面) 형곡촌(荊谷村)-금오산(金烏山) 아래 낙동강 서쪽에 있다.-으로 옮겨 와 살았다. 선생은 명문 집안에서 나서 자랐으며 일찍 높

154 유성원(柳誠源) : ?~1456. 본관은 문화(文化), 자는 태초(太初), 호는 낭간(瑯玕), 시호는 충경(忠景)이다. 단종을 위해 사절(死節)한 사육신(死六臣) 중의 한 사람이다. 1444년(세종26) 식년 문과에 급제하고 벼슬이 집의에 이르렀는데 1455년(세조1)에 수양대군(首陽大君)이 단종의 왕위를 찬탈하자, 다른 사육신들과 함께 단종 복위를 도모하였다. 그러나 김질(金礩)의 고변으로 말미암아 거사가 실패로 돌아가자 자결하였다.

은 성적으로 과거에 합격하여 한림원에 선보되었다. 세종(世宗) 때에 사간원 정언(司諫院正言), 지제교(知製敎)를 역임하였기에 명망이 일찍 드러났다. 중년에 시사가 위태로워짐을 보고 힘써 외직에 보임될 것을 구하였다. 거창 현감(居昌縣監)이 되어 청렴결백함으로 이름이 났다.-청백리에 녹선되었다.-

경태(景泰) 갑술년(1454, 단종2)에 시사가 한번 변하자 선생은 더욱 스스로 은거하여 세상에 대한 뜻이 없었다. 망장촌(網障村)에 물러나 있으면서 자취를 눈멀고 귀먹었다는 데 의탁하여 친한 이와 벗을 사절하였다. 자제들이 그 까닭을 물으니, 말하기를 "수양하는 데 꺼리는 바이다."라고 하였다. 초하루 아침에는 항상 해를 향해 절하자 자제들이 그 까닭을 물으니, 말하기를 "내 병이 낫기를 기도하는 것이다."라고 하였다. 일찍이 스스로 읊기를, "눈은 어두워지려 하고 귀는 막히려 하니, 견문에 영민하지 못하여 바보와 같네.〔眼欲昏昏耳欲聾, 見聞無敏與癡同.〕"라고 하였는데, 비록 집안사람과 부인, 아들이라도 그 뜻을 헤아려 아는 이가 없었다.

사예(司藝) 김 선생(金先生) 휘 숙자(淑滋)와 평생 도의의 사귐을 맺었다. 점필재(佔畢齋)가 들어가 말을 하면 속마음을 다 터놓아 응답함에 막힘이 없자, 점필재가 말하기를, "우리 선생의 병이 이제 거의 나았군요."라고 하니, 선생이 대답하기를 "병이 거의 나은 것은 아닐세. 오두막에서 위태로이 죽음을 기다리다 이제 군자를 보니 나도 모르게 가슴이 툭 트인 것일세."라고 하였다. 김 선생이 그 은미한 뜻을 알아차리고 용모를 반듯이 하여 더욱 공경하였다. 진정을 토로하고 마주하여 술을 권하며 주고 받음에 시간이 가는 줄도 잊어버리고서야 돌아오는 지경에 이르렀다. 부인 김씨

(金氏)는 이 때문에 눈멀고 귀먹은 것이 진짜가 아님을 알았다.

선생이 평소 청사(廳事 대청마루)에 있을 때, 앞에서 곡식을 말리는데 항상 닭과 참새가 다 쪼아 먹는데도 그대로 내버려 두고 사람들에게 말한 적이 없었다. 임종할 때에 이르러서야 온 집안의 자제들이 비로소 알았다.

선생의 지극한 효성은 타고난 것이었다. 산 사람 섬기는 것과 장례와 제례는 한결같이 예문(禮文)에 의거하였다. 사람을 대함에 공경하여 장난하거나 비웃는 일이 없었으며, 외물 보기를 담담하게 하여 즐기는 바가 없었다. 청렴하고 검소함으로 집안을 다스리니 부녀자의 규범이 엄숙하였다. 자제들에게 말 타고 종 거느리는 것을 금지하며 말하기를, "어버이의 병이 이와 같은데 말을 타고 종을 거느리면서 마음이 어찌 스스로 편안하겠느냐."라고 하였다. 집안사람과 자손들은 백 리의 먼 길이 아니면 모두 말을 타지 않고 걸어갔다.

셋째 아들 돈(惇)이 군위(軍威)의 처가를 왕래할 때 말을 타고 종을 거느리며 스스로 편안하게 다닌 적이 없었다. 하루는 연향(延香) 고을에 이르렀을 때, 노루 새끼를 쫓아가 잡은 농부가 있었는데, 돈이 병든 아버지를 봉양하기 위해 그 노루를 부탁하였다. 노루를 등에 지고 망장촌으로 들어갔는데, 그 거리가 이십여 리였다. 온 집안사람들의 검소함이 이와 같았다. 어떤 후생이 묻기를, "선생께서 은둔한 지 백 년 뒤에는 집안에 다만 네 벽뿐이고 재물이 전혀 없을 것입니다."라고 하니, 선생은 "청빈(淸貧)을 자손에게 물려주는데 무슨 문제가 있겠는가."라고 말하였다.

점필재 선생이 《이준록(彝尊錄)》[155]을 지으면서 사우(師友)의 반열에 기록하고 쓰기를, "안팎으로 조금도 흠이 없고 외물과 서로 다툼이 없었네. 중년에 벼슬살이를 즐거워하지 않아 망장촌으로 돌아와 늙었네. 나이가 구십에 이르렀고, 부인 김씨 또한 무탈하네.……"라고 하였다. 비록 당시의 꺼리는 바였기 때문에 감히 곧바로 쓰지 못했으나 은미한 뜻은 이미 드러났다. 선생의 아우 참판 공희공(恭僖公) 이계전(李季專)이 선생의 출처에 대한 시종을 기록하여 그 내용이 자못 상세하였으나 난리에 흩어지고 잃어버렸다. 선생의 개인 원고 2권도 아울러 병란의 불길에 유실되었다.

선생은 홍무(洪武) 25년 임신년(1392, 태조1)에 태어나 성화(成化) 16년 경자년(1480, 성종11)에 생을 마쳤으니, 89세의 수를 누렸으며, 선산부(善山府) 동쪽 연향(延香)의 남쪽 미석산(彌石山) 서향 언덕에 장사 지냈다. 낮은 묘갈만 있고 비문은 없다. 부인 김씨의 묘는 그 앞에 있다. 선생은 직제학 김성미(金成美)의 따님에게 장가들어-김성미의 본관은 선산(善山)이며, 상주 안렴사(尙州按廉使) 신우(申祐)의 사위이다.- 4남 1녀를 낳았다.

장남은 조산대부 행 대구 교수(朝散大夫行大丘敎授) 순(恂)이고, 적손(嫡孫)은 청하 현감(淸河縣監) 보원(堡源)이다. 외파(外派 외손)로는 수찬(修撰) 이덕수(李德洙), 도사(都事) 이덕사(李德泗)-청주(淸州) 사람이다.-, 판서(判書) 정경세(鄭經世)-상주(尙州) 사람이다.-가 있다.

둘째 아들은 천(惴)이며, 외손으로는 현감 이진(李軫)과 이보

155 이준록(彝尊錄) : 김종직(金宗直)이 1497년(연산군3) 아버지 숙자(叔滋)의 보도(譜圖), 연기(年紀), 종유(從遊), 사업(事業) 등을 수집하여 편찬·간행한 책이다.

(李輔)-군위(軍威) 사람이다.-, 승지(承旨) 최현(崔晛)-선산(善山) 사람이다.-, 진사 신적도(申適道), 장령(掌令) 신달도(申達道), 좌랑(佐郎) 신열도(申悅道)-의성(義城) 사람이다.-가 있다.

셋째 아들은 돈(惇)이며, 외손으로는 목사 김용(金涌), 진사 이영남(李榮男)이 있다.

넷째 아들은 이(怡)이며, 외손으로는 진사 김안절(金安節), 생원 김광계(金光繼)-예안(禮安) 사람이다.-, 진사 박홍경(朴弘慶), 유학(幼學) 송광홍(宋光弘)-선산(善山) 사람이다.-이 있다.

딸은 보덕(輔德) 박사제(朴斯悌)에게 시집갔다. 성손(姓孫 후손) 가운데 성주(星州)에 사는 사람은 많지 않고, 영천(永川)에 사는 사람은 조금 많다. 6대 장손인 사과(司果) 희방(希芳)과 그 아들 협(瑛), 지손(支孫)인 생원 희양(希陽)과 그 아들 득주(得澍), 득미(得濔)가 선생의 무덤에 제사 지내고 있다.

跋발

인재선생문집 발
訒齋先生文集跋

나는 인재(訒齋)가 남긴 글을 보고 우리나라의 세태 변화를 알아서 말할 수 있었다. 만력(萬曆)[156] 연간에 나라가 위태롭던 때, 큰 난리가 안정되지 않아 여러 계책들이 서로 일어나니, 인재 공은 평민의 신분으로 체찰사(體察使)의 막부에 삼강구목(三綱九目)의 편지를 올렸고,[157] 재랑(齋郎)의 신분으로 선후구조(善後九條)의 소를 공거(公車 상소문을 맡아보던 관서)에 올리니,[158] 훌륭한 지략과 큰 계획은 다 공적을 이룰 만하였다.

만력 말년 천기가 꽉 막혔을 때, 흉포한 무리들이 함부로 날뛰어 강상(綱常)이 거의 무너지니, 인재 공은 이상견빙(履霜堅氷)[159]의 경계를 근심하여 기미를 보고 은둔하려는 뜻을 써서 한번 강호(江湖)에 누워 십 년 동안 자신을 숨겼다.

156 만력(萬曆) : 중국 명(明)나라 신종(神宗) 황제 때의 연호(1573~1619)로, 만력 20년(1592)에 임진왜란이 일어났다.

157 체찰사(體察使)의……올렸고 : 체찰사는 이원익(李元翼)이며, 선조 29년(1596)에 올린 편지로, 《인재집》 권8에 실린 〈상도체찰사 완평 이상공서(上都體察使完平李相公書)〉이다.

158 재랑(齋郎)의……올리니 : 《인재집》 권2의 〈진시무구조소(陳時務九條疏)〉이다.

159 이상견빙(履霜堅氷) : 미세한 조짐을 보고 앞으로 닥칠 큰 화란(禍亂)을 미리 알아 경계한다는 뜻이다. 《주역(周易)》 〈곤괘(坤卦) 초육(初六)〉에 "서리를 밟게 되면 두꺼운 얼음이 곧 얼게 된다.〔履霜堅氷至〕"라고 한 데서 온 말이다.

천계(天啓)[160] 연간, 어지러운 세상을 바로잡을 기회를 만들어 떳떳한 윤리가 다시 바르게 되고 군자들이 다 함께 나오니, 인재공은 나아가 성균관(成均館)과 간성(諫省 사간원(司諫院))의 우두머리가 되었고,[161] 외직으로 나가 번얼(藩臬 관찰사)의 직임을 맡아[162] 절제(節制)하고 폐단을 구제하였으며, 경계와 염려를 진달하여 도모와 충성[163]을 영구히 하였다. 무릇 한 사람의 진퇴와 부침이라 하더라도 세도(世道)의 막힘과 태평함이 관계되어 있으니, "아름다운 말이 숨겨지고 들에는 버려진 현자(賢者)가 있다."[164]라는 말이 어찌 세도를 위해 근심한 것이 아니겠는가.

대개 공은 문헌(文獻 전적(典籍)과 현자(賢者))의 고을에서 태어나 가정에서 시례(詩禮)의 가르침을 받았다. 어려서 취병(翠屛) 고공(高公 고응척(高應陟))에게 배웠고 조금 자라서는 학봉(鶴峯) 선생

160 천계(天啓) : 명(明)나라 희종(熹宗) 때의 연호로, 1621년부터 1627년까지이다. 1623년(인조1) 인조반정이 일어났다.

161 성균관(成均館)과……되었고 : 1623년 8월 성균관 사예(成均館司藝)가 되었고, 1624년 10월 대사간이 되었다.

162 번얼(藩臬)의 직임을 맡아 : 1626년 연위사(延慰使)가 되어 정주(定州)에 갔다.

163 도모와 충성 : 원문은 '모충(謀忠)'으로, 남을 위해 충심(衷心)으로 노력해 준다는 뜻인데, 《논어》 〈학이(學而)〉에 증자(曾子)가 매일 자신을 반성했다는 세 가지 조목 중 하나인 "남을 위해 도모함에 충성스럽지 않았는가?〔爲人謀而不忠乎〕"라는 말에서 따온 것이다.

164 아름다운……있다 : 《서경》 〈대우모(大禹謨)〉에 "진실로 이와 같다면 아름다운 말이 숨겨지는 바가 없으며 들에는 버려진 현자(賢者)가 없어서 만방이 다 편안할 것이다.〔允若玆, 嘉言罔攸伏, 野無遺賢, 萬邦咸寧.〕"라고 한 말을 반대로 원용한 것이다.

김 문충공(金文忠公)에게 단련을 받았으며, 또 장성하여서는 정한강(鄭寒岡) 선생을 섬겨 정학(正學)의 연원을 들었다. 빼어난 재주와 통달한 식견, 남다른 포부와 경세의 빼어남을 가지고 얼마 지나지 않아 세상의 난리를 만났을 때, 개연히 곤궁함을 형통케 하고 경세의 실용에 도움을 주려는 뜻이 있었다. 만년에 유과(儒科 문과(文科))에 급제하여[165] 벼슬길이 비로소 열렸으나 곧바로 대왕(大往)의 운수[166]를 만났다. 인조반정으로 인재들이 일제히 나아오던 날에 이르러서 높이 등용되어 크게 빛나기를 바랐으나 예조(枘鑿)[167]처럼 서로 어긋나고 창과 방패[168]처럼 양립할 수 없었기에 몇 년이 되지 않아 문망(文罔 법망(法網))에 걸려[169] 쓸쓸한

165 만년에 유과(儒科)에 급제하여 : 1606년(선조39) 9월, 44세의 나이로 문과에 병과(丙科)로 합격하였다.

166 대왕(大往)의 운수 : 《주역》 〈비괘(否卦)〉의 "비(否)는 인도(人道)가 아니다. 군자의 정(貞)에 이롭지 않으니, 대(大)가 가고 소(小)가 온다.〔否之匪人, 不利君子貞, 大往小來.〕"는 괘사(卦辭)에서 온 말로, 음(陰)에 해당하는 소인의 도가 득세하고 양(陽)에 해당하는 군자의 도가 비색해지는 운(運)을 말한 것인바, 여기서는 광해군(光海君) 때 간신 이이첨(李爾瞻) 등이 득세한 것을 말한 것이다.

167 예조(枘鑿) : 방예원조(方枘圓鑿)의 준말로, 모난 자루에 둥근 구멍이라는 뜻이니, 사물이 서로 용납하지 않거나 모순되는 것을 비유하는 말로 쓰인다.

168 창과 방패 : 두 물건이 서로 상극이 되어 양립할 수 없음을 말한다. 중국 전국시대 초(楚)나라의 창과 방패를 파는 상인이 자기의 창은 어떤 방패로도 막을 수 없고, 또 자기의 방패는 어떤 창으로도 뚫을 수 없다고 자랑하므로, 그러면 당신 창으로 당신 방패를 뚫으면 어찌 되겠느냐고 묻자, 말문이 막혔다는 고사에서 나왔다. 《韓非子 難1》

169 문망(文罔)에 걸려 : 1628년에는 회령(會寧)에 유배되었다가 특명으로 방환(放還)되었고, 1630년에는 무함을 받아 감옥에 갇혔으나, 곧 특명으로 석방된 것을 말한다.

근심을 시로 읊었다.

하늘이 이미 공의 자질을 넉넉하게 주고 공의 재주를 돈독하게 하였으면서도 시대와 운수를 만나지 못하게 한 것은 또한 무슨 까닭인가. 공은 평소에 세상을 경영하는 데 뜻을 두어 애초에 공업(功業)을 드러내고자 하여 문장가로 꼽히는 데에 급급하지 않았으나 문사(文詞)에 드러난 것은 넓고 넓어 끝이 없었다. 시사를 논하고 계책을 세움에 지형의 험준함과 평탄함, 군모(軍謀)의 예리함과 노둔함을 차례대로 서술함이 과녁을 꿰뚫고 기회에 부합하여 분명함이 마치 손바닥을 가리키는 것 같았으니, 이른바 '시무(時務)를 아는 준걸(俊傑)'이란 것이 공을 말하는 것이 아니겠는가. 그 아름다운 자질과 빼어난 국량은 하늘로부터 받았으나 사우들에게 나아가 점점 진보하였고 수기치인(修己治人)으로 보충하여 겉과 속이 환하게 되었으니 처음부터 끝까지 순전(純全)한 것은 학문의 힘이다. 아, 이와 같은 온축된 역량이 있으면서도 처음에 혼조(昏朝 광해군)에 넘어졌고, 만년에는 밝은 시대와 맞지 않아 끝내 역량의 한둘도 펼 수 없었으니, 어찌 식자들에게 끼친 한이 없겠는가.

못난 나는 공이 을축년(1625, 인조3)에 관제(官制)의 변통(變通)에 대해 올린 차자(箚子)[170]를 읽고 여러 번 반복하여 읽으면서 크게 탄식하지 않은 적이 없었다. 생각건대, 인조반정 초기 정치가 막 중흥하여 정혁(鼎革 혁명)의 때에 만약 공의 말이 시행되어 잘못된 법규를 한번 씻어 내서 거의 쌓인 쇠퇴함을 분발하고

170 을축년……차자(箚子) : 《인재집》 권5의 〈인진강진폐차(因進講陳弊箚)〉를 말한다.

고질적인 폐단을 바로잡아 좋은 법규와 아름다운 정치가 차례대로 시행될 수 있었다면, 어찌 온 조정은 여유를 부리며 모든 일은 번다하고 자잘하여 1627년(인조5) 정묘호란(丁卯胡亂)과 1636년 병자호란(丙子胡亂)에 패배하는 지경에 이르렀겠는가.

비록 그러나 가의(賈誼)와 동자(董子)[171]의 말이 당시에 다 이해되지는 않았으나, 주보언(主父偃)[172]과 위상(魏相)[173]이 조목조목 열거하여 시행하니, 한(漢)나라가 그들의 계책에 의지하였다.

어리석은 나는 공의 말이 시행되어 혹 훗날의 군자를 기다려 폐단이 있는 제도를 개혁하고 법의 체계를 밝혀 세상의 도가 태평한 데로 돌아오고 나라의 명(命)이 새롭게 된다면 공이 이 점에 대해서는 끝내 때를 만나지 못한 것이 아님을 알겠다.

금상(今上) 44년 무술년(1718년, 숙종44) 춘정월 을묘일에 통훈대부 전 행 홍문관 수찬 지제교 권두경은 삼가 발문을 쓴다.

171 동자(董子) : 한대(漢代)의 학자 동중서(董仲舒)의 존칭으로, 《춘추(春秋)》를 전공하여, 하늘과 인간의 밀접한 관계를 강조했고, 유학(儒學)을 국교(國教)로 삼게 만들었다. 저서에는 《춘추번로(春秋繁露)》·《동자문집(董子文集)》이 있다.

172 주보언(主父偃) : ?~기원전 126. 전한(前漢) 무제(武帝) 재위 시의 제나라 사람으로, 황제에게 직접 올린 상소로 발탁되어 낭중(郎中)이 되었다가 한 해 동안 네 차례나 벼슬이 올라 중대부(中大夫)가 되었다. 당시 제후들의 세력을 약화시키는 것을 목적으로 한 〈추은책(推恩策)〉 등, 주보언의 모책(謨策)들이 시행됨으로써 한(漢)나라가 크게 안정되었다. 《漢書 主父偃傳》

173 위상(魏相) : 한(漢)나라 때의 명신이다. 대사농(大司農), 어사대부(御史大夫), 승상(丞相) 등을 지냈고 고평후(高平侯)에 봉해졌다. 현신(賢臣) 가의(賈誼), 조조(鼂錯), 동중서(董仲舒)가 과거에 건의했던 정책들을 시행하기를 주청하였다. 《漢書 魏相傳》

인재집

후지
後識

인재집 후지
訒齋集後識

아, 이제 선조(先祖)께서 살았던 시대와의 거리가 일백삼십구 년이 되었다. 선조께서 세상을 떠나시자 종증대부(從曾大父) 호군공(護軍公)이 증손으로서 승중(承重)하였으니, 그 당시 집안의 재앙을 알 만하다. 많은 남긴 글들은 반 이상이 흩어져 없어졌으며, 몇 권의 원고도 얼마 후 회록(回祿 불귀신의 이름)의 재앙을 입었다.

족증대부(族曾大父) 학생공(學生公) 상건(象乾)과 족대부(族大父) 학생공 두남(斗南)이 서로 이어 가며 원고를 수습하였으나 아직도 완질을 이루지 못했다. 삼종숙(三從叔) 학생공 상(慐)과 재종숙(再從叔) 생원공 수이(壽頤)가 제방(諸房 지손들의 집)에 흩어져 있던 것과, 벗으로 계합(契合)을 맺은 집안에 소장되어 있던 것을 수집하여 비로소 초고를 만들었다. 생원공이 종손(宗孫)으로 간고(幹蠱)[174]의 책임을 잘 맡아서 반복하여 서로 참고하고 더욱 확정하여 책을 이루었다. 권하당(權荷塘)[175]과 창설헌(蒼雪軒)[176]

174 간고(幹蠱) : 간부지고(幹父之蠱)의 준말로, 아들이 부친의 뜻을 계승하여 발전시키는 것을 말한다. 《주역》 〈고괘(蠱卦) 초육(初六)〉에 "초육(初六)은 아버지의 일을 주관함이니, 자식이 있으면 돌아간 아버지가 허물이 없게 된다.〔初六, 幹父之蠱, 有子, 考无咎.〕"라고 한 데서 온 말이다.

175 권하당(權荷塘) : 권두인(權斗寅, 1643~1719)으로, 본관은 안동(安東), 자는 춘경(春卿), 호는 하당이다. 벼슬에 뜻을 두지 않고 학문에 전념하여 학행으로 효릉 참봉이 되었다. 장원서 별제(掌苑署別提), 공조 좌랑을 역임하였다. 저서로 《하당집

두 분에게 나아가 교열을 맡기고 인하여 하옹(荷翁)에게 갈문(碣文)을 받고 설옹(雪翁 권두경(權斗經))에게 발문(跋文)을 받았으나 서문이 없었기 때문에 문집을 간행할 수 없었다. 그래서 항상 나의 선고(先考) 생원 부군과 함께 선조를 천양할 기약이 없음을 근심하였다. 비용을 모으고 일을 경영한 지 오직 오래되었으나, 선부형(先父兄)들이 얼마 후 모두 세상을 떠나서 일이 허사가 되었으니, 탄식함을 이길 수 있겠는가.

나의 둘째 형인 생원공 광악(光岳)이 오직 선부형의 뜻을 잘 끝마치지 못할까 두려워하여 집안사람들에게 말하며 이에 대해 정성을 다하지 않은 적이 없었으나 또 이루지 못하고 생을 마쳤다. 지금 큰형과 불초한 나 같은 경우도 나이가 장차 만년이 되어가기에, 끝내 선부형의 뜻을 이루지 못할까 두려웠다. 친족을 모아 놓고 도모하여 말하기를, "백년토록 할 겨를이 없던 일을 또 후손을 기다리겠는가."라고 하니, 모두가 "예, 맞습니다."라고 하였다. 이에 결단하여 일을 시작하였다. 삼치[177]당(三治堂)에서 선조를 영원히 기억하기 위해 재물을 약간 내고 재목을 취하고 필기구를 정갈히 하였다. 이미 또 깨끗하게 몇 권을 필사하고 정언(正言) 이공 상정(李公象靖)과 대제학 채공 제공(蔡公濟恭), 호당

(荷塘集)》이 있다.

176 창설헌(蒼雪軒) : 권두경(權斗經, 1654~1725)으로, 본관은 안동(安東), 자는 천장(天章), 호는 창설재(蒼雪齋)이다. 저서로는 《창설재집(蒼雪齋集)》, 《도산언행통록(陶山言行通錄)》, 《계문제자록(溪門諸子錄)》 등이 있다.

177 삼치(三治) : 최광벽의 《운엄집》 권3의 〈삼치당기(三治堂記)〉는 조상, 자손, 형제를 모시고 다스리는 방법에 대하여 서술한 글인데, 삼치는 바로 이 뜻이다.

(湖堂) 정공 범조(丁公範祖)[178]에게 나아가 교정하였다. 이공에게는 행장을 받고,[179] 채공에게는 비문과 서문을 받고,[180] 정공에게는 묘지문과 서문을 받았으나,[181] 다만 문적(文蹟)으로 상고할 수 있는 것이 이미 적었으며, 당시 하당(荷塘)과 창설헌(蒼雪軒) 두 어른이 지은 바도 오히려 실제 행적이 엉성함을 면할 수 없었다.

병술년(1766, 영조42) 여름에 불초한 내가 마침 욕되게도 좌사(左史)[182]에 임명되어 본원(本院) 일기의 일 가운데 선조의 사적과 관련되는 것을 가져다가 상고해 보니, 또한 일찍이 화재를 만나 빠진 것은 많고 보충한 것은 적었다. 다만 대략 모아서 가장(家狀) 초고에 첨가하고 여러 사람들에게 사실에 의거하여 차례를 정하게 하였다. 또 여러 족인의 집안에서 선조의 수본일기(手

178 호당(湖堂) 정공 범조(丁公範祖) : 호당(湖堂)은 독서당(讀書堂)을 말하는데, 문관 중에 특히 문학에 뛰어난 사람을 선발하여 휴가를 주어 학업을 연마하게 한 서재이다. 정범조(丁範祖, 1723~1801)의 본관은 나주(羅州), 자는 법세(法世), 호는 해좌(海左), 시호는 문헌(文憲)이다. 1763년(영조39) 문과에 갑과로 급제하였고 정조 때 대사성과 형조 참판을 지냈으며 순조 즉위년에 지실록사(知實錄事)로 《정조실록》의 편찬에 참여하였다. 저술로 《해좌집(海左集)》이 있다. 영조(英祖) 때 사가독서(賜暇讀書)했다.

179 이공에게는 행장을 받고 : 《대산집(大山集)》 권50에 실려 있다.

180 채공에게는……받고 : 신도비명(神道碑銘)은 《번암집(樊巖集)》 권44에 실려 있고, 서문은 《번암집》 권32에 실려 있다.

181 정공에게는……받았으나 : 묘갈명은 《해좌집(海左集)》 권30에 실려 있고, 서문은 《해좌집》 권22에 실려 있다.

182 좌사(左史) : 제왕의 좌우에는 사관이 따랐는데, 임금의 좌측에서 모시던 사관(史官)이다. 《주례(周禮)》에는 "좌사는 제왕의 언론을 기록하고 우사(右史)는 행동을 기록한다."라고 하였다.

本日記)를 찾아내어 경연강의(經筵講義) 및 연보를 엮어 만들고, 아울러 관서록(關西錄) 1권, 일고(逸稿) 2권을 정언공(正言公 이상정(李象靖))과 침랑공(寢郞公) 박손경(朴孫慶)에게 질정을 받아 편차를 정하고 책을 완성하였다. 원집 13권, 별집 2권, 습유 1권, 연보 1권, 부록 1권 합 18권으로 만들어 삼치당(三治堂)에서 처음 간행하였다.

고을의 사림들이 번갈아 가며 일을 도와주어 네 달 만에 일을 마쳤으나 오히려 아름다운 말과 심오한 문장은 십 분의 일도 전하지 못한 것이 한스럽다. 여러 세대 동안 경영하였는데 지금에야 주남(周南)에서 손을 잡고 부탁한 것[183]을 이루었다. 또 다행히 행장, 연보, 비지(碑誌), 서문 등 여러 문장을 끊어져 흩어진 데서 찾아내었는데, 묘갈과 발문에 비해 조금 더 갖추어졌고 상세하였기에 분별하여 기록하는 문장이 없을 수 없다. 그래서 감히 참람됨을 잊고 위와 같이 일의 전말을 간략하게 쓴다.

금상 2년 무술년(1778, 정조2) 중추(中秋)에 불초 곤손(昆孫 6대손) 전 행 사헌부 지평(前行司憲府持平) 최광벽(崔光璧)[184]은 삼가 쓰다.

183 주남(周南)에서……것 : 원래는 아버지가 아들에게 저술을 당부한다는 뜻인데, 여기서는 선조인 최현의 문집을 간행하라는 아버지의 유지를 말한 것이다. 사마천(司馬遷)의 아버지 사마담(司馬談)이 주남(周南)에 머물다가 죽게 되었는데, 사마천에게 대대로 태사(太史)를 지낸 자신의 집안 내력을 말하면서 그의 손을 잡고 자신이 저술하지 못한 것들을 저술해 달라고 부탁했다는 고사가 전한다. 《史記 太史公自序》

184 최광벽(崔光璧) : 1728~1791. 본관은 전주(全州), 자는 공헌(公獻), 호는 이우정(二友亭)이다. 1759년(영조35)에 문과에 급제하였다. 사도세자가 죽자 벼슬을 버리고 고향으로 돌아왔다. 한참 후에 다시 벼슬길에 나아갔고, 장령, 풍천 부사(豐川府使), 병조 참판 등을 역임하였다. 저술에 《운엄집(雲广集)》이 있다.

연보 年譜

인재선생 연보
訒齋先生年譜

명(明)나라 세종(世宗) 황제 가정(嘉靖)[185] 42년-명종대왕(明宗大王) 18년(1563)-

계해년 6월 10일 병진일-자시(子時)-에 선생이 선산부(善山府) 해평현(海平縣)의 송산(松山) 집에서 태어났다.-현의 남쪽 2리에 있다. ○선생의 선조는 전주(全州)인이다. 고조 승지공(承旨公)이 비안 현감(比安縣監) 재임 때, 해평 김씨에게 장가들어 그대로 거주하였다.-

43년 갑자년-선생 2세-

44년 을축년-선생 3세-

45년 병인년-선생 4세-

목종(穆宗) 황제 융경(隆慶)[186] 원년(1567, 명종22) 정묘년-선생 5세-

185 가정(嘉靖) : 명나라(明) 제11대 황제 세종(世宗)의 연호로, 1522년부터 1566년까지이다.

186 융경(隆慶) : 명(明)나라 제12대 황제 목종(穆宗)의 연호로, 1567년부터 1572년까지이다.

2년-선조대왕(宣祖大王) 원년- 무진년-선생 6세-

3년 기사년-선생 7세-

4년 경오년(1570, 선조3)-선생 8세-
두곡(杜谷) 고 선생(高先生)[187]에게 수학하였다.-공부에 힘써 게을리하지 않았다. 일찍이 '비 오는 밤 밝은 등불〔雨夜明燈〕'이라는 글제를 내려 주자 선생이 소리에 맞춰 대답하기를, "등불 앞에는 요순 시대 같은 해이고, 창 밖에는 전국 시대 같은 바람 부네.〔燈前堯舜日, 窓外戰國風.〕"라고 하였는데, 두곡 선생이 매우 기특하게 여기고 크게 될 인물이라고 칭찬하였다.-

5년 신미년-선생 9세-
8월에 모친상을 당하였다.-집상(執喪)함에 마치 성인(成人)처럼 하였으니, 아버지 참찬공(參贊公)이 더욱 애지중지하며 말하기를, "우리 집안이 쇠퇴하지 않겠구나."라고 하였다.-

6년 임신년-선생 10세-

신종(神宗) 황제 만력(萬曆) 원년(1573, 선조6) 계유년-선생 11세-

187 고 선생(高先生) : 고응척(高應陟, 1531~1605). 본관은 안동, 자는 숙명(叔明), 호는 두곡(杜谷) 또는 취병(翠屛)이다. 문과에 입격하였으나 관직에 나아가지 않고 고향에서 학문 연구에 전념하였다. 저술로는 《두곡집(杜谷集)》, 《대학개정장(大學改正章)》 등이 있다.

2년 갑술년-선생 12세-

3년 을해년(1575, 선조8)-선생 13세-

금오서원(金烏書院)[188]에서 학업을 익혔다.-방백(方伯)이 책문(策問)으로 성리(性理)에 대해 물으니, 선생이 일필휘지로 글을 완성해 내었고, 등수를 매김에 선생이 일등을 차지하였다.-

4년 병자년-선생 14세-

5년 정축년-선생 15세-

6년 무인년-선생 16세-

7년 기묘년-선생 17세-

8년 경진년-선생 18세-

9년 신사년(1581, 선조14)-선생 19세-

봄에 임하(臨河)의 학봉(鶴峯) 김 선생(金先生)을 찾아뵙고 수업

188 금오서원(金烏書院) : 경상북도 선산군(善山郡) 선산읍(善山邑) 원동(院洞)에 있다. 고려 말 길재(吉再)의 학문과 충절을 기리기 위하여 1570년(선조3) 금오산 밑에 건립하였으나 너무 외딴 곳에 있어 관리가 불편하다는 이유로 지금의 남산(藍山) 기슭에 복원하였다.

을 청하였다.-선생이 종질인 진보 현감(眞寶縣監) 최산립(崔山立)[189] 공에게 말하기를, "이 지방에 살면서 이 지방의 어진 대부(大夫)를 섬기는 것이 예이다. 학봉 선생은 오늘날의 어진 대부인데, 같은 도(道)에 있으면서도 아직 만나 보지 못하였으니 부끄러워할 만하다."라고 하였다. 백현룡(白見龍)[190] 공이 마침 그 자리에 있다가 말하기를, "그대는 김 모(某)를 만나 보고자 하는가. 그 사람은 나의 동문의 벗일세. 지금 화산(화산 : 안동)의 임하현(臨河縣)에서 여묘살이를 하고 있는데, 책 상자를 짊어지고 가서[191] 공부하려는 선비들이 있지만, 모두 문을 닫고 거절하고 있다네."라고 하자, 선생이 말하기를, "어떻게 해야 합니까?"라고 하였다. 백공이 말하기를, "다만 나의 뒤를 따라오게."라고 하였다. 선생은 백공과 함께 임하현에 이르러 여묘살이 하고 있는 곳으로 찾아가 절한 다음, 옷깃을 여미고 앞으로 나아가 말하기를, "학문에 몽매한 소생이 의귀할 데가 없어서 선생님을 뵈러 왔으니 가르침을 받들기를 바랍니다."라고 하였다. 학봉 선생이 말하기를, "남쪽 고을에는 어진 선비가 많지 않은 것이 아니니, 그대만 참으로 성실히 한다면 스승이 없는 것을 어찌 걱정하겠는가. 나는 상을 치르고 있는 중이니, 강학하고 토론할 때가 아니다."라고 하였다. 선생이 말하기를, "엄중하여 감히 다시 청하지는 못하겠습니다만, 별재(別齋)에 머물면서 자제들을 따라 배우기를 원합

189 최산립(崔山立) : 1550~1615. 자는 입지(立之), 호는 우암(愚庵)이다. 1591년(선조24) 문과에 급제하여 진보 현감, 성주 목사(星州牧使) 등을 역임하였다.

190 백현룡(白見龍) : 1543~1622. 자는 문서(文瑞), 호는 성헌(惺軒)이다. 이황(李滉)에게 수학하였으며, 임진왜란 때 창의(倡義)하여 공을 세우고, 정유재란 때 곽재우(郭再祐)와 함께 적을 무찔렀다. 저서로는 《성헌집(惺軒集)》이 있다.

191 책……가서 : 원문은 '부급(負笈)'으로, 책 상자를 짊어지고 스승을 찾아감을 말한다. 후한(後漢) 때 이고(李固)가 훌륭한 스승이 있다는 소문을 들으면 책 상자를 짊어지고〔負笈〕 찾아갔다는 일에서 가져왔다. 《後漢書 卷93 李固列傳》

니다."라고 하니, 학봉 선생이 말하기를, "어리석은 아이들이라 유익한 벗[192]이 되지 못할 것이고, 재사(齋舍)가 좁고 누추하여 먼 데서 온 사람을 머물게 하기가 어려우니 어찌하겠는가."라고 하였다. 그러자 학봉 선생의 백씨(伯氏)인 약봉(藥峯) 선생[193]이 말하기를, "이 사람이 비록 젊지만 이와 같은 마음으로 찾아왔으니, 우선은 머물러 있게 해서 그의 뜻에 답하는 것이 좋겠다."라고 하였다. 마침내 재사에 거처하면서 자제들과 함께 아침저녁으로 몇 달 동안을 곁에서 모시면서 평소에 듣지 못하였던 학설을 더욱 듣게 되었다. 이에 선생의 학문이 몸소 실천하고 사욕을 이겨 나가면서 자신을 채찍질하여 내면을 깊이 탐구하였음[194]을 알 수 있었으니, 다른 사람에 대하여 물을 때에는 그의 재주를 묻지 않고 그의 행실을 물었고, 다른 사람을 권면함에 있어서는 문(文)을 우선으로 하지 않고 실제를 우선으로 하였다. 일찍이 선생에게 말하기를, "자질이 이미 아름답고 앞으로 갈 길이 또한 머니, 그대는 힘쓰게."라고 하였다. 선생이 대답하기를, "자질이 둔하고 재주가 부족하니, 썩은 나무는 조각하기 어려울까[195] 염려스럽습니다."라고

192 유익한 벗 : 원문은 '익우(益友)'로, 공자가 말하기를 "유익한 것이 세 가지 벗이니, 벗이 곧으며, 벗이 성실하며, 벗이 견문이 많으면 유익하다.〔益者三友, 友直友諒友多聞, 益矣.〕" 하였다. 《論語 季氏》

193 약봉(藥峯) 선생 : 김극일(金克一, 1522~1585)로, 본관은 의성(義城), 자는 백순(伯純), 호는 약산(藥山)·약봉이다. 1546년 문과에 급제하여 사헌부 감찰·예천 군수·성주 목사 등을 역임하였다.

194 자신을……탐구하였음 : 원문은 '편벽근리(鞭辟近裏)'로, 《근사록(近思錄)》 권2 〈위학(爲學)〉에 "학문이란 단지 채찍질하여 내면으로 접근해서 자기 몸에 붙게 하는 것일 뿐이다. 그러므로 간절히 묻고 가까이 생각하면 인(仁)이 그 가운데에 있다.〔學只要鞭辟近裏, 著己而已, 故切問而近思, 則仁在其中矣.〕"라는 정명도(程明道)의 말이 나온다.

195 썩은……어려울까 : 원문은 '후목지난조(朽木之難雕)'로, 재여(宰予)가 낮잠을

하였다. 학봉 선생이 말하기를, "사람은 뜻을 세움이 성실하지 못할까 근심해야지, 어찌 재주가 부족한 것을 근심하겠는가. 재주가 있더라도 소인이 됨을 면하지 못하는 경우가 있으며, 재주가 없더라도 군자가 되기에는 방해가 되지 않으니, 학문을 함에 있어서 위기지학(爲己之學)을 하느냐, 위인지학(爲人之學)을 하느냐에 달려 있을 뿐이다."라고 하였다. 또 말하기를, "선은 반드시 쌓은 뒤에야 이루어지니, 하나의 선이 있다고 하여 스스로 만족하게 여긴다면, 이것은 그 선을 가벼이 여기는 것이다. 악은 비록 작더라도 두려워해야 하니, 한 가지 악일 뿐이라고 해서 스스로 용서한다면, 이는 그 악을 자라게 하는 것이다."라고 하였다.

또 말하기를, "덕성을 함양하고 사욕을 이겨 내는 공부에는 힘쓰지 않으면서 한 번에 뛰어넘어 도달하려고 하는 것은 학자들의 공통적인 병통이다. 이를 비유해 보면, 싹을 기르는 사람은 은근히 북돋아서 성숙한 뒤에야 자성(粢盛 : 제수)에 이바지할 수 있고, 잡초를 제거하는 사람은 아침저녁으로 김매어 그 뿌리를 잘라 없앤 뒤에야 나의 곡식을 해치지 못할 것이다. 밭을 잊고 김매지 않는 것과 성장을 도와 곡식 싹을 뽑아 올리는 것은 그 마음은 비록 다르지만 해가 되는 것은 한 가지인 셈이다."라고 하였다. 또 말하기를 "자신을 속이지 말라〔毋自欺〕는 세 글자는 모름지기 종신토록 명심해야 하는 것이다. 선을 행하고 악을 제거함에 있어서 한 번이라도 성실하지 않음이 있으면, 모두 자신을 속이는 것이다."라고 하였다. 선생이 말하기를 "선과 악을 어떻게 하면 실제로 알 수 있습니까?"라고 하니, 학봉 선생이 말하기를, "의(義)와 이(利), 공(公)과 사(私)의 구분은 엄하게 하지 않으면 안 된다. 털끝만큼의 작은 차이가 천 리나 멀어지게 하니, 배워서 밝히는 데에 달려 있을 뿐이다."라고 하였다.

자니, 공자가 "썩은 나무는 무엇을 조각할 수 없고, 더러운 흙으로 만든 담은 다시 칠할 수 없다.〔朽木不可雕也, 糞土之墻, 不可杇也.〕"라고 한 데서 가져왔다. 《論語 公冶長》

선생이 말하기를, "학문을 함에 어떤 것을 먼저 해야 합니까?"라고 하니, 학봉 선생이 말하기를, "훌륭하구나, 질문이여. 학문은 장구(章句)나 문사(文詞)에 있는 것이 아니라, 다만 일용(日用) 사물(事物)에서 구하는 것이니, 이것이 이른바 '사물에서 배운다'는 것이다. 그 근본은 충신(忠信)을 위주로 하고 효제(孝悌)를 우선으로 하는 데 있으며, 그 요체는 다만 방심(放心)을 거두어들이는 데에 있다. 쇄소응대(灑掃應對)로부터 수신(修身), 제가(齊家), 치국(治國), 평천하(平天下)에 이르기까지 그 절목의 차례와 공부의 선후가 손바닥 보듯 하니, 순서를 따라서 점차적으로 나아가고 깊이 완미하여 실제로 체득하는 데 달려 있을 뿐이다."라고 하였다.-

7월 의성 김씨(義城金氏)를 부인으로 맞이하였다.-부사(府使) 김복일(金復一)의 딸이고 학봉 선생의 질녀이다. 이때 부인은 외숙(外叔) 초간(草澗) 권문해(權文海)[196] 공을 따라 공주(公州)의 임소(任所)에 있었다.-

10년 임오년(1582, 선조15)-선생 20세-

백씨(伯氏) 학생공(學生公)의 죽음에 곡하였다.

11년 계미년-선생 21세-

12년 갑신년-선생 22세-

196 권문해(權文海) : 1534~1591. 본관은 예천(醴泉), 자는 호원(灝元), 호는 초간이다. 1560년 문과에 급제하여 1580년 공주 부사, 1584년 대구 부사로 부임하였다. 좌부승지·관찰사 등을 역임하였다. 저서로 《초간집》, 《대동운부군옥(大東韻府群玉)》이 있다.

13년 을유년-선생 23세-

8월에 아들 산휘(山輝)가 태어났다.

14년 병술년-선생 24세-

15년 정해년(1587, 선조20)-선생 25세-

2월에 부인 김씨의 죽음에 곡하였다. ○가을에 영천(榮川 현 영주)에 가서 발해시(發解試 문과 초시)에 응시하였다. ○12월에 동화사(桐華寺)에서 독서하였다.-동화사는 팔공산(八公山)에 있다. 당시 초간 권문해가 대구 부사(大丘府使)로 재임 중이었기에 선생이 가서 뵙고 나서 그대로 머물렀다.-

16년 무자년(1588, 선조21)-선생 26세-

3월, 생원시에 1등 2위로 합격하였다.-선생이 1위를 차지하였으나 고시관이 고을 사람이라 하여 2위에 두었다.- 창녕 조씨(昌寧曺氏)를 부인으로 맞이하였다.-연월(年月)은 의거할 데가 없으나 지금 초간 권공의 일기〔초간일기〕를 살펴보면, "참찬공의 장례일을 기축년(1589, 선조2) 겨울에 처음 정했는데, 내실이 역병에 걸려 장례를 치를 수 없었다."라고 하였으니, 내실은 부인 조씨를 가리켜 말한 것이다. 이에 의거하면, 빙례(聘禮)는 선생의 부친상 전에 있었으므로 여기에 첨부한다.-

17년 기축년-선생 27세-

6월에 부친 참찬공의 상을 당하였다.

18년 경인년-선생 28세-

3월 4일에 참찬공의 장례를 행하였다.-역병으로 물려서 행하였기 때문이다. ○여헌(旅軒) 장 선생[197]이 묘갈명을 썼다.-

19년 신묘년-선생 29세-

20년 임진년(1592, 선조25)-선생 30세-

봄에 금오랑(金吾郎)에 천거되었다.-서애 유 선생이 당시 재상의 지위에 있었는데, 이조 참의(吏曹參議)에게 편지를 보내어 말하기를, "금오랑이 결원이 있다고 하는데, 최현이 천거해 의망에 올리기에 참으로 합당하니 판서(判書)에게 한마디 할 만합니다. 운운."이라고 하였으나, 편지에서는 연월을 고찰할 수 없으니 천거한 때가 언제인지는 알 수 없다. 그러나 선생이 처음 벼슬[198]한 것이 계사년이니 아마 임진란 전에 있었지만 미처 거행되지 못하였다가 이듬해에 비로소 의망(擬望)된 듯하다.- 여름에 섬 오랑캐가 쳐들어와 삼도(三都 한양·개성·평양)를 연달아 함락하고 임금은 용만(龍灣 의주)으로 파천하였다. 선생은 고을의 동지들과 함께 의병을 창도해 일으켰는데,

197 장 선생 : 장현광(張顯光, 1554~1637)으로, 본관은 인동(仁同), 자는 덕회(德晦), 호는 여헌이다. 선조 때 천거로 보은 현감을 역임하였다. 영의정에 추증되었다. 동락서원(東洛書院)에 봉향되었으며, 시호는 문강(文康)이다. 저서로는 《여헌집》이 있다. 《여헌집》 권12에 〈처사최공묘갈명(處士崔公墓碣銘)〉이 실려 있다.

198 처음 벼슬 : 원문은 '서사(筮仕)'로, 처음으로 관직을 얻어 벼슬길에 나아가는 것을 말한다. 춘추 시대 필만(畢萬)이 시초점(蓍草占)을 쳐서 진(晉)나라에 출사(出仕)하는 데 따른 길흉을 알아본 결과, 둔괘(屯卦)가 비괘(比卦)로 변한다는 둔지비(屯之比)의 점사(占辭)를 얻었는데, 신료(申廖)가 이를 풀이해 보고는 길(吉)하다고 판정을 내린 고사에서 유래하였다. 《春秋左氏傳 閔公元年》

노경임(盧景任)[199] 공은 의병장, 박수일(朴遂一) 공은 부장, 선생은 장서(掌書)로 추대되었다.-《향병약속문(鄕兵約束文)》과 《통개령의병문(通開寧義兵文)》이 있다.- 8월에 난을 피하여 의성(義城)에 있는 이형(姨兄) 신흘(申仡)[200]의 집으로 가서 우거하였다.

○병마 절도사 박진(朴晉)[201]에게 편지를 보내어 풍산(豐山)의 적을 먼저 칠 것을 청하였다.

○9월에 우순찰사 학봉 선생에게 편지를 올려 적을 방어하는 것에 대해 논하였다.

○10월에 선산의 향병을 위하여 좌순찰사 한효순(韓孝純)[202]에게 글을 올려 군기(軍器)를 빌려줄 것을 청하였다.

○12월에 순찰사 한효순에게 편지를 보내어 군사 기밀을 논의하였다.

199 노경임(盧景任) : 1569~1620. 본관은 안강(安康), 자는 홍중(弘仲), 호는 경암(敬菴)이다. 장현광(張顯光)과 유성룡(柳成龍)의 문인이다. 1591년(선조24) 문과에 급제하였다. 1592년 임진왜란이 일어나자 고향으로 돌아와서 의병을 모집하여 왜군에 대항하였다. 홍문관 교리, 성주 목사를 역임하였다. 저서로 《경암집》이 있다.

200 신흘(申仡) : 1550~1614. 본관은 아주(鵝洲), 자는 구지(懼之)이다. 회당(悔堂) 신원록(申元祿)의 아들이며, 임진왜란이 일어나자 창의하였다.

201 박진(朴晉) : 1560~1597. 본관은 밀양(密陽), 자는 여회(汝晦)·명보(明甫)이다. 임진년 4월에 밀양 부사로 있다가 전공을 세워 경상 좌병사가 되었다. 시호는 의열(毅烈)이다.

202 한효순(韓孝純) : 1543~1621. 본관은 청주(淸州), 자는 면숙(勉叔), 호는 월탄(月灘)이다. 1576년 문과에 급제하였다. 1592년 임진왜란이 일어나자 8월 영해에서 왜군을 격파하고 경상좌도 관찰사로 승진, 순찰사를 겸임해 동해안 지역을 방비하며 군량 조달에 공을 세웠다. 벼슬이 좌의정에 이르렀다.

○부인 조씨의 죽음에 곡하였다.

21년 계사년(1593, 선조26)-선생 31세-

1월에 금곡(金谷)에서 학봉 선생에게 글을 올려 군사 기밀을 논의하였다.

○재령 이씨(載寧李氏)를 부인으로 맞이하였다.-지방(紙榜)을 설치하고 고유하였다.- 3월에 군자감 참봉(軍資監參奉)에 제수되었으나 나아가지 않았다.

○4월에 학봉 선생의 죽음에 곡하였다.-제문이 있다.- 의성에서 영해로 옮겨 우거하였다.

22년 갑오년(1594, 선조27)-선생 32세-

1월에 순찰사 한효순에게 편지를 보내어 선산에 둔전을 설치할 것을 요청하였다.-이때, 선생은 상지(上枝)[203]에 있으면서 김석량(金錫良)과 함께 글을 올렸다.-

2월에 고향 해평으로 돌아와 부모님의 묘에 제사 지냈다.

○《금생이문록(琴生異聞錄)》이 완성되었다.-이것은 곧 선생의 우언(寓言)으로, 고을 어진 이들의 사적을 드러낸 것이다. 신묘년(1591)에 지었으나 임진왜란 중에 잃어버렸다. 갑오년(1594)에 건재(健齋) 박공(朴公)[204]이 초본을 구

203 상지(上枝) : 경상북도 칠곡군 지천면 상지리로, 일명 웃갓이라고도 한다.

204 건재(健齋) 박공(朴公) : 박수일(朴遂一, 1553~1597)로, 본관은 밀양(密陽), 자는 순백(純伯), 호는 건재로 해평(海平)에 거주하였다. 임진왜란과 정유재란 때 창의하고 군자감 정(軍資監正)을 지냈다.

하였기에 곧 다시 편집하였고, 창석(蒼石) 이공(李公)[205]이 발문을 썼다.-

23년 을미년(1595, 선조28)-선생 33세-

〈우애잠(友愛箴)〉을 지었다.-이때 영해에 있었는데, 형제간에 소송하여 크게 다투는 사람이 있었다. 병중(病中)에 있으면서 이 글을 써서 보여 주니, 그 형제가 매우 슬퍼하며 감동하여 돌아가 서로 자책하고, 마침내 소송을 중지하였다.-

24년 병신년(1596, 선조29)-선생 34세-

1월에 도체찰사 완평부원군 이 상공[206]에게 아홉 가지 조목을 써서 올렸다.-글은 본 문집에 보인다. 이공이 답서에 말하기를, "초야에서 나라를 걱정하여 수백 글자를 써서 보내었으니, 매우 장려하고 감탄할 만합니다."라고 하였다.-

2월에 산성의 형세와 군현 합병의 마땅함을 논하였다.

○4월에 평해 온천에서 목욕하였다.-백암사(白巖寺)에서 몸조리하였다. 이때 오랫동안 가물어 태수 윤열(尹悅)[207]이 선생에게 기우제문을 구하여 제사

205 창석(蒼石) 이공(李公) : 이준(李埈, 1560~1635)으로, 본관은 흥양(興陽), 자는 숙평(叔平), 호는 창석이다. 유성룡(柳成龍)의 문인이다. 1591년 문과에 급제하여 경상도 도사(慶尙道都事), 첨지중추부사, 부제학 등을 역임하였다. 저서로 《창석집》과 《형제급난지도(兄弟急難之圖)》가 있다. 시호는 문간(文簡)이다.

206 완평부원군 이 상공 : 이원익(李元翼, 1547~1634)으로, 본관은 전주, 자는 공려(公勵), 호는 오리(梧里), 시호는 문충(文忠)이다. 1604년(선조37)에 호성공신(扈聖功臣)에 녹훈되고, 완평부원군(完平府院君)에 봉해졌다. 저서로 《오리집(梧里集)》·《오리일기(梧里日記)》 등이 있다.

207 윤열(尹悅) : 본관은 파평(坡平)으로, 1597년에 평해 군수를 지냈다.

지냈는데, 다음 날 큰비가 내렸다.-

25년 정유년(1597, 선조30)-선생 35세-

1월에 체부 종사관(體府從事官) 운천(雲川) 김용(金涌)[208]에게 편지를 보내, 산성에 목책(木柵)을 설치하고 백성들을 편하게 할 계책을 논하였다.

○영해에서 해평으로 돌아와 여러 친족들을 만났다. 건재 박수일과 장여헌(張旅軒)을 방문하고 이어서 난을 피할 방책을 논하였다.

○2월에 오동(梧洞)의 선비(先妣) 묘에 제사를 올리고, 이어서 청송으로 향하였다.

○대혈(大穴)에 있는 대암(大菴) 박성(朴惺)[209]을 방문하고, 이어서 주왕산(周王山)에 올라 형승을 두루 유람하였다.

○영해의 동면(東面) 내 갑곡(甲谷)에 와서 우거하였다.-농사일을 날마다 일과로 삼았다.- 10월에 건재(健齋) 박수일(朴遂一)을 곡하였다.-제문이 있다.- 선비(先妣) 이씨를 상림(上林)에 개장(改葬)하였다.

○진보(眞寶) 논곡(論谷)에 옮겨 살았다.

208 김용(金涌) : 1557~1620. 본관은 의성(義城), 자는 도원(道源), 호는 운천이다. 1590년(선조23) 문과에 급제하였다. 임진왜란이 일어나자 향리인 안동에서 의병을 일으켜 안동 수성장(安東守城將)에 추대되었고, 1597년 정유재란 때, 제도 도체찰사(諸道都體察使) 이원익(李元翼)의 종사관이 되어 그를 수행하였다. 저서로는 《운천집(雲川集)》, 《운천호종일기(雲川扈從日記)》가 있다.

209 박성(朴惺) : 1549~1606. 본관은 밀양(密陽), 자는 덕응(德凝), 호는 대암(大菴)이다. 배신(裵紳)에게 수학하고, 정구(鄭逑)를 사사하였다. 임진왜란 때 의병을 일으켰으나, 끝난 뒤 청송(靑松)의 주왕산 아래 은거하였다.

26년 무술년(1598, 선조31)-선생 36세-

2월에 건원릉 참봉(健元陵參奉)[210]에 제수되어 임금의 명에 숙배하였다.-서애 선생이 사람을 보내어 위문하였다.- 동강(東岡) 김 선생[211]을 여저(旅邸 임시 거처)에서 뵈었다.

○왕자사부(王子師傅)에 의망(擬望)되었다.-일기를 살펴보면, 참의 김창원[212]이 정사를 말할 때 주상께서 묻기를, "학식이 갖추어졌는가, 인물됨은 어떠한가."라고 하니, 대답하기를 "이덕형(李德馨)이 판서가 되었을 때에 천거하였으므로 의망하였습니다."라고 하였다.- 8월에 남쪽으로 돌아와 〈구조소(九條疏)〉를 올렸다.

○9월에 전생서 참봉(典牲署參奉)에 제수되었으나 나아가지 않았다.

○11월에 망양정(望洋亭)[213]을 관람하고, 망우당(忘憂堂) 곽공(郭公)[214]의 우거를 방문하였다.

210 건원릉 참봉(健元陵參奉) : 건원릉은 경기도 구리시 인창동 동구릉에 있는 태조 이성계의 능이다.

211 동강(東岡) 김 선생 : 김우옹(金宇顒, 1540~1604)으로, 본관은 의성(義城), 자는 숙부(肅夫), 호는 동강이다. 조식(曺植)의 문인으로, 부제학·이조 참판 등을 역임하였다. 저서로 《동강집(東岡集)》·《속자치통감강목(續資治通鑑綱目)》 등이 있다.

212 김창원 : 김홍미(金弘微, 1557~1604). 본관은 상주(尙州), 자는 창원, 호는 성극(省克)이다. 유성룡(柳成龍)의 문인이며, 문과에 급제하여 홍문관 정자, 대사간, 강릉 부사(江陵府使) 등을 역임하였다.

213 망양정(望洋亭) : 관동(關東) 팔경(八景)의 하나로, 울진에 있다. 관동 팔경은 간성(杆城)의 청간정(淸澗亭), 강릉(江陵)의 경포대(鏡浦臺), 고성의 삼일포(三日浦), 삼척(三陟)의 죽서루(竹西樓), 양양(襄陽)의 낙산사(洛山寺), 통천의 총석정(叢石亭), 평해(平海)의 월송정(越松亭), 울진의 망양정이다.

214 망우당(忘憂堂) 곽공(郭公) : 곽재우(郭再祐, 1552~1617)로, 본관은 현풍(玄風), 자는 계수(季綏), 호는 망우당이다. 경상남도 의령 출신으로, 임진왜란 때 의령

27년 기해년(1599, 선조32)-선생 37세-
1월에 망우당을 송별하였다.-곽공이 식구들을 데리고 고향으로 돌아간다는 소식을 듣고, 길에서 기다렸다가 서로 이야기하였다.-

28년 경자년(1600, 선조33)-선생 38세-
1월에 병마절도사 곽재우에게 편지를 보내어 적을 방어하는 것에 대해 논하였다.
○4월에 가묘(家廟)의 신주(神主)를 개제(改題)하였다.-병란 중에 가묘의 신주를 유실하였는데, 이날에야 고향에 돌아와 개제하였으니 그 축문이 있다.-

29년 신축년-선생 39세-

30년 임인년-선생 40세-

31년 계묘년(1603, 선조36)-선생 41세-
4월에 조정의 명으로 《난중잡록(亂中雜錄)》을 찬집하였다.-이때, 완평 이공이 난후의 사적을 찬집하는 일을 탑전(榻前)에서 임금께 진달하였다. 관찰사가 조정의 영에 따라 좌·우도의 도청(都廳)과 여러 고을의 유사들을 차출하였는데 선생이 우도 도청이 되었고, 진사 송원기(宋遠器)[215]가 좌도 도청이 되었다.-

에서 의병을 일으켜 홍의장군이라 불리었다. 조식(曺植)에게 수학하였다. 저서로는 《망우당집(忘憂堂集)》이 있다.

215 송원기(宋遠器) : 1548~1615. 본관은 야로(冶爐), 자는 학무(學懋), 호는 아

32년 갑진년(1604, 선조37)-선생 42세-

4월에 동강 김 선생을 곡하였다.-선생은 여헌 장 선생과 가야산 유람을 약속했는데, 동강 선생을 곡하고, 걸음을 옮겨 한강(寒岡) 정 선생(鄭先生)[216]을 뵈었다.- 5월에 찬집하는 일로 도내에 통고하였다.

○6월에 종질 산립을 곡하였다.

○회재(晦齋) 이 선생(李先生)[217]을 신변(伸辨)하는 소를 올렸다.

33년 을사년(1605, 선조38)-선생 43세-

정인홍을 풍간하는 시를 수창하였다.-선생은 처음에 정인홍과 어울렸는데, 그 명예가 날로 높아짐을 보고 이 시를 지어 풍간하였다. 시에 말하기를, "세상일의 부침은 고금이 똑같으니, 봄에 꽃피고 가을에 시듦은 이치가 서로 찾음이라. 청산은 홀로 서 있고 구름은 오가는데, 들뜬 명예로 이 마음 흔들지 마오.〔世事升沈古到今, 春榮秋索理相尋. 青山獨立雲來往, 莫把浮名攪此心.〕"라고 하였다.

○선생이 정미년(1608)에 정인홍에게 답한 편지[218]를 살펴보면, "3, 4년 이래로

헌(啞軒)이다. 1610년(광해군2) 문과에 급제하였다. 임진왜란 때 명나라 병사가 팔거〔현재의 칠곡〕에 머물러 진(鎭)을 침에 송경헌(宋敬軒)과 함께 사재(私財)와 모곡(募穀)으로 군량미 7백 석을 얻어 수송하고 군무십책(軍務十策)을 진술하였다. 저서로 《아헌집》이 있다.

216 한강(寒岡) 정 선생(鄭先生) : 정구(鄭逑, 1540~1620)로, 본관은 청주(淸州), 자는 도가(道可)이고, 호는 한강, 시호는 문목(文穆)이다. 조식, 이황의 문인이다. 공조 참판, 대사헌을 역임하였다. 저서로 《한강집》이 전한다.

217 회재(晦齋) 이 선생(李先生) : 이언적(李彦迪, 1491~1553)으로, 본관은 여주(驪州), 자는 복고(復古), 호는 회재이며, 시호는 문원(文元)이다. 1514년(중종9) 문과에 급제하고, 이조 판서, 좌찬성 등을 역임하였다. 저서로 《중용구경연의(中庸九經衍義)》, 《회재집(晦齋集)》 등이 있다.

저의 발자취가 문병(門屛)에 전혀 가까이 가지 않았습니다."라고 하였으니, 대개 갑진년, 을사년 사이에 방문을 단절하였던 듯하다. 이 시는 풍간하여 규계하고 절실하게 경계하는 뜻이 있었으니, 이미 이때 그 마음씀의 잘못된 것을 보고 점차 서로 멀리하여 그와 인연을 끊었던 것 같다. 이 시를 지은 것이 두 해를 벗어나지 않으므로 지금 여기에 붙여 둔다.-

34년 병오년(1606, 선조39)-선생 44세-

7월에 증광시(增廣試), 동당시(東堂試), 향해(鄕解)에 합격하였다.-삼장(三場)에 수석을 차지하였다.- 9월에 문과 병과(丙科)에 4등으로 합격하였다.

35년 정미년(1607, 선조40)-선생 45세-

2월에 예문관의 지휘로서 의정부에 취재(取才)되었다.-《좌전(左傳)》을 강론하였다.- 3월에 천거되어 예문관 검열(藝文館檢閱)에 제수되었다.

○4월에 서경(署經)[219]하고 입직(入直)하였다.

○대내(大內)에서 생강 한 봉을 하사하였는데, 임금의 은혜에 감동하여 시를 지었다.-시는 다음과 같다. "황금 같은 싹 보드랍고 무소뿔같이 자라니, 더러움 없애고 정신 통함은 공자가 맛보았었네. 천천히 천향 씹으매 훈기가 뼈에 스며드니, 무슨 재덕으로 임금님 은혜를 입었던가.〔黃金芽嫩犀角長,

218 정미년(1608)에……편지 : 《인재집》 별집 권2 〈답정인홍서(答鄭仁弘書)〉에 실려 있다.

219 서경(署經) : 관리를 등용할 때 신원 조회를 하는 일을 말한다.

去穢通神孔所嘗. 謾嚼天香薰入骨, 顧何才德荷龍光.〕"-

정인홍에게 답서를 보내어 어진 이를 무고한 일에 대해 분별하여 배척하였다.-선생이 사람들과 이야기하다가 말이 남명 선생에게까지 미친 적이 있었는데, 정인홍이 그것을 듣고 남명을 비방한 것으로 여기고, 먼저 편지를 보내어 장황한 사설로 퇴계 선생을 침노하고 핍박하였다. 그러므로 선생이 이치에 따라 분별하여 배척하고 각자 들은 바를 존중하자는 뜻을 극언해서 답하였다.-

7월에 소를 올리고 남쪽으로 돌아왔다.-이때, 영의정 유영경(柳永慶)이 국정을 맡았는데, 선생이 사원(史院)에 들어가 시사(時事)를 올곧게 기록하였다. 한 대관(臺官)이 영의정에게 말하여 그를 쳐서 제거하고자 하였다. 영의정이 말하기를, "비록 공격하고자 하나, 사초를 누설한 죄는 누가 감당하도록 하겠는가." 라고 하니, 말하는 자가 마침내 그쳤다. 또 한 관리가 이조 판서 최천건(崔天健)[220]에게 말하였는데, 또한 이와 같았다. 최천건이 말하기를, "이 사람은 나와 동년(同年)으로 서로 아는 친분이 있고 내가 이조에 들어올 때부터 약방에 함께 있었는데 사사로이 서로 만나기를 구한 적이 없었습니다. 사람들과 말할 때 과실을 곧장 거론하였으니, 그 마음의 공정함을 알 만합니다. 신진으로서 견문이 넓지 못하여 포폄(褒貶)할 때에 실상을 다 살피지 못하는 경우는 있을 수 있지만, 남인에 몸담은 사람이 북인을 공격하는 것은 결코 그럴 이치가 없습니다."라고 하였다. 이조 정랑 성준구(成俊耈)[221] 또한 동류들에게 말하기를, "우리가 이 사람을 천거한 것은 곧 공론이지, 저 사람에게 사사로움이 있어서가 아니다. 저 사

220 최천건(崔天健) : 1568~1617. 본관은 전주(全州), 자는 여이(汝以), 호는 분음(汾陰)이다. 1588년(선조21) 문과에 급제하였다. 거산도 찰방(居山道察訪), 병조와 예조의 좌랑, 우승지·도승지·호조 참의 등을 역임하였다.

221 성준구(成俊耈) : 1574~1633. 본관은 창녕(昌寧), 자는 덕보(德甫), 호는 장곡(藏谷)이며, 이조 정랑·황해도 관찰사 등을 역임하였다.

람이 올곧게 쓰고 숨기지 않은 것, 이것 또한 공도(公道)이니, 또 공 등이 잘못 되었다. 만약 올곧게 썼다고 사관을 제거한다면 어디에나 곡필(曲筆)의 사관만 있을 것이다."라고 하였다. 이때부터 일대의 시끄러움이 잠시 멈추었으나 시기와 혐의가 아직 해소되지 않았다. 선생은 구차히 용납되려 하지 않고, 곧장 사직소를 올려 벼슬을 버리고 고향으로 돌아왔다.-

8월 16일, 장여헌과 만나 이매연(鯉埋淵)[222]에서 뱃놀이를 하였다.

○숭암(崇巖)[223]에 가서 역사서를 편찬하였다.

○조정으로 돌아와 벼슬하기를 재촉하는 임금의 유지가 있었다.-집에 돌아와 공손히 받았다.- 9월에 송강서정(松岡書亭)을 수리하였다.

○또 도리사(桃李寺)[224]에 올라가 역사서를 편찬하였다.

○10월에 또 조정으로 돌아와 벼슬하기를 재촉하는 유지가 있었다.-집에 돌아와 공손히 받았다.- 《두곡선생유집(杜谷先生遺集)》을 찬수하였다.

○12월에 대내(大內)에서 후추〔胡椒〕·단목(丹木)·신력(新曆) 세 가지를 내려주었다.-집에서 공손히 받았다.-

36년 무신년(1608, 선조41) -선생 46세-

1월에 검열에 체직되었다.-조정으로 돌아오지 않았다는 이유로 체직에 논

222 이매연(鯉埋淵) : 경북 선산 도호부(善山都護府) 동쪽 12리에 있다.

223 숭암(崇巖) : 노경임이 거주하였던 선산(善山)의 숭암 마을을 말한다.

224 도리사(桃李寺) : 경북 선산 도호부(善山都護府) 냉산(冷山)에 있다. 신라 때 아도화상이 경주로 갔다가 돌아와 이 산 밑에 와서 보니, 때는 겨울인데 산허리에 복숭아꽃, 오얏꽃이 만발해 있는 것을 보고 드디어 절을 세우고 도리사라고 불렀다고 한다. 《新增東國輿地勝覽 卷29 慶尙道》

의되었다.- 2월 1일에 선조대왕이 승하하시니, 대궐에 나아가 곡하였다.

○광해군이 즉위하여 예문관 대교(藝文館待敎)에 제수하였다.

○3월에 시강원 설서(侍講院說書)에 임명되었다.-4월 5일부터 5월 25일까지 연이어 서연(書筵)에 들어가 강의하였다.- 5월에 사간원 정언(司諫院正言)에 제수되었다.

○〈구지명(九知銘)〉을 지었다.

○8월에 동지사 서장관으로 명나라 연경에 갔다.

○9월 8일 임진일에 의주(義州)에 도착하여 은(銀)으로 변통하는 것을 금지하는 일에 대해 계문을 봉하여 올렸다.

○계사일에 압록강을 건넜다.

○10월 16일 경오일에 산해관(山海關)에 도착하였다.-율시 2수가 있다.- 갑술일에 수양산(首陽山)을 지나면서 이제묘(夷齊廟)[225]에 배알하였다.-감회가 있어 율시 두 수를 읊었는데, 시에 말하기를 "고죽의 천년 세월 지난 사당 황폐한 성 옛 물가에 있네. 하늘은 길이 이름 없애지 않았고, 땅에 오래도록 그 모습 여전히 새롭네. 큰 빛은 황도를 비추고 맑은 서리는 푸른 하늘을 비추네. 누가 능히 해와 달을 그려 내겠나, 조각 새기기를 자주 하지 마오.〔孤竹千年廟, 荒城古渡濱. 天長名不朽, 地老像猶新. 大曜輝黃道, 淸霜映碧旻. 誰

225 이제묘(夷齊廟) : 옛날 은(殷)나라 때 고죽군(孤竹君)의 두 아들 백이(伯夷)와 숙제(叔齊)를 모신 사당이다. 그 유적이 난하(灤河)가 흐르는 영평부(永平府) 서쪽의 고죽성에 있어서 사신 행차가 지나가는 곳이다. 백이와 숙제는 성품이 매우 개결(介潔)하여, 주 무왕(周武王)이 은(殷)나라를 정벌하자 무왕이 은나라의 신하로서 임금을 정벌함이 의가 아니라고 하여 형제가 함께 주나라 곡식을 먹지 않고 수양산에 숨어 고사리를 캐 먹고 살다가 굶어 죽었다.

能繪日月，鐫刻莫頻頻.]"라고 하였다. 나머지 한 수는 원집에 실려 있다.- 계미일에 옥하관(玉河館)에 들어갔다.

○11월 4일 정해일에 대궐에 나아가 조현례(朝見禮)를 행하였다.

○기해일에 대궐에 나아가 동지 하례(冬至賀禮)에 참여하였다.

○12월 19일 임신일에 대궐에 나아가 동지 반상(冬至頒賞)[226]을 공경히 받았다.-옷 1벌의 겉감과 안감, 청견(靑絹) 2단, 홍견(紅絹) 2단, 황사(黃紗) 2단, 훈사(纁紗) 2단이다.- 무인일에 칙서를 받고 조정에 사례하였다.

37년-광해(光海) 원년(1609)- 기유년-선생 47세-

1월 18일 신축일에 옥하관에 머무르며 문묘(文廟)[227]에 배알하였다.

○계묘일에 황제가 은자(銀子)와 《대학연의(大學衍義)》, 《소대전칙(昭代典則)》을 특별히 하사하였다. 이날, 출발하여 통천(通川)으로 갔다.

○2월 1일 계축일에 영평(永平)에 도착하였다. 대행대왕(大行大王)의 소상(小祥)이라 남쪽을 바라보고 곡하였다.

○무진일에 십삼산(十三山)[228]에 올랐다.-율시 한 수가 있다.- 신사일에 삼류하(三流河)[229]에 도착하였다.-율시 한 수가 있다.- 3월 20일 신

226 동지 반상(冬至頒賞) : 동지 사신이 중국에서 상으로 받는 물품을 말한다.

227 문묘(文廟) : 송나라 문천상(文天祥)을 기리기 위해 세운 사당이다.

228 십삼산(十三山) : 요동성 광녕(廣寧)과 소릉하(小凌河) 사이에 있는 산으로, 우리나라 사신이 연경에 갈 때 경유하던 역(驛) 중의 하나가 십삼산보(十三山堡)에 있다. 이 산에 산봉우리가 13개이므로 이런 이름이 붙었다고 한다.《讀史方輿紀要 卷37》

229 삼류하(三流河) : 중국 요녕성(遼寧省)의 낭자산(狼子山) 30리 지점에 있는

축일에 복명(復命)하고, 곧바로 체포되어 추국을 받았으나 곧 사면되었다.-칙서 가운데 '국사를 임시로 맡은'[230]이라고 지칭한 것을 미처 바로잡지 못한 일로 사간원의 탄핵이 있었기 때문에 상사(上使), 부사(副使)와 함께 체포되어 추국을 받았고, 원정(原情)을 올린 후에 석방되었다.- 4월에 고향으로 돌아왔다.

○5월에 원당(院堂)에 있는 장여헌 선생을 찾아뵙고, 《주역(周易)》과 《태극도설(太極圖說)》을 강론하였다.

○또 숭암에서 여헌 선생을 만나 《주역》을 강론하였다.

○9월에 금오산(金烏山)을 유람하였다.

○10월에 사간원 정언에 임명되었으나, 길에서 체직소를 올렸다.

○12월에 부지암(不知巖)에서 길을 바꾸어 사수(泗水)로 가서 한강 선생을 뵙고, 서원에 입향하는 일과 상례(喪禮)의 여러 조목을 논하였다.-일기에 대략 다음과 같이 기록되어 있다. "밤이 되도록 모시고 이야기를 하였는데, 조보(朝報) 두세 조목을 보고, 이로 인하여 묻기를, '임금께서 신궁으로 옮기셨으니 대간(臺諫)에서 반드시 계청하는 데에 이를텐데 어떻습니까?' 라고 하니, 한강 선생이 미소 지으며 말하기를, '대간의 논의가 이와 같은데, 초야의 사람이 어찌 감히 조정의 일을 의론할 수 있겠는가.'라고 하였다. 나는 이어서 우리 고을 서원의 일을 여쭈기를, '처음에 금오산 아래에 야은서원(冶隱書院)을 세웠으나 지금 지형이 불편하다는 이유로 낙동강 가로 옮기고 편액을 청할 즈

강으로, 동북(東北)으로 흘러 태자하(太子河)로 들어간다.

230 국사를 임시로 맡은 : 원문은 '권서국사(權署國事)'로, 명나라에서 받아 온 예부자문(禮府咨文) 가운데 광해군을 '조선국권서국사일원(朝鮮國權署國事一員)'이라고 지칭한 것을 말한다.

음에 모호하게 계달하여 금오서원(金烏書院)으로 사액을 받았습니다. 서원은 야은을 위하여 창건하였으나 점필재(佔畢齋),[231] 신당(新堂),[232] 송당(松堂)[233]을 아울러 배향하였습니다. 혹자는 야은이 스스로 금오산인이라 일컬었으니 서원을 금오라고 불러도 무방할 것이라고 하는데, 이 의론이 어떻습니까?'라고 하였다. 선생이 말하기를, '지금 이미 낙동강 가로 옮겨 마련하였는데 금오라고 부르는 것은 온당하지 않네. 또 세 현인을 함께 배향하면서 야은을 홀로 호칭하는 것 또한 온당하지 않네. 선산(善山)에 십현(十賢)이라고 부르는 이가 있다고 하는데, 내가 들어 볼 수 있겠는가?'라고 하였다. 나는 대답하기를, '앞에서 말한 네 선생 외에 충절로 일컬어지는 사람으로 판서(判書) 김주(金澍),[234] 정언(正言) 이맹전(李孟專),[235] 참판(參判) 하위지(河緯地)[236]가 있고, 학문으로 일컬어지는 사람으

231 점필재(佔畢齋) : 김종직(金宗直, 1431~1492)의 호이다. 본관은 선산(善山), 자는 계온(季昷), 시호는 문충(文忠)이다. 1459년(세조5) 문과에 급제하여 이조 참판, 예문관 제학, 병조 참판 등을 역임하였다. 저서로 《점필재집(佔畢齋集)》·《청구풍아(青丘風雅)》 등이 있다.

232 신당(新堂) : 정붕(鄭鵬, 1467~1512)의 호이다. 본관은 해주(海州), 자는 운정(雲程)이다. 1492년(성종23) 문과에 급제하여 승문원 권지부정자, 지평, 정언 등을 역임하였다. 길재(吉再)·김숙자(金叔滋)의 학통을 잇고 김굉필의 가르침을 받았다.

233 송당(松堂) : 박영(朴英, 1471~1540)의 호이다. 본관은 밀양(密陽), 자는 자실(子實)이다. 1492년(성종23) 무과에 급제하여 선전관(宣傳官)이 되었다. 벼슬이 영남 좌절도사(嶺南左節度使)에 이르렀다. 시호는 문목(文穆)이다. 저서로 《경험방(經驗方)》, 《활인신방(活人新方)》 등이 있다.

234 김주(金澍) : ?~?. 본관은 일선(一善), 호는 농암(籠巖), 시호는 충정(忠貞)이다. 고려 공양왕 때 예의판서(禮儀判書)를 지냈다. 명나라에 하절사(賀節使)로 갔다가 임무를 마치고 귀국하던 중 압록강에 이르러 조선의 건국 소식을 듣고 중국 형초(荊楚)에 은거하여 충절을 지키며 여생을 마쳤다.

235 이맹전(李孟專) : 1392~1480. 본관은 벽진(碧珍), 자는 백순(伯純), 호는 경

로 사예(司藝) 김숙자(金叔滋),[237] 진락당(眞樂堂) 김취성(金就成), 용암(龍巖) 박운(朴雲)이 있습니다.'라고 하였다. 선생이 말하기를, '많도다, 선산의 충현이여.'라고 하였다. 내가 말하기를, '혹자는 향현들도 마땅히 함께 서원에 들여야 한다고 생각하고, 혹자는 네 선생은 이미 서원에 입향하였으니 기타 향현은 마땅히 별도로 사당을 세워야 한다고 생각하는데, 어느 설이 옳습니까?'라고 하니, 한강 선생이 말하기를, '이미 듣고 본 것의 자세함이 없고 또 고찰할 만한 일이 부족하니, 내가 어찌 감히 논의할 수 있겠는가. 반드시 행장, 묘갈 등에 기록된 것이 있을 것이니, 그 글을 보기 원하네.'라고 하였다. 내가 말하기를, '이 뒤에 마땅히 글을 올리겠습니다.'라고 하고, 밤이 깊어 물러나 잤다. 다음 날 아침, 선생을 뵙고 상례(喪禮)의 여러 조목을 물었다. 날이 저물어 인사하고 나왔다."-

38년 경술년(1610, 광해군2)-선생 48세-

1월에 선조대왕 대상(大祥)의 곡하는 자리에 나아갔다.

○2월에 사헌부 지평(司憲府持平)에 임명되었다.

○3월에 실록청 겸춘추(實錄廳兼春秋)에 임명되었다.

은(耕隱)으로, 선산 출신이다. 1427년(세종9) 문과에 급제하였으며, 1453년(단종1) 수양대군이 계유정란을 일으키자 이듬해 벼슬을 버리고 고향인 선산으로 돌아갔다. 이조 판서에 추증되었다.

236 하위지(河緯地) : 1412~1456. 본관은 진주(晉州), 자는 천장(天章) 또는 중장(仲章), 호는 단계, 시호는 충렬(忠烈)이다. 1438년(세종20) 문과에 급제하였다. 1456년 성삼문(成三問) 등과 단종 복위(復位)를 꾀하다가 실패, 체포되어 친국(親鞫) 끝에 동료들과 함께 사형당한 사육신 중 한 사람이다.

237 김숙자(金叔滋) : 1389~1456. 본관은 일선(一善), 자는 자배(子培), 호는 강호산인(江湖散人), 시호는 문강(文康)이다. 1419년(세종 원년) 문과에 급제하여, 선산 교수(善山敎授)·개령 현감(開寧縣監)·성균관 사예(成均館司藝) 등을 역임하였다.

○〈경기감사 윤방에게 내리는 교서〔京畿監司尹昉敎書〕〉를 제술하였다.

○4월에 〈중궁전에 하례하는 글〔中宮殿賀文〕〉을 제술하였다.

○증광시(增廣試), 동당 회시(東堂會試)에 참여하였다.-김진(金搢) 등 33인을 뽑았다.- 홍문록(弘文錄)에 들었다.

○5월에 지평(持平)으로서 세자 관례에 참석하였다. 인하여 소를 올려 세자를 보좌하고 기르며 강학하는 방도에 대해 지극히 진달하였다.

○18일에 평안도 암행어사로 가라는 봉서가 내려와 명을 받고 서쪽으로 갔다.-《관서록(關西錄)》이 있다.- 8월, 복명(復命)하였다.

○9월에 또 실록청 겸춘추에 임명되었다.

○10월에 체부 종사관(體府從事官)이 되었다.-도체찰사 이항복(李恒福),[238] 부체찰사 황신(黃愼)[239]이 계청함으로써 임명되었다.- 12월, 겸춘추에 체직되었다.

○주사 구관사 종사관(舟師句管司從事官)에 차임되었다.-비변사에서 아뢰기를, "주사 구관사 당상관 장만(張晩)[240]이 종사관 1명을 비변사 낭청이라

238 이항복(李恒福) : 1556~1618. 본관은 경주(慶州), 자는 자상(子常), 호는 백사(白沙), 시호는 문충(文忠)이다. 이조 판서, 홍문관 대제학 등을 역임했다. 저서로는 《사례훈몽(四禮訓蒙)》, 《주소계의(奏疏啓議)》 등이 있다.

239 황신(黃愼) : 1562~1617. 본관은 창원(昌原), 자는 사숙(思叔), 호는 추포(秋浦)이다. 선조 때 통신사가 되어 명사(明使)와 함께 일본을 다녀왔고, 뒤에 계축옥사 때에 무고를 입어 옹진으로 유배된 후 죽었다.

240 장만(張晩) : 1566~1629. 본관은 인동(仁同), 자는 호고(好古), 호는 낙서(洛西), 시호는 충정(忠定)이다. 1591년(선조24) 문과에 급제하여 봉산 군수(鳳山郡守), 대사간 등을 역임했다. 인조반정 직후 후금의 침략에 대비하여 평양에 원수부

일컬어 먼저 내려보내 달라는 일로 입계(入啓)하여 윤허를 받았던 것인데, 곧 지금 봄철이 이미 임박하여 물가의 유민들을 불러 모으고 둔전을 설치하여 농사를 짓고 있습니다. 또 방비하는 형편을 살펴보매 하루가 급하니, 지금 사목(事目)을 마련하고 날짜를 정하여 내려보내소서. 다만 생각건대 이 일은 남변(南邊)의 사정을 잘 알아 임무에 정성을 다하는 자가 아니면, 아마 공을 이루는 것으로 책임지우기 어려워서 조치하고 호령하는 사이에 혹 여러 고을에 폐단이 생기지 않을 수 없습니다. 사과(司果) 최현은 이전에 영남에 있으면서 본도(本道)의 인물의 정태를 익숙히 알고 있고, 또 매우 정성스럽고 간절히 하니 진실로 이 임무에 합당합니다. 막 도체찰사의 종사관이 되어 옮기기가 어려우니 도체찰사에게 이런 뜻을 의논해 보니, 답하기를 '본국(本局)에 때로 긴급한 공무가 없고 피차가 똑같은 나랏일이니 먼저 내려보내어도 꺼리는 바가 없는 듯하다.'라고 하였습니다. 최현은 지금 선산의 본가에 있다고 들었으니, 이 사람에게 벼슬을 주고 해당하는 도에 문서를 보내어 말을 지급하여 올라오게 해서 마땅히 시행해야 할 것을 지시하소서. 멀지 않은 시일 내에 급히 발송하심이 마땅할 줄을 감히 아룁니다."라고 하니, 전교하시기를, "윤허하노라."라고 하였다.-

39년 신해년(1611, 광해군3) -선생 49세-

1월에 도성에 들어가 완평 상공을 뵙고 주사(舟師)의 일을 품의하였다.

○2월에 주사의 이해(利害)에 대해 상소로 진달하였는데, 긴급하지 않은 일을 중지하여 낭비를 줄임으로써 방비하는 일에 전념할

(元帥府)를 설치하매, 도원수(都元帥)에 임명되었다. 저서로는 《낙서집(洛西集)》이 있다.

것을 청하였다. 이어서 조정에 인사하고 남쪽으로 내려왔다.

○세병관(洗兵館)에 있으면서 통제사(統制使) 이경준(李慶濬)과 군대의 일을 의논하고, 이어서 바다에 나가 수군의 훈련을 관찰하였다. 한산도(閑山島)에 이르러 군사 훈련[241]을 하였다.

○4월에 사천(泗川) 삼기리(三岐里)에 이르러 선조 개령공(開寧公)의 묘에 제사 지냈다.-최강(崔堈)[242]의 족인들이 와서 참여하였다.- 진주에 이르러 병사(兵使) 임득의(林得義)와 함께 산천 형세를 두루 살펴보았다.-학봉 선생이 이곳에서 돌아가셨고 창의한 여러 사람들이 이 성에서 함락되었으니, 감개함을 이기지 못하고 절구 한 수를 읊어 병사(兵使)에게 보여 주었다.- 6월에 옥산서원에 이르러 회재 선생의 사당에 배알하고, 여러 명승을 두루 찾아보았다.

○8월에 다시 병영(兵營)에 이르러 방비를 분담하는 일을 논의하고, 길을 바꾸어 호남으로 갔다. 방답(防踏)[243]에 들어가 전선(戰船), 군기(軍器) 등의 물건을 점검하였다.

○옥천서원(玉川書院)[244]에 이르러 문경공(文敬公 김굉필(金宏弼))의

241 군사 훈련 : 원문은 '타위(打圍)'로, 원래는 임금과 함께 사냥하는 것을 말하지만, 여기에서는 산야(山野)에서 사냥을 하면서 진법(陣法) 등을 익히는 군사 훈련을 말한다.

242 최강(崔堈) : 1559~1614. 자는 여견(汝堅), 호는 소계(蘇溪)이다. 형 최균(崔均, 1537~1616)과 함께 임진왜란 때 의병을 일으켜 고성과 사천 등지에 진격하여 적병을 많이 참살하였다.

243 방답(防踏) : 전라남도 순천에 있다.

244 옥천서원 : 전라남도 순천에 있는 서원으로, 한훤당 김굉필의 학덕을 기리기 위해 1564년(명종19)에 건립되었다.

사당에 배알하였다.

○9월, 장흥에 있으면서 월출산(月出山)을 유람하였다.-율시 한 수가 있다.- 11월에 위봉산성(威鳳山城)[245]을 두루 찾아보았다.-산은 전주(全州)에 있는데, 선생의 방계 선조 호군공(護軍公) 용각(龍角)이 유람한 적이 있다. 옛 자취가 남아 있기 때문에 일을 마치고 돌아가려 할 때 찾아보고서 감회가 있어 율시 한 수를 지었다.- 경성 판관(鏡城判官)에 제수되었으나, 곧바로 체직되어 본래의 직분을 맡았다.-종사관으로 그대로 머물렀다. 일을 전담해 관리하는 비국에서 처음 계청한 것은 윤허받지 못하였다. 다시 계청하기를, "지난 9월에 박동량(朴東亮)이 '남방의 주사(舟師)가 허술하니 마땅히 별도로 사람을 보내어 둘러보게 하고 변방의 일을 정돈하게 해야 합니다.'라고 한 계청에 대한 전교에, '남방 주사의 변방 수비는 관리를 보내어 순칙(巡飭)하라.'라고 하시고, 비변사에 말하여 전교하셨습니다. 수년 이래로 남쪽의 경계가 차츰 사라지고 해안 방어의 여러 일들이 자못 해이한 듯하여 의론하는 자들이 이것을 근심한 지가 오래되었습니다. 지난해 가을, 겨울 사이에 본사(本司)에서 별도로 청원을 건의하여 처리하고 조치하였으나, 다만 조정 일의 형세 때문에 변방의 일에 전념할 수 없었습니다. 그래서 군병의 반은 상번(上番)에 귀속되었고, 공물(貢物)은 연해(沿海)에서 갑자기 갖추게 하였습니다. 비록 주사에게 대단히 힘써 옛날대로 다시 갖추게 하려 했으나, 그 형세를 말미암을 길이 없습니다.

그런데 변방을 방비하는 중대함은 점검하고 단속함을 특별히 더하지 않을 수 없으므로 본사로부터 낭청 최현을 내려보내어 호남과 영남을 왕래하며 순찰하고 점검하게 하되 온 마음으로 헤아려 처리하도록 하였습니다. 최현이 일 년 내내 저곳에 있으면서 변방의 사정을 조사하여 그 계획한 것이 점점 두서가 잡혔습니

245 위봉산성(威鳳山城) : 전라북도 완주군 소양면 대흥리에 있는 산성.

다. 실제로 거두는 성취 같은 것은 마땅히 다음 해에 있을 것이기 때문에 본사의 뜻은 최현으로 하여금 그대로 일을 끝마치게 하고자 하는데, 경성 판관으로 옮겨 제수한 뒤에 그 대신할 자를 아직 차출하지 못했습니다.

지금 명 받들 이를 별도로 보내고자 하는데, 만약 그가 최현이 계획한 것을 따라 행하지 않는다면 전후의 호령이 혹 서로 위배되어 변방의 사정이 받들어 시행하는 데에 어지러워져서 해만 되고 이익은 없는 데에 이를 것이니, 이것이 매우 우려됩니다. 문관 가운데 나랏일을 헤아리고 마음을 다하는 자를 지극히 잘 선택한 후 속히 차출하여 최현을 대신할 이로 삼아 내려보내 순검토록 하고, 최현이 미처 조처하지 못한 일을 완결하는 바가 있게 하심이 마땅할 듯합니다."라고 하였다. 전교하시기를, "최현은 경성 판관을 체차하라. 그로 하여금 그대로 이전 관직의 임무를 살피도록 하라." 하였다.- 복명(復命)하였다.

40년 임자년(1612, 광해군4)-선생 50세-

2월에 또 실록청 겸춘추에 제수되었다.

○대사간(大司諫) 구의강(具義剛)에 대한 치제문(致祭文)을 지어 올렸다.

○3월에 주사 종사관으로서 양남 순무어사(兩南巡撫御史)를 겸하였다.

○삼공(三公)에게 주사의 일을 품의하고, 이어서 조정에 인사하고 남쪽으로 갔다.

○5월에 통영(統營)에 이르러 통제사와 함께 앞바다에서 합동 훈련을 하였다.-함께 상선(上船)을 타고 동서로 나누어 앉아 전최(殿最)[246]를 살

246 전최(殿最) : 관찰사가 각 고을 수령의 실적을 조사하여 성적을 매기는 일. 성

펴보고 비교하여 포상하고 파하였다.- 고성(固城)에서 삼기리(三岐里)에 이르러 선조(先祖)의 묘에 제사 지냈다.

○순천 이화정(梨花亭)에 올라 활쏘기를 시험하였다.

○영암(靈巖)에 이르러 존양루(存養樓)를 찾았다.-방친 직제학 연촌(烟村) 선생 덕지(德之)[247]의 유택(遺宅)이다.-

○9월에 부안(扶安)에 있었는데, 몸조리하며 직임을 살피라는 유지가 있었다.-올린 사직소가 되돌아왔다.- 심원(沈源)에서 온천욕을 하였다.

○10월에 남원(南原) 광한루(廣寒樓)에 올라 활쏘기를 시험하였다.

○홍문관 수찬(弘文館修撰)에 제수되었다.

○돌아오는 길에 무주(茂朱)의 적상산성(赤裳山城)[248]에 이르러 형세를 자세히 살펴보았다.

○대궐에 나아가 서계(書啓)하였다. 이어서 사은숙배하고 복명(復命)하였다.-등대(登對)를 인하여 임금을 뵙고 적상산(赤裳山)에 실록각(實錄閣)을 세울 것을 청하였는데, 인조조(仁祖朝)에 이전에 한 말을 다시 건의하였다. 그 뒤에 마침내 사고(史庫)를 설치하여 보관하였다.- 윤10월에 차자를 올려 교

적(成績)을 고사(考査)할 때 상(上)을 최(最), 하(下)를 전(殿)이라 하였는데, 매년 6월 15일과 12월 15일 두 차례에 걸쳐 시행하였다. 포폄(褒貶)이라고도 한다.

247 덕지(德之) : 최덕지(崔德之, 1384~1455)로, 본관은 전주, 자는 가구(可久), 호는 연촌·존양(存養)이다. 예문관 직제학을 지냈다.

248 적상산성(赤裳山城) : 전라북도(全羅北道) 무주(茂朱)에 있는 산성(山城)으로, 1610년(광해군2) 순안어사(巡按御史) 최현(崔晛)과 무주 현감 이유경(李有慶)의 요청에 따라 적상산을 살펴보고 산성을 수리하게 하였다. 1614년 적상산성 안에 실록전(實錄殿)을 건립하였다.

하(交河)에 천도하는 일을 중지하도록 청하였다.-차자를 다섯 차례 올린 뒤에야 비로소 중지되었다.- 11월에 조령(鳥嶺)과 주흘산성(主屹山城)의 순심어사(巡審御史)로서 명을 받들어 인사하고 갔다.

○문경(聞慶)에 이르러 현감 조직(趙稷)[249]과 함께 산성의 형세를 살폈다.

○가은(加恩), 봉생(鳳笙), 회계(會溪), 주진(舟津) 등지를 자세히 살펴보았다.-시대를 아파하며 지은 절구 한 수가 있으니, "말 위에서 시대를 걱정하며 묵묵히 가니, 무단히 나의 눈물 마구 흐르네. 어리석은 역졸이 어찌 나를 알랴, 문득 이원[250]을 그리워하는 마음이라 여기겠지.〔馬上憂時默念行, 無端老淚自縱橫. 蚩蚩郵卒焉知我, 却訝梨園戀別情.〕"라고 하였다.- 복명하였다.

○홍문관 부교리(弘文館副校理)에 제수되어 비변사 조총청 도청(鳥銃廳都廳)을 겸하였다.

○12월에 차자를 올려 위훈(僞勳)을 추록하지 말 것을 청하였다.

41년 계축년(1613, 광해군5)-선생 51세-

2월에 차자를 올려 봉자전에 대한 고명을 주청하는 일[251]을 중지할 것을 청하였다.-비답하기를, "명백히 전례가 있으니 번거롭게 논의하지 말라."라고 하셨다.- 세 번 사직서를 올린 뒤에야 체직되었다.

249 조직(趙稷) : 1575~1639. 본관은 순창(淳昌), 자는 여형(汝馨)이다. 음관으로 벼슬하여 사헌부 감찰, 공조 정랑 등을 역임하였다.

250 이원(梨園) : 조선 후기 장악원(掌樂院)의 별칭으로, 여기서는 궁궐을 의미한다.

251 봉자전에……일 : 1610년(광해군2) 윤3월에 광해군이 생모 공빈 김씨를 추숭하여 묘호를 봉자전이라 하였다. 1613년에 봉자전에 봉안하고, 천자에게 고명을 주청하려 하였다.

○3월에 시강원 문학(侍講院文學)에 임명되었다.-소를 올려 산림의 현사를 널리 선발하여 동궁(東宮)을 돕고 인도할 것을 청하였다.- 서연(書筵)에 들어가 《사략(史略)》의 〈오대한은제기(五代漢隱帝紀)〉를 강론하였다.

○세 번 사직서를 올려 체직되었다.

○4월에 사간원 정언(司諫院正言)에 임명되었다.

○5월에 대궐에 나아가 피혐(避嫌)[252]하였다.-이때, 이이첨(李爾瞻)[253]이 폐주(廢主)를 종용해서 모해하고 옥사를 꾸몄는데, 대비의 아버지 김제남(金悌男)을 역적의 우두머리로 여기고 여덟 살인 왕자 영창대군을 화의 근본으로 여겨 법에 의거하여 조사할 것을 아뢰는 데에 이르자 조야의 인심이 흉흉하게 되었다. 선생이 백의(白衣)로 나가서 고인이 된 승지 김시헌(金時獻)[254]의 발인을 조문하였다. 이어서 문밖에서 고향의 벗 김윤안(金允安)[255]을 전별하고, 길에서 숭

252 피혐(避嫌) : 혐의를 피하는 것으로, 논핵(論劾)하는 사건에 관련이 있는 관원(官員)이 벼슬에 나아가는 것을 피하는 것이다.

253 이이첨(李爾瞻) : 1560~1623. 본관은 광주(廣州), 자는 득여(得輿), 호는 관송(觀松)이다. 1608년(광해군 즉위년) 문과에 급제하여 예조 판서, 대제학을 역임하고 광창부원군(廣昌府院君)에 봉해졌다. 정인홍(鄭仁弘)과 함께 소북파를 숙청하고 영창대군(永昌大君)의 살해를 주도하였으며 인목대비(仁穆大妃)를 서궁(西宮)에 유폐하는 등 많은 악행을 저질러, 1623년(인조1) 인조반정(仁祖反正) 때 참형되고 족멸되었다.

254 김시헌(金時獻) : 1560~1613. 본관은 안동(安東), 자는 자징(子徵), 호는 애헌(艾軒)이다. 임진왜란 때 그의 아버지 제갑(悌甲)이 적에게 죽임을 당하자 호남·영남 지방의 복수별장(復讐別將)이 되어 나갔다.

255 김윤안(金允安) : 1560~1622. 본관은 순천(順天), 자는 이정(而靜), 호는 동리(東籬)이다. 저서로는 《동리집(東籬集)》이 있다.

양부원군(崇陽府院君) 김신원(金信元)[256]을 만나 말 위에서 서로 보았는데, 이 일 때문에 혐의가 있게 되었다. 유활(柳活),[257] 박홍도(朴弘道)[258]가 체직을 아뢰니 폐주가 비망기를 내려 말하기를, "이처럼 임금이 욕되면 신하가 죽어야 하는 날을 당하여서 삼사(三司)의 관원은 자신의 안위를 잊고 나라를 위해 목숨을 바쳐 역적을 토벌하는 의리를 부지해야 함이 더욱 마땅하다. 그러나 전 정언(正言) 최현이 감히 회피하는 계책을 내었으므로 작은 일을 거론하여 추국하는 날에 시끄럽게 하니 그 마음이 가증스럽다. 우선 파직하여 다른 사람을 경계시켜라."라고 하였다.

정조(鄭造),[259] 윤인(尹訒)[260]이 아뢰어 말하기를, "역적을 국문하는 이때에 큰

256 김신원(金信元) : 1553~1614. 본관은 선산(善山), 자는 수백(守伯), 호는 소암(素菴)이다. 1583년(선조16)에 문과에 급제하였다.

257 유활(柳活) : 1576~1641. 본관은 고흥(高興), 자는 원숙(源叔), 호는 태우(泰宇)이다. 1606년(선조39) 문과에 급제하여 봉교, 교리, 지평 등을 역임하였다. 인조 즉위 후 이이첨과 대립하였으나 폐모론(廢母論)을 주장하였다 하여 관직이 삭탈되었으며, 뒤에 다시 일에 연루되어 경성(鏡城)에 찬배되었다가 남해(南海)로 이배되었고, 용서받고 돌아와 경기 도사(京畿都事)에 임명되었다.

258 박홍도(朴弘道) : 1576~1623. 본관은 죽산(竹山), 자는 자수(子修)이다. 1610년(광해군2) 문과에 급제하고, 사헌부 지평(司憲府持平), 세자시강원 문학(世子侍講院文學), 홍문관 수찬(弘文館修撰) 등을 역임하였다.

259 정조(鄭造) : 1559~1623. 본관은 해주(海州), 자는 시지(始之)이다. 1605년(선조38) 문과에 급제하였다. 이이첨의 주구가 되어 인목대비를 서궁에 유폐시키는 데 적극 가담하였고, 대사성, 형조 참판, 부제학 등을 역임하였으나, 인조반정 뒤에 사형에 처해졌다.

260 윤인(尹訒) : 1555~1623. 본관은 파평(坡平), 자는 인지(訒之)이다. 1601년(선조34) 문과에 급제하고, 대사간에 이르렀으며, 인목대비를 서궁에 유폐시키는 데 주도적 역할을 하였다.

의론이 있음을 알고, 일부러 백의를 입고 가서 조문하고 나가 전송하여 피혐하고 체직하는 빌미를 만들어 내길 기약하고, 자잘한 일들을 주워 모아 임금의 귀를 더럽히는 데에 이르렀습니다. 스스로 시골의 우매한 사람이라 일컬으며 그 자취를 가리고자 하여 일에 임해 피할 계책을 한 죄가 있으므로 징계하지 않을 수 없으니, 관직을 삭탈할 것을 청합니다."라고 하니, 폐주가 이를 따랐다.- 그날 도성을 나가 부평(富平)에 우거하였다.

○7월에 남쪽으로 돌아왔다.

○12월에 안동 수동(壽洞)을 두루 다니고, 서애 선생의 묘소에 절하였다.

○금계(金溪)에서 〈학봉선생언행록(鶴峯先生言行錄)〉을 찬집하였다.

42년 갑인년(1614, 광해군6)-선생 52세-

1월에 금계에 머물러 있으면서 《학봉선생유집》을 교정하였다.

○2월에 야은죽(冶隱竹)[261]을 옮겨 심었다.

○3월에 세마(洗馬) 김집(金潗)[262]과 함께 사수에 가서 한강 선생을 뵙고, 학봉 선생의 행장을 지어 줄 것을 청하였다.

○4월에 송산 남쪽 비탈 아래에 제방을 쌓았다.

○10월에 도리사(桃李寺)에서 여헌을 만나기로 약속하여 《사기(史記)》를 강론하였다.

261 야은죽(冶隱竹) : 금오산 언덕에 대나무가 있는데, 이곳에 우거하였던 야은 길재가 손수 심은 것이라고 한다.

262 김집(金潗) : 1558~?. 본관은 의성(義城), 자는 활원(活源), 호는 애경당(愛景堂)이다. 김성일(金誠一)의 맏아들로, 이황의 문인이다. 1597년(선조30) 익위사 세마(翊衛司洗馬)에 제수되었으나 사퇴하였다.

○11월에 〈야은선생행록(冶隱先生行錄)〉과 《두곡선생유집(杜谷先生遺集)》을 교정하였다.

○8월에 사마천의 《사기》를 읽고, 중국 지리지의 산천 경위가 잘못된 곳을 정리하여 바로잡았다.

○동계(桐溪) 정휘원(鄭輝遠)[263]-온(蘊)-이 있는 대정(大靜)의 귀양지에 시를 보내었다.-선생이 스스로 소서(小序)를 써서 말하였다. "영창대군의 옥사가 일어나자, 휘원이 이이첨을 만나 극언하기를, '대군은 아직 어려 모의에 참여하지 않았을 것입니다. 지금 만약 죄를 청한다면 자전(慈殿)의 마음을 상하게 할까 두렵습니다.'라고 하였다. 이이첨이 발끈하여 말하기를, '역적을 토벌하는 것이 어떤 일인데, 그대가 어찌하여 이런 말을 하시는가.'라고 하였다. 휘원이 정색하고 쟁변하면서 이이첨을 면전에서 배척하자 이이첨이 크게 성내며 말하기를, '내가 사특한 논의가 유래한 곳을 알겠소.'라고 하였다. 당시에 나는 오익승(吳翼承)[264]과 날마다 만났고, 익승이 또 휘원과 서로 따랐으니 논의가 모두 같았다. 어떤 사람이 말하기를, '영남의 세 사람이 전은설(全恩說)[265]을 힘껏 주장

263 동계(桐溪) 정휘원(鄭輝遠) : 정온(鄭蘊, 1569~1641)으로, 본관은 초계(草溪), 자는 휘원, 호는 동계, 시호는 문간(文簡)이다. 1610년(광해군2) 문과에 급제하였다. 임해군 옥사에 대해 전은설(全恩說)을 주장했고, 영창대군이 강화 부사 정항(鄭沆)에 의해서 피살되자 격렬한 상소를 올려 정항의 처벌과 당시 일어나고 있던 폐모론의 부당함을 주장하였다. 이에 광해군이 격분하여 제주도 대정에 10년 동안 위리안치시켰다. 병자호란 때에 이조 참판으로서 명나라와의 의리를 내세워 최명길(崔鳴吉) 등의 화의 주장에 적극 반대하였다.

264 오익승(吳翼承) : 오장(吳長, ?~1616)으로, 본관은 함양(咸陽), 자는 익승, 호는 사호(思湖)이다. 임진왜란 때 의병으로 활약하였으며, 1610년(광해군2) 문과에 급제하고, 정언(正言), 경성 판관(鏡城判官) 등을 지냈다.

265 전은설(全恩說) : 영창대군(永昌大君)과 임해군(臨海君)의 옥사가 일어났을

한다.'라고 하였다. 이이첨이 이 말을 듣고서 휘원에게 성을 내었으니 장차 우리 두 사람에게도 화가 옮겨 오려 하였다. 휘원이 필선(弼善)이 되어 소를 올려 영창대군의 원통함을 극력 진달하다가 마침내 옥에 갇힌 지 일 년이 넘어서 제주도에 위리안치되었다. 내가 편지를 보내면서 율시 한 수도 부쳐 운운하였는데, 제2연에 말하기를, '배운 바를 가지고 인륜을 부지하려 했음이니, 어찌 헛된 명성 위해 세상 법망을 어겼으랴.〔擬將所學扶人紀, 豈爲虛名觸世罶.〕'라고 하였다."-

43년 을묘년(1615, 광해군7)-선생 53세-

1월에 금릉(金陵)에 가서 머물렀다. 발길을 돌려 무장(茂長)[266] 심원(尋源)에 갔다.

○9월에 부인 이씨를 곡하였다.-심원에서 부음을 듣고 고향으로 돌아왔다.- 12월에 선고비(先考妣)를 개장(改葬)하였다.-상림(上林)에 합장하였다.-

44년 병진년(1616, 광해군8)-선생 54세-

1월에 심원에 가서 머물렀다.

○9월에 고향에 돌아왔다.

○경당(敬堂) 장흥효(張興孝),[267] 동리(東籬) 김윤안과 이기(理氣)

때, 지친(至親)의 죄에 대해 법대로 다스리지 말고 용서하여 은혜와 정을 상하지 말고 온전히 하라고 한 주장이다.

266 무장(茂長) : 전북 고창군 무장면이다.

267 장흥효(張興孝) : 1564~1633. 본관은 안동(安東), 자는 행원, 호는 경당이다. 김성일(金誠一), 유성룡(柳成龍)을 사사(師事)하고, 뒤에 정구(鄭逑)의 문하에서 학문을 닦았다. 관계 진출을 단념하고 후진의 교도에 전념하였다. 뒤에 지평에 추증

를 논하였다.-장경당이 학봉 선생 행장 초고를 고치기를 청하러 왔다. 동리 김공 또한 마침 와서 모였기에 선생과 함께 묵으며 이기의 설을 논하였다. 동리가 말하기를, "천지지성(天地之性)과 기질지성(氣質之性)은 각기 주로 하는 바가 있는데, 이(理)를 주로 해서 말하는 것이 있고, 기(氣)를 주로 해서 말하는 것이 있으니 뒤섞어 함께 말해서는 안 됩니다. 물에 비유하자면 천지지성은 시내의 흐르는 물이고, 기질지성은 그릇에 담긴 물입니다."라고 하였다. 선생이 말하기를, "천지지성과 기질지성은 너무 분별해서는 안 되니, 천지지성의 성(性) 자와 기질지성의 성 자는 애초에 분별이 없고, 다만 이기의 분별이 있을 뿐입니다."라고 하였다. 경당이 동리에게 묻기를, "그대의 견해가 옳습니다. 그러나 비유를 취한 말은 자못 의심스러운 것이 있습니다. 고인이 말하기를, '사람이 태어나기 이전에는 성이라 말할 수 없다.'[268]라고 하였는데, 시내의 흐르는 물에 비유한 것은 명(命)을 성이라고 인식한 것이 아닙니까."라고 하고, 또 선생에게 묻기를, "그대의 설과 같다면, 이른바 '천지지성은 기질지성에 나아가 기질에 섞지 않은 것을 뽑아낸 것'이라고 말한 것입니까?"라고 하니, 선생이 말하기를, "그렇습니다."라고 하였다.-

45년 정사년(1617, 광해군9)-선생 55세-

4월에 한강 선생에게 가서 뵙고, 석담(石潭) 이윤우(李潤雨)[269]

되고 안동 서후면(西後面)의 경광서원(鏡光書院)에 제향되었다. 저서로는 《경당집(敬堂集)》이 있다.

268 사람이……없다 : 정자가 말하기를, "사람이 태어나기 이전에는 성이라 말할 수 없고, 성이라 말할 수 있을 때는 이미 성이 아니다.〔人生而靜以上, 不容說, 才說性時, 便已不是性也.〕"라고 한 데서 가져왔다. 《近思錄 卷1 道體》

269 이윤우(李潤雨) : 1569~1634. 본관은 광주(廣州), 자는 무백(茂伯), 호는 석담(石潭)이다. 정구(鄭逑)의 문인이다. 예조 정랑, 사간, 참의 등을 역임했다. 저서

등 여러 벗들과 함께 《오선생예설(五先生禮說)》[270]을 교정하였다.

○9월에 고을의 사람들과 돌을 쌓아 연못을 경계 지었다.-이 연못은 한 고을의 살아가는 이치와 크게 관계된다. 그러므로 송정(松亭) 선생[271]이 일찍이 뜻은 있었지만 이루지 못하였는데, 이때에 이르러 선생이 순영(巡營)에 글을 올려 마침내 쌓았고, 후인들이 지금까지 도움받고 있다.-

46년 무오년(1618, 광해군10)-선생 56세-

1월에 금릉에 가서 머물렀다.

○4월에 고향에 돌아왔다.

○한강 선생을 가서 뵈었다.

○11월에 경암(敬菴) 노경임 등 여러 벗들과 금오서원에 모여 봉안에 대한 여러 규정들을 의논하여 정하였다.

○《일선지(一善誌)》가 완성되었다.

○한강 선생을 가서 뵈었다.

로는 《석담집(石潭集)》이 있다.

270 오선생예설(五先生禮說) : 정구(鄭逑)가 송나라의 성리학자 정호(程顥), 정이(程頤), 사마광(司馬光), 장재(張載), 주자(朱子) 등 5인의 예설을 모아 만든 책이다. 관(冠), 혼(婚), 상(喪), 제(祭)와 잡례(雜禮) 등을 체계적으로 분류하여 전집(前集) 8권 3책, 후집(後集) 12권 4책으로 만들었다.

271 송정(松亭) 선생 : 최응룡(崔應龍, 1514~1580)으로, 본관은 전주(全州), 자는 현숙(見叔), 호는 송정이다. 이황(李滉)과 박영(朴英)의 문인이다. 1546년 문과에 급제하였고 형조 참판, 개성 유수(開城留守)를 역임하였다. 송산서원(松山書院)에 제향되었다.

47년 기미년(1619, 광해군11)-선생 57세-

2월에 금오서원 산장(山長) 노경임과 서원에 묵으며 서원의 규정을 의논하여 정하였다.

○3월에 고을 수령 운천 김용, 장여헌과 서원에 모여 사현(四賢)을 봉안하였다.-서원은 예전에 금오산 아래 있었는데, 전쟁 후에 훼손됨을 면치 못하였고, 장소도 치우치고 멀어 학자들의 왕래가 불편하였기 때문에 남산(藍山)으로 이건하였다.- 4월에 한강 선생을 뵙고 학봉 선생 행장을 교정하였다.

○장여헌을 가서 뵙고 부친 참찬공의 묘갈을 지어 달라고 청하였다.

○7월에 청송 초정(椒井)에서 무어평(無語坪 묵어평(默語坪)을 가리킨다)으로 돌아왔다.

○고을의 사우들과 함께 월암서당(月巖書堂)[272]을 구경하고 이어서 삼인묘(三仁廟)를 창건하는 일을 의논하였다.-삼인은 곧 농암 김주 선생, 단계 하위지 선생, 경은 이맹전 선생이다. 선생은 시종 이 일을 주관하였기에 마땅히 기사(記事)가 있었을 것인데, 이때 대사간 이위경(李偉卿)[273]이 선생이 역사를 써서 조정을 비방한다고 비난하여 장차 추국하고자 하매 마침내

272 월암서당(月巖書堂) : 경북 구미시 도개면 월림1리에 있는 월암서원을 말한다. 1630년(인조8)에 창건되었으며, 사육신의 한 사람인 하위지(河緯地), 생육신의 한 사람인 이맹전(李孟專), 고려 말기 문신 김주(金澍), 명종 때의 학자 박운(朴雲) 등의 위패를 모셨다. 1694년(숙종20)에 사액서원이 되었으며, 1868년(고종5)에 흥선대원군의 서원 철폐령으로 없어져 월암정만 남아 있었는데, 2010년 10월 28일 월암서원으로 복원되었다.

273 이위경(李偉卿) : 1586~1623. 본관은 전의(全義), 자는 장이(長而)이다. 1613년(광해군5)에 계축옥사가 일어나자 성균관 유생으로서 앞장서서 윤인(尹訒)·정조(鄭造) 등과 연이어 소를 올려 인목대비(仁穆大妃)를 폐출할 것을 청하였다.

붓을 꺾고 쓰지 않았기 때문에 살펴볼 일기가 없다.-

광종(光宗) 황제 태창(泰昌) 1년 경신년(1620, 광해군12)-선생 58세-

1월에 한강 선생을 곡하였다.-한강 선생에 대한 제문이 있다. ○미수 허목이 한강의 묘지명을 찬하였는데, 선생의 제문 중 백여 언(百餘言)을 인용하여 맺음말로 삼았다.-

희종(熹宗) 황제 천계(天啓) 원년(元年) 신유년(1621, 광해군13)-선생 59세-

2년 임술년(1622, 광해군14)-선생 60세-

이이첨을 공격하는 상소를 올리려 하였다.

3년-인조대왕(仁祖大王) 원년(元年)- 계해년(1623, 광해군15)-선생 61세-

3월에 인조반정 후에 홍문관 수찬에 제수되었다.

○4월에 도성에 들어가 사은숙배하였다. 소를 올려 체직을 청하니 임금이 넉넉한 비답을 내리셨다.-소의 대략은 다음과 같다. "임자년(1612) 봄에 영창대군을 추대하려 한다는 말이 있어 도성 가운데 뜬소문이 있고 대궐에도 전파되었으니, 인심이 흉흉하여 아침저녁으로 일이 터질 듯하였습니다. 신은 그때 정언에 임명되어 말하고자 하여도 할 수 없어, 마침내 몸을 이끌고 구차하게 피하였지만 끝내 삭출(削黜)되는 죄를 받았습니다. 신의 책무는 언관의 자리에 있어 직책상 응당 머리가 부서지도록 간해야 하는데도 흉악한 자들이 어린 대군을 무고하여 죽이려는 것을 앉아서 보고만 있으면서 입을 다물고 한마디

말도 못 하였고, 한 번 죽는 것을 아까워하여 선왕을 저버림을 끝내 면치 못하고 정온(鄭蘊)의 죄인이 되었습니다. 이때부터 문을 닫고 발길을 끊었으며, 스스로 깊은 골짝에서 생을 마치는 것을 분수로 여겼습니다. 다행히 성상께서 등극하시는 때를 만나 동류들과 함께 나아갈 수 있게[274] 되었으나, 전에 지은 죄를 되돌아보매 마음에 떳떳하지 못하니, 신이 어찌 감히 물의(物議)가 있지 않는데도 부끄러움을 무릅쓰고 뻔뻔한 낯으로 다시 죄를 지은 몸으로 맑은 조정의 명기(名器)[275]를 더럽힐 수 있겠습니까."-

본관에 입직하였다. 9월부터 10월까지 연이어 경연에 들어갔다.-

《대학연의(大學衍義)》 수장(首章)을 강론하였는데, 선생이 아뢰기를 "덕이 밝아지지 않으면 천리(天理)가 소멸되고 사욕이 이기게 되어 몸이 닦일 수 없게 됩니다. 몸이 닦이지 않으면, 좋아하고 미워함이 바르지 않아 집안의 도가 날로 어지러워지니 어찌 구족(九族)을 친목하게 할 수 있겠습니까. 고금의 제왕 중에 누가 덕을 밝히고 백성을 새롭게 하려고 하지 않았겠는가마는 요순에게는 미칠 수 없다고 여겨 스스로 한정하는 데에 안주하게 되니 날로 혼미한 데로 향하여 덕을 밝히지 못하는 것입니다. 원컨대 전하께서는 요임금의 '능히 높은 덕을 밝히는 일〔克明峻德〕'을 높고 원대하여 행하기 어렵다고 여기지 마시고 '하늘의 밝은 명을 돌아보는 일〔顧諟明命〕'[276]에 스스로 밝히는 공부를 더하셔서 하루라도 없어서는

274 동류들과……있게 : 원문은 '휘정(彙征)'으로, 《주역(周易)》 〈태괘(泰卦) 초구(初九)〉의 "서로 엉켜 있는 잔디의 뿌리를 뽑듯 어진 동류(同類)들과 함께 나아가니 길하다.〔拔茅茹, 以其彙征吉.〕"라는 말에서 가져왔다.

275 명기(名器) : 작위(爵位)와 거복(車服)을 말한다. 《춘추좌씨전(春秋左氏傳)》 성공(成公) 2년 조에 "오직 기(器)와 명(名)은 사람에게 빌려주어서는 안 되니, 이는 군주가 관장하기 때문이다."라고 하였는데, 두예(杜預)의 주(注)에 "기(器)는 거복이고, 명(名)은 작호(爵號)이다."라고 하였다.

안 되는 의복과 음식처럼 여기시면 이 또한 요임금일 뿐입니다. 학문을 함에 시종 한결같이 하는 것이 가장 어려운데, 인군에게는 더욱 어렵습니다. 전하께서는 복철(覆轍)[277]을 잘 살펴 경계로 삼아 능히 그 덕을 완성하여 조금도 끊어짐이 없을 수 있다면, 구족(九族)을 친목하게 하고 만방(萬邦)을 화평케 하는 일을 이루기에 어렵지 않을 것입니다."라고 하였다.

이어서 소회를 아뢰기를 "천하에 본래 한번 정해져서 바꿀 수 없는 법이 있으니, 법을 집행하는 자가 형량을 높이거나 낮출 수 있는 것이 아닙니다. 강상(綱常)을 범하여 국모(國母)의 폐위를 모의한 경우, 소장을 올린 우두머리 유생과 논계(論啓)에 참여한 대관(臺官) 같은 자들은 반드시 죽여서 용서하지 마십시오. 대군(大君)을 죽이라고 청한 자는 마땅히 다음의 형벌에 두어야 하고 원흉에 빌붙어서 충성스럽고 훌륭한 사람을 해친 자는 그다음의 형벌에 두어야 합니다. 은밀히 모의를 주도하면서도 소차(疏箚)에는 이름이 빠져 인사권(人事權)을 오래 잡아 도당(徒黨)을 널리 심었던 자는 그다음의 형벌에 두어야 합니다. 혹시라도 본심은 그렇지 않았으나 화(禍)를 두려워하여 세파(勢波)를 따라 정청계사(庭請啓辭)[278]에 참여한 자와 유생으로서 협박을 받아 상소에 참여한 자에 대해서는

276 하늘의……일 : 《서경》 〈태갑 상(太甲上)〉에 "선왕이 이 하늘의 밝은 명을 돌아보신다.〔先王顧諟天之明命〕"라고 한 구절에 대해 《대학연의》에서 "탕이 하늘을 섬기는 바에 대해 '이 밝은 명을 돌아본다.' 하였다.〔湯之所以事天曰, 顧諟明命爾.〕"라고 했다. 《대학(大學)》 전(傳) 1장에도 보인다.

277 복철(覆轍) : 수레가 줄줄이 뒤집힌다는 뜻으로, 실패한 자취를 비유하는 말이다. 《한시외전(韓詩外傳)》에 "앞 수레가 엎어졌는데도 뒤 수레가 경계하지 않는다. 이 때문에 뒤에 다시 엎어지는 것이다.〔前車覆而後車不誡, 是以後覆也.〕"라고 한 데서 온 말이다.

278 정청계사(庭請啓辭) : 정청(庭請)은 세자(世子)나 세손(世孫), 또는 대신이 백관(百官)을 거느리고 궐 안의 뜰에 나아가서 임금이나 왕대비 등에게 중대한 사안

협종망치(脅從罔治)[279]의 형벌에 따라야 할 것입니다. 차례로 죄를 처단하여 공의(公議)로써 결단하신다면 무슨 혼란스럽고 지체되는 근심이 있겠습니까."라고 하였다.

○《논어(論語)》'시삼백(詩三百)' 장을 강론하였는데, 선생이 아뢰기를 "'생각함에 사특함이 없다.〔思無邪〕'는 것은 성(誠)이고, '공경하지 않음이 없다.〔毋不敬〕'는 것은 경(敬)이니, 학문을 하는 시종(始終)으로, 성을 세우고 경을 실천하는 것에서 벗어나지 않을 뿐입니다."라고 하였다.

○'주이불비(周而不比)' 장을 강론하였는데, 선생이 아뢰기를, "군자와 소인은 하는 일은 다르면서도 서로 비슷합니다. 소인이 군자를 무함할 때에는 또한 붕당(朋黨)으로 지목하니, 한(漢)나라의 당고(黨錮)[280]와 우리 조정의 기묘사화(己卯士禍)[281]에서 볼 수 있습니다. 만약 임금께서 지극히 바른 마음과 대단히 공평한

의 시행이나 시행 중지 등을 청하는 것이다. 이때 이러한 내용을 임금이나 왕대비 등에게 올리는 계사(啓辭)를 정청계사라고 하였다. 정청계사를 올릴 때는 왕세자가 정전(正殿)으로 나아가서 정청계사를 먼저 살펴보고 승전색(承傳色)을 청하였으며, 예방승지가 정청계사를 읽은 뒤에 왕세자에게 올리면 왕세자가 직접 승전색에게 전해 주었다.

279 협종망치(脅從罔治) : 《서경(書經)》〈윤정(胤征)〉에, "큰 괴수를 죽이고 위협에 따른 자들은 다스리지 말아서 옛날에 물든 나쁜 풍습을 모두 함께 새롭게 하겠다.〔殲厥渠魁, 脅從罔治, 舊染汚俗, 咸與惟新.〕"라고 한 데서 인용하였으니, 협박에 의하여 어쩔 수 없이 따른 자는 그 죄를 다스리지 않고 용서함을 말한다.

280 한(漢)나라의 당고(黨錮) : 후한(後漢) 환제(桓帝) 때 진번(陳蕃)·이응(李膺) 등이 환관(宦官)의 전횡을 비판하다가 도리어 당인(黨人)으로 지목되어 종신토록 금고(禁錮)를 당하고 이후 영제(靈帝) 때에 또다시 두무(竇武)와 진번 등이 환관을 제거하려다가 사전에 누설되어 100여 명이 살해된 사건을 말한다.《後漢書 孝靈帝紀 黨錮列傳》

281 기묘사화(己卯士禍) : 기묘년(1519, 중종14) 11월에 남곤(南袞), 심정(沈貞),

도로써 행하기를 성(誠)으로써 하여 오랫동안 지켜 따르신다면, 편벽되고 사사로운 습속이 저절로 크게 변화될 것입니다."라고 하였다.

○'자재천상(子在川上)' 장을 강론하였는데, 선생이 아뢰기를 "크게는 천지조화가 왕래하고 굴신하는 것과 작게는 우리의 생사와 호흡이 모두 유행하여 쉼이 없는 오묘함이 사람에게 사욕이 있어 막히기 때문에 쉬게 되는 것입니다. 배우는 자들이 때때로 성찰하여 사욕에 의해 잠시 그치거나 끊어짐이 없어서 천리가 유행하면 곧 자강불식(自强不息)[282]할 것입니다."라고 하였다. 또 아뢰기를, "정자(程子)가 말하기를, '천덕(天德)과 왕도(王道)는 그 요체가 다만 근독(謹獨)에 있다.'[283]라고 하였는데, '천덕'이라는 것은 곧 순역불이(純亦不已)[284]이니, 성실하여 사욕이 없는 것입니다. 순전한 천리에 사욕을 섞지 않으면 왕도를 이룰 수 있을 것입니다. 그러나 그 요점은 근독에 있으니, 그윽하고 홀로 있을 때에 삼갈 수 있다면 성실히 하여 사욕과 거짓이 없으므로 왕도를 행할 수 있습니다. 한 터럭이라도 사욕과 거짓이 그 사이에 섞여 있으면 근독공부에 이를 수 없으니, 어찌 왕도

홍경주(洪景舟) 등의 훈구 대신들에 의해 조광조(趙光祖), 김정(金淨), 김식(金湜) 등 사림들이 화를 입고 귀양 가거나 처형된 사건을 말한다.

282 자강불식(自强不息) : 쉬지 않고 노력한다는 의미이다. 《주역》 〈건괘(乾卦) 상(象)〉에 "하늘의 운행이 굳세니, 군자는 이것을 본받아 스스로 힘써 쉬지 않는다.〔天行健, 君子以, 自彊不息.〕"라고 한 데서 가져온 것이다. 강(强)은 강(彊)과 통한다.

283 천덕과……있다 : 정민정(程敏政)의 《심경부주(心經附註)》 서(序)에 "일찍이 반복하여 생각해서 정자의 말씀을 얻었으니, 말씀하기를 '천덕과 왕도는 그 요점이 다만 근독에 있다.' 하였다.〔蓋嘗反覆紬繹, 得程子之說, 曰天德王道, 其要只在謹獨.〕"라고 하였다.

284 순역불이(純亦不已) : 순수함이 그치지 않는다는 뜻으로, 《중용장구》 제26장에서 문왕(文王)이 문왕이 되는 까닭으로 말한 것이다. 주자의 주에 따르면, 여기서 순(純)은 마음이 둘로 나뉘거나 박잡(駁雜)하지 않음이고 불이(不已)는 그러한 상태가 잠깐의 간단(間斷)도 없이 이어지는 것이다.

를 행할 수 있겠습니까? 성인〔공자〕이 끊임없이 흐르는 시냇물을 보고 도체의 무궁함을 깨달았고, 정자가 공자의 말로 인하여 왕도의 지극한 요체를 논하였으니, 참으로 만고토록 마음으로 전하는 요결입니다. 만약 정자가 아니었다면 누가 '순역불이'의 덕과 '탕탕평평(蕩蕩平平 : 치우치지 않고 공평함)'의 도가 다만 그윽히 홀로 있어 은미(隱微)를 삼갈 수 있음에 매여 있다는 것을 알겠습니까."라고 하였다.- 홍문관 교리에 임명되었다.

○5월에 문묘(文廟)에 배제(陪祭)[285]한 뒤에 대독관(對讀官)으로서 알성문과(謁聖文科) 시험을 참관하였다.-홍보(洪寶) 등 10인을 뽑았다.-

기우제문(祈雨祭文)을 지어 올렸다.

○홍문록(弘文錄)의 권점(圈點)에 참여하였다.-전식(全湜) 등 20인을 홍문록에 올렸다.- 연명차자로 전은(全恩)의 일을 논하였다.

○6월에 도원수 종사관으로서 하직하였다.-전교하시기를 "우선 물러나지 말라."라고 하시고, 이어서 술을 내려주고, 활 하나, 장전(長箭)·편전(片箭) 각 하나, 유둔(油芚) 1부를 내려주라는 유지가 있었다.- 7월, 황주(黃州)에 이르러 여러 고을의 군병을 조사하여 점고하였다.

○8월에 홍문관 응교에 제수되어 사직소를 올리고 겸하여 전은을 청하였다.

○10월에 일을 마치고 병으로 휴가를 청하니 수부(帥府)에서 체직을 아뢰었다.

○17일에 조정으로 돌아와 사은숙배하였다.

○성균관 사예(成均館司藝)에 제수되었다.

285 배제(陪祭) : 임금이 제례를 거행할 때 신하가 따라가서 제사에 참여하는 것이다.

○장천(將薦)에 들었다.-임금이 비변사에 명하여 선비 가운데 장수의 재질이 있는 자를 추천하도록 하였는데, 선생과 윤수겸(尹守謙), 이명(李溟), 이창정(李昌庭), 이성구(李聖求), 이민구(李敏求), 김시양(金時讓), 심광세(沈光世), 정기광(鄭基廣) 등 9인을 천거하였다.-

○윤10월에 사도시 정(司䆃寺正)에 임명되었다.

○11월에 의정부 사인(議政府舍人)에 임명되었다.

○12월에 사헌부 집의(司憲府執義)에 임명되었다. 얼마 후 홍문관 응교에 임명되었다가 성균관 사성(成均館司成)·시강원 보덕(侍講院輔德)으로 전직되었다.

4년 갑자년(1624, 인조2)-선생 62세-

1월에 체부 종사관에 임명되었다.-상공(相公) 이원익(李元翼)이 도체찰사로서 이시발(李時發), 정엽(鄭曄)을 부사로 삼고 선생과 김시양(金時讓)을 종사관으로 삼을 것을 계청(啓請)하였다.- 지제교(知製敎)·춘추관 편수관(春秋館編修官)에 임명되었다.

○의정부 사인에 임명되었다.

○독전어사(督戰御史)에 임명되었다.-역적 이괄(李适)이 군사를 일으켜 모반하니 임금께서 특별히 이 명이 있었는데 검을 주면서 말하기를, "부원수 이하 힘껏 싸우지 않는 자는 모두 베어라."라고 하셨다. 선생이 명을 받들어 달려갔는데 원수(元帥) 장만이 중무장한 병사를 가지고도 싸우지 않고 있어 선생이 공문을 보내어 질책하니 장만이 성을 내었다. 저탄(猪灘)에 이르러 비로소 교전하니 관군이 패배를 당하였다. 장만이 선생에게 허물을 돌려 임금에게 상달하였다. 선생이 이에 장계하기를, "장만이 그 패배당한 것을 신에게 죄를 돌렸습니다. 그러나 저탄의 싸움은 아군이 비록 패배하였으나 죽은 자가 겨우 육백 명이고, 적

병이 도망가 흩어진 자가 많게는 수천에 이릅니다. 이전에 과연 여러 번 싸웠다면 적병은 저절로 흩어져 달아났을 것인데, 도적을 길러 주어 근심을 남겨서 기세등등한 데에 이르게 하였으니, 원수(元帥)가 어찌 그 죄를 면할 수 있겠습니까."라고 하였다. 장만이 크게 유감스러워하였다. 안현(鞍峴)에서 큰 승리를 거두자 행조(行朝)에서 공을 논할 때 부원수 이수일(李守一)을 으뜸으로 삼고, 장만의 직책을 빼앗고 백의종군하게 하였다. 선생이 행재소에 달려가니, 임금이 묻기를, "안현의 공은 어떤 자가 으뜸이 되는가?"라고 하니, 선생이 대답하기를 "이수일은 장계가 비록 먼저 도착하였으나 지시하는 방략은 모두 장만에게서 나왔으니 장만이 마땅히 으뜸 공이 되어야 합니다."라고 하니, 임금이 따랐다.- 임금의 어가가 환궁하여, 통정대부(通政大夫) 첨지중추부사(僉知中樞府事)로 특별히 승진시켰다.

○6월에 고향에서 돌아와 도성으로 들어가서 사은하고, 승질(陞秩)에 대해 사직소를 올렸다.

○7월에 병조 참지(兵曹參知)에 임명되었다. 얼마 있다가 승정원 동부승지(承政院同副承旨)에 임명되었다.

○궁노(宮奴)를 치죄하지 말라는 교지를 도로 거두시기를 계청하였다.-당시에 궁궐의 하인 중에 자전의 인장을 모칭하여 소란을 일으킨 자가 있었는데, 사헌부에서 추문하여 죄를 다스리니 주상께서 승정원에 하교하시기를 "자전을 존경하는 도가 아니다."라고 하여 사헌부에 유시하였다. 선생이 조서를 봉하여 돌려보내며 말하기를, "궁노가 죄를 범하매 사헌부가 치죄하는 것은 직분입니다. 신은 감히 유지를 받들 수 없습니다."라고 하였다. 얼마 뒤 앞서 사헌부가 또 궁노 중에 추악한 자를 치죄할 것을 청하니, 임금이 더욱 노하고 유지를 내려 절실히 꾸짖었다. 선생이 또 조서를 봉하여 돌려보내며 말하기를, "천자의 아버지가 사람을 죽이더라도 유사가 조사하는데, 하물며 본궁의 한 하인에게 있

어서이겠습니까. 신들은 이전에 이 일로써 죄를 얻었는데도 오히려 그칠 줄 몰랐던 것은 차라리 신이 전하께 거듭 죄를 얻을지언정 전하께서 백성들에게 죄를 얻도록 하지 않으려는 것이었습니다."라고 하였으니, 일에 따라 절개를 다함이 이와 같았다.- 9월에 체직되어 부호군(副護軍)에 임명되었다.

○10월에 사간원 대사간(司諫院大司諫)에 임명되었다.-선생이 차자를 올려 시무(時務)를 지극히 논하였다. 주상께서 비답을 내려 우대하고 장려하였으나, 훈신들은 차자 가운데 숙위(宿衛)를 논한 한 가지 일[286]로 무리가 분노하여 떼 지어 일어났다. 선생이 피혐하여 체직을 청하니, 주상께서 조정하려는 뜻으로 특별히 체차를 명하였는데, 훈신들은 오히려 불평을 품었다. 주상께서 조정의 신하들에게 하교하시기를, "일찍이 비록 서로 사이가 좋았으나, 뒤에 그 옳지 않음을 보면 마땅히 끊어 내야 한다. 일찍이 비록 알지 못했으나, 뒤에 그 선한 곳을 보면 마땅히 허여해야 한다. 만약 비록 불선의 과실이 있는데도 오래된 친구라고 하여 덮어 보호해 준다면, 어찌 편당의 폐단이 되지 않으랴."라고 하셨다. 정엽이 말하기를, "이것은 성상의 가르침이 지당하십니다. 또 최현은 차자의 말이 긴박한 듯하였기 때문에 훈신들이 편치 않게 여겨 그 말한 바가 어긋나고 지나쳤습니다. 주상께서 체차를 특별히 명한 것으로부터 신이 그 사람됨을 보니, 영남 사람 가운데 순후한 자인 듯하고 그의 말이 또한 대단한 잘못에는 이르지 않았는데, 이와 같이 처리하여 여러 신하들이 편치 않으면 나랏일에 방해가 있을 듯합니다. 그러므로 감히 아룁니다."라고 하였다.〔승정원일기에 나온다.〕- 지제교(知製教)에 임명되었다.

286 숙위(宿衛)를……일 : 소(疏)의 내용에 "군관들이 투속하여 사실을 호위한다.〔軍官投附, 宿衛私室.〕"라는 말이 있다고 하여 훈신(勳臣)들이 떼 지어 격노하여 들고 일어난 일을 말한다.

○11월에 병조 참지에 임명되었다.

○역적의 초사(招辭)로 무함을 당하였는데 소를 올려 스스로 해명하였다.-이때, 역적 김원(金愿)이 처형당하였는데, 선생과 당시 유명한 인사들이 무고한 공초에 많이 끌려 들어갔다. 전교하시기를, "아울러 잡아서 심문하라. 최현은 심문하지 않아도 된다."〔승정원일기에 나온다.〕라고 하였다. 선생은 비록 임금의 밝게 헤아려 주심을 입었으나 일이 절로 그만둘 수 없는 점이 있어 마침내 소를 올려 스스로 해명하였다. 좌찬성(左贊成) 김류(金瑬)가 차자를 올려 선생의 지나치게 엄격함을 논하였다. 주상께서 비답을 내려 말하기를, "최현은 반성할 생각이 없이 소를 올려 스스로 해명하였으니 외람됨이 매우 심하다. 그러나 그 본심은 질박하고 곧을 뿐이니, 어찌 역모를 알고서도 고하지 않을 리가 있겠는가. 경의 말 또한 지나치니, 실정에 없는 말로써 다른 사람의 죄를 논하지 않음이 옳을 것이다."〔승정원일기에 나온다.〕라고 하였다.- 12월에 사직소를 올리고 고향으로 돌아왔다.

5년 을축년(1625, 인조3)-선생 63세-

봄에 형조 참의(刑曹參議)에 임명되었다가 예조 참의(禮曹參議)·대사성(大司成)·부제학(副提學)에 옮겨 임명되었다. 여덟 가지 시무책을 조목조목 진술한 차자를 올렸다.-첫째는 심학(心學)을 밝혀서 다스림의 근본으로 삼는 것이고, 둘째는 말씀과 명령을 삼가서 여러 아랫사람의 마음을 따르게 하는 것이고, 셋째는 궁액(宮掖 : 비빈(妃嬪)이 있는 왕궁(王宮))의 기강을 엄하게 하여 민간의 비난을 그치게 하는 것이고, 넷째는 상신(相臣)을 존중하여 치국(治國) 평천하(平天下)의 효과를 책임 지우는 것이고, 다섯째는 기량에 따라 사람을 써서 당대의 인재를 다 활용하는 것이고, 여섯째는 관원을 자주 바꾸는 것을 경계하여 돈후하고 질박한 기풍을 보존하는 것이고, 일곱째는 공

론을 세워서 붕당의 폐단을 없애는 것이고, 여덟째는 유학을 숭상하여 풍속 교화의 근원을 북돋우는 것이다.-

이어서 진강(進講)할 때, 폐정(弊政)을 닦아 밝히는 데 대한 차자를 올렸다.-첫째는 관제(官制)이고, 둘째는 전제(田制)이고, 셋째는 병제(兵制)이다.-

또 대사성 겸 승문원 부제조에 임명되었다.-이때, 조사(詔使)가 장차 도달하려 하였는데, 주상께서 본원 제조를 정밀하게 잘 뽑으라고 명하였다. 선생과 택당(澤堂) 이식(李植),[287] 계곡(谿谷) 장유(張維),[288] 백주(白洲) 이명한(李明漢)[289]이 함께 선발되었다.-

6년 병인년(1626, 인조4)-선생 64세-

2월에 승정원 우부승지(承政院右副承旨)에 임명되고, 얼마 뒤에 좌부승지(左副承旨)에 올랐다.-이때, 흰 무지개가 해를 뚫고 지나간 이변이 있었는데, 선생이 연명으로 계를 올려 힘쓰기를 아뢰었다.-

○연위사(延慰使)로서 명을 받들어 정주(定州)로 향하였다.-이때, 명나라 황제의 아들이 태어나 조사(詔使) 강왈광(姜曰廣), 왕몽윤(王夢尹)이 바

287 이식(李植) : 1584~1647. 본관은 덕수(德水), 자는 여고(汝固), 호는 택당·남궁외사(南宮外史)·택구거사(澤癯居士), 시호는 문정(文靖)이다. 1610년(광해군2)에 문과에 급제하고, 대사간, 이조 판서, 예조 판서 등을 역임하였다.

288 장유(張維) : 1587~1638. 본관은 덕수(德水), 자는 지국(持國), 호는 계곡·묵소(默所)이다. 1609년(광해군1)에 문과에 급제하였고, 대사헌, 예조 판서 등을 역임하였다. 저서로 《계곡집》·《음부경주해(陰符經注解)》 등이 있다.

289 이명한(李明漢) : 1595~1645. 본관은 연안(延安), 자는 천장(天章), 호는 백주이다. 1616년(광해군8)에 문과에 급제하고, 대사헌, 이조 판서, 예조 판서 등을 역임하였다. 저서로 《백주집》이 있다.

다를 건너 장차 이르려 하였다. 선생이 이 명에 응하였으나 도중에 병이 나서 벼슬을 사면해 달라고 청하여 체직을 받았다.- 6월에 조정으로 돌아왔다.

○윤6월에 체직되어 고향에 내려왔다.

○또 승정원 좌부승지(承政院左副承旨)에 임명되었다.-소를 올려 체직을 청하니, 주상께서 윤허하고 특별히 약물을 내렸다.-

8월에 강원도 관찰사(江原道觀察使)에 임명되었다.-이때, 허결(虛結)과 국곡(國穀)을 갚지 않는 일이 본도의 큰 폐단이 되었는데, 선생이 없는 땅과 있는 땅 두 방안을 만들게 하고, 소를 올려 경감해 줄 것을 청하였다. 주상께서 특별히 명하여 허결을 견감해 주고 도망가거나 죽은 자를 탕척(蕩滌)해 주니, 온 도의 백성들이 실제로 고루 혜택을 입었다.-

8월 23일에 고(考)는 가선대부(嘉善大夫) 병조 참판(兵曹參判)에, 비(妣) 동래 정씨(東萊鄭氏), 덕양 기씨(德陽奇氏), 성산 이씨(星山李氏)는 정부인(貞夫人)에 추증되었다.

○27일에 고(考) 참판 부군(參判府君)은 자헌대부(資憲大夫) 의정부 좌참찬(議政府左參贊)에 가증(加贈)되었다.-선생이 전에 진무원종공신(振武原從功臣) 1등에 들었기 때문이었다.-

7년 정묘년(1627, 인조5)-선생 65세-

봄에 오랑캐들이 평산(平山)에 침입하여 임금의 수레가 강도(江都)로 갔다. 명을 받들어 한강을 막아 지키고, 도내(道內)에 격문을 보내어 의병을 창도하여 일으켰다.-선생이 변란의 소식을 듣고, 병사를 거느리고 근왕(勤王)[290]하여 조정의 명으로 한강을 막아 지켰다. 또 정예병을

290 근왕(勤王) : 제왕의 통치가 위협을 받아 동요할 때에 신하가 군사를 일으켜서

징발하여 해서(海西)의 부원수(副元帥) 막하로 달려갔다. 이때, 도원수 및 남병사(南兵使)가 군대를 거느리고 와서 회양(淮陽), 철원(鐵原) 사이에 주둔하였으니, 선생은 마음을 다해 경영하여 군량을 보급하매 끊어지지 않게 하였다. 또 격문을 지어 일로(一路)를 깨우쳤는데, 그 대략은 다음과 같다. "의(義)는 고정된 것이 없으니 오직 충성을 바치는 곳이 의가 되고, 용(勇)은 특별한 사람이 없으니 오직 간담을 펴고 힘쓰는 기세가 분발하는 것이 용이 된다. 원충갑(元沖甲)은 결사대 수십 인으로써 뛰어난 공을 거둘 수 있었고, 곽재우(郭再祐)는 동지 오십 인으로써 굳센 적을 여러 번 꺾었다. 장부의 기절이 전후에 밝게 빛났으니 이 사람들이 어찌 반드시 장부 백 명의 용맹을 가져서이겠는가. 한 말의 충성스러운 담력이 있는 데 불과할 뿐이다. 여러 군자는 예의의 나라에서 태어나고 자라 군사의 일을 익히지 못했으니 이런 위급한 때를 만나 죽음에서 구제하기에도 부족할 것이다. 그러나 군주가 욕을 당하면 신하가 목숨을 바치는 의리를 생각하고, 나라와 함께 원수를 갚아야 하는 뜻으로 함께 분발하여 의병을 일으키고 의병의 양식을 모았으니 진실로 옛 열사의 풍도가 있어 국가에 빛이 있게 되었다. 운운." 격문이 도착하매 분발하여 힘쓰지 않는 사람이 없었다.-

4월에 임금의 수레가 도성으로 돌아왔다. 외적을 방어하고 치욕을 씻을 방책을 써서 올렸다.-그 대략은 다음과 같다. "당당한 우리 조정은 하늘에서 명을 받은 지 이에 이백 년입니다. 오직 우리 전하께서는 종묘사직을 보존할 것을 생각하시고, 염려가 백성에게 미쳐서 수치를 안고서 참아 내며 견양(犬羊)과의 서약을 굽혀 따랐습니다. 이는 참으로 군신 상하가 손에다 침을 바르고 팔뚝에 힘을 주어 척연(惕然)히 생각을 고치고 번연(翻然)히 개혁하여[291]

구원하는 것을 말한다.

291 개혁하여 : 원문은 '역철(易轍)'로, 개현역철(改絃易轍)에서 온 말이다. 거문고

마음을 같이하고 힘을 다해서 함께 분개한 마음을 일으켜 회계산(會稽山) 천 년의 수치[292]를 설욕하고 성하(城下) 백 대의 치욕[293]을 씻어 쓸개를 맛보고 눈을 부라리며 회복을 도모할 때입니다.

신은 가만히 생각하건대, 이적(夷狄)은 금수(禽獸)입니다. 속이는 짓을 반복하여 아침에 화친하고 저녁에 배반합니다. 이미 그러한 정상이 지난 역사에 밝게 실려 있습니다. 신은 참으로, 우리 전하께서 주(周)나라 선왕(宣王)과 동한(東漢) 광무제(光武帝) 같은 명철함으로 그분들이 주나라와 한나라를 부흥시켰던 것처럼 하려고 생각하시어, 주나라를 높이는 뜻을 더욱 힘쓰고 오랑캐를 물리칠 일을 간절히 계획하시어, 잠시도 잊은 적이 없으시다는 것을 알고 있습니다. 비록 그렇지만 무릇 일을 할 때에는 먼저 큰 뜻을 세워야 합니다. 뜻이라는 것은 온갖 변화의 본원(本源)이고 온갖 일의 근저(根柢)입니다. 강좌(江左)에서 안일함을 탐하며 흥복(興復)에 뜻이 없는 것은 진주(晉主)[294]의 어둡고 용렬함이며, 화의

줄을 바꾸고 수레의 노선(路線)을 변경한다는 의미로, 정치와 제도 등 모든 것을 혁신함을 뜻한다.

292 회계산(會稽山)……수치 : 춘추 시대 월(越)나라 왕 구천(句踐)이 오(吳)나라 왕 부차(夫差)에게 크게 패하여 회계산(會稽山)에서 굴욕적인 화의(和議)를 체결하고 귀국한 뒤에 20년 동안 섶나무 위에 눕고 쓸개를 맛본〔臥薪嘗膽〕 끝에 부차를 죽이고 오나라를 멸망시켜 회계의 치욕을 씻은 일이 있다. 《史記 卷41 越王句踐世家》

293 성하(城下)……치욕 : 《춘추좌씨전(春秋左氏傳)》 환공(桓公) 12년 조에 "초(楚)나라가 교(絞)를 공격하여 크게 격파하고 성하에서 맹세를 체결한 뒤에 돌아갔다."라고 한 데서 온 말로, 성하지맹(城下之盟)이라 하니, 적에게 수도의 성 밑까지 침공을 당해 항복하고 강화를 맺는 일을 말한다.

294 진주(晉主) : 동진(東晉)의 원제(元帝)를 가리킨다. 원제는 장강 좌안에 나라를 정하였다. 삼국(三國) 시대 위(魏)의 사마염(司馬炎)이 위나라를 찬탈하여 서진(西晉)을 세웠으나, 사대(四代) 째인 민제(愍帝)에 이르러 한(漢)의 유요(劉曜)의 침략을 받아 서진은 완전히 멸망하고, 당시 낭야왕(瑯琊王) 사마예(司馬睿)는 강남

(和議)를 마음에 달게 여기고 치욕을 참으며 어버이를 잊은 것은 송제(宋帝)[295]의 나약함입니다. 이것은 모두 뜻이 세워지지 않아 고식적인 것을 편안히 여기는 것입니다. 월왕(越王)은 회계산에 머무르며 신하 되기를 청하였으니 당시에는 겁이 많고 나약한 듯하였습니다. 그러나 오(吳)나라를 늪에 빠트릴 뜻은 신하 되기를 청한 날에 이미 정하였으니, 견고하게 애쓰고 각고의 노력을 하여 이십 년의 오랜 시간이 지남에 이르렀습니다. 만약 월왕이 그 뜻을 조금이라도 나태하게 하였더라면, 종(種)·려(蠡)[296]의 무리가 어찌 또한 그 심려(心膂)를 다하였다 할지라도 마침내 패도의 공을 세울 수 있었겠습니까. 월왕 구천(句越), 진주, 송제가 강화(講和)한 것은 동일하지만 성패는 현격하게 다르니, 이는 병사의 강약에 달려 있는 것이 아니고 뜻을 세움의 강약에 달려 있음을 알 수 있습니다.

삼가 원하옵건대, 전하께서는 먼저 큰 뜻을 세우고, 굳세고 강하게 분발하여 지사(志士)의 기상을 넓고 크게 하여 삼군(三軍)의 용기를 진작시킨다면 오늘의 수치를 한 번에 씻어 낼 수 있을 것입니다. 다스리는 도는 큰 요체를 먼저 거행해야 하니, 기강을 말하는 것입니다. 우리나라가 기강이 세워지지 않음은 오로지

(江南)의 건강(建康)으로 쫓겨 가서 즉위하였으니, 바로 동진 원제(東晉元帝)이다.

295 송제(宋帝) : 남송의 강왕(康王)를 가리킨다. 송나라가 금나라 여진족에게 쫓겨 휘종(徽宗)과 흠종(欽宗) 부자가 포로로 잡혀 가서 그곳에서 죽었다. 나머지 신민들이 양자강 남쪽으로 도망가서 휘종의 작은아들 강왕(康王)을 황제로 세우고 여진족과 대항하였는데 이를 남송(南宋)이라 한다. 남송이 차차 세력을 회복하자, 여진족은 그것을 염려하여 포로로 잡혀 있던 진회를 석방하여 남송으로 보냈다. 진회가 남송으로 가서 나약한 강왕을 회유하여 전쟁은 위험한 일이니 여진족과 강화(講和)하는 것이 좋을 것이라고 하자, 황제는 진회를 정승으로 임명하고 강화하였다.

296 종(種)·려(蠡) : 춘추 시대 월(越)나라의 대부 문종(文種)과 범려(范蠡)를 가리킨다. 월나라 왕 구천(句踐)을 도와 오(吳)나라를 정복하는 데 큰 공을 세운 자들이다.

관원이 많고 위임이 오래되지 않는 데에 있습니다. 관원이 많으면 마음을 다하기를 즐기지 않고 오직 일에 책임만 때우려 합니다. 위임이 오래되지 않으면 체직하고 바꿈에 일정함이 없어 일에 시종이 없게 됩니다. 지금 일사(一司) 안에 관원의 수가 많게는 7, 8명에 이르러 자리가 따뜻해지기도 전에 다른 직책으로 전직하여 제수되니, 여러 공적이 이루어짐[297]에 진실로 그럴 여가가 없습니다. 신은 생각건대 각 관사는 다만 당상관 1명, 낭청 2명을 두어 아침저녁으로 일을 처리하고, 천직(遷職)하지 않게 하면 권한이 아래로 옮겨 가지 않고 기강이 절로 세워질 것입니다. 진실로 마땅한 사람을 얻는다면 기(夔) 한 사람[298]으로도 충분한데, 어찌 열 마리 양을 아홉 사람이 먹이기를 기다리겠습니까. 양사(兩司)의 많은 관원에 이르러서는 임금의 과오를 규제하고 관원의 사특함을 규찰함에 뜻이 매우 성대합니다.

그러나 옛날에는 그런 관원이 없었어도 사람들은 간하지 않음이 없었습니다. 한(漢)나라는 어사(御史)를 두었고, 당(唐)나라는 사간(司諫)을 둠에 또한 한두 명에 불과하였으니, 군주가 능히 간쟁을 따르면 어떤 사람이 간관(諫官)이 아니겠으며, 군주가 진실로 간함을 듣지 않는다면 비록 많은 대간을 둔다 하더라도 무슨 이익이 있겠습니까. 신은 생각건대 사헌부와 사간원은 또한 집의(執義)와 사간(司諫) 두 명을 두고 수년에 한 번 체직하면 또한 군주의 허물을 바로잡고 필위(弼違)[299]하여 피혐하거나 소란한 폐단이 없을 것입니다. 지금의 임무는 양

297 여러 공적이 이루어짐 : 《서경》 〈고요모(皐陶謨)〉에 "백공이 때에 따라 사계절〔五辰〕을 순히 하여 여러 공적이 이루어질 것입니다.〔百工惟時, 撫于五辰, 庶績其凝.〕"라고 한 데서 가져왔다.

298 기(夔) 한 사람 : 일기(一夔)는 기(夔)가 음악에 정통했으므로 요(堯)임금이 "기 한 사람으로 충분하다.〔夔一而足矣〕"라고 하고, 그를 악정(樂正)으로 삼았던 데서 가져온 말이다. 《韓非子 外儲說左下》

병(養兵)보다 긴급한 것이 없는데, 병(兵)·농(農)을 나누지 않으면 양병이 전적으로 되지 못합니다.

우리나라의 병제(兵制)는 삼대(三代)에 '병(兵)을 농(農)에 붙이는'[300] 뜻을 본받았으나, 시대가 이미 다르고 제도 또한 변하였으니, 결승(結繩)[301]으로는 난리를 다스릴 수가 없고 문무(文舞)[302]로는 포위를 풀 수가 없습니다. 지금 이런 변고에 형세는 흙이 무너지는 듯하고 견고한 성과 큰 진(鎭)은 닥치는 곳마다 스러지고 부서지며, 양도(兩道)의 산하가 비린내와 피로 온통 물들었으니, 이것이 어찌 한갓 장졸(將卒)에게만 죄를 돌릴 것이겠습니까. 평소에 훈련시키지 않고 갑자기 이들을 썼으니, 백전백패함은 진실로 족히 괴이할 것이 없습니다. 지금 할 계책은 먼저 목민(牧民)을 감당할 수 있는 무신(武臣)을 택하고, 무리를 거느릴 수 있는 문신(文臣)을 택하여 주군(州郡)의 장(長)으로 삼아 나누어 병·농을 하게 해서 각각 그 업무를 전담하도록 해야 합니다. 연소하고 용감하고 건강한 자는 병사로 가르치고, 노둔하고 나약한 자는 농사일에 돌아가게 하며, 수령은 직접 스스로 검열하여 그 정예병을 택하여 날마다 무예를 연마하고 그 상벌을 분명히 하여 용감한 기상을 장려하고, 요역과 부역을 면제해 주어 살아갈 길을 두텁

299 필위(弼違) : 임금의 잘못을 바로잡는 시신(侍臣)을 말한다. 《서경》 〈익직(益稷)〉의 "내가 잘못하거든 그대가 바로잡아 나를 도우라.〔予違汝弼〕"라는 말에서 가져왔다.

300 병(兵)을 농(農)에 붙이는 : 원문은 '우병어농(寓兵於農)'이니, 《주례(周禮)》에 나오는 말로, 평상시에는 농민에게 일정한 군사 훈련을 시키면서 농사에 종사하게 하다가 유사시에는 전투에 참여하게 하는 병농합일(兵農合一)의 제도를 말한다.

301 결승(結繩) : 태고(太古) 시대에 부호와 문자가 생기기 전, 줄에 매듭을 만들어 어떤 약속을 표시하던 방법으로, 태고 시대의 정치를 말한다.

302 문무(文舞) : 문관을 말한다. 칼이나 창을 들지 않고 문관(文官)의 복색을 차리고 줄을 지어 추는 춤에서 가져왔다.

게 해 주어야 합니다. 약속하는 것으로써 거듭하면 적을 보아도 놀라 궤멸할 근심이 없고, 은혜와 믿음으로 결속하면 위급한 상황에 막아 지키는 성실함이 있게 됩니다. 그런 뒤에 수령으로 하여금 각각 그 군사를 거느리고 전투에 달려가도록 하면 은혜와 위엄이 평소 수립되어 장졸들이 서로 믿어 마치 몸이 팔을 부리듯 하고 팔이 손가락을 부리듯 하여, 앉고 서고 진격하고 후퇴함이 뜻대로 될 수 있을 것입니다. 한 조각 동쪽 구역의 구종(九種 : 구이(九夷)) 삼한(三韓) 시대엔 그 병사와 식량이 어찌 매우 많았겠습니까. 그러나 당 태종이 요양(遼陽)에서 패하고 수 양제가 고성(孤城)에서 후퇴한 것은, 대개 양병(養兵)이 본래 있었기 때문입니다. 지금은 삼한을 통일하여 하나가 되었으니 땅이 넓지 않은 것이 아니고 백성이 많지 않은 것이 아니지만, 적을 보면 혼을 잃고 호랑이를 두려워하듯 합니다. 위급한 상황에 임하여 계책을 올리는 것은 빈(邠) 땅을 떠나는 데[303] 불과하고, 조정에서 꾀하는 계책은 단지 강화(講和)이니, 돌이켜 생각해 보매 마음이 서늘하고 간담이 찢어집니다.

삼가 생각하옵건대, 전하께서는 때를 따라 변통하여 병농(兵農)의 정치를 속히 펼치신다면 나라의 운명은 거의 부지할 수 있을 것입니다. 양병의 도(道)는 반드시 재용(財用)을 축적해야 하고, 재용의 축적은 또한 그 방법이 많으니, 본말이 모두 거행되어야 바야흐로 충분히 먹을 수 있습니다. 지금 이른바 '교생(校生), 한량(閑良)과 여러 곳에 촉탁한 자'가 매우 많고, 그 나머지 놀고먹는 승려 무리도 이루 헤아릴 수 없습니다. 각각 미포(米布)를 내어 군사를 기르는 것, 이것은 몸이 있는 곳에는 구실도 있다는 옛사람이 남긴 법입니다. 비록 그렇지만

303 빈(邠)……데 : 원문은 '거빈(去邠)'으로, 파천(播遷)을 뜻한다. 주 태왕(周太王) 고공단보(古公亶父)가 빈(邠) 땅에 있을 때 적인(狄人)이 쳐들어오자 백성을 해치지 않기 위해 빈을 버리고 기산(岐山) 아래로 옮겨 갔다. 《孟子 梁惠王下》

재물을 생산하는 도(道)는 다만 말단의 임무만 오로지 믿어서는 안 되고 반드시 먼저 근본에 힘써야 하니, 오직 허식적인 문건을 줄이고 절약 검소함을 숭상하며, 도감(都監)을 파하여 쓸데없는 관직을 줄이는 데 있습니다. 허식적인 문건의 폐단은 나라를 망하게 할 수 있으며 사치의 해로움은 천재(天災)보다도 심합니다. 한 문제(漢文帝)는 노대(露臺)의 비용을 아꼈고,[304] 위 후(衛侯)는 거친 베옷을 입었으니,[305] 어찌 괜히 그렇게 했겠습니까. 진실로 군주는 자신의 몸으로 먼저 행하여 이로써 백성에게 권하는 것입니다. 지금의 사세(事勢)는 믿을 만한 것이 하나도 없고, 보장할 곳은 아직도 견고히 정해지지 않았습니다. 한도(漢都 : 한양)가 비록 '용이 서리고 범이 웅크린 곳'이라고는 하지만 결코 지킬 수 있는 땅이 아닙니다. 남한산성의 형세는 한도보다는 낫지만 오랑캐들의 장기(長技)가 곧 성을 공격함인데, 성을 등지고 일전(一戰)하는 것은 혹 위태한 방법인지라, 또한 만전(萬全)의 땅으로 정해서는 불가합니다. 강도(江都)의 형세는 절로 천연의 요새를 이루니, 지리(地利)의 편리함이 이보다 뛰어난 데가 없습니다. 그러나 신의 어리석은 생각으로는 오랑캐는 반드시 머지않아 맹약을 어길 것이고, 맹약을 어기면 반드시 대거 길을 나누어 길게 말을 달려 올 것이니, 만약 점한(粘

304 한 문제(漢文帝)는……아꼈고 : 노대(露臺)는 임금이 천상(天象)을 관찰하는 장소를 말하는데, 한 문제가 일찍이 이 노대를 지으려고 기술자를 불러 견적을 뽑은 결과 백금(百金)이 들게 되므로, 문제가 이르기를 "백금은 중산층 십 호(十戶)의 재산에 해당되니, 어찌 이 대를 만들겠는가.〔百金, 中人十家之產也, 何以臺爲.〕" 하고, 그만두었다. 《史記 文帝紀》

305 위 후(衛侯)는……입었으니 : 《춘추좌씨전》 민공(閔公) 조에 "위 문공이 거친 베옷을 입고 거친 실로 짠 관을 쓰고, 목재 축적에 힘쓰고 농사를 가르치며, 물자를 유통시키고 공인을 대우하며, 교육을 중시하고 학문을 권면하며, 관리의 도리를 가르쳐 능력 있는 자를 임용하였다.〔衛文公大布之衣, 大帛之冠, 務材訓農, 通商惠工, 敬教勸學, 授方任能.〕"라고 하였다.

罕)[306]과 올술(兀術)[307]의 계책과 같이 한다면 통진(通津) 일대를 어찌 믿을 수 있겠습니까. 만약 그만둘 수 없다면 무주(茂朱)의 적상산성(赤裳山城)만 한 곳이 없습니다. 신이 일찍이 삼남(三南)을 순무할 적에 그 형세를 보았는데, 병사는 일만 명이 되지 않았으나 반드시 지키기에는 충분하였습니다. 신이 그때 여기에 실록각(實錄閣) 건설을 청한 것은 뜻이 여기에 있던 것이었습니다. 바로 지금 한수(漢水) 이북은 모두 무너진 땅이 되었고, 한수 이남은 오히려 완전한 지역이 되었습니다. 텅 빈 땅에 자리하면서 먼 지방의 병사와 군량을 모으는 것은 그 형세가 어렵지만, 완전하고 넉넉한 땅에 의거하여 보장(保障)의 계책으로 삼는 것은 그 형세가 쉽습니다. 더구나 호남과 영남은 서로 연결되고, 한산(閑山)의 섬들은 통영(統營) 수사(水使)가 전후로 서로 바라보고 있으니, 우뚝이 서로 북돋아 도울 수 있습니다. 만약 수성(守城)을 위태롭다고 여기면 임기응변에 여유로워 여지가 있을 것입니다."-

군수품을 마련하여 용골산성(龍骨山城)[308] 의병장(義兵將) 정봉수(鄭鳳壽)[309]에게 보내어 도와주었다.-용골산성은 평안도에 있다. 정봉수

306 점한(粘罕) : 금(金)나라 장수 완안종한(完顔宗翰)의 본명으로, 송나라의 변경(汴京)을 함락시켰다. 《宋史 卷373 洪皓列傳》

307 올술(兀術) : 금(金)나라 태조의 넷째 아들로, 악비(岳飛)와 주선진(朱仙鎭)에서 대항해 싸우다가 패전하여 북쪽으로 돌아가려 했는데, 마침 진회(秦檜)가 악비를 모함하여 죽였으므로 드디어 송(宋)나라와 화해하였다.

308 용골산성(龍骨山城) : 평안도 철산(鐵山)에 있다. 이때 정봉수(鄭鳳壽)가 흩어진 병사를 수습하여 용골산성에서 후금(後金)의 군사 절반 이상을 죽이고 포로가 된 백성 수천 명을 구한 일이 있다.

309 정봉수(鄭鳳壽) : 1572~1645. 본관은 하동(河東), 자는 상수(祥叟), 시호는 양무(襄武)이다. 1592년(선조25) 무과에 급제하였고, 정묘호란 때, 의병장으로 용골산성(龍骨山城)에서 공을 세워 철산 부사로 특진하였다. 전라좌도 수군절도사·

는 장사준(張士俊)[310]과 의병을 창도하여 외로운 성을 지키면서 적을 꺾은 공이 많았다. 선생은 그 세력이 외롭고 구원병이 없음을 염려하여 스스로 무명, 활, 화살, 통아(桶兒), 화약, 탄환 등의 물품과 전투마 한 필을 마련하여 군관(軍官)을 정하여 보내어 도와주었다. 곧이어 조정의 명령 없이 다른 도로 월송(越送 : 순서를 밟지 않고 바로 상급 관아로 보내는 것)하는 것은 온당하지 않다고 여겨 장계를 올려 아뢰었다. ○평안 감사가 계청하기를 "이런 큰 난리를 겪자마자 물력이 모두 고갈된 날을 당하여 비록 조정의 명령이 있더라도 그 형세가 혹 거행하는 데에 미치지 못하는 경우가 있는데, 지금 조익(趙翼),[311] 최현은 은과 인삼, 무기를 들여보내 준 것이 그 수가 매우 넉넉합니다. 신은 정봉수가 용골산성을 지키기가 쉬웠던 것은, 조익과 최현이 용골산성의 어려움을 구제해 주었기 때문이라고 생각합니다. 운운."이라고 하였다. 이때, 개성 유수(開城留守) 조익 또한 군량과 무기를 보내 도와주었기 때문에 말한 것이다.-

9월 26일에 순시하다가 횡성현(橫城縣)에 이르렀다.-원주 목사(原州牧使) 홍보(洪靌)가 또한 뒤따라 함께 이르렀다.-

27일에 사열(查閱)하는 일로 횡성에 머물렀다.-이보다 앞서 현(縣)에 사는 전 익찬(翊贊) 이인거(李仁居)[312]가 현과 도(道)를 통하여 소를 올린 일로

경상도·전라도의 병마절도사 등을 역임하였다.

310 장사준(張士俊) : ?~?. 《인조실록》 인조 5년 정묘(4월 5일) 정봉수(鄭鳳壽)가 올린 계에 의하면, 미곶 첨사(彌串僉使) 장사준이 부사(府使) 이희건(李希建)이 돌아오지 않자 스스로 머리를 깎고 달적(㺚賊)의 장수 왕자(王子)에게 투항하여 아내를 인질로 맡기고 용천 부사(龍川府使)가 되기를 청하였으며, 용천 부사가 되어서는 스스로 관곡(官穀)을 내어 오랑캐를 도와주고 순종하지 않는 백성은 죽였다고 한다.

311 조익(趙翼) : 1579~1655. 본관은 풍양(豐壤), 자는 비경(飛卿), 호는 포저(浦渚) 또는 존재(存齋), 시호는 문효(文孝)이다. 1602년(선조35)에 문과에 급제하였고, 직제학·대사헌 등을 역임하였다. 저서로 《포저집》이 있다.

인하여, 주상이 여러 차례 가상히 여겨 표창하고, 또 특별히 유시를 내려 음식물을 넉넉히 주라는 교지가 있었다. 이로 말미암아 선생이 이인거와 서로 만나는 일이 있었다. 이날 아침, 이인거가 사람을 보내어 말하기를, "바야흐로 상소를 올리고 오려고 하니, 이에 만나 보려는 뜻이 있습니다."라고 하니, 선생이 다음 날 보겠다고 답하였다. 이윽고 홍보가 들어와 말하기를 "지난번 이인거를 만났는데, 그 상소의 일을 물으니 '장차 의병을 일으켜 적을 토벌하고자 한다.'라고 대답하였습니다."라고 하고, 이어서 그 주고받았던 말을 갖추어 말하였다. 이때 현감 이탁남(李擢男)이 자리에 있었기에 서로 놀라 웃을 때, 이인거가 들어왔는데, 그 말하는 것이 홍보가 전한 것과 똑같았다. 선생이 사리가 그렇지 않음을 꾸짖어 깨우쳐 주고, 이어서 손을 내저으며 자리를 파하였다.-

28일에 홍천(洪川)으로 향하였다.-선생이 장차 출발하려 할 때, 홍보, 이탁남 두 사람과 함께 이인거를 보았다. 이인거가 상소의 초고를 꺼내 보여 주었는데, 말의 뜻이 어제 말한 것에 자못 삭제한 것이 있었으나 병사를 일으켜 적을 토벌해야 한다는 등의 말이 있어, 선생이 엄한 말로 질책하였다. 이인거가 말하기를 "그렇다면 마땅히 소를 올리고 주상의 답변을 기다릴 것입니다."라고 하였다. 선생이 먼저 일어나니 홍보와 이탁남이 따라 나왔다. 작별하며 두 사람에게 일의 기미를 엿보아 살펴서 서로 통보할 뜻을 은밀히 부탁하였다. 중도에 또 사람을 보내어 단단히 타일러 경계하였다. 홍천에 도착하여 또 편지를 보내어 단단히 경계하였으니, 모두 이인거의 행위가 우려되어 형세를 보고 급히 통보하려는 뜻이었다.-

312 이인거(李仁居) : ?~1627. 본관은 영천(永川)이다. 인조반정 이후 1626년(인조4) 2월에 상소문을 올렸는데, 이로 인해 세자익위사 익찬(翊贊)에 제수되었으나 벼슬에 나아가지 않았다. 정묘호란(丁卯胡亂) 직후에 조정에서 후금과 화친한 것에 불만을 품고 반란을 일으켰다가 체포되어 사형당하였다.

29일에 홍천에서 이인거가 올린 소에 대해 봉계(封啓)하였다. 밤에 또 이인거가 병사를 일으키려는 상황과 군사들이 진격하여 무찌를 것을 신칙함에 대해서 치계하였다. 숙위(宿衛)를 엄하게 하고 뜻하지 않은 환난에 대비할 것을 다시 계청하였다.-횡성에서 이인거가 올린 소의 원본이 왔다고 알렸는데 그 소에 말하기를, "국운이 불행하여 이 난리와 우환에 속하였습니다. 신은 천심(天心)이 전하께 무슨 노한 바가 있어 이런 변이 있는지 모르겠습니다. 전하께서는 적변(賊變) 이래로 몸소 갑옷을 입은 채 풍우를 피하지 않으시고 조종(祖宗)들께서 편히 길러 주신 여러 신하와 거친 콩죽과 보리밥을 먹으면서[313] 섶나무 위에서 자고 쓸개를 맛보며 마음을 같이하고 덕을 같이하여 지성으로 하늘에 빌었다면 귀신을 감동시키고 천지를 감격시켰을 것인데, 하물며 사람에 대해서이겠습니까. 이것으로 적을 제압한다면 어떤 적인들 꺾지 못하겠으며, 이것으로 공을 도모한다면 무슨 공인들 이루지 못하겠습니까. 전하께서 중흥시킬 근본은 오로지 여기에 달려 있는데도 이것은 하지 않으시고서 안으로는 호(胡)의 사신 접대를 일삼고, 밖으로는 기찰(譏察)하기를 도모하고만 있으니, 그 이유가 무엇입니까? 이것은 천지의 신인(神人)이 함께 분노하는 것입니다. 대개 흉노는 스스로 하늘의 도리를 끊었기 때문에 천하의 큰 적(賊)입니다. 그 아버지를 죽이고 어머니를 처(妻)로 삼으니, 이른바 견융(犬戎)

313 거친……먹으면서 : 원문은 '두죽맥반(豆粥麥飯)'으로, 임금과 신하 사이의 두터운 정을 말한다. 후한(後漢) 광무제(光武帝)가 황제가 되기 전에 풍이(馮異)에게 요양(鐃陽) 무루정(無蔞亭)에서 콩죽을 대접받고, 남궁(南宮)에서 보리밥을 대접받은 뒤 호타하(滹沱河)를 건넜다. 광무제가 황제가 된 뒤 풍이에게 "창졸간에 무루정에서 대접받은 콩죽과 호타하의 보리밥에 대한 후의에 오래도록 보답하지 못하였다.〔倉卒無蔞亭豆鬻滹沱河麥飯厚意, 久不報.〕"라고 하면서 값진 물건을 하사하였다. 《後漢書 卷47 馮異列傳》

이라고 부르는 것은 이 때문입니다. 이백 년 동안 예의를 지켜 온 나라가 도리어 견융의 땅이 되었으니 종묘와 사직은 어디에 의지하고 성상의 조정은 어디에 의탁하겠습니까. 머리를 풀고 옷깃을 왼쪽으로 하는 오랑캐의 풍습을 차마 하겠습니까. 생각이 여기에 이르니 일찍 죽어서 편안한 것만 못합니다. 그러므로 신은 분수가 비록 빈천하지만 본성은 사람인지라, 의리로 참작해 보면 진실로 나서지 않기가 어려우므로 신은 대의(大義)를 가장 먼저 주창하여 분연히 군사를 일으켰습니다. 삼가 바라건대 전하께서는 신이 군사를 일으킨 것을 망령되다 여기지 마시고 특별히 병권(兵權)을 내려 주시어 적을 토벌하는 대의에 굽어 부응해 주소서. 청하옵건대 화친을 주장하며 나라를 팔아먹는 간신을 목 베어 전하의 만세의 수치를 씻은 뒤에 숙배하고 서쪽으로 가겠습니다. 신은 강개(慷慨)하고 걱정하며 두려운 마음을 이기지 못하겠습니다. 운운."이라고 하였다.

선생은 현감 남정(南瀞)[314]을 돌아보고 말하기를, "상소 내용에는 뚜렷하게 패역한 말은 없으니 만약 도로 물린다면 저지하는 데에 가까울 것이므로, 다만 장계(狀啓)하여 조정에 미리 알려 알맞게 처리하도록 하는 것이 어떻겠습니까?"라고 하였다. 남정이 말하기를, "매우 마땅하십니다."라고 하고, 마침내 받들어 올렸다. 장계에 말하기를, "횡성 현감 이탁남이 보고해 온 것을 보면, 현에 사는 전 익찬 이인거가 상소하여 사사(使事)의 첩정을 올렸습니다. 소 가운데 진술한 바 군사를 일으키겠다는 한 가지 일에 대해서는 그 때가 아닌 듯하기에 어떻게 처리할지 알지 못하여 감히 진달하지 않을 수 없으니 치계하여 올려 보냅니다. 운운."이라고 하였다. 이날 밤, 병이 심하여 잠들지 못하고 현감 남정과 상의할 때, 횡성 고을 아전이 문서로 보고하기를 "현감이 일이 있어 원주(原州)에 갔는데, 이

314 남정(南瀞) : 1585~1648. 본관은 의령(宜寧), 자는 여청(汝淸)이다. 1624년 5월 15일부터 1628년 12월 15일까지 홍천 현감으로 있었다.

인거의 아들이 관청이 빈 것을 틈타 군기(軍器)를 어지러이 꺼내어 궁자(弓子) 30여 자루를 골라 갔으나, 꾸짖어 금할 수가 없었습니다. 운운."이라고 하였다.

선생은 비로소 이인거가 군사를 일으키려는 상황을 알고, 즉시 치계하여 말하기를, "당일에 신은 홍천현(洪川縣)에 있었는데, 백여 명의 속오군을 사열하고 있었습니다. 마치고 돌려보낸 뒤에 병이 심하여 합문(閤門) 안에 누웠는데 술시(戌時 : 오후 8시 전후)쯤에 횡성을 지키는 관원의 보고서에 '현감이 군병을 점열하는 일로 원주에 급히 달려간 후에 이인거의 자제 한 사람과 뒤따르는 두세 명이 군기고(軍器庫)에 이르러 문을 무너뜨리고 활과 화살 30여 장을 꺼내었지만, 금지시킬 수 없었습니다. 운운.'이라고 하였습니다. 듣고서 놀람을 이기지 못하여 급히 영문 군관(營門軍官) 한 사람을 보내어 정탐하여 처치할 계획이었습니다. 신이 올 때 횡성에 이르자 이인거는 읍내에 와서 신과 원주 목사 홍보가 있는 곳에 사람을 보내어 말하기를, '한번 상소를 올리려 하나, 공문(公門)에 뵙기를 청한다는 혐의가 있을까 하여 감히 들어가 뵙지 못합니다. 운운.'이라고 하였습니다. 신은 말로 답하여 보내고, 홍보와 이탁남이 먼저 가서 보게 하였습니다. 그들이 와서 말하기를, '이인거가 소를 올린 후에 병사 이백여 명을 거느리고 호서남 등지에 군량을 요구하고 수령 중에 따르지 않는 자는 베며 이어서 경성에 가서 숙배한 뒤에 나라를 그르치는 간신들을 베고 이어서 적을 토벌하려 하였습니다. 우리는 병사를 일으킬 이유가 없음을 분명히 말하였으나, 이인거는 스스로 자기 의견을 고집하여 뜻을 돌리지 않았습니다.'라고 하였습니다. 신이 크게 놀라 말하기를 '이런 일이 있다니, 처사의 우활함입니다. 외적이 경내에 있을 때에는 왕명을 기다리지 않고 의병을 창도하여 일으키는 것은 오히려 혹 가능하지마는, 지금은 적병이 이미 철거하여 서로 싸울 만한 이가 없습니다. 또 이백 명의 군사로써 적의 소굴로 들어갈 것도 없는데, 저것이 무엇을 하고자 함이겠습니까. 예로부터 간신을 벨 것을 청하는 경우가 있기는 하나, 조정의 명령을 기다리지 않고 성급히 먼저 병사를 일으켜서 간사한 자들을 주벌한다는 것을 명분으로 삼은 자는 그 이름이 반역이 되니, 현자이면서 또한 이런 말을 한단 말입니까.'라 하고 서로 놀라 웃었습니다. 세 사람이 모두 가서 그를 보고 또 이 뜻으로 반복하여 깨우치니, 이인거가 말하기를, '그렇습니다. 소를 올린 후에 마땅히 회답이 내려오기를 기다려 병사를 일으키겠습니다.'라고 하였습니다. 신은 저 이인거의 말이 처사가 큰소리치는 것이고 반드시 실제의 일은 없을 것이라고 생각하였습니다. 또한 날이 저물어서 곧바로 일어나 나와 홍천에 도착하였습니다.

다음 날 그 소가 과연 이르렀는데, 그 소를 보니 말이 또한 매우 분명하지 못하였고, 저 사람은 산림의 사람으로서 적을 토벌한다는 것으로 소를 진달하였으니 감히 저지할 수 없었고, 곧장 스스로 받들어 올리매 고을 아전이 급히 보고함이 이와 같았으니 부근이 소동하였습니다. 저 사람이 스스로 강개하여 격발된 것이라고 하지만, 일의 정황을 돌아보지도 않고, 적이 경내에 있지 않은 상태에서 병사를 일으키는 것이 때가 아닌데도 조정의 명을 기다리지 않고 성급히 먼저 병사를 징발하여 그 관청이 빈 것을 틈타 군기를 어지럽게 꺼내었으니 일 처리가 전도되어 마치 정신이 나간 사람 같아서 그 하는 대로 맡겨 둘 수가 없었습니다. 그러므로 횡성 현감 이탁남, 원주 목사 홍보에게 명을 전하기를, '조정의 명령이 내려오기 전에 절대로 병권을 빌려주어서는 안 되고 본래의 관직을 엄히 지켜서 그 하는 바를 보고 처리하라. 운운.'이라고 하였습니다. 저 사람은 우활하고 편벽한 이로, 남의 말을 듣지 않고 일의 이치를 헤아리지 않은 채 진실로 병사를 일으켜서 적을 토벌한다는 것으로 명분을 삼고 경성에 올라간다면 어떻게 처리해야 되겠습니까. 조정에서 속히 처치해 주소서. 운운."이라고 하였다.

선생이 이미 봉계(封啓)하고, 이어서 원주, 횡성 두 수령이 여러 번 신칙함이 있었으나 끝내 한 번도 치보(馳報)한 것이 없어 매우 괴이하도록 놀랍고, 일이 급박하고 황급하여 편지를 왕복해 가며 따져 물을 겨를이 없었다고 생각하였다.

이에 원주, 횡성 두 수령에게 급히 명을 전하여 군대를 정비하고 진격하여 무찌르게 하고, 또 춘천 부사(春川府使) 민기(閔機)[315]에게 명을 전하여 병사를 거느리고 달려오게 하였다. 홍천의 군사는 사열하느라 관문(官門)에서 머물러 기다리고 있었으므로 현감으로 하여금 다시 정비하게 하였다. 또 생각해 보매, 이인거가 적을 토벌함을 명분으로 삼고서는 일의 이치를 헤아리지 않고 이와 같이 망령되게 행동하니, 한마디 말을 해 주어 그 병사를 해산시킬 수 있다고 여겼다. 마침내 믿을 만한 무사(武士) 두 명을 뽑아 편지를 부쳐 보내어, 순역(順逆)의 이치로 꾸짖고, 속히 병사를 해산하고 죄를 기다리게 하였다. 사람을 보내고 나자 홍보와 이탁남 두 사람의 치통(馳通 : 기밀이나 정보를 수집하여 급히 알려 줌)이 비로소 도착하였다. 대개 홍보가 이미 먼저 곧장 계를 올렸는데, 첩보(牒報)할 것을 마음에 두지 않았기 때문이었다. 선생은 마음에 분격하여 다시 장계를 올려 말하기를, "당초에 이인거가 소를 올릴 때 이미 그 언어가 무도하고 일을 저지른 것이 전도됨을 알았지만 그 이유를 알 수 없었습니다. 그의 장계 가운데 병사를 일으키겠다는 한 가지 일을 이미 진술하였으니 그 시기가 아닌 듯하지만, 어떻게 처치를 해야 되는지요. 지금 이 일을 저지른 것이 더욱 극히 패역하니 추포하는 일을 조금도 늦추어서는 안 됩니다. 그래서 한편으로는 근처의 관군을 정칙(整勅)하여 좌우에서 함께 진격하여 잡아 멸할 것을 기약하고, 한편으로는 글을 써서 들여보내어 순역의 이치로 꾸짖고, 속히 병사를 해산하고 죄를 기다리게 하였으니 그가 답하는 바를 시험해 보아 조정에서는 엄히 신칙하고 숙위하여 뜻밖의 사태에 대비해야 합니다. 운운"이라고 하였다.-

30일에 홍천에 머무르며 이인거를 체포한 상황에 대해 치계하였

315 민기(閔機) : 1568~1641. 본관은 여흥(驪興), 자는 자선(子善), 호는 서한당(棲閑堂)이다. 1597년(선조30) 문과에 급제하고 제주 목사, 경주 부윤 등을 역임하였다.

다.-선생이 막 병사를 내보내어 합세해 공격하려 할 때 정탐 보낸 관군이 와서 말하기를 "인거가 비록 병사를 모으고자 하나, 네다섯 명의 장관과 두세 명의 부하 외에는 사람들이 모두 도피하고 나오지 않았습니다. 인거는 다만 삼십여 명과 관노(官奴) 영수(永守)의 집에서 감히 움직이지 못하고 있습니다. 원주의 군대가 오늘 묘시(卯時 : 오전 6시 전후)에 달려가서 모두 사로잡은 것을 눈으로 보고 왔습니다. 운운." 하였다. 이것으로써 연유를 갖추어 치계하고, 이어서 적괴(賊魁)의 처자식과 지당(支黨)을 횡성, 원주의 두 감옥에 나누어 가두었다.

○처음에 선생이 원주, 횡성 두 수령에게 기미를 살펴 급히 통보할 것을 부탁한 것이 한두 번이 아니었는데도, 인거가 반역한 것을 선생은 고을 아전의 문서 보고로 비로소 알게 되었다. 인거가 사로잡힌 것도 정탐하는 군관을 통해서 듣게 되었다. 두 수령이 급히 알린 것이 모두 때가 늦었으니 이것은 이해할 수 없다. 지금 홍보의 진계를 아래에 첨부하여 참고에 대비한다.

○홍보의 장계는 다음과 같다. "이번 달 26일에 감사 최현이 나가 북관(北關)을 순시할 적에 신이 배행(陪行)하였습니다. 가다가 횡성에 도착하니, 현에 사는 전 익찬 이인거가 감사와 서로 만나 보는 일로 이미 본현에 와 있었습니다. 27일 아침에 이인거가 감사가 있는 곳에 와서 말하기를, '제가 한번 소를 올리고자 하는 일이 있습니다.'라고 하니, 감사가 묻기를 '소를 올리려고 하는 것은 어떤 일입니까?'라고 하였습니다. 이인거가 말하기를 '조정이 노적(奴賊)과 서로 화친하므로 제가 의병을 일으켜 충청도에서 무기를 얻어서 곧장 경성을 향해 가서 화친을 주장하는 간신 한 사람의 머리를 베어 깃대에 걸고, 이어서 서쪽으로 가서 적을 토벌하려고 합니다.'라고 하였습니다. 감사가 답하기를 '그렇다면 서쪽으로 간 뒤 곧장 적의 소굴을 치고자 하는 것입니까?'라고 하니, 인거가 말하기를 '소굴은 제거할 수가 없습니다.'라고 하니, 감사가 답하기를 '노적은 이미 다 철수하여 돌아갔는데, 어떤 적을 치려고 합니까?'라고 하니, 인거가 답하지 못하였습니다. 조금

있다가 인사하고 나갔고, 감사는 시재(試才)하는 일로써 그대로 머물렀습니다.

28일 아침에 홍천으로 향할 때, 신 및 횡성 현감 이탁남과 함께 가서 그 말과 얼굴빛을 살피기로 약속하였습니다. 곧 인거가 그 소의 초고를 꺼내었는데, 그 대체적인 내용은 오랑캐와 서로 화친해서는 안 된다는 뜻을 말하였고, 말단에는 병사를 일으켜 적을 토벌하고 화친을 주장하는 간신을 벨 것을 청한다고 말하였으며, 또 전하께서는 자신이 병사를 일으키는 것에 대해 의심하지 마시고 자신에게 병권을 내려 주시라는 등의 말을 하였으니, 이치에 어긋나고 오만한 말이 많았습니다. 감사가 답하기를 '병사를 일으키고자 한다면 병사는 어디에 있습니까? 얻은 병사는 얼마나 됩니까?'라고 하니, 인거가 말하기를 '이미 수백여 명을 모았습니다.'라고 하였습니다. 감사가 크게 놀라 안색이 변하여 나왔습니다. 가다가 몇 리쯤 이르러 신이 있는 곳에 사람을 보내어 말하기를 '나는 마땅히 홍천에 머무르겠습니다. 모든 일은 반드시 횡성 현감 이탁남과 자세히 탐지하여 치보하십시오.'라고 하며, 신과 이탁남에게 은밀히 모의하여 세밀히 기찰하고 연속하여 보고하게 하였습니다. 그 말이 있은 뒤에 신은 즉시 관아로 돌아와 장관(將官)에게 명을 전달하고 군병을 모아 변란에 대비하였습니다. 당일 사시(巳時)쯤에 횡성 현감 이탁남이 뜻밖에 급히 달려와 직접 말하기를, '이인거가 제멋대로 본현의 장관, 출신(出身 : 무과에 급제하였으나 아직 벼슬에 나가지 못한 사람) 등에게 전령하여 군병(軍兵)을 모으고 있습니다.'라고 하였습니다. 현감은 일이 황급한 중에 발생하여 조치할 바를 알지 못하였기에 신과 군무에 대해 만나서 논의하려고, 다만 관아의 종과 이방(吏房), 급창(給唱) 등만 거느리고, 그 처자식을 버려 두고 달려와 본주에 도착하였습니다. 뒤따라 달려가서 횡성현에 도착하였는데, 호방(戶房) 김응서(金應瑞)가 보고한 내용에 '이인거가 같은 현 출신(出身) 고찬(高纘), 고계립(高繼立) 등을 뽑아 보내어 횡성 현감을 추포하려 했지만 미치지 못하였고, 인거는 이미 본현에 병사를 모았습니다. 운운.'이라 하였습니다. 추후에 횡성현 호장(戶長)이 보고한 내용에 '이인거의 아들 두 사람이 군기청(軍器廳)을 무너뜨리고 활과 화살을 가져갔습니다. 운운.'이라고 하였으니, 이인거가 반역을 한 정황이 더욱 명백하여 의심할 것이 없었습니다. 신은 횡성 현감 이탁남과 본주의 군병을 모으고, 한편으로는 진격하여 무찔렀습니다. 그러나 감사가 이미 순시에 나가 버려서 신은 어쩔 수 없이 일이 황급한 중에 발생하여 듣고 본 것에 따라 치계하였고, 추후에 적의 형세를 정탐하여 상세하게 치계하려는 계획이었습니다. 운운."이라고 하였다.-

10월에 빈청(賓廳)의 계(啓)로 인하여 심리(審理)를 받고 원정(原情)하였다.-빈청(賓廳)에서 계청하기를 "삼가 원주 목사 홍보의 장계를 보았는데, 역적 인거가 횡성의 무기를 이미 탈취하였고 하늘을 쏘려는 뜻[316]이 이미 드러났으니 신들은 분분(憤憤)한 마음을 이기지 못하겠습니다. 그리하여 급히 선전관을 보내어 그 종적을 탐지하여 왔는데, 관찰사 최현이 만약 이러한 일의 정황을 보았다면 사유를 갖추어 치계하고 덫을 놓아 잡아들임이 마땅한 것인데, 장계의 말에는 다만 '군사를 일으키는 것이 때가 아닌 듯하다.'라고만 하였으니, 더욱 놀랍습니다. 청컨대 최현을 잡아 와서 추문하소서. 운운."이라 하였다.

○선생의 원정(原情)은 다음과 같다. "저는 일을 생각하는 것이 평소 더디어서 자세히 살피는 것을 잘 못하여 매양 느려서 일에 미치지 못하는 근심이 있습니다. 적을 토벌하는 데에 이르러서는 이 일이 어떤 일인데, 감히 한 터럭이라도 태만하고 소홀히 여기는 마음이 있었겠습니까. 역적의 괴수 이인거는 본디 혼매

316 하늘을 쏘려는 뜻 : 원문은 '석천지지(射天之志)'로, 석천은 중국 은(殷)나라의 임금 무을(武乙)이 허수아비를 만들어 천신(天神)이라 하고 바둑을 두다가 천신을 대신한 사람이 지면 욕을 하고 가죽 주머니에다 피를 담아 매달고는 올려다보며 활로 쏘면서 "하늘을 쏘았다.〔射天〕"라고 한 데서 나온 말이다. 후에 반역을 뜻하는 말로 쓰이게 되었다. 《史記 殷紀》

하였으나 자못 높은 선비라는 명성이 있었고, 성명(聖明)께서도 우대하는 예를 더하여 자주 음식물을 주라는 전교를 내리시기에, 저도 따라서 찬물(饌物)을 보내 주었습니다. 원주 목사 홍보는 그의 빈궁함을 듣고 양식과 찬을 보내 주었습니다. 지난해 겨울, 인거가 마침 원주에 와서 목사와 저에게 사례하므로 비로소 만나 보았고, 함께 말을 주고받았는데 우활하고 고집스러운 사람에 불과하였습니다. 그러나 그는 산림의 처사로, 나이가 이미 칠십, 팔십에 가까웠기 때문에 장자(長者)의 예로 대우하였습니다. 이때부터 인거가 간혹 사람을 보내어 편지를 주었습니다. 9월에 인거가 목사와 저에게 편지를 보내었는데, 편지 내용 중에 분개하고 불평하는 말이 있어 홍보가 저에게 말하기를 '인거의 편지 가운데 「이전 만고에 없었던 일입니다.」라는 등의 말은 무슨 일을 두고 한 말인지 모르겠습니다.'라고 하기에, 제가 '저도 괴이하게 여깁니다.'라고 하고, 답장에는 대략 안부를 묻는 데에 미쳤을 뿐이니, 이러한 괴이한 말에는 답할 필요가 없어서였습니다. 올해 속오군을 개정한 뒤에 비국(備局)의 사목(事目)으로 인하여 장차 사열하고 국구(國舅)를 예로 장사 지내는 일 때문에 나가 순시할 겨를이 없었고, 겨울의 방비하는 일이 이미 닥쳐 군정(軍政)이 걱정스러웠습니다. 올해 봄, 변란이 났을 때는 양식을 잇기가 어려워서 저는 이천(伊川) 근처 서쪽 예닐곱 관(官)에 양식을 저장하였다가 한편으로는 영동(嶺東)의 멀리 실어 나르는 폐단을 제거하고, 한편으로는 북로(北路)에 있는 장사(將士)들에게 공급할 식량을 계속 대어 주매 곤궁한 곳에는 쌀과 좁쌀 천여 석을 별도로 갖추고, 또 병영에 쌓아 둔 목필(木匹)을 수습하여 호조(戶曹)에 보관해 둔 당량(唐糧) 및 죄를 대신해서 징수한 쌀 천여 석을 모두 바꾸어 근처 서쪽 여러 읍에 나누어 두려 하였으나, 그 반도 조치하지 못하여 반드시 직접 순시하여 둘러본 뒤에야 바야흐로 일을 마칠 수 있었습니다.

지난 9월 26일에 병을 무릅쓰고 길을 떠나 원주 목사 홍보와 함께 횡성으로 갔습니다. 다음 날 아침에 인거가 사람을 보내 말하기를 '한번 소를 올리려 어제 이 읍내에 왔으나 공문(公門)에 뵙기를 청한다는 혐의가 있을까 하여 감히 인사드리지 못했습니다.'라고 하였습니다. 저는 답하기를 '오늘은 일이 있고, 내일 길을 떠날 때 만나 보겠습니다.'라고 하였습니다. 홍보가 신을 보고 이르기를 '오늘 아침 이인거를 보았는데, 그 상소하는 일에 대해 물어보니, 장차 의병을 창도하여 적을 토벌하려 하고 이미 군사 이백여 명을 얻었다고 합니다.'라고 하였습니다. 저는 '적이 경내에 있지 않으니 의병을 일으킬 때가 아닙니다. 설령 적을 토벌한다 하더라도 이백 명의 군사로 감당할 수 있겠습니까.'라고 하고, 서로 한번 웃었습니다. 홍보가 또 말하기를, '그 무기와 군량의 출처를 물어보니, 인거가 「이곳의 군량은 모자라서 호서와 호남에 가서 군량을 빌려 오려 합니다.」라고 답하였습니다.'라고 하였습니다. 저는 말하기를, '이 말은 더욱 이치에 가깝지 않습니다. 이 당시에 무기는 곳곳마다 수리하여 갖추어 놓아도 오히려 부족할까 근심하였는데, 누가 남는 것이 있어 빌려줄 수가 있겠습니까? 관가의 무기는 빌려줄 리가 만무합니다.'라고 하였습니다. 홍보가 말하기를 '저 사람이 말하기를 「내가 이에 나라를 위하여 적을 토벌한다고 하면 수령 중에 누가 감히 따르지 않겠습니까. 따르지 않는 사람은 비록 베더라도 괜찮을 것입니다.」라고 했다고 하였습니다. 저는 횡성 현감 이탁남과 서로 돌아보며 말하기를, '이 말이 더욱 해괴합니다. 조정의 명령이 없는데 누가 기꺼이 저 사람에게 명령을 받으려 하겠습니까.'라고 하였습니다. 홍보 등이 서로 박수치며 말하기를, '대단히 우활합니다.'라고 하였습니다. 잠시 뒤에 인거가 들어왔는데, 애초에 제가 '소를 올리고자 하니, 알지 못하겠습니다만 무슨 일인지요.'라고 하자, 인거가 '저는 산골짜기에서 밭을 갈며 살아가서 늙어 쓸모가 없지만, 올봄 오랑캐가 변란을 일으킨 때에 사람들이 혹 의병장을 권하였으나 스스로 무능함을 알기에 살기만 탐하고자 하였습니다. 지금 나라가 오랑캐와 강화하여 오랑캐의 사신이 왕래한다는 소식을 들었습니다.

이백 년 동안 예의를 지켜 온 나라가 장차 옷깃을 왼쪽으로 여미는 오랑캐의 무리가 되려 하니, 강개함을 이길 수가 없습니다. 이에 소를 진달하고, 의병을 창도하여 적을 토벌하여 전장에서 죽을 각오를 하고, 서울에 올라가 숙배 후에 먼저 화친을 주장한 간신을 벨 것을 청하고, 이어서 적로(賊路)에 가려 합니다.'라고 하였습니다. 저는 비로소 그의 편지에서 말한 「이전 만고에 없었던 일」이라고 한 것이 이것이라 생각하였고, 인거에게 '적이 이미 철수하여 돌아갔는데 어디에서 싸울 것입니까?'라고 하니, 인거가 '오랑캐 사신을 베려고 할 뿐입니다.'라고 하였습니다. 제가 '오랑캐 사신을 베는 것은 어렵지 않으나 많은 외적들이 나오는 것을 야기한다면, 그 이백 명의 의병으로 대적할 수 있겠습니까? 또 간신을 벨 것을 청한 것이 옛날에도 있기는 했으나, 군사를 일으켜 간신을 목 베는 경우도 있었습니까?'라고 하였습니다. 이것은 처사가 큰소리치는 것에 불과하였으니, 저는 심기가 불평하여 그와 말을 주고받고자 하지 않았습니다. 인거가 나가고, 저는 홍보와 이탁남 두 사람에게 말하기를, '만약 조정의 명령을 기다리지 않고 성급하게 먼저 병사를 일으켜 적을 토벌하고 간신을 주벌한다는 것을 명분으로 삼는다면 이것은 임금의 곁에 있는 간악한 자를 숙청한다는 것과 다름이 없으니, 즉시 잡아들임이 마땅합니다. 그러나 저 사람에게는 중한 명망이 있는 데다 실정이 아직 드러나지 않았으므로 다만 문답한 말만으로 잡아 치죄하겠다고 계를 올리면 조정에서 믿지 않을 뿐 아니라, 온 나라가 마땅히 처사를 무함하여 죽였다고 논할 것이니 이 일은 처리하기가 매우 어렵습니다. 마땅히 그 하는 바를 보고 그 실상을 들어 다스려야 할 것입니다.'라고 하였습니다. 다음 날, 제가 길을 떠나려 할 때, 홍보, 이탁남과 함께 인거가 우거하는 곳에 가서 묻기를 '상소는 다 썼습니까?'라고 하니, 인거가 소매에서 상소의 초고를 꺼내어 보여 주며 '필사자가 없어 미처 쓰지 못했습니다.'라고 하였는데, 그 뜻은 대개 하인 중에 필사할 자를 얻기를 청하려는 것이었습니다. 저는 들었으나 듣지 못한 체하고, 세 사람이 함께 그 상소를 보았는데, 어제 말한 것에서 자못 삭제한 것이 있었습니다. 제가 말하기를, '상소 가운데 군사를 일으켜 간신을 주벌한다는 등의 말은 매우 이치를 따르지 않는 것이니, 조정에서 허락할 리가 만무합니다. 허락되기 전에 절대 군사를 일으켜서는 안 됩니다.'라고 반복해서 경계하며 저지시키는 말을 어제와 다름없이 하였습니다. 인거가 말하기를 '그렇다면 상소의 답이 내리기를 기다리겠습니다. 오늘은 상소를 필사하지 못하였으니, 내일 마땅히 상소를 봉하여 횡성의 하인에게 부쳐 보내겠습니다.'라고 하였습니다. 저는 갈 길이 바빠 먼저 일어났고, 홍보와 이탁남이 울타리 밖에 따라와 작별하였습니다. 저는 두 사람에게 은밀히 부탁하기를 '만약 통보할 만한 일이 있으면 반드시 즉시 급히 알려야 합니다.'라고 하였고, 두 사람은 '이미 알고 있습니다.'라고 하였습니다.

절반을 가서 두 사람에게 사람을 보냈고, 홍천에 도착함에 이르러 또 편지를 보냈으니, 모두 형세를 살펴 급히 통보하라는 뜻이었습니다. 제가 홍천에 이르러 군사를 사열할 때 이인거의 상소가 이르렀습니다. 제가 홍천 현감 남정을 돌아보고 말하기를, '이 상소는 받들어 올리는 것이 마땅하지 않은 듯하고 뚜렷하게 패역한 말은 없으니, 지금 만약 받들어 올리지 않고 도로 물린다면 저지하는 데에 가까울 것이므로, 장계(狀啓)하여 조정에서 미리 알아 잘 처리하도록 하는 것이 어떻겠습니까?'라고 하니, 남정이 '매우 마땅하십니다.'라고 하였습니다. 제가 마침내 받들어 올렸는데, 장계 가운데 이른바 '병사를 일으키겠다는 것은 때가 아닌 듯합니다.'라고 한 것은 어떻게 처리해야 할지 모르겠다는 말이었으니, 대개 그 해야 할 바를 조정에서 미리 알게 하려는 것이었습니다. 이날 밤에 병이 심하여 마음과 정신이 혼미하고 답답하여 밤이 새도록 잠들지 못했습니다. 현감 남정과 서로 의논할 때, 횡성 고을 아전이 문서로 보고한 내용에 '현감은 일 때문에 원주에 갔는데, 이인거의 아들이 관청이 빈 것을 틈타 군기를 어지러이 꺼내어 활과 화살 삼십여 자루를 골라 갔으나 꾸짖어 금지할 수가 없었습니다.'라고 하였습니다.

저는 비로소 이인거가 군사를 일으킨 상황을 알고 즉시 치계(馳啓)하였는데 홍보와 이탁남 두 사람의 치통(馳通)은 보지 못하였고 다만 현리(縣吏)의 보고에 의거하였을 뿐이었으니, 오히려 감히 이인거가 반역을 도모했다고 판단하지 못하고 혹 상심하다가 망령되이 행동해서 알지 못하는 사이에 패역의 죄에 스스로 빠진 것이라 생각하였습니다. 대개 이인거가 평소에 스스로 허여하는 바가 이와 같이 심한 데에 이르지는 않았기 때문입니다. 놀라고 또 괴이하여 한편으로 원주 목사와 횡성 현감에게 명령을 전하여 군병을 정돈하고 기회를 살펴 반역의 소굴로 진격하게 하였습니다. 춘천(春川)의 병사는 미리 알리는 공문〔先文〕을 통해 군사를 사열하여 관문(官門)에서 정돈하고 기다렸으므로 부사 민기(閔機)에게 명령을 전하여 군사를 거느리고 오게 하였습니다. 홍천의 병사는 어제 사열하였기 때문에 본현(本縣)에 머무르며 기다렸습니다. 저는 현감 남정과 함께 군대를 더욱 정돈하였습니다.

저는 또 이인거가 실제로 적을 토벌하면서도 일의 상황을 돌아보지 않고 이와 같이 망령되이 행동하였다면 편지 한 통을 보내 그 병사들을 해산시킬 수 있다고 생각했습니다. 마침내 믿을 만한 무사 두 사람을 뽑아 편지를 부쳐 보내면서 순리와 반역의 이치로 꾸짖고 속히 병사를 파하여 죄를 기다리게 하면서, 그가 대답하는 바를 관찰하려 하였습니다. 만약 일각이라도 지체한다면 반역을 도모한 것으로 의심할 것이니, 그때 장계 중에 또한 편지를 보낸 의도를 진술하였습니다. 그런데 그 편지는 끝내 전해지지 못하고 되돌아와 문서 가운데 섞여 있었는데, 이미 내전에 들어갔으리라 생각했습니다. 분부하고 시간이 흐른 뒤에 홍보와 이탁남 두 사람의 치통이 비로소 도착했습니다. 저는 비로소 일을 알아차림이 민첩하지 못했음을 후회하고, 울분이 마음에 격동하여 다시 장계를 작성하였습니다. 또 좌우의 군병들을 거듭 경계하여 이날 밤에 함께 진격할 것을 약속하였습니다. 바야흐로 군대를 행군하려 할 즈음에 제가 보낸 정탐 군관이 와서 말하기를, '이인거가 비록 병사를 모으고자 하지만 너댓 명의 장관(將官)과 수십 명의 병졸 외에는 사람들이 모두 달아나 숨어 피하고 나오지 않았습니다. 이인거는 다만 삼십여 명과 함께 관노인 영수(永守)의 집에 있으면서 감히 움직이지 못하고 있기에, 원주의 군사들이 오늘 묘시에 달려 들어가 모두 생포하였습니다.'라고 하였습니다. 제가 눈으로 보고 난 뒤에 이 내용으로 사유를 갖추어 장계하고 이어서 홍천에 머무르면서 모든 역적을 다 사로잡기를 기다려 원주로 이송하고, 역적 괴수의 처자와 노비들은 횡성에 가두어 누락된 자가 없게 한 뒤에 저는 춘천으로 전진하였습니다.

대개 제가 사람을 알아봄이 명철하지 못해 인거가 반역을 도모하는 상황을 일찍이 알아채 먼저 체포하여 다스리지 못했고, 또 기한에 맞추어 병사들을 거느리고 친히 진격하여 흉악한 역적을 체포하지 못했습니다. 그러나 홍보와 이탁남 두 사람과 긴밀하게 의논하고 군령을 약속하여 처음부터 끝까지 일을 함께 하면서 한편으로는 장계를 올리고 한편으로는 병사를 정돈하고 계책을 마련하였습니다. 그리고 좌우에 군령을 전하여 기한을 정하여 역적의 소굴로 진격한 일이 한두 번이 아닙니다. 인거가 횡성에서 병사를 모을 때, 이탁남은 바야흐로 원주에 있었고 저는 바야흐로 홍천에 있었습니다. 횡성에서 원주까지의 거리는 사십 리이고, 홍천까지의 거리는 칠십 리입니다. 역적의 동정에 대해 횡성현의 사람들이 원주에 먼저 보고하면 다시 저에게 보고하였기에 일이 되어 가는 기미의 늦고 빠름과 장계를 올리는 선후는 진실로 같지 않습니다. 저의 실정(實情)에 대해서는 남김없이 드러내 아뢰었으니, 오직 하늘의 해처럼 매우 밝은 주상께서 어둡고 잘못된 것을 다 밝혀 주시는 데 달렸습니다. 운운."-

의금부에서 법에 따라 판결할 것을 계청하니, 주상께서 특명을 내려 풀어 주라 하셨다.-삼가 장릉(長陵)의 지장(誌狀)[317]을 보니, "최현이 역옥(逆獄)에 체포되자 국청(鞫廳)을 열어 벌줄 것을 청하였다. 임금께서 '지난해

야대(夜對)할 때, 그 당시 마침 처리함에 미진한 일이 있었는데, 이 사람이 입시관(入侍官)으로서 힘써 논쟁하기를 그치지 않아, 내가 자못 애를 먹었다. 그 뒤에 생각해 보니 참으로 나를 사랑하는 사람이었다. 지금 비록 죄를 입었으나 결코 초심을 저버리지는 않았을 것이니 즉시 풀어줄 것을 명하노라.'라고 하셨다. 대개 최현은 이인거의 반역을 알지 못했기 때문에 망녕되이 처사의 큰소리치는 일이라고 말했다가 죄를 입은 것이다. 그 말이 충성되면 한 때에 받아들여질 뿐만 아니라 또 시일이 오래되어도 알아주는 것이 이와 같다. 운운."이라고 하였다.-

양사(兩司 사헌부와 사간원의 합칭)에서 법률에 의거할 것을 계청하였으나, 윤허하지 않았다.-주상께서 말씀하시기를, "최현의 일은 실로 놀랍고 괴이하여 형벌을 면하기 어려우나, 생재(眚災)는 사면(赦免)하는 것[318]이 또한 옛사람이 형벌에 인정을 두는 방도이니, 너희는 모쪼록 나의 뜻을 알아서 속히 정지하고 번거롭게 하지 말라."라고 하셨다.-

24일에 여럿이 모여 계청하였으나, 윤허하지 않았다.-주상께서 말씀하시기를, "이미 의논이 결정되었으니, 더 이상 번거롭게 하지 말라."라고 하셨다.-

26일에 여럿이 모여 계청하였으나, 윤허하지 않았다.-주상께서 말씀하시기를, "어리석은 사람이 거역과 순종의 판단에 어두워 이런 지경에 이르렀으

317 장릉(長陵)의 지장(誌狀) : 장릉은 인조의 묘호이고, 지장은 지문(誌文)과 행장(行狀)으로, 조경(趙絅)이 찬한 〈인조 헌문 열무 명숙 순효대왕 장릉지(仁祖憲文烈武明肅純孝大王長陵誌)〉가 《용주유고(龍洲遺稿)》 권14에 실려 있고, 이경석(李景奭)이 찬한 〈인조 열문 헌무 명숙 순효대왕 행장(仁祖烈文憲武明肅純孝大王行狀)〉이 《백헌집(白軒集)》 권17에 실려 있다.

318 생재(眚災)는 사면(赦免)하는 것 : 《서경》 〈순전(舜典)〉에 "재난에 의한 죄는 용서해 주고, 믿는 곳이 있어서 끝내 재범하는 자는 죽이는 형벌을 쓴다.〔眚災肆赦, 怙終賊刑.〕"라고 하였다.

니, 죄가 진실로 무겁다. 그러나 그 실정은 용서할 만한 단서가 없는 것이 아니니, 사형을 감면하여 죄를 논하더라도 무슨 문제가 있겠는가. 너희는 모쪼록 나의 뜻을 잘 알아서 더 이상 번거롭게 하지 말라."라고 하셨다.-

11월 2일의 조강(朝講) 때, 양사에서 어탑(御榻) 앞에서 계청하였으나, 윤허하지 않았다.-주상께서 말씀하시기를, "최현의 죄가 진실로 무겁다는 것은 짐짓 전에 이미 말하였다. 다만 혼매(昏昧)함의 소치였을 뿐 일부러 범한 죄는 아니니, 그 정상은 용서할 만하다. 옛사람이 말하기를, '생재(眚災)는 사면(赦免)한다.'라고 하였으니, 최현도 사면에 해당하는 뜻이다."라고 하셨다. ○ 옥당(玉堂)에서 임문(臨文 : 책을 눈앞에 펴 놓고 읽는 것)하였는데, 인하여 '자신을 사랑하는 마음으로 남을 사랑하면 인을 지극히 하게 된다.'[319]라는 것을 논하여 아뢰기를, "무릇 사람은 모두 천지가 만물을 낳는 마음[320]을 받아 태어났습니다. 그러므로 모두 남을 사랑하는 마음이 있으니, 이것이 이른바 '인(仁)'입니다. 인군(人君)에 이르러서는 더욱 남을 사랑하는 것을 직분으로 삼아야 합니다. 그러므로 '임금이 되어서는 인덕을 베푸는 데에 머무르셨다.'[321]라고 하였습니다. 천

319 자신을……된다 : 북송 장재(張載, 1020~1077)의 《장자전서(張子全書)》 권2 〈정몽(正蒙) 대심(大心)〉에 "자신을 사랑하는 마음으로 남을 사랑하면 인을 지극히 하게 되니, 이른바 '자기에게 베풀기를 바라지 않는 것을 또한 남에게 베풀지 않는다.' 한 것이다.〔以愛己之心愛人則盡仁, 所謂施諸己而不願, 亦勿施於人者也.〕"라고 하였는데, '군자의 도 네 가지' 가운데 한 가지로 제시된 것이다.

320 천지가……마음 : 송나라 주희(朱熹)는 "천지는 만물을 낳아 주는 것으로 마음을 삼으니, 태어난 만물들이 인하여 각기 천지의 만물을 낳는 마음을 얻어서 그것으로 마음을 삼았다. 이 때문에 사람들은 모두 사람을 차마 해치지 못하는 마음을 가지고 있다.〔天地以生物爲心, 而所生之物因各得夫天地生物之心以爲心, 所以人皆有不忍人之心也.〕"라고 하였다. 《孟子集註 公孫丑上 第6章 集註》

321 임금이……머무르셨다 : 《시경》 〈문왕(文王)〉에 "심원하도다, 문왕이시여.

자의 경우는 천하 사람들이 모두 자신의 인(仁) 안에 있으며, 제후의 경우는 한 나라 사람들이 모두 자신의 인 안에 있습니다. 인을 지극히 한다는 말은 주상으로부터 마땅히 깊이 체득해야 할 바입니다."라고 하였다.

주상께서 말씀하시기를, "옛날의 임금은 죄를 범한 것이 있어도 실정상 용서할 만한 것이 있는 사람에 대해서 용서해 주면, 그 뒤에 그 사람이 혹 나라에 이로움이 있을 수 있으니, 이것 또한 인(仁)의 일이다."라고 하셨다. 대답하기를, "이것은 성인이 살리기를 좋아하는 덕[322]이니, 바로 인(仁)입니다. 형벌이란 것은 성인이 마지못해 하는 바이니, 훌륭한 점을 칭찬할 때는 길게 하고, 나쁜 점을 비난할 때는 짧게 한다[323]는 것은 바로 성인의 마음입니다."라고 하였다.

주상께서 말씀하시기를, "최현의 일은 참으로 생재(眚災)이다. 그 사람은 자못 계책하고 사려함이 있으니 조정의 의논이 모두 쓸 만한 인재라고 의망(擬望)하였는데, 무슨 까닭으로 이와 같이 처치한단 말인가."라고 하셨다. 대답하기를, "신은 최현과 사는 곳이 서로 가까워 어려서부터 서로 잘 알고 지냈기에 그의 사람됨을 매우 익숙히 알고 있습니다. 반정 이후에도 함께 동료로 지낸 지 매우 오래되었습니다. 이번에 일을 처리한 것은 다만 미혹된 것일 뿐, 그의 평소 일 처리와는 매우 같지 않습니다. 이것은 죽음의 재앙이 장차 이르러 하늘이 그의 혼을

아, 계속해서 공경하는 덕을 밝히셨나니, 임금이 되어서는 인덕을 베푸는 데에 머무르셨다.〔穆穆文王, 於緝熙敬止, 爲人君止於仁.〕"라고 한 데서 가져왔다.

322 성인이……덕 : 《서경》 〈대우모(大禹謨)〉에 고요(皐陶)가 순(舜)임금의 살리기 좋아하는 호생(好生)의 덕을 칭송하여 이르기를, "죄가 의심스러울 경우에는 가벼운 쪽으로 처벌하고, 공이 의심스러울 경우에는 중한 쪽으로 상을 주었다."라고 한 데서 가져왔다.

323 훌륭한……한다 : 《춘추공양전(春秋公羊傳)》 소공(昭公) 20년에 나오는 말로, 춘추필법(春秋筆法)을 뜻한다.

빼앗으려는 것이니, 혹 성명(聖明)께서 생재(眚災)로 보아주지 않으신다면, 그의 행위는 죽어도 마음에 달게 여길 것입니다."라고 하였다.

주상께서 말씀하시기를, "반드시 이인거를 은사(隱士)라고 여긴 것이리라."라고 하셨다. 대답하기를, "그의 성품이 깨끗하고 강직하기에 이인거가 벼슬에 제수되어도 나아가지 않은 것을 보고 은사라고 인식하여 잘못함이 이에 이른 것이지 어찌 이와 같은 개탄할 만한 일이 있어서이겠습니까."라고 하였다. 주상께서 말씀하시기를, "범한 것으로 말하면, 죄가 과연 무거우니 법에 의거해 다스릴 만하나, 다만 그 본래 뜻은 고의로 범한 것이 아니다. 실정과 범죄가 같지 않아 만약 용서할 만한 것이 없다면 어찌 많은 이의 마음을 억지로 거스를 수 있겠느냐. 《서경》에 '과오로 범한 죄는 크더라도 반드시 용서해 준다.'[324]라고 하였으니 이제 논의를 멈추어야 될 것이다."라고 하셨다.-

숭정(崇禎) 황제[325] 원년 무진년(1628, 인조6)-선생 66세-

정월 8일에 여럿이 모여 계청하였으나, 윤허하지 않았다.-주상께서 말씀하시기를, "윤허하지 않은 뜻은 전에 이미 다 깨우쳐 주었는데도 이와 같이 고집하여 해를 넘기는 지경에 이르렀으니 매우 지나치다. 무릇 일에는 마땅히 고집할 것이 있고 또한 반드시 고집해서는 안 되는 것도 있다. 내가 사사로운 뜻이

324 과오로……준다 : 《서경》 〈대우모(大禹謨)〉에서 사사(士師)인 고요(皐陶)가 순(舜) 임금에게 "과오로 범한 죄는 용서하되 큼이 없다.〔宥過無大.〕"라고 한 주에, "과오로 범한 것은 비록 죄가 크더라도 반드시 용서해준다.〔過誤所犯, 雖大, 必宥.〕"라고 하였다.

325 숭정(崇禎) 황제 : 명나라 제16대 황제 사종(思宗) 주유검(朱由檢, 1610~1644)으로, 연호가 숭정(崇禎)이어서 숭정제로 불린다. 재위 기간은 1627년부터 1644년까지이다.

있는 것이 아니라, 다만 그 실정이 죽을 죄에 이르지는 않았기 때문에 윤허하여 따를 수 없다. 이렇게 국옥(鞫獄)[326]으로 일이 많은 때를 당하였으니, 속히 멈추는 것이 옳다."라고 하셨다.-

양사에서 간쟁하여 고집하기를 그만두지 않으니, 특별히 명하여 회령(會寧)으로 유배하였다. ○9월에 특별히 명하여 석방하여 돌아오게 하였다. 돌아오는 길에 낙산사(洛山寺)를 경유하였다.-〈산수병기(山水屛記)〉[327]가 있다.-

2년 기사년(1629, 인조7)-선생 67세-

봄에 고향으로 돌아왔다.-선생은 임금의 은혜에 감격하여 비망기(備忘記)를 나열하여 기록하고서 그 뒤에 유계(遺戒)를 적어 자손들에게 전해 주며 대대로 나라에 보답하기를 꾀하는 뜻으로 면려하였다.-

3년 경오년(1630, 인조8)-선생 68세-

겨울에 무고를 받아 옥에 갇혔다가 곧바로 특별 방면을 받았다.-당시에 무뢰한 역적 양천식(楊天植)이 반역을 도모하다가 발각되자 무고(誣告)함이 선생에게까지 미쳐 체포되었다. 주상께서 말씀하시기를, "최현은 일찍이 궁중(宮中) 내전(內殿)의 잘잘못을 지적하여 진술하였는데 말이 매우 절실하고 강직하였기에 내가 매우 곤란하였다. 그 뒤에 생각해 보니 참으로 나를 사랑하는 말이었기에 평소 마음에 잊지 않았다. 이와 같이 충성스럽고 어진 사람이 어찌 역

326 국옥(鞫獄) : 죄인을 국문(鞫問)하여 죄를 결단함을 말한다.

327 산수병기(山水屛記) : 원제목은 〈낙산산수병기(洛山山水屛記)〉로, 원집 권10에 실려 있다.

적과 서로 알았을 리가 있겠느냐."라고 하고, 즉시 풀어 줄 것을 명하셨다.-

4년 신미년(1631, 인조9)-선생 69세-

5년 임신년(1632, 인조10)-선생 70세-

《동국통감(東國通鑑)》을 저술하였다.-《춘추(春秋)》는 노(魯)나라의 연대로 차례를 편집하였고, 월(月)은 주(周)나라 월(月)을 사용하였다. 그러므로 선생은 신라의 연호를 위주로 하고 그 나머지 고구려, 백제 그리고 중국의 연호는 줄을 나누어 적었다.-

6년 계유년(1633, 인조11)-선생 71세-

10월에 풍천정(楓川亭)을 건축하였다.-풍천정은 초곡(草谷) 동쪽 낙동강 서쪽 언덕에 있었는데, 지금은 터만 남아 있다. ○여헌(旅軒) 장 선생(張先生)의 〈병자기행(丙子記行)〉에, "강의 오른쪽 두둑에 만 겹의 층층 언덕 위에 날 듯한 정자가 있네. 정자의 이름은 무엇인가, 만한(晩閒)이라 걸었네. 정자의 주인은 누구인가, 묵평(默坪)의 최 사문(崔斯文)일세."라고 하였다.-

7년 갑술년(1634, 인조12)-선생 72세-

8년 을해년(1635, 인조13)-선생 73세-

9년 병자년(1636, 인조14)-선생 74세-

12월에 청나라 병사들이 갑자기 쳐들어와서 왕의 어가가 남한산성으로 들어가니, 온 고을의 사우(士友)와 함께 앞장서 의병을 일으켰다.

10년 정축년(1637, 인조15)-선생 75세-

정월 3일에 군대를 정돈하였다.-한 고을이 모두 선생을 추대하여 대장으로 삼고 언양 현감(彦陽縣監) 김녕(金寧)을 부장으로 삼았는데, 문경 현감(聞慶縣監) 이경절(李景節)[328]과 김공(金玒)[329] 공, 참봉 박진경(朴晉慶),[330] 참봉 김선(金銑)[331] 등 30여 명이 모두 진중(陣中)에 있었다. 선산 부사〔地主〕는 군사 70명과 조총(鳥銃) 및 자루를 공급하여 도왔다.-

4일에 출발하였다.-선생은 병이 있어 부장에게 의병을 대신 거느리고 먼저 가게 하고, 사방리(舍方里)까지 뒤따라갔다.-

5일에 병사들을 직접 깨우치고 맹세하였다. 행군하여 오리원(梧里院)에서 묵었다.-선생이 중군(中軍) 허신생(許申生)[332]에게 명하여 항오(行伍)에 나열하여 서도록 하고, 몸소 진중에 이르러 "한마음으로 나아가고 물러나 감히 명을 어기지도 말고 감히 놀라 동요하지도 말라. 운운."이라고 깨우쳤다.-

328 이경절(李景節) : 1571~1640. 본관은 덕수(德水)이다. 광해군(光海君)의 폐모론(廢母論)에 반대하고, 병자호란 때 의병을 일으켰다.

329 김공(金玒) : 1581~1681. 본관은 선산(善山), 자는 자량(子亮), 호는 욕담(浴潭)이다.

330 박진경(朴晉慶) : 본관은 밀양(密陽), 자는 명술(明述), 호는 와유당(臥遊堂)·소암(巢巖)이며, 여헌(旅軒) 장현광(張顯光)의 사위이다. 병자호란 때 의병장이었으며, 사후 남강서원(南岡書院)에 제향되었다. 저서로는 《해동명현록(海東名賢錄)》과 《상례휘보(喪禮彙補)》 등이 있다.

331 김선(金銑) : 1583~1639. 본관은 선산(善山), 자는 자상(子翔)이다.

332 허신생(許申生) : 이름은 신생이고, 본관은 김해(金海)이다. 허훈(許薰, 1836~1903)의 《방산집(舫山集)》 〈허장군실기서(許將軍實記序)〉에, "임진왜란 때 재종조 우림위(羽林衛) 복수(福壽)와 함께 마을 장정을 거느리고 적을 토벌하였다.…… 그 뒤 고을로 돌아와 농사하며 공로를 자랑하지 않았다."라는 기록이 있다. 또 허신생은 봉계(鳳溪), 구미(龜尾) 등지의 전투에서 성과를 내었다.

6일에 눈이 내려 머물렀다.-한밤중에 선산 부사가 보낸 전령이 문경에서 왔는데, 경기도 광주의 쌍령(雙嶺) 전투에서 좌우병사(左右兵使)가 패하여 사망하였다[333]는 보고를 들었다.-

7일에 행군하여 논곡(論谷)에 이르렀고, 아들 산휘(山輝)가 뒤따라 이르렀다.-눈보라가 더욱 거세졌으나 선생은 병든 몸을 억지로 이끌고 행군하였다. 병이 더욱 심해져 이 때에 이르러서는 호흡이 멈췄다가 한참 뒤에야 되살아났다.-

10일에 문경 두곡(杜谷)에 이르러서 머물러 주둔하였다. ○16일에 문경현에 들어가 현감을 만나 보고 인하여 유숙하였다.-선생의 병세가 더욱 심해져서 군대의 일을 다스릴 수 없어서 참봉 박진경에게 위임하여 대신 병사를 거느리게 하였다. 얼마 후 남한산성의 포위가 풀렸다는 소식을 듣고 마침내 해산하였다.-

2월에 돌아와 회계(會溪)에 우거하면서 아들 산휘를 보내 조정의 임금께 달려가 위문하게 하였다. ○3월에 아들 산휘의 죽음에 곡하였다.-부사공(府使公) 산휘가 임금께 달려가 위문하고 돌아오던 길에 천연두를 만나 풍천정사(楓川精舍)에서 사망하였다. 애사(哀辭)와 제문이 있다.-

9월에 여헌 장 선생의 죽음에 곡하였다.-만시(輓詩)와 제문이 있다.-

333 쌍령(雙嶺)……사망하였다 : 경상 좌병사는 허완(許完, 1569~1637)으로, 본관은 양천(陽川), 자는 자고(子固), 시호는 충장(忠莊)이다. 1593년(선조26) 무과에 급제, 진주 목사와 회령 도호부사를 지냈고, 병자호란 때인 1637년 영남좌도 절도사로서 보병 1만여 명을 이끌고 광주 쌍령에서 적과 싸우다 전사했다. 경상 우병사는 민영(閔栐, ?~1637)으로, 본관은 여흥(驪興), 자는 정보(正甫), 시호는 충장(忠壯)이다. 병자호란 때 경상우도 병마절도사로, 남한산성으로 올라가던 중 쌍령 전투에서 전사하였다.

11년 무인년(1638, 인조16)-선생 76세-

12년 기묘년(1639, 인조17)-선생 77세-

13년 경진년(1640, 인조18)-선생 78세-

5월에 묵은 병이 더욱 심해지자 글을 남겨 자손을 경계하였다.-25일에 선생은 병이 위독하여 붓을 잡을 수가 없었기에 문하생 조준남(曺俊南)[334]을 불러 쓰게 하였다. 쓰기를 "만력(萬曆) 기축년(1589, 선조22) 6월 25일은 나의 선친[崔深]이 돌아가신 날이다. 선친은 불초자인 내가 가르칠 만하지 못하다는 것을 알지 못하시고, 임종 때 정성껏 가르치고 경계하여 영세토록 남는 유서(遺書)로 삼았다. 이제 나는 선친이 나에게 바라던 것으로 다시 너희에게 고하노니, 이와 같이 한 이후라야 거의 구천(九泉)에 계시는 선친의 뜻을 저버림이 없을 것이다. 매양 생각이 여기에 미치매 비통함이 끝이 없다. 너희가 자식의 정을 조금이라도 안다면, 이것이 마음을 감동시킬 곳이 아니겠느냐. 선친께서 임종할 때 나를 불러 경계하기를 '집에 거처할 때는 공손히 하고, 일을 행할 때는 공경스럽게 하며, 남을 대할 때는 성의를 다해야 한다는 것은 비록 오랑캐의 땅에 가더라도 버려서는 안 된다.'[335]라고 하셨다. 이것은 내 말이 아니라 공자의 말씀이니, 너희는 마땅히 종신토록 마음에 새겨라."라고 하였다.-

6월 4일에 금산(金山) 봉계(鳳溪) 별서(別墅)에서 고종(考終)하

334 조준남(曺俊南) : 1583~1663. 본관은 창녕(昌寧), 자는 이정(而挺), 호는 둔암(遁岩)이다. 봉훈랑, 천문학 교수 등을 지냈고 사복시 정(司僕寺正)에 증직되었다.

335 집에……된다 : 《논어》 〈자로(子路)〉에 번지(樊遲)가 인(仁)을 물었을 때, 공자가 이와 같이 대답하였다.

였다.-선생은 참담하고 슬픈 일을 누차 만났기에 집에 거주하는 것을 즐거워하지 않아 이곳으로 옮겨 우거(寓居)한 지 이미 여러 해가 되었다.-

7월 27일 신축일에 주상께서 예조 좌랑 장응일(張應一)[336]을 보내 사제(賜祭)케 하셨다. ○8월 27일에 순충보조공신(純忠補祚功臣) 자헌대부(資憲大夫) 예조 판서(禮曹判書) 겸 지경연(兼知經筵) 의금부 춘추관사(義禁府春秋館事) 동지 성균관사(同知成均館事) 홍문관 제학(弘文館提學) 완성군(完城君)에 증직되었다.-아들 산휘가 공신에 참록되었기[337] 때문이다.-

9월에 선산(善山) 묵어평(默語坪) 곤향(坤向) 언덕에 반장하였다.

-우리 숙종대왕 33년(1707)- 정해년

4월에 고을 사람들이 송산(松山)에 사당을 세워 위판(位版)을 봉안하였다.-송정(松亭) 선생[338]을 함께 향사하였다.-

-우리 영조대왕 52년(1776)- 병신년

9월에 송산사(松山祠)를 창림동(昌林洞)으로 이건하였다.

336 장응일(張應一) : 1599~1676. 본관은 인동(仁同), 자는 경숙(經叔), 호는 청천당(聽天堂)이며, 장현광의 아들이다. 1629년(인조7) 문과에 급제하여 벼슬이 대사간에 이르렀다. 저서로 《청천당집》이 있다.

337 산휘가 공신에 참록되었기 : 1628년(인조6) 제천(堤川)에 귀양 가 있던 유효립(柳孝立)이 역모하고 선조의 7남인 인성군(仁城君)도 관여하고 있다고 고변하였다. 그 공으로 영사공신(寧社功臣) 3등에 책록되고 완해군(完海君)에 봉해졌다.

338 송정(松亭) 선생 : 최현의 재종조인 최응룡(崔應龍, 1514~1580)으로, 자는 견숙(見叔), 호는 송정이다. 1546년(명종1) 문과에 급제하여 지평(持平), 의주 목사(義州牧使), 형조 참판(刑曹參判) 등을 역임했다. 선산(善山)의 송산서원(松山書院)에 제향되었다.

부록

행장 行狀

증 순충보조공신 자헌대부 예조판서 겸 지경연의금부춘추관사 동지성균관사 홍문관제학 완성군 행 통정대부 강원도관찰사 겸 병마수군절도사 순찰사 인재 선생 최공 행장

贈純忠補祚功臣 資憲大夫 禮曹判書 兼知經筵義禁府春秋館事 同知成均館事 弘文館提學 完城君 行通政大夫 江原道觀察使 兼兵馬水軍節度使 巡察使 訒齋先生 崔公 行狀

공의 휘는 현(晛), 자는 계승(季昇), 성은 최씨(崔氏), 본관은 전주(全州)이다. 고려조에 문하시중을 지냈고 시호가 문성(文成)인 휘 아(阿)가 비조(鼻祖)이다. 5대를 내려와 비안 현감(比安縣監)을 지냈고 도승지에 추증된 휘 수지(水智)에 이르러 비로소 선산(善山)의 해평현(海平縣)[339]에 터를 잡고 살게 되었고, 자손들이 이곳에 일가를 이루었다. 증조부 휘 이회(以淮)는 사복시 주부(司僕寺主簿)를 지냈고 통례원 좌통례(通禮院左通禮)에 추증되었으며, 조부 휘 치운(致雲)은 참봉을 지냈고 승정원 좌승지(承政院左承旨)에 추증되었으며, 부친 휘 심(深)은 의정부 좌참찬(議政府左

339 해평현(海平縣) : 지금의 경상북도 구미시 해평면 일대로, 조선 태종 때 해평현을 선산부(善山府)에 병합하였다.

參贊)에 추증되었으니, 3대가 추증된 것은 모두 공이 귀하게 되었기 때문이다. 참찬공은 덕을 감추어 벼슬하지 않았는데, 여헌(旅軒) 장 선생(張先生)이 그의 묘갈명을 썼다.[340] 모친 동래 정씨(東萊鄭氏)는 정희좌(鄭熙佐)의 따님이고, 덕양 기씨(德陽奇氏)는 교도(敎導) 기우(奇遇)의 따님이며, 성산 이씨(星山李氏)는 병절교위(秉節校尉) 이지원(李智源)의 따님이자 정언(正言) 경은(耕隱) 선생 이맹전(李孟專)[341]의 증손녀이다. 세 분 모두 정부인(貞夫人)에 추증되었다.

공은 가정(嘉靖) 계해년(1563, 명종18) 6월 10일에 태어났다. 어려서부터 보통 아이들과 달리 총명하고 뛰어났다. 8세에 두곡(杜谷) 고응척(高應陟)[342]에게 배웠는데, 뜻을 가다듬어 학문에 힘썼고 시문(詩文)을 지으면 번번이 사람들을 놀라게 하였다. 9세에 어머니 정부인이 세상을 떠나니 상례를 치르는 것이 마치 어른과 같았다. 13세에 방백(方伯)이 금오서원(金烏書院)에서 책

340 묘갈명을 썼다 : 장현광(張顯光)의 문집인 《여헌집(旅軒集)》 권12에 〈처사최공묘갈명(處士崔公墓碣銘)〉이 실려 있다.

341 이맹전(李孟專) : 1392~1480. 본관은 벽진(碧珍), 자는 백순(伯純), 호는 경은, 시호는 정간(靖簡)이다. 1427년(세종9) 문과에 급제하여 한림과 정언 등의 벼슬을 지냈다. 그러나 1453년(단종1) 수양대군이 계유정란을 일으키자 이듬해 벼슬을 버리고 고향인 선산으로 돌아가서 귀머거리·소경이라 핑계하고는 은둔하여 친한 친구마저 사절하고 30여 년이나 문밖에 나가지 않고 일생을 마쳤다.

342 고응척(高應陟) : 1531~1605. 본관은 안동, 자는 숙명(叔明), 호는 두곡(杜谷) 또는 취병이다. 1549년(명종4) 사마시에 합격하였고 1561년 문과에 급제하였다. 벼슬이 경주 부윤에 이르렀으며 사후에 선산의 낙봉서원(洛峯書院)에 제향되었다. 저술로는 《두곡집》과 《대학개정장(大學改正章)》이 있다.

문(策問)으로 선비들을 시험하였는데, 공의 글이 1등을 차지하니 경탄하지 않는 사람이 없었다. 약관이 되어서는 학봉(鶴峯) 김 선생(金先生)의 문하에서 공부하여 학문하는 방도를 배워, 이때부터 학문이 날로 진보하니 동학들이 모두 인정하고 탄복하였다.

만력(萬曆) 무자년(1588, 선조21) 생원시에 1등 2위(位)로 입격하였다. 기축년(1589, 선조22)에 부친 참찬공의 상을 당하였는데, 공은 상례를 지킴에 어긋남이 없었다. 임진년(1592)에 섬나라 오랑캐 일본이 침략해 오자 공은 진성(眞城)과 영해(寧海) 사이로 피해 가서 머물다가 갑오년(1594)에 옛집으로 돌아왔다. 병신년(1596)에 체찰사(體察使) 이원익(李元翼)[343]이 영남에 부임하자 공이 글을 올려 세 가지 강령(綱領)과 아홉 가지 조목(條目)을 진술하였다. 모두 나라를 다스리고 어지러움을 바로잡을 계책이었으니, 이공이 감탄하고 답장을 보내었다.

무술년(1598)에 재신(宰臣)들이 공을 재행(才行)으로 추천하여 건원릉 참봉(健元陵參奉)에 제수되었다. 이미 사은숙배(謝恩肅拜)하고 나서, 상소하여 아홉 가지 조목을 진달하기를, "인재(人材)가 없어진 것은 편당 짓는 폐습이 그들을 해쳤기 때문이고, 기강이 떨치지 못하는 것은 장상(將相)이 권력이 없기 때문이며, 인심이 해이한 것은 상벌이 분명치 못하기 때문이고, 사기(士氣)가 경박한 것은 선비를 장려함이 지극하지 못하기 때문이며, 어질고 유능한 사람이 모이지 않는 것은 정성이 감동시키지 못했기 때문이

343 이원익(李元翼) : 1547~1634. 본관은 전주(全州), 자는 공려(公勵), 호는 오리(梧里), 시호는 문충(文忠)이다.

고, 서관(庶官)이 직무를 제대로 수행하지 못하는 것은 전적으로 일을 맡기지 않기 때문이며, 군대의 사기가 진작(振作)되지 않는 것은 통솔하는 장수에게 방책이 없어서이고, 백성의 삶이 날로 곤궁한 것은 수령을 제대로 선택하지 못했기 때문이며, 나라의 재정이 날로 위축되는 것은 조치가 마땅함을 잃었기 때문입니다. 조목이 아홉 가지이지만 이것을 행하는 방법은 하나이니, 하나는 무엇이겠습니까. 바로 이른바 성(誠)인 것입니다."라고 하였다. 이때는 바로 큰 난리를 겪어 모든 일이 번잡하였으므로, 공이 한 말은 모두 당시의 힘써 해야 할 일에 딱 들어맞는 것이었다. 곧바로 병을 이유로 사직하고 돌아왔고, 그 뒤 참봉에 제수되었으나 나아가지 않았다.

병오년(1606, 선조39)에 문과에 급제하고, 정미년(1607)에 예문관 검열(藝文館檢閱)에 추천되어 제수받았다. 당시의 재상 중에 조정(朝政)을 문란케 하는 사람이 있어 공이 숨김없이 있는 그대로 글을 썼고, 시배(時輩)가 이것을 가지고 공을 공격하려고 하자 정유(呈由 벼슬을 그만두는 사유를 올리는 것)를 하고 남쪽 고향으로 돌아왔다.

광해군(光海君) 무신년(1608, 광해군 즉위년)에 대교(待教)로 승진하고 시강원 설서(侍講院說書)로 옮겨졌다가, 얼마 뒤 사간원 정언(司諫院正言)에 제수되었다. 이때 〈구지명(九知銘)〉을 지어 스스로를 성찰하였으니, 명(銘)에 쓰기를, "몸가짐은 진중하지 않으면 안 되고, 일 처리는 자세히 살피지 않으면 안 되며, 말을 할 때는 삼가지 않으면 안 되고, 진퇴는 분명하지 않으면 안 되며, 학식은 넓지 않으면 안 되고, 위의(威儀)는 잘 갖추지 않으면 안 되며, 벗을 사귀는 일은 신중하지 않으면 안 되고, 남을 응접하는 일은 정성으로 하지 않으면 안 되며, 관리의 일은 익숙하지 않으면 안 된다."라고 하였다.

이해 8월, 사헌부 감찰(司憲府監察)을 겸관하고, 하절사(賀節使)의 서장관(書狀官)이 되어 명나라에 갔다가, 이듬해 3월에 돌아와 복명(復命)하였다. 공은 자신을 다스림에는 간소하고 검약하였으며 아랫사람을 부림에는 엄격하고 공정하였으므로 역(驛)의 하례(下隷)들이 두려워하며 복종하였다. 그런데 칙서 가운데 '권서(權署)'[344] 두 글자를 미처 바로잡지 못하였다고 하여 삼사(三使)[345]가 모두 의금부에 잡혀가 조사를 받았다. 석방되어 나와서는 곧바로 고향으로 돌아왔다. 돌아오는 도중에 정언(正言)에 제수되었으나, 사직을 청하여 체직되었다.

경술년(1610, 광해군2) 1월, 선조(宣祖)의 대상(大祥)에 참여하였다. 사헌부 지평(司憲府持平) 겸 춘추관 기주관(春秋館記注官)과 실록청 낭청(實錄廳郎廳) 겸 체부 종사관(體府從事官)에 제수되었고, 이윽고 옥당(玉堂)에 녹용되었다. 암행어사가 되어 관서(關西)로 내려가 강 연안을 방수(防守)하는 데 편리하도록 바로잡고 복명하였다. 낭청과 종사관에 도로 제수되었는데, 대신

344 권서(權署) : 1609년(광해군1) 동지사(冬至使)가 북경에서 돌아오면서 받아온 명나라 예부 자문(禮府咨文)에서, 새로 즉위한 광해군을 '국사를 임시로 맡은 한 사람〔權署國事一員〕'이라고 지칭한 것을 바로잡지 않은 일을 말한다. 《光海君日記 1年 4月 6日》

345 삼사(三使) : 당시 동지사로 함께 갔던 정사(正使) 신설(申渫), 부사(副使) 윤양(尹暘)과 서장관 최현(崔晛)을 말한다.

인 이덕형(李德馨)과 이항복(李恒福)이 계청하여 공을 비국랑(備局郎) 겸 주사 구관사 종사관(舟師句管司從事官)으로 삼고, 해안 방어에 관련된 업무들을 정비하게 하였다. 이때 공은 고향에 있었으므로, 관찰사에게 명하여 말을 지급하여 상경시키도록 하였다.

신해년(1611)에 궁궐에 나아가 주사(舟師)의 이해(利害)에 대해 상소로 진달하고, 긴급하지 않은 역사(役事)를 중단하여 낭비를 줄이고 해안 경비에 전념할 것을 청하였다. 마침내 호남과 영남을 차례로 순시하여 적절하게 조처하였는데, 일을 다 끝마치기 전에 경성 판관(鏡城判官)으로 옮겨 제수되었다. 비국(備局)에서 아뢰기를, "최 아무개가 내려가자 호남과 영남의 방비하는 일이 잘 단련되어 조금 두서가 잡혔습니다. 만약 다른 사람이 대신 관장하게 되면 일이 다시 흐지부지되고 말 것이니, 판관의 직책을 바꾸어 그로 하여금 그대로 주사의 직무를 관장토록 해 주소서." 하였고, 재차 아뢰어 허락을 받았다. 얼마 안 가서 조정에 돌아와 복명하고, 다시 실록청 낭청과 춘추관 기주관에 제수되어, 주사의 일을 관장하고 양남 순무어사(兩南巡撫御史)를 겸임하니, 해안 방어에 관련된 일들이 차례로 자리가 잡혔다. 홍문관 수찬 겸 경연 검토관 춘추관 기사관에 제수되니, 조정으로 돌아와 배명(拜命)하였다. 폐주(廢主)가 술사(術士)의 말에 따라 교하(交河)로 수도를 옮기고자 하매, 대신에게 명하여 관상감 제조(觀象監提調)와 이 의견을 아뢴 지관(地官)을 데리고 그곳에 가서 형편을 살펴보라고 하자, 대신과 대간(臺諫)이 편리하지 못함을 힘껏 간언하였다. 공이 이어 차자를 올려 극력 쟁론하였는데 말이 매우 사리에 맞으니 의론이 마침내 잦아들었다. 어사가 되어 문경(聞慶) 어류산성(御留山城)의 형세를 두루 살펴보았다. 홍문관 부교리 겸 경연 시독관으로 승진되었고, 또 비변사 낭청으로서 조총청 도청(鳥銃廳都廳)을 겸하였다.

계축년(1613, 광해군5)에 시강원 문학(侍講院文學)에 제수되자, 소장을 올려 산림의 현사(賢士)를 널리 선발하여 동궁(東宮)을 보도(輔導)할 것을 청하였다. 폐주가 생모를 추숭하여 봉자전(奉慈殿)[346]에 봉안하고, 천자에게 고명(誥命)을 주청하려 하니, 공이 차자를 올려 말하기를, "이미 높은 존호가 있고 또 별전(別殿)에서 제향(祭享)하니, 높이고 받드는 법도가 지극히 융성합니다. 그런데 지금 고명을 청하여 천자에게 이 일을 알리려 하십니다. 신이 '집안에는 두 어른이 있을 수 없고 예(禮)에는 두 적처(嫡妻)가 있을 수 없다.'고 들었으니, 대경대법(大經大法)이 지극히 엄하고 지극히 분명한 것입니다. 그러므로 노(魯)나라 은공(隱公)이 중자(仲子)에게 한 일과 희공(僖公)이 성풍(成風)에게 한 일[347]을 《춘추(春秋)》에서 몹시 잘못되었다고 하였습니다. 그리고 이 두 군주가 뒤쫓아 천왕(天王)에게 책명(冊命)을 청하였다는 일은 듣지 못하였으니, 예를 지키고 의를 두려워하여 감히 할 수

346 봉자전(奉慈殿) : 광해군이 자기의 생모를 추존하여 공성왕후(恭聖王后)로 삼고, 별묘를 세워 제사 지내고 그 이름을 봉자전이라고 하였다.

347 노(魯)나라……일 : 《춘추좌씨전》 은공 5년 조의 "9월에 중자의 궁을 완성하고 처음으로 육우의 춤을 바쳤다.〔九月, 考仲子之宮, 初獻六羽.〕"라는 기사와 문공(文公) 9년 조의 "진인이 와서 희공과 성풍의 수의(襚衣)를 주었다.〔秦人來, 歸僖公成風之襚.〕"라는 기사를 말한다. 중자와 성풍은 각각 은공과 희공의 생모로, 모두 부왕의 측실이었다.

없었던 것이 아니겠습니까. 지금 생모의 위호(位號)가 이미 정하여져 나라 안에서 높이 일컬어지는 데 조금도 미진함이 없습니다. 비록 혹 천조(天朝)에 청한다 하여도 그 위에 더할 바가 없을 것인데, 하물며 청하고서도 윤허를 얻지 못하고 도리어 상국(上國)의 나무람을 받게 되면, 어머니를 현양(顯揚)하는 도리에 부족함이 있게 되지 않겠습니까." 하였다.

정언(正言)으로 옮겨 제수되었다. 이때 적신(賊臣) 이이첨(李爾瞻)이 그의 도당을 몰래 사주(使嗾)하여, 연흥부원군(延興府院君) 김제남(金悌男)이 영창대군(永昌大君)을 임금으로 추대하려 한다고 모해하여 옥사를 꾸몄다. 영창대군을 법대로 처리해야 한다는 계사(啓辭)를 아침저녁으로 올리니, 공이 다툴 수 없다고 생각하고 규례를 들어 혐의(嫌疑)[348]가 있음을 이유로 물러나기를 청하니 폐주가 좋아하지 않았다. 정조(鄭造)와 윤인(尹訒)이 아뢰기를 "최 아무개가 작은 혐의를 핑계로 중요한 의논에서 도망갈 방법을 강구하니, 관직을 삭탈하소서." 하니, 폐주가 그 청을 따랐다. 이때부터 고향에 숨어 자취를 감추고서 도서(圖書)와 사서(史書)를 읽으며 유유자적한 세월이 모두 11년이었다.

계해년(1623, 인조1)에 인조반정(仁祖反正)이 일어나고[349] 홍문

348 혐의(嫌疑) : 최현이 백의(白衣) 차림으로 외출하였다가 길에서 숭양부원군(嵩陽府院君) 김신원(金信元)을 만나매 미처 피하지 못하고 말을 탄 채 대화를 나누었는데, 낮은 관직에 있는 사람이 백의 차림으로 말을 탄 채 1품(品)의 관원을 본 일에 대해 자책한 것이다. 《국역 광해군일기 5년 5월 4일》

349 인조반정(仁祖反正)이 일어나고 : 원문의 '개옥(改玉)'은 개옥개보(改玉改步)의 준말로, 임금을 바꾸고 제도를 일신(一新)하는 것을 말한다. 《春秋左傳 定公 5年》

관 수찬(弘文館修撰) 겸 도원수 종사관(都元帥從事官)에 제수되었으나, 공이 소를 올려 체직을 간청하였다. 그 대략에, "임자년(1612) 봄에 영창대군을 임금에 추대하려 한다는 뜬소문이 도성 안에 횡행하고 대궐에도 퍼졌으며, 인심이 흉흉하여 언제 터질지 모르는 형편이었습니다. 신은 그때 정언에 제수된 지 5일 만으로, 뜨거운 불길이 눈앞에 닥쳐 말을 하고자 하여도 할 수 없어, 마침내 사직하여 구차히 피하였고, 결국에는 죄로 관직에서 삭출(削黜)당하였습니다. 전(傳)에 이르기를 '신하가 임금의 잘못을 바로잡지 못하면 그 형벌은 묵형(墨刑)이다.'[350] 하였습니다. 더구나 신의 책무가 간관(諫官)의 일이었으니 직책상 머리가 부서지도록 간하는 것이 마땅한데도 흉악한 자들이 어린 대군을 무함하여 죽이려는 것을 앉아서 보고만 있으면서 입을 다물고 한마디 말도 못 하였고, 난처하여 물러났습니다. 한 번의 죽음을 아까워하여 선왕을 저버린 잘못을 끝내 면치 못하고 정온(鄭蘊)[351]의 죄인이 되었으니, 어찌 곧은 선비의 풍도에 유독 부끄럽지 않았겠습니까. 이때부터 두문불출하였으며, 스스로 깊은 골짜기에서 생을 마치는

350 신하가……묵형(墨刑)이다 : 《서경》 〈이훈(伊訓)〉에 "임금이 몸에 한 가지의 잘못이라도 있으면 나라가 반드시 망하니, 신하가 이것을 바로잡지 못하면 그 형벌은 묵형이다.〔邦君有一于身, 國必亡, 臣下不匡, 其刑墨.〕"라고 하였다.

351 정온(鄭蘊) : 1569~1641. 본관은 초계(草溪), 자는 휘원(輝遠), 호는 동계(桐溪)이며, 시호는 문간(文簡)이다. 1612년 영창대군(永昌大君)의 옥사가 일어나자 정인홍에게 서한을 보내어 영창대군을 죽여서는 안 된다고 역설하였다. 이듬해 영창대군이 죽임을 당하자, 동계는 봉사(封事)를 올려 영창대군을 죽인 정항(鄭沆)을 목 베고 영창대군의 위호(位號)를 추복(追復)하라고 주장했다가, 광해군의 친국(親鞫)을 받고 제주도 대정현(大靜縣)에 위리안치(圍籬安置)되었다.

것을 자신의 분수로 여기고 벼슬에 올라 도성 문에 들어가는 것을 바라지 않았습니다. 다행히 지금 때를 만나 성상께서 등극하시고[352] 동지들이 무리 지어[353] 나아갈 수 있게 되었으나, 전에 지은 죄를 되돌아보면 마음속에 부끄러움이 가득하니, 어찌 감히 부끄럽고 낯 두꺼운 사람이 다시 죄지은 몸으로 청명한 조정의 명기(名器)를 더럽힌다는 물의를 일으키지 않겠습니까." 하였다. 상이 후한 비답을 내리면서 직책을 잘 수행하라고 하였다.

이때는 아직 국옥(鞫獄)이 끝나지 않아 잡아 가둔 죄수가 감옥에 가득하였는데, 공이 진언하기를 "천하에 원래 한번 정해져 변하지 않는 법이 있으니, 이는 법을 집행하는 자가 형량을 높이거나 낮출 수 없는 것입니다. 강상(綱常)을 범하고 국모(國母)를 폐하기를 꾀한 자와 소장을 올리기를 맨 앞에서 이끈 유생과 논계(論啓)에 참여한 대관(臺官)은 반드시 죽여 용서하지 않아야 합니다. 영창대군을 죽이도록 청한 자는 마땅히 그다음 형벌[354]로 처단하여야 하고 원흉에 붙어서 충량(忠良)한 사람들을 해친 자는 그다음 형벌에 처해야 합니다. 은밀히 모의를 주도한 자, 소차

352 성상께서 등극하시고 : 인조반정을 통해 인조가 즉위한 일을 가리킨다. 원문의 '용비(龍飛)'는 《주역》 〈건괘(乾卦) 구오(九五)〉에 "나는 용이 하늘에 있으니, 대인을 만나 봄이 이롭다.〔飛龍在天, 利見大人.〕"라고 한 구절에서 가져왔다.

353 동지들이 무리 지어 : 원문 '휘정(彙征)'은 한 사람의 군자가 조정에 있으면 천하의 현재(賢才)가 모여듦을 의미한다. 《주역》 〈태괘(泰卦) 초구(初九)〉에 "띠풀의 뿌리를 뽑듯 동류들과 함께 감이니 길하다.〔拔茅茹, 以其彙征, 吉.〕"라는 말이 있다.

354 그다음 형벌 : 원문 '차율(次律)'은 사형(死刑)보다 한 단계 낮은 형벌이라는 의미로, 대체로 유배 보내는 것을 말한다.

(疏箚)에는 이름이 빠졌으나 인사권(人事權)을 오래 잡았던 자와 도당(徒黨)을 널리 심었던 자는 그다음 형벌로 다스려야 합니다. 혹시라도 본심은 그렇지 않았으나 화(禍)를 두려워하고 형세에 따라 논죄하는 정청(庭請)의 계사에 참여한 자와 유생으로서 협박을 받아 상소에 참여한 자에 대해서는 협종망치(脅從罔治)의 법률[355]에 따라야 할 것입니다. 이처럼 등급이 분명하니 차례에 따라 단죄하는 것은 담당자 한 사람의 일입니다. 상께서도 어려운 일이라 하여 미루지 않으시고 공의(公議)로써 결단하신다면 무슨 혼란스럽고 지체되는 걱정이 있겠습니까." 하니, 상이 옳게 여겼다.

교리(校理)에 제수되어 매일 강연(講筵)에 입시하여 문의(文義)를 통해 경계의 말을 올렸다. 그 말 가운데에서 "군자와 소인이 하는 일은 다르면서도 서로 비슷합니다. 소인이 군자를 모함할 때에는 역시 붕당(朋黨)을 짓는다는 것으로 지목하니, 한(漢)나라의 당고(黨錮)와 우리나라 기묘사화에서 그것을 볼 수 있습니다. 임금의 안목과 판단이 정밀하지 못하여 공과 사의 구분을 잘 살피지 못하면 그 재앙이 크게 됩니다. 소인의 당은 알기도 쉽고 없애기도 쉬우나 군자가 서로 화합하지 않는 것은 더 불행한 일이니, 송나라의 낙삭(洛朔)[356]과 우리나라의 동서분당(東西分黨)이

355 협종망치(脅從罔治)의 법률 : 협박에 의해 어쩔 수 없이 따른 자는 다스리지 않는다는 뜻이다. 《서경(書經)》 〈윤정(胤征)〉에 이르기를, "저들 괴수들은 섬멸할 것이로되, 협박에 의하여 따른 자는 다스리지 않는다.〔殲厥渠魁, 脅從罔治.〕"라고 하였다.

356 송나라의 낙삭(洛朔) : 북송의 철종(哲宗) 무렵 서로 다투었던 두 당파를 이른다. 낙(洛)은 정이(程頤)·주광정(朱光庭) 등의 낙당을 말하고, 삭(朔)은 유지(劉贄)·유안세(劉安世) 등의 삭당을 말한다.

이것입니다. 상께서 더할 나위 없이 바르고 대단히 공평한 도를 가지고 정성스럽게 시행하고 오랫동안 지켜 따른다면, 편벽되고 사사로운 습속이 저절로 크게 바뀔 것입니다."라고 하였다.

또 말하기를 "고금의 제왕 중에 그 누가 덕을 밝히고 백성을 새롭게 하기[357]를 바라지 않았겠습니까. 그러나 요순에는 도저히 미칠 수 없다고 생각하고, 스스로 자신의 능력을 한계 짓는 데 안주하여 끊임없이 나아가려는 노력을 하지 않으니, 그래서 날로 혼미한 데 가려져 덕을 밝히지 못하는 것입니다. 전하께서 대요(大堯)의 '능히 높은 덕을 밝히는 일〔克明峻德〕'을 고원(高遠)하여 행하기 어렵다고 여기지 마시고 '하늘의 밝은 명을 돌아보는 일〔顧諟明命〕'[358]에 '스스로 밝히는〔自明〕' 공부를 더하시어 마치 하루도 빼놓을 수 없는 의복과 음식처럼 꾸준히 하신다면 또한 요임금이 될 뿐입니다. 만약 금방 행하였다가 금방 그만둔다면 이미 밝다가도 다시 어두워질 것입니다. 학문을 하는 데에 가장 어려운 것은 처음과 끝이 한결같은 것인데 임금에게는 그것이 더욱 어렵습니다. 근래에 전하께서 지난날의 잘못된 일을 살펴 경계를 삼으시어 백성과 함께 다시 시작하셨습니다. 만약 이것으로 인하여 그 덕을 끝까지 지키고 중간에 끊어짐이 조금도 없게 하실 수 있다면 구족(九族)을 친애하고 만방(萬邦)을 화목하게 하는 일[359]이 어렵지

357 덕을……하기 : 원문 '명덕신민(明德新民)'은 《대학장구》 경1장에 "대학의 도는 명덕을 밝힘에 있으며 백성을 새롭게 함에 있으며 지선에 그침에 있다.〔大學之道, 在明明德. 在親民. 在止於至善.〕"라고 한 데서 가져왔다.

358 하늘의……일 : 《서경》 〈태갑 상(太甲上)〉에 나오는 말로, "선왕이 이 하늘의 밝은 명을 돌아보시어"라고 하였다.

않게 이루어질 것입니다." 하였다.

또 "성인(聖人)은 사욕(私欲)이 없고 중간에 끊어짐이 없어서 자연히 진실하지 않음이 없지만, 보통 사람의 경우는 사려(思慮)가 막 일어나 선악의 기미가 되는 지점이 가장 처신하기 어려우니 반드시 성실하게 되기를 힘써 스스로 속이는 가림이 없어야 합니다. 이것이 성인을 배우는 공부이니, 그 실제는 진실함〔誠〕입니다."라고 하였다.

또 말하기를 "적을 막는 방책이 싸우는 것이라고도 하고 지키는 것이라고도 하지만, 싸우고 지킬 수 없을 때는 피하여야 할 것입니다. 지금 모장(毛將)[360]은 바다의 섬에 홀로 주둔하면서 단지 겨우 자신을 보전할 수 있을 뿐입니다. 그러니 우리가 비록 온 나라의 힘을 다하더라도, 만약에 오랑캐가 멀리서 쳐들어오면 그들과 싸울 수가 없고, 여지없이 패배하여 근본이 다 없어질 것이며, 비록 굳게 지키고자 하여도 지킬 수 없어서 형세가 반드시 피할 수밖에 없는 지경에 이를 것입니다. 조금 여유가 있을 때는 '도적을 피한다.'라는 말을 꺼리지만, 급한 상황이 되면 피하는 것도 쉽지 않을 것입니다. 지금은 피한다고 미리 말하여 인심을 해이하

359 구족(九族)을……일 : 《서경》 〈요전(堯典)〉의 "능히 높은 덕을 밝혀 구족을 친하게 하시니 구족이 친하고, 백성을 고루 밝히시니 백성이 덕을 밝히며, 만방을 화목하게 하시니 여민이 아, 변하여 온화하게 되었다.〔克明俊德, 以親九族, 九族既睦, 平章百姓, 百姓昭明, 協和萬邦, 黎民於變時雍.〕"라는 말에서 인용한 것이다.

360 모장(毛將) : 명나라 장수 모문룡(毛文龍)을 가리킨다. 1621년(광해군13)에 요동 지방이 후금에 점령당하자, 요동 도사(遼東都司) 모문룡은 조선 땅으로 넘어와 압록강 연안을 근거지로 후금과 대치하였다.

게 해서는 안 되겠지만, '성벽을 견고히 하고 들판을 깨끗이 치우는 대비'를 생각하심이 옳을 것입니다." 하였다.

윤방(尹昉)[361]이 "최 아무개는 젊어서부터 병무(兵務)에 관심을 가져 군사(軍事)에 통달하고, 근래에 관서(關西)로 가서 산천을 그림으로 그리고 방어하는 계책을 수립하였다고 합니다. 지금 다른 사람의 비장이 되어 큰일을 하기에 부족하니, 최 아무개에게 한쪽 방면의 책임을 맡기는 것이 좋겠습니다."라고 하였다. 공이 말하기를 "신은 타고난 바탕이 약하고 천성이 느긋하여 군사의 일에는 맞지 않습니다. 다만 전쟁하는 시기에 생장하여 기껏 앉아서 비분강개하는 말만을 할 뿐인데, 더군다나 지금은 늙어 쇠약하고 병이 많으니 오죽하겠습니까. 원수(元帥)가 불러 종사관으로 삼으려는 것은 신이 한창 잘나가던 시절만 알기 때문입니다. 그러나 이미 막관(幕官)이 되었으니 내일 응당 숙배하고 병을 무릅쓰고 내려가겠습니다." 하였다. 상이 "가서 임무에 힘쓰라."라고 하면서, 산천을 그린 그림 한 책을 바치게 하고, 어주(御酒)를 내리고 활과 화살을 하사하였다. 황주(黃州)에 가서 여러 읍의 군병을 점검하였다. 그 후 얼마 안 있어 홍문관 응교(弘文館應敎)에 제수되었다. 원수가 병을 이유로 종사관을 체차(遞差)하기를 아뢰어 조정으로 돌아오자 병으로 면직을 청하였는데, 성균관 사예(成均館司藝)와 사도시 정(司䆃寺正)으로 옮겨졌다. 상이 비국(備局)에

361 윤방(尹昉) : 1563~1640. 본관은 해평(海平), 자는 가회(可晦), 호는 치천(稚川)이며, 시호는 문익(文翼)이다. 인조반정 후 우의정과 좌의정을 지냈고 이괄의 난을 진압하는 데 공을 세웠다. 정묘호란 때는 왕을 강화까지 호종하였다.

명하여 사대부로서 장수의 재질이 있는 자를 추천하도록 하여 추천된 사람이 모두 10명이었다. 당대의 가장 뛰어난 사람들이 뽑혔는데 공이 그 안에 들었다. 그 뒤 의정부 사인(議政府舍人), 사헌부 집의(司憲府執義), 홍문관 응교, 성균관 사성과 시강원 보덕(侍講院輔德)을 역임하였다.

갑자년(1624, 인조2)에 체부(體府)의 종사관에 제수되었다가 얼마 안 있어 사인(舍人)에 옮겨 제수되었다. 역적 이괄(李适)이 군사를 일으켜 모반하자, 상이 공을 독전어사(督戰御史)로 임명하고 검(劍)을 주면서 "힘껏 싸우지 않는 자가 있으면 부원수 이하는 마음대로 처단하도록 허락한다."라고 하였다. 공은 밤새 평안도로 말을 달려 가서 장수들을 독찰하고 충성과 의리로써 면려하였다. 당시에 원수 장만(張晩)이 군사를 집결시켜 놓고 신중하게 행동하여 싸움에 나아가지 않았으므로, 공이 공문(公文)으로 질책하니 장만이 화를 내었고, 저탄(猪灘)에 이르러 비로소 전투가 벌어져 관군이 패배하자, 장만이 급히 장계(狀啓)하여 공의 독전 탓으로 허물을 돌렸다. 공이 장계를 올려 "저탄의 싸움에서 아군은 죽은 자가 600명에 가깝고 적병은 도망하여 흩어진 자가 거의 몇 천 명입니다. 이전에 과연 몇 차례 교전을 하였다면 적병은 저절로 흩어져 없어졌을 것인데, 도적을 길러 주어 근심을 남김으로써 세력을 강성하게 만들었으니 원수가 어찌 그 죄를 면할 수 있겠습니까."라고 하였다. 안현(鞍峴)에서 대승을 거두자 행조(行朝)의 논공(論功)에서 부원수 이수일(李守一)을 수장(首將)으로 삼고, 장만의 직책을 빼앗아 백의종군하게 하였다. 공이 행재소(行在所)에 들어갔을 때, 상이 "오늘의 가장 큰 공은 마땅히 누가 되어야 하는가."라고 물었다. 공이 대답하기를 "전투에서 지시한 방략(方略)은 모두 장만에게서 나왔고 이수일은 단지 먼저 승전보를 올렸을 뿐이니, 마땅히 처음 계책을 낸 사람과 따른 사람의 분별을 두어야 할 것입니다." 하니, 상이 그 말에 따랐다. 또 이흥립(李興立)의 죄에 대해 물었을 때, 공이 "이흥립이 역적을 맞아들인 죄상은 뚜렷하여 숨기기 어려운데, 아직 목숨을 보전하고 있으니 신은 이것을 괴이하게 여깁니다."라고 하자, 바로 이흥립을 참형(斬刑)에 처하도록 명하였으니, 상이 공을 의지하고 중요시하여 공의 말을 듣고 공의 계책을 따르는 것이 이러하였다.

이미 환도(還都)하고 나서 통정대부 첨지중추부사(僉知中樞府事)로 특별히 승진하자, 공이 사은(謝恩)하고서 소장을 올려 자핵(自劾)하며 승질(陞秩)을 사양하였다. 얼마 안 있어 병조 참지에 제수되었다가 얼마 뒤 승정원 동부승지에 제수되었다. 이때 명례궁(明禮宮 덕수궁)의 장무관(掌務官)이 위조한 인장을 찍은 문서로 경기의 고을에서 소란을 일으켰는데, 사헌부에서 추문(推問)하여 죄를 다스리니, 상이 하교하기를 "웃전에 소속된 자이니 사건의 성격이 본시 여느 사건과는 다르다. 그런데도 무단히 형벌을 가하고 신문하여 자전(慈殿)을 크게 놀라게 하였으니, 존경하는 도리에 흠이 되었다. 이제부터는 십분 신중히 하여야 할 것이니, 이 말을 사헌부에 전하라." 하였다. 공이 아뢰기를 "법부(法府)의 임무는 서정(庶政)의 기강을 바로잡는 것이니, 간악한 짓을 하고 법을 어긴 자는 궁중(宮中)과 부중(府中)에 관계없이 죄를 따져 다스리는 것이 마땅합니다. 그런데 명례궁의 장무관이 감히 멋대로 만든 문서로 민간을 침탈하매, 법부에서 적발하여 형신(刑訊)한 것은 직무를 바르게 수행한 것입니다. 중외(中外)의 사람들로 하여금 중간의 간악한 놈들이 한 짓을 분명히 모두 알게 하여 백성의 원망이 위로 자전께 이르지 않게 하였으니, 사리(事理)로써 헤아릴 때 어찌 온당하지 않음이 있겠습니까. 지금 만약 십분 신중히 하라는 뜻을 사헌부에 내리신다면, 대관(臺官)들의 의기가 저상되고 아랫것들의 기가 살아 지난날 방자하게 날뛰던 폐단이 오늘날 다시 나타나게 될 것입니다. 신등은 승정원에서 죄를 기다리고 감히 이 전교를 사헌부에 전하지 못하고 삼가 도로 들입니다. 전하께서는 심사숙고하시기 바랍니다.[362]" 하였다. 상이 말하기를 "근래 승정원에서 일의 체요(體要)를 알지 못하고 하교한 것을 멋대로 도로 들였으니 매우 놀랄 만하고 나쁘다. 승지를 추고(推考)하라." 하였고, 양사(兩司)가 그 명을 거두어들이기를 계청(啓請)하였으나 윤허하지 않았다. 그 후 연신(筵臣)들이 잇달아 강력히 간하자 마침내 추고하라는 명을 거두었다.

본궁(本宮)의 장무관이 여전히 이전의 폐습(弊習)을 좇아 위조한 인장을 찍은 문서를 보내 소란하게 지방에 해악을 끼치고도 숨어서 나타나지 않았다. 사헌부에서 또 그자가 전후에 저지른 간교하고 방자한 죄를 극론(極論)하니, 상이 "여러 번 계사를 올렸어도 윤허하지 않았던 일인데, 이처럼 마음대로 가두고 치죄하니

362 심사숙고하시기 바랍니다 : 원문 '삼사(三思)'는 거듭 신중하게 생각한다는 뜻이다. 《논어》 〈공야장(公冶長)〉에 "계문자가 세 번 생각하고 행하였다. 공자께서 이를 들으시고 두 번이면 가하다고 하셨다.〔季文子三思而後行, 子聞之, 曰再斯可矣.〕"라고 하였다.

오늘날의 대관(臺官)은 군명(君命)을 무시하는 자라고 할 만하다. 속히 그자를 풀어 주라."라고 답하였다. 공이 아뢰기를 "잘못을 저지른 하인을 사헌부가 규찰하여 적발하고 추문하여 치죄하는 것은 그 직임인데, 전하께서 본궁 소속의 하인은 다른 곳의 하인과 같이 취급할 수 없다고 몇 번이나 엄하게 하교하셨습니다. 사구(司寇)의 직임은 간교한 자를 벌하고 포악한 자를 누름으로써 임금을 높이고 백성을 감싸는 것으로 의(義)를 삼으니, 비록 천자의 아버지라도 살인을 하였으면 마찬가지로 법을 적용하여 용서하지 않는데,[363] 하물며 법으로 다스리게 되어 있는 본궁의 하인에 있어서이겠습니까. 만약 죄주기를 청하는 것을 가지고 마음대로 한다고 하시고 법을 적용하는 것을 가지고 군명을 무시하는 것이라고 하신다면, 이 또한 몹시 온당하지 못한 것이 아니겠습니까. 신은 전에 하교를 봉환(封還)하였으니 지은 죄가 이미 큰데, 지금 또 죽음을 무릅쓰고 번독(煩瀆)하게 하는 것은, 신(臣)들이 차라리 전하께 거듭 죄를 얻더라도 전하로 하여금 백성들에게 죄를 얻지 않게 하려는 것입니다. 삼가 바라건대, 부디 이 일을 세 번 더 생각하시어 상주문에 부표(付標)하시고 윤허를 내려 대각(臺閣)을 넉넉하게 용납하는 도리를 보이소서." 하였다. 공이 사안에 따라 복역(覆逆)[364]하면서도 왕명의 출납(出納)을 성실하게 하니,

363 천자의……않는데 : 《맹자》 〈진심 상(盡心上)〉에 "도응이 묻기를 '순임금이 천자가 되고 고요가 법관이 되었는데, 고수가 사람을 죽였다면 어떻게 하겠습니까?'라고 하니, 맹자가 답하기를 '법(法)을 집행할 뿐이다.' 하였다.〔桃應問曰舜爲天子, 皐陶爲士, 瞽瞍殺人則如之何? 孟子曰執之而已矣.〕"라고 하였다.

364 복역(覆逆) : 임금이 내린 명령이 잘못되었다고 여기면, 승정원에서 임금의 뜻

사람들은 옛날의 도가 오늘에 다시 행하여진다고 말하였다.

체차되어 호군(護軍)에 제배되었다가 얼마 뒤 사간원 대사간에 제수되자, 차자(箚子)를 올려 시폐(時弊)에 대해 극언하였는데, 그 대략에, "신이 삼가 보건대, 천재(天災)와 시변(時變)이 오늘날처럼 심한 적이 없었습니다. 해와 달의 빛이 흐리고 다섯 행성의 운행이 어지러우며, 유성(流星)이 명당성(明堂星)을 범하고 목수(木宿)가 집법성(執法星)을 침해하는가 하면 모두(旄頭)[365]가 움직이고 빛나며 천랑(天狼)[366]에 망각(芒角)[367]이 생겼습니다. 또 4일 밤에는 감추어졌던 천둥과 번개가 묘성(昴星)과 필성(畢星)의 분야(分野)에서 발생하였으니, 이곳은 연호(燕胡)에 해당됩니다. 신들이 밤새 근심하였는데, 이것이 여러 날이 지나도 안정되지 않으니 잠자리에서도[368] 근심되고 두렵기가 어찌 다함이 있겠습니까. 전하께서는 쉬지 않고 부지런히 분발하는 정성으로 위에서 힘쓰시고, 나이 많고 명망 있는 신하와 어질고 유능한 선비들이 각각 그 직책에 따라 온갖 폐단이 다 없어졌기에 인사의 입장에서 구해 보면 재앙을 부를 이유가 없을 듯합니다. 이변이 생긴 것이야 어쩌면 마침 우연하게 그렇게 된 것일 수도 있습니다. 그러나 근래의 일을 살펴보면 모두 진(秦)나라의 일을 따라가고 있

을 거스르면서 다시 아뢰는 것을 말한다.

365 모두(旄頭) : 묘수(昴宿)의 다른 이름으로 호성(胡星)이며, 오랑캐를 상징한다고 한다.

366 천랑(天狼) : 천랑성(天狼星)으로, 침략을 상징한다고 여겨졌던 별 이름이다.

367 망각(芒角) : 별에서 날카롭게 뻗어 나오는 빛살을 말한다.

368 잠자리에서도 : 원문 '병침(丙枕)'은 자정을 뜻한다.

어 전혀 제대로 정돈된 실제가 없습니다.

전하께서는 비록 현자를 구하려는 정성은 있으나 현자를 초빙하고 사귐을 진실되게 하는 도리는 미흡하고, 비록 정사(政事)를 새롭게 하려는 뜻은 있으나 선후와 본말의 순서가 잘못되었으며, 비록 절약하고 검소히 하는 덕은 있으나 쓸데없는 일을 없애고 낭비를 줄이는 실천이 없습니다. 신하들은 비록 밤낮으로 부지런히 일하지만 온갖 직무가 부진하고 흐트러진 것은 옛날과 같고, 비록 인재(人材)를 가려서 뽑는다는 이름은 있으나 사사로움을 따르는 폐단은 옛날과 같으며, 비록 재생청(裁省廳)[369]을 설치하라는 명령은 있으나 간리(奸吏)들의 농간은 옛날과 같습니다. 그리하여 기강은 날로 문란해지고 민심은 날로 동요되며, 군정(軍政)은 날로 허물어지고 나라의 재정은 날로 위축되고 있습니다. 호시탐탐 노리며 나날이 커 가는 적은 흉계를 품고서 때를 기다리고, 원망을 품고 재앙을 기뻐하는 무리는 선동하며 기회를 엿보고 있으니, 지금의 형세가 몹시 위태롭다 말할 수 있는데도 여전히 공허한 글을 더욱 늘어놓아 겉모양을 꾸미고 있습니다. 노성(老成)한 사람들은 주저하며 결정을 미루는 데 익숙하여 아무도 기꺼이 일을 맡으려 하지 않고, 명망 있는 사람들은 원대한 계획에 어두워 부질없는 논의만을 일삼으니, 설혹 밖에서 갑작스러운 침입이 있거나 안에서 뜻하지 않은 재난이 생기면 그 누가 나라

369 재생청(裁省廳) : 물자의 낭비를 줄이는 일을 맡은 관청이다. 1623년(인조1)에 국가의 경비를 줄이고 각종 세금을 삭감할 목적으로 설치하였다. 《國朝寶鑑 卷34 仁祖朝1》

를 위해 계책을 내어 이처럼 거친 파도와 같은 형세를 그치게 할 수 있겠습니까.

반정(反正) 초기에 대단히 간특한 자들은 이미 그들의 죗값을 치렀으니, 윤기(倫紀)를 어긴 죄 이외에 지엽적으로 연좌된 부류들은 다스리지 말아야 하는데, 유배 보낸 사람이 너무 많아 원한을 품은 자가 더욱 많아졌으니, 이는 임금의 광대한 다스림이 아닌 것 같습니다. 또 훈신(勳臣)의 군관(軍官)들을 호위(扈衛)라고 일컬으니 의당 급할 때 의지할 수 있을 듯합니다. 그러나 멀리 변방에서 수자리하는 것을 피하려는 무리가 다투어 투속(投屬)하여 천백으로 무리를 지어 사실(私室)을 호위하고 있습니다. 비록 한 때의 임시 계책은 된다 하더라도 실로 영구히 상례(常例)로 시행할 수 있는 규범이 아닙니다. 폐단의 근원을 한번 열어 놓으면 말류를 막기는 어려우니, 나중에 잘 마무리하려면 일찍부터 잘 살펴야 할 것입니다.

호패법(號牌法)이 좋지 않은 것은 아닙니다. 그러나 근본이 정해지지 않고 기강이 바로 서지 않으면 법은 헛되이 시행되지 않았습니다. 금방 법을 제정했다가 곧바로 폐지하니, 이는 단지 소란의 빌미가 될 뿐이었고 끝내 언제 정리될지 기약이 없게 되었습니다. 모든 계책에는 반드시 기미가 있는 법이니 지금이라도 고치지 않는다면 반드시 위태하고 망하는 상황에 이를 것입니다. 이는 천심(天心)이 기뻐하지 않아 사람을 놀라게 하고, 전하로 하여금 두렵게 여겨 정사(政事)를 개혁하게 하려는 것입니다.

삼가 바라건대 전하께서는 천도(天道)가 유원(幽遠)하다고 여겨 삼가고 두려워하고 공경하는 마음을 해이하게 하지 마십시오.

충실하고 꾸밈이 없으며 상황을 잘 해결하고 도량이 넓은 인재를 얻어서, 고굉(股肱)의 소임을 맡기고 아침저녁으로 자문(諮問)하되, 경박한 의론이 이간질하지 못하게 하여 그의 능력을 널리 펼 수 있게 하십시오. 또 재략이 있고 용감하며 계책이 원대한 인재를 얻어서, 곤수(閫帥)의 직책을 맡기고 지휘와 계획을 전적으로 그가 하는 바대로 하시고, 의견이 분분히 달라 쓸데없이 참견하여 그의 뜻을 어지럽히지[370] 않고 재지(才智)를 다 발휘할 수 있게 하십시오. 이미 몇 명의 충성스러운 신하를 얻었으면 문무의 온갖 직책을 역량에 따라 맡기되, 그 직책을 나누었으면 옮기지 마십시오. 관리들이 자신들의 일에 익숙하도록 하고 무신(武臣)들이 변방의 성에서 목숨을 바치도록 하되, 실적을 내지 못하면 그 태만한 죄를 물어 주극(誅殛)의 법에 따라 조처한다면, 그 누가 감히 지금 해야 하는 일에 대하여 더 힘을 다하지 않겠습니까.

마땅히 먼저 하셔야 할 급선무는, 급하지 않은 관원을 태거(汰去)하고, 별로도 설치한 국(局)을 혁파하여 낭비를 줄이며, 죄에 연좌된 사람들을 사면하고, 의지할 곳 없는 무리에게 생업을 주어 인심을 진정시키는 일입니다. 헛된 조문과 형식에서 벗어나 실제적인 일에 전념하고, 부드럽게 처신하여 강한 것을 제어하고 간략하게 처신하여 번잡한 것을 제어하여야 합니다. 힘써 행하여 게을

370 의견이……어지럽히지 : 원문 '도모(道謀)'는 《시경(詩經)》 〈소민(小旻)〉의 "집 짓는 이가 행인과 꾀하는 것을 같이하니, 이 때문에 완성함을 이루지 못하리라.〔如彼築室于道謀, 是用不潰于成.〕"라는 구절에서 온 말로, 의견이 분분하여 일치를 보지 못한다는 말이다.

리하지 않고 차례로 닦아 거행한다면, 민심이 기뻐하게 되고 하늘의 뜻이 돌아올 수 있어서, 위망(危亡)의 재앙이 수습되고 중흥의 치적이 이루어질 수 있을 것입니다." 하였다.

상이 답하기를, "그대들의 말이 바로 지금의 병폐에 적중하니, 그대들은 시무(時務)를 아는 자라고 할 만하다. 세도(世道)를 회복하고 무너진 기강을 엄숙히 정돈하는 것은 책임이 임금에게 있다. 오늘날 노성(老成)한 자들은 머뭇거리는 데 익숙하고 연소(年少)한 자들은 오직 경박한 짓을 일삼으니, 어찌 사리에 어두운 덕이 없는 나의 소치(召致)가 아니겠는가. 천재(天災)가 이와 같고 습속(習俗)도 이와 같으니 나는 몹시 부끄럽고 두려워 어찌할 바를 알지 못하겠다. 그대들의 직무는 언책(言責)이니 일에 따라 극력 말하고 행여 조금이라도 숨기지 말라. 차자의 말은 마땅히 유념하겠다." 하였다.

소(疏)의 내용에 "군관들이 투속하여 사실을 호위한다.〔軍官投附, 宿衛私室.〕"라는 말이 있다고 하여 훈신(勳臣)들이 떼 지어 격노하여 들고 일어나자, 공이 논계(論啓)하여 혐의를 인정하였다. 상이 이 다툼을 조정하려고 특별히 체차를 명하였다가 얼마 안 있어 병조 참지에 제수하였다.

이때 역적 김원(金愿)이 처형되면서[371] 당시의 유명한 인사들

371 역적 김원(金愿)이 처형되면서 : 1624년(인조2)에 이인거(李仁居)·박윤장(朴允章)·이대온(李大溫)·기필헌(奇必獻) 등이 선조의 일곱째 아들 인성군(仁城君)을 세우려는 역모를 꾸몄을 때, 군관 김원이 모의에 참여하였다가 처형된 일을 말한다. 《국역 인조실록 2년 11월 8일》

중 많은 사람들을 무고하게 끌어댔는데 공의 이름도 그 안에 들어 있었다. 상이 문책하지 말라고 하였으나, 공이 소장을 올려 자핵(自劾)하였으니, 그 대략에, "신의 성명이 역적의 초사(招辭)에 나왔는데도, 하늘의 해가 어두운 곳을 밝히듯 신을 문책하지 말라는 전지를 내리시고 또 대죄하지 말고 직임을 살피라고 명하시니, 너무도 감격하여 애써 직임을 살피고 있습니다. 삼가 듣건대, 중신(重臣)이 등대(登對)했을 때, 신이 군관을 없애기를 청하여 기찰(譏察)할 방도를 막아 역적의 무리로 하여금 그들의 계책을 이루게 하려 하였고, 또 신이 역모를 알면서도 고변하지 않았다는 말이 있었다고 합니다. 알면서 고변하지 않는 자는 그들과 죄가 같으니 이 어찌 신하로서 차마 할 수 있는 일이겠습니까. 신이 비록 못난 사람이기는 하지만 군신(君臣)의 직분과 의리를 대략은 안다는 것을 흉악한 역적들도 알았을 것입니다. 저들이 비록 흉악하고 우둔하지만 어찌 도리에 어긋나는 말을 가지고 신에게 알렸겠으며, 신 또한 차마 이런 말을 들었다면 어찌 잠자코 가만히 있었겠습니까. 중신에 대한 말이 이미 연석(筵席)에서 나온 이상, 신은 감히 스스로 죄가 없다고 여겨 세간에서 낯 두껍게 지낼 수 없습니다. 삼가 바라건대 신을 형리(刑吏)에게 내려보내 진위를 캐내어 신의 죄를 다스리소서."라고 하였다.

좌찬성 김류(金瑬)[372]가 차자를 올려 공을 매우 준엄하게 논죄

372 김류(金瑬) : 1571~1648. 본관은 순천(順川), 자는 관옥(冠玉), 호는 북저(北渚)이다. 1596년(선조29)에 문과에 급제하였다. 인조반정을 주도하였고 벼슬이 병조 판서와 대제학에 이르렀으며 승평부원군(昇平府院君)에 봉해졌다.

하였으나 상이 비답하기를 "최현이 소를 올려 스스로를 변명하였으니 외람됨이 심하다. 그러나 그 본심은 질박하고 곧을 뿐이니, 어찌 역모를 알고도 고발하지 않았을 리가 있겠는가. 경의 말 또한 지나치니, 사실에 없는 말로써 다른 사람의 죄를 논하지 않는 것이 옳다." 하였다. 공이 이미 훈공 있는 귀족들을 거스른 데다 이제 역적의 무함을 당하게 되자, 여러 원망하는 자들이 일을 꾸며 때를 틈타 공을 헐뜯고 배척하였다. 다행히 성명(聖明)의 보살핌으로 문책당하지 않도록 바로 허락을 받았으니, 만약 외길의 충성과 곧은 도리로 임금과 일찍 맺어진 사이가 아니었다면 거의 화를 면하지 못하였을 것이다.

을축년(1625, 인조3)에 형조 참의에 제수되었다가 예조 참의, 대사성, 부제학으로 옮겨졌다. 차자를 올려 여덟 가지 힘써야 할 일을 진술하였으니, 심학(心學)을 밝혀서 다스림을 내는 근본으로 삼는 일, 말과 명령을 신중하게 내어 여러 아랫사람의 마음을 순하게 하는 일, 궁액(宮掖)의 기강을 엄히 하여 민간의 비난을 그치게 하는 일, 상신(相臣)을 존중하여 치국평천하(治國平天下)의 효과를 책임 지우는 일, 기량에 따라 사람을 써서 당대의 인재를 다 활용하는 일, 관원을 자주 바꾸는 것을 삼가서 돈박(敦樸)한 기풍을 보존하는 일, 공론(公論)을 세움으로써 붕당의 폐해를 없애는 일, 유학(儒學)을 숭상하여 풍속 교화의 근원을 북돋우는 일이었다.

또 진강하는 기회에 폐정(弊政)을 닦아 밝히는 일에 대한 차자를 올렸는데, 그 대략에, "지금 시행되는 제도 중에 가장 심하게 퇴폐한 것이 세 가지이니, 그것은 관제(官制)와 전제(田制)와 병제(兵制)입니다. 이 세 가지 중에서도 관제가 가장 급합니다. 지금 비국(備局)이 국정을 오로지 주관하니 의정부는 한가한 부서가 되고, 승정원이 단지 출납만 관장하니 승지는 일개 담당 실무자가 되었습니다. 도감(都監)을 별도로 설치하니 본사(本司)가 도리어 남는 관사가 되었습니다. 관원을 자주 바꾸니 중앙 관사가 역참과 같이 잠시 머무는 곳이 되고, 문서를 관수(管守)하지 않으니 서리(胥吏)가 법을 농단하게 되었으며, 직책을 겸하는 일이 많으니 전적으로 책임지는 성실함이 없습니다. 일이 하위 관원에게 돌아가니 직무를 나누는 의의가 없고, 고과와 감독이 분명하지 않으니 자리를 비워 두는 것이 습관이 되었으며, 봉록이 너무 박하니 염치가 쉬이 없어졌습니다. 이 모두가 관제의 폐단입니다.

우리나라에서 서사(署事)의 법을 폐지[373]한 뒤로는 삼공이 정사를 논의할 곳이 없었습니다. 이에 비국을 따로 설치하여, 재신(宰臣) 중에 군무(軍務)를 아는 자를 당상(堂上)으로 삼고 무반(武班)에서 글자를 아는 자를 낭청(郎廳)으로 삼으니, 이 제도는 대략 송나라의 추밀원(樞密院)과 같아서 조정의 정령(政令)이 모두 비국에 속하게 되었습니다. 이때부터 찬성(贊成)과 참찬(參贊)은 병을 요양하는 자리가 되고 사인(舍人)과 검상(檢詳)은 기악(妓樂)을 주관하게 되었으며, 중대한 업무는 도리어 명망 없는 재상과 글자만 대충 아는 무부(武夫)에게 맡겨졌으니, 이러고서 치도(治道)가 이루어기를 바라는 것이 이미 잘못이 아니겠습니까. 마

373 서사(署事)의 법을 폐지 : 1405년(태종5)의 관제 개정으로 의정부에서 관장하던 정무를 육조(六曹)와 각 관사(官司)로 이관한 일을 말한다. 《국역 태종실록 5년 1월 15일》

땅히 조종(祖宗)의 법도를 따라 서사의 법을 다시 마련한 후에야 정치의 명령이 한곳에서 나오고 기강이 세워지게 될 것입니다.

지금의 승지는 옛날의 시중(侍中)과 상서령(尙書令)에 해당하며 중국 조정의 내각(內閣)입니다. 나라의 크고 작은 문서가 이곳을 경유하지 않는 것이 없어서, 모든 정령(政令)의 이로움과 해로움, 군덕(君德)의 잘잘못에 대하여 대신과 대간은 알 방법이 없어도 오로지 승지만은 알 수 있으니, 그 자리의 중요함이 어떠합니까. 그런데도 지금 승지의 인기가 도리어 삼사(三司)의 아래에 있고, 단지 문서를 받들어 전할 뿐입니다. 신은 마땅히 세상의 명망있는 사람을 잘 가려 선발해서 충당하고, 자주 하문하시어 그 권한을 무겁게 하며, 그들로 하여금 일에 따라 잘못된 것을 봉하여 되돌려 보내고 논박하게 함으로써[374] 친밀하게 임금의 정책을 도와, 의정부와 서로 표리의 관계가 되게 하여야 옳습니다.

오늘날 정사가 번거로운 것은 모두 대간이 자주 바뀌기 때문이며, 한편으로는 사소한 혐의도 모두 피하려 하기 때문입니다. 신이 듣기로 조종(祖宗)의 조정에서는 대간은 비록 추고를 받더라도 서로 혐의의 관계가 된다고 해서 체직되지[375] 않고 양사(兩司)로 하여금 서로 함사(緘辭)[376]를 보내어 묻게 하였다고 하니, 피

374 잘못된……함으로써 : 원문 '봉박(封駁)'은 임금이 부당한 조령(詔令)을 내렸을 경우에 신하가 이를 되돌려 보내고 논박하는 일이다.

375 서로……체직되지 : 원문 '피체(避遞)'는 상피(相避) 관계로 체임되는 것이다.

376 함사(緘辭) : 6품 이상의 관원이 경미한 죄를 범한 경우, 서면으로 그 죄과를 신문하고 서면으로 진술받는 것이다. 함사추고(緘辭推考) 또는 함문(緘問)이라고도 한다.

혐이 원래 조종의 제도가 아님을 알 수 있습니다. 더구나 혹시라도 가벼운 병에 걸리거나 조금이라도 곤란한 일이 있으면 다투어 정고(呈告)하기를 미처 다 말하지 못하는 듯이 하니 더욱 온당하지 않습니다. 또 옛날의 언관(言官)은 각자가 스스로 정사를 논계하였으므로 누구나 그 소견을 진달할 수 있었습니다. 그런데 지금의 계사(啓辭)는 하리(下吏)가 간통(簡通)을 가지고 각 언관의 집으로 뛰어다녀, 반드시 한 의견으로 된 다음에야 입계합니다. 이 때문에 걸핏하면 구애받아 감히 말을 다 하지 못하고, 하나라도 어긋나거나 틀린 것이 있으면 시끄러운 사단이 분분히 일어납니다. 그러니 지금 마땅히 옛날의 제도를 전적으로 본받아서, 피혐하지도 말고 정고하지도 말며, 생각하는 바가 있는 사람은 각자가 스스로 진계(陳啓)하고, 오직 매우 중요한 일로 조의(朝議)가 일치된 의견에 대해서만 비로소 합계(合啓)하도록 하여야 합니다. 그러면 올바른 말을 날마다 듣게 되고 또한 분란이 일어날 걱정이 없게 될 것입니다.

조정 신하 중에 경학에 밝은 사람은 경연에 두어 오로지 군덕(君德)을 보도(輔導)하는 것을 전담하게 하고, 문장에 능한 사람은 예문관에 두어 왕언(王言)을 짓는 것을 전담하게 해야 합니다. 기타의 사람은 그들의 재주에 따라 육조와 각 관사(官司)에 두어 한 가지 일을 전담하게 하되 겸관시키지도 말고 이동시키지도 말며, 그중에 공적이 남다른 사람은 각각 그 관사에서 승진하도록 해야 합니다. 또 여러 관사 중에 긴요하지 않은 것은 하나로 합치고, 정원이 너무 많을 때에는 태거(汰去)해야 합니다.

또 따로 산국(散局)을 설치하되 원수(員數)는 많게 하고 녹봉은 적게 하여, 오래 벼슬하다가 늙었는데 돌아갈 전지(田地)가 없는 사람이나 실제로 병이 있는 사람을 모두 이것으로 기록하여 채용하는 실마리로 삼게 하며, 혹 사명(使命)을 받들거나 제관(祭官)으로 차임하는 등의 일이 있을 경우에는 모두 이들로 충당하게 해야 합니다. 그러면 관직에 있는 사람은 직임이 없어질 염려가 없고 벼슬을 잃은 사람은 낙담하는 한탄이 없을 것입니다.

외직에 있어서는 감사(監司)와 병사(兵使)와 수사(水使)에게 모두 한 고을의 수령을 겸하도록 허락하여 각각 그 땅의 수입으로 살아가게 하고, 문신인 판관을 두어 세세한 직무를 규찰하고 방자한 일을 막는다면, 오랫동안 임무를 맡아서 책임을 완수하는 효과가 있으면서 여러 고을을 침탈하는 폐단이 없게 될 것입니다.

군정(軍政)에 있어서는 정예한 장정을 뽑아서 속오(束伍)[377]를 편성하고 노약자는 군역을 면제하는 대신 그 대가로 베를 받으며, 군역을 관후하게 하여 도망간 자를 돌아오게 하고, 무예를 가르쳐 정예로 만들어야 합니다.

전제(田制)에 있어서는 양전(量田)[378]을 다시 하여 누락된 전결(田結)을 수습하고, 대동법을 복구하여 민역을 균등하게 하며, 입안(立案)[379]을 금지하여 겸병을 억제하며, 면세(免稅)를 없애어 부세

377 속오(束伍) : 지방의 15세 이상의 양민과 벼슬 없는 양반을 골라서 조직한 군대이다. 평시에는 군포를 바치고 유사시에는 군역을 치르도록 했다.

378 양전(量田) : 전지(田地)를 측량하는 것이다. 조선 시대에 전답을 여섯 등급으로 나누어 20년마다 한 차례씩 다시 양전(量田)하도록 하였다.

379 입안(立案) : 전지나 생산물이 있는 산림, 하천 등에 대하여 관에 청원하여 소유의 허가를 받는 일, 또는 그 허가한 문서를 말한다.

(賦稅)의 수입을 넓혀야 합니다. 이렇게 하는 것이 그 대략입니다.

무릇 지금 세상의 사람들은 조용히 일 없이 지내는 것을 고상하다고 여기고 부지런한 것을 저속하다고 여기며, 사사로운 정에 따르는 것을 후한 풍속이라고 여기고, 법대로 하는 것을 박덕하다고 여깁니다. 또 관직을 자주 옮기는 것을 영화롭게 여기고 오래 직임을 맡는 것을 구차하다고 여기며, 뇌물을 주면서 청탁하는 것을 법전으로 여기고 부의(浮議)를 공론으로 여깁니다. 이런 풍속들을 크게 고치지 않는다면 강동(江東)에서 구차히 연명한 진(晉)나라, 시들어 쇠약한 송(宋)나라[380]와 같이 되어서, 좋은 법과 훌륭한 정책도 아무 소용이 없게 될 것입니다."라고 하였다.

또 대사성 겸 승문원 부제조에 제수되어, 사직소를 올렸으나 윤허를 받지 못하였다. 병인년(1626, 인조4)에 우부승지에 제수되었다가 전례에 따라 좌부승지로 옮겼다. 이때 흰 무지개가 해를 꿰는 이변이 일어나니 공이 재난을 멈추게 하고 하늘을 감동시키는 도를 아뢰었다.

황제의 아들이 태어나 반조사(頒詔使)가 우리나라에 오자 공이 연위사(延慰使)가 되어 관서(關西)로 내려갔는데, 병이 나서 임무를 수행하지 못하게 되니 상이 다른 사신으로 공을 대신하게 명하였다. 조정에 돌아와 병으로 체직되고 마침내 고향으로 돌아왔

380 강동(江東)에서……송(宋)나라 : 여기서 말한 진(晉)나라는 서진(西晉)이 흉노족 유한(劉漢)에게 망한 후 남쪽으로 내려와서 세운 동진(東晉)을 말하고, 송나라는 여진족 금(金)나라에 밀려 남쪽으로 내려온 남송(南宋)을 말한다. 두 나라 모두 북쪽 오랑캐 나라의 핍박을 받아 수모를 겪으면서 구차하게 나라를 유지하였다.

다. 돌아오는 도중에 좌부승지에 제수되었으나 체직을 요청하는 소를 올렸다. 고사(固辭)하는 뜻이 매우 간절하니 상이 윤허하면서 약물(藥物)을 하사하였다. 얼마 안 있어 강원도 관찰사에 제수되었다. 가서 보니, 전결(田結)이 없는데도 장부에 올리는 일과 적곡(糴穀)을 갚지 않는 일이 온 도의 고질적인 폐단이었다. 공이 바로 소장을 올려, 여러 고을에 명하여 없는 땅과 있는 땅 두 가지 전안(田案)을 만들게 하여, 없는 땅은 빼고 실재의 땅에만 세금을 매기고 도망갔거나 죽은 자를 조사하여 갚지 않은 적곡을 탕감해 주게 하니, 온 도의 백성이 실제로 다 혜택을 입었다.

정묘년(1627, 인조5)에 북쪽 오랑캐〔후금〕가 우리나라를 침노하여 임금이 도성을 떠나 피난길에 오르니, 공이 정예한 군사를 뽑아 해서(海西)의 부원수(副元帥) 휘하로 보내고, 노약한 군사 천여 명을 규합하여 한강을 방어하였다. 도원수 및 관북의 군사가 경내로 들어와 주둔하니, 공은 정성을 다해 몹시 바삐 일하여 그들의 식량이 부족하지 않도록 하였으며, 다음과 같은 격문을 지어 온 도에 널리 알렸다.

"아! 큰 도적이 창궐하여 나라의 운명이 위태로운데, 묘당의 계책이 전도되어 마련해 둔 계획이 없다. 방백과 수령들은 오직 분주히 계책을 세워 대응하기에 여가가 없어야 할 것인데, 한 사람도 쇠뇌를 당기고 칼날을 무릅쓰고 북쪽으로 향하여 목숨을 바쳐 싸워서 죽는 사람이 없으니, 수백 년간 배양해 온 원기(元氣)가 쓰러지는 것이 마치 세찬 바람 앞의 마른 풀과 같다. 생각이 여기에 미치니 가히 통곡할 만하구나. 여러 군자들은 예의의 나라에서 나고 자라 군사의 일을 익히지 않았으니, 이런 위급한 때를 만나서 한 목숨 구하기도 벅찰 것이다. 그런데도 임금이 욕을 당하면 신하가 목숨을 바치는 의리를 생각하고 함께 떨쳐 일어나 나라와 함께 원수를 갚아야 한다는 뜻으로 의병(義兵)을 일으키고 의량(義糧)을 모으니, 진실로 옛 열사의 풍도가 있어 국가에 빛이 있게 되었다. 얼핏 듣기로 여러 고을에 의사(義士)를 비웃으면서 명령을 따르지 않는 자가 더러 있으며, 심지어 음으로 양으로 배척하여 반드시 저지한 이후에야 그만두는 자도 있다고 하였다. 그 말을 듣고서 나도 모르게 화가 머리끝까지 치솟아 칼을 뽑아 책상을 내리쳤다. 백발의 늙은이로 세상 물정 모르는 내가 관찰사 직임을 맡아 한 지방을 다스림에, 마음이 피로하고 재주가 졸렬하여 비록 볼만한 공적이 없다 하더라도, 의를 중시하고 악을 미워하는 일은 나의 타고난 본성에서 나온 것이다. 참으로 나라를 위하여 충성을 다하는 사람이 있다면 길을 쓸고 달려가 맞이하고자 하거니와, 만약 누구라도 의를 해치고 일을 그르친다면 반드시 조사하여 법대로 처벌할 것이며, 마땅히 여러 고을의 수령들로 명령하여 하나하나 다 적발하여 결단코 용서하지 않을 것이다. 당나라의 사나운 병졸도 오히려 흥원(興元)의 조서(詔書)[381]에 눈물을 흘렸는데, 무릇 혈기가 있는 자라면 어찌 열 줄[382] 되는 임금의

381 흥원(興元)의 조서(詔書) : 흥원은 당나라 덕종의 연호이다. 덕종 때 요영언(姚令言)과 주자(朱泚)가 반란을 일으켜 수도 장안(長安)을 점령하니, 덕종이 봉천(奉天)에 피난해 있으면서 흥원 1년(784)에 자신의 실정(失政)을 자책하는 조서를 반포하여 군사들을 격려하였다. 그러자 장수와 병졸들이 이 조서를 보고는 감격하고 용기를 내어 적병을 쳐부수고 장안을 수복하였다. 《舊唐書 卷133 李晟列傳》

382 열 줄 : 원문 '십행(十行)'은 임금의 조서(詔書)를 뜻한다. 후한의 광무제(光武

애통해하는 교서(敎書)[383]를 생각하지 않을 수 있겠는가. 모든 군자들은 나라를 위한 충성심을 더욱 힘써서 소인들에게 동요되지 말고, 군량을 모으거나 의사(義士)를 모집하여 관군을 도와 싸움으로써 절의(節義)를 다할 것을 기약해야 할 것이다. 또 선적(善籍)과 악적(惡籍)을 만들어, 재력을 아끼지 않고 내놓은 자와 기꺼이 의병으로 지원한 자는 선적에 올리고, 혹 대의를 듣기 싫어하여 비방하고 배척하는 자는 악적에 올리도록 하라. 전쟁이 끝나면 마땅히 조정에 보고하여 상벌을 확실히 시행할 것이다. 혹시 처음에 미혹된 짓을 하다가 뒤에 도리를 깨달아 잘못을 고치고 선한 일을 좇은 자가 있다면 이전의 죄를 용서할 것이니, 함께 큰 일을 이룰 수 있다면 매우 다행일 것이다." 이 격문이 이르니 사람들이 다투어 분발하였다.

임금이 도성으로 돌아오자, 공이 시무에 대해 소를 올렸는데 거의 만언(萬言)이나 되었다. 큰 요점은 뜻을 세우는 것을 근본으로 삼되 기강을 세우는 일, 쓸데없는 관직을 없애는 일, 군병을 기르는 일, 재용(財用)을 비축하는 일, 요새를 설치하는 일로, 이 다섯 가지를 급선무로 여겼다. 상소의 끝에 말하기를 "아뢴 다섯

帝)가 제후나 지방관들에게 손수 조서를 내릴 적에, 글씨를 조밀하게 써서 열 줄을 넘기지 않았다는 일찰십행(一札十行)의 고사에서 유래한 것이다. 《後漢書 卷76 循吏列傳 序》

383 애통해하는 교서(敎書) : 정묘호란 때 인조가 강화도로 피란하여 반포한 교서로, 인조가 자신의 부덕함을 탓하고 백성이 겪는 괴로움을 애통해하면서, 나라의 위급한 상황을 설명하고 승전을 위해 백성들에게 분발을 촉구하였다. 《국역 인조실록 5년 2월 4일》

가지 일은 모두 지엽적인 일이라 본시 유자(儒者)가 임금께 올릴 말씀이 아닙니다만, 위험한 불길이 눈앞까지 이르러서 법도대로만 행하고 있을 수가 없습니다. 부디 전하께서 절충하고 잘 선택하소서. 혹시라도 채택할 만한 것이면 과감히 시행하셔서 환란을 대비하는 데 일조할 수 있기를 바랍니다." 하였다.

상이 비답하기를 "경이 임금을 사랑하고 나라를 근심하는 정성을 가상히 여긴다. 진달한 일에 대하여는 마땅히 의논하여 처리하겠다." 하였다. 공이 전후로 올린 차자와 상소가 모두 시폐(時弊)를 정확히 지적한 것이었는데, 이 상소는 더욱 절실하였다. 공의 훌륭한 지략과 큰 계획은 참으로 다스림을 행하는 좋은 법이요 폐단을 고치는 긴요한 일이었지만, 끝내 시행되지 못하였으니 식자(識者)들이 한으로 여겼다.

공은 관서의 의병장 정봉수(鄭鳳壽)[384]가 용골산성(龍骨山城)으로 들어가 의로움을 떨치고 적을 물리치는 공을 세웠으나 병기가 모자라고 식량이 떨어졌다는 소식을 듣고서, 바로 목면(木綿)과 궁시(弓矢)와 환약(丸藥)과 마필(馬匹)을 보내어 군수물자를 도와주었다. 그러고는 조정의 명령을 기다리지 않고 사사로이 다른 도(道)를 도왔다는 이유로 장계를 올려 보고하고 자핵(自劾)하였다. 관서의 관찰사가 아뢰기를 "정봉수가 용골산성을 지키는 것은

384 정봉수(鄭鳳壽) : 1572~1645. 본관은 하동(河東), 자는 상수(祥叟), 시호는 양무(襄武)이다. 정묘호란 때 흩어진 병사를 수습하여 철산(鐵山)의 의병장으로서 용골산성(龍骨山城)에서 후금의 병사 절반 이상을 무찌르고 포로가 되었던 수천 명의 동포를 구출하여 그 공으로 철산 부사에 특진되었다.

쉬운 일이었고 최현이 용골산성을 구하는 것은 어려운 일이었습니다." 하였다.

9월에 순시하여 횡성(橫城)에 이르렀는데, 이 현(縣)에 사는 이인거(李仁居)[385]가 만나기를 청하고는, 군사를 일으켜 역적을 토벌하고자 하며 곧 상소문을 지어 서쪽으로 올라가려 한다고 하므로, 공이 호되게 꾸짖어 물리쳤다. 그리고 원주(原州)와 횡성 두 고을의 수령에게 은밀하게 경계하여 각별히 조사하고 동태를 살피도록 하고, 행차가 홍천(洪川)에 이르러서도 여러 번 단속하여, 낌새가 있으면 급히 통보하게 하였다. 그 역적이 횡성의 군기(軍器)를 훔쳤다는 소식을 듣고서 크게 놀라 즉시 급히 장계(狀啓)하여 상황을 보고하고, 급히 사람을 보내고 이인거에게 편지를 보내 반역과 순종의 도리를 가지고 타일렀다. 여러 고을의 관군들을 정돈시켜 좌우에서 진격하여 토벌하게 하니, 원주 목사 홍보(洪靌)가 군사를 보내 이인거를 체포하여 곧바로 조정에 바치고서 비로소 공에게 보고하였다. 공이 듣고서 즉시 급히 보고하였으나, 조정에서는 기찰(譏察)과 체포가 늦었다는 이유로 공을 체포하여 여러 달 동안 구금하니, 일이 장차 어떻게 될지 예측할 수 없었다. 상이 말하기를 "지난해 야대(夜對)에서, 마침 나의 처치(處置)에 미진한 일이 있다며 이 사람이 극력으로 간쟁하기를 그

385 이인거(李仁居) : ?~1627. 본관은 영천(永川)으로, 익찬(翊贊)을 지내고 강원도 횡성(橫城)에 거주하다가 1627년(인조5)에 정사공신(靖社功臣)이 나라를 그르친다는 명분으로 도당을 규합하여 난을 일으켰다. 스스로 창의중흥대장(倡義中興大將)이라 칭하고 서울로 침입하려다가 원주 목사 홍보(洪靌)에게 잡혀 서울에서 처형되었다.

치지 않아 내가 매우 괴로웠다. 그런데 그 후 생각해 보니 이 사람은 진정으로 나를 사랑하는 사람이었다. 지금 비록 죄를 입었지만 틀림없이 초심(初心)을 저버리지는 않았을 것이니, 풀어 주게 하라." 하였다. 그러나 간관들이 계속 처벌을 고집하여 회령(會寧)에 유배되었다가, 얼마 있다 용서받아 고향으로 돌아왔다.

경오년(1630, 인조8)에 무뢰배인 역적 양천식(楊天植)의 역모가 발각되었는데, 초사(招辭)에 연루되어 체포되었다. 상이 또 전에 하였던 말을 인용하시면서 하교하기를 "이렇게 충성스럽고 진실한 사람이 어찌 역적과 서로 알고 지낼 이치가 있겠는가." 하고 특별히 석방하도록 명하니, 공이 임금의 은혜에 감격하여 전교(傳敎)를 글로 써서 자손들을 훈계하였다.

정축년(1637)에 아들 산휘(山輝)[386]가 세상을 떠나자, 비참하고 시들하여 집에 머물고 싶지 않아 금릉(金陵)의 별장으로 옮겨 거처하였다.

경진년(1640) 6월 4일에 세상을 떠나니 향년 78세였다. 12월 모일, 묵평(默坪) 곤향(坤向)의 언덕에 장사하였다. 부음을 아뢰자 상이 예관(禮官)을 보내어 제사를 지내 주게 하였다. 순충보조공신(純忠補祚功臣) 자헌대부(資憲大夫) 예조 판서(禮曹判書) 겸 지경연 의금부 춘추관사(知經筵義禁府春秋館事) 동지성균관사(同知成均館事) 홍문관 제학(弘文館提學) 완성군(完城君)에 증직되었으니, 이는 아들 산휘가 공신에 참여하였기 때문이다.

386 아들 산휘(山輝) : 최산휘(崔山輝, 1585~1637)로, 자는 백옥(伯玉), 호는 낙남(洛南)이며, 시호는 효헌(孝憲)이다.

공은 의성 김씨(義城金氏)에게 장가들었는데, 부사(府使) 김복일(金復一)[387]의 따님이다. 아들 하나를 낳았는데 그가 바로 산휘이니, 통정대부로 부사를 지냈고 영사공신(寧社功臣)에 책훈(策勳)되었다. 재취(再娶)는 창녕 조씨(昌寧曺氏)이고 후취(後娶)는 재령 이씨(載寧李氏)인데, 모두 정부인(貞夫人)에 추증되었다.

부사는 3남 1녀를 두었으니, 장남 이박(爾博)은 부사과(副司果)이고 그 아래는 이후(爾厚)와 이원(爾遠)이며, 딸은 현감 박황(朴愰)에게 출가하였다. 이박은 두 아들을 두었으니, 응건(應乾)은 부호군(副護軍)이고 체건(體乾)은 부사과(副司果)이다. 이후는 세 아들을 두었으니, 대건(大乾)과 양자로 나간 상건(象乾), 그리고 준건(峻乾)이다. 응건은 네 아들을 두었으니, 두첨(斗瞻), 두망(斗望), 두기(斗紀), 두앙(斗昂)이다. 체건은 외아들 두추(斗樞)를 두었다. 대건은 두 아들을 두었으니, 두극(斗極)과 두령(斗齡)이다. 상건은 네 아들을 두었으니, 두흥(豆興)과 생원 두원(斗元), 두인(斗寅), 두남(斗南)이다. 준건은 두 아들을 두었으니, 두광(斗光)과 두징(斗徵)이다.

그 아래 후손[388]은 거의 수백 명이라 많아서 다 적지 않는다. 그중에 과제(科第)에 오른 사람으로, 5세손 수이(壽頤)는 생원이고, 경(憼)은 문과(文科)에 급제하여 성균관 전적(成均館典籍)이

387 김복일(金復一) : 1541~1591. 본관은 의성(義城), 자는 계순(季純), 호는 남악(南嶽)이다. 김진(金璡)의 아들이고, 김성일(金誠一)의 아우이며, 이황의 문인이다.

388 그 아래 후손 : 원문 '운잉(雲仍)'은 매우 먼 대(代)의 후손을 뜻한다. 증손의 다음이 현손(玄孫)이고 그 이하 차례로 내손(來孫), 곤손(昆孫), 잉손(仍孫), 운손(雲孫)인데 여기서는 일반적으로 후손을 뜻하는 말로 쓰였다.

되었으며, 수인(壽仁)은 생원이다. 6세손 만주(萬柱)와 정주(廷柱)는 생원이고, 광옥(光玉)은 진사이다. 광악(光岳)은 생원, 진사 양과에 모두 입격하였고, 광벽(光璧)은 문과에 급제하였으며 그 이전에는 지평을 지냈다. 광익(光翊)은 진사이고 광직(光稷)은 생원이다. 7세손 작(綽)과 양우(陽羽)는 생원이다.

공은 타고난 자질이 빼어나고 기품이 너그럽고 의연하였으며, 충성과 신의를 마음에 간직하고 청렴과 근신으로 처신하였다. 총명이 남달랐고 박문강기(博聞强記)하였으며, 경전 공부에 더욱 힘을 써서 깊은 조예로 자득한 공부가 있었다. 천문과 지리, 병진(兵陣)과 주수(籌數)의 법에 이르기까지 모두 정통하였고, 글을 지을 때는 이치에 맞고 뜻이 잘 통하는 것을 위주로 하여 험하고 날카로운 말은 하지 않았다. 남이 잘한 것을 보면 칭찬하기를 마치 못 미치는 듯이 하였고 남이 잘못한 것을 들으면 그것을 입에 올린 적이 없었다. 다른 사람과 이야기할 때는 정성스럽고 간절하였으나, 일에 임하여 시비를 가릴 때는 의연하여 지조를 빼앗을 수 없었다. 공은 젊어서부터 경세제민(經世濟民)의 일에 관심을 두어, 평소에 거함에 격앙되고 강개한 어조로 고금의 성패와 득실을 논하였으니, 얽히고 뒤섞인 것을 다스리고 긴요한 곳을 꿰뚫어 시조(施措)와 운용(運用)에 적용하고자 한 것이지 빈말을 하는 것이 아니었다.

공은 벼슬에 나아간 지 얼마 안 되어 혼란한 광해군을 만났고, 기미에 밝아 일을 그만두고 집에 들어앉아 분수에 만족하며 마음 편안하게 지냈다. 청명한 조정〔인조반정〕을 만나 임금의 보살핌을 받게 되자, 감격하여 정사에 대해 말하고 긴 소장과 짧은 차자를 올리기도 하여, 끝까지 할 말을 다 하였고 기휘(忌諱)를 피하지 않았다. 공이 나랏일을 지적하여 통절히 말하고 진실한 마음을 드러낸 것은 육지(陸贄)의 봉천(奉天)에서 올린 상소[389]와 가부(賈傅)의 통곡할 만한 상소[390]에 대해서도 양보하지 않을 만하였다. 상은 모두 겸허하게 개납(開納)하여 공의 충신(忠信)함을 알아주었으며, 시무(時務)를 잘 아는 사람이라고 인정하고 또 임금을 사랑하고 나라를 걱정하는 사람이라고 치하하였으니, 군신의 관계에서 이만하면 때를 만나지 못하였다고 말할 수 없으나, 불행히도 액운을 만나 거듭 체포되고 구금되었다. 비록 임금께서 잘 살펴주셔서 용서해 주는 은택을 입었으나,[391] 훈신귀족(勳臣貴族)들은 공을 미워하여 기회를 틈타 모함하였다. 이때부터는 공의 발자취

389 육지(陸贄)의……상소 : 당나라 육지(陸贄, 754~805)는 당나라 덕종(德宗)의 신하로, 주자(朱泚)의 난을 만나 봉천에 포위되어 있을 때 내상(內相)으로 시종하여, 임금을 위해 많은 조서를 쓰고 상주문을 올렸다. 육지의 글은 모두 사정을 곡진하게 나타내고 시의(時宜)에 잘 들어맞았으며 주의(奏議)에 뛰어났다. 육지의 시호는 선공(宣公)인데, 그가 쓴 주의문을 후인이 모아 《육선공주의(陸宣公奏議)》를 편찬하였고 이는 후대 정치가의 필독서가 되었다.

390 가부(賈傅)의……상소 : 가부는 장사태부(長沙太傅)를 지낸 가의(賈誼)를 말한다. 그가 문제(文帝)에게 상소한 글에 "오늘날 시국에 통곡할 만한 것이 한 가지요, 눈물 흘릴 만한 것이 두 가지요, 긴 한숨을 지을 만한 것이 여섯 가지입니다.〔今之事勢, 可爲痛哭者一, 可爲流涕者二, 可爲長太息者六.〕"라는 구절이 있으니, 통곡할 만한 상소는 이것을 가리킨다. 《漢書 卷48 賈誼傳》

391 은택을 입었으나 : 원문은 '뇌우지택(雷雨之澤)'이니, 임금이 사면하고 용서하는 것을 말한다. 《주역》 〈해괘(解卦) 상사(象辭)〉에 "우레와 비가 일어나는 것이 해(解)이다. 군자는 이것을 본받아 과오를 사면하고 죄를 용서한다.〔雷雨作解, 君子以, 赦過宥罪.〕"라고 하였다

가 유유히 금오산(金烏山)과 낙동강 근처에 머물러 다시는 조정에 나아가지 않았다. 공이 세상을 경륜할 남다른 포부를 지니고서 청명한 시대를 만났으면서도 그 지닌 것을 만분의 일도 펴지 못하였으니 어찌 백 년 뒤 뜻있는 선비의 유감이 아니겠는가. 그렇기는 하나 오늘날 공의 글이 빠짐없이 남아 있고, 세상에 주보언(主父偃)[392]처럼 헌책(獻策)을 잘하는 사람이 있어 공의 글을 읽고서 조정에 올려 그것이 채택되었으니, 이것 역시 공의 말이 행해진 것이니, 당시에 쓰이지 않았던 것을 한스러워하지 않는다.

공은 일찍부터 스승 김성일(金誠一) 문하에게 배웠고, 또 한강(寒岡 정구(鄭逑))과 여헌(旅軒 장현광(張顯光)) 등 여러 선생과 편지로 논변하여 훈도(薰陶)와 도움을 받은 것이 많았지만, 애써 재덕을 감추고 저술을 좋아하지 않았으므로 공의 학문에 대한 조예(造詣)를 자세히 상고할 수 없다. 그러나 공이 지은 《강의(講議)》 한 편을 보더라도, 경훈(經訓)을 분석하고 의리를 설명하는 것이 모두 성현의 뜻에 부합하며, 설명과 대답이 분명하고 일에 따라 경계하는 것 또한 임금에게 아뢰는 요체를 깊이 안 것이니, 공의 학문이라면 어찌 이른바 '이치에 따라 일을 다스리고 본체를 밝혀 쓰임에 적용시킨다.'라는 것이 아니겠는가. 지금 시문(詩文)과 잡저(雜著), 그리고 〈경연강의(經筵講議)〉·〈학봉언행록(鶴峯言行錄)〉

392 주보언(主父偃) : ?~기원전 126. 전한(前漢) 무제(武帝) 때 제나라 사람으로, 황제에게 직접 올린 상소로 발탁되어 낭중(郎中)이 되었다가 한 해 동안 네 차례나 벼슬이 올라 중대부(中大夫)가 되었다. 당시 제후들의 세력을 약화시키는 것을 목적으로 한 〈추은책(推恩策)〉 등, 주보언의 모책(謨策)들이 시행됨으로써 한(漢)나라가 크게 안정되었다. 《漢書 卷64上 主父偃傳》

·《일선지(一善志)》·〈관서록(關西錄)〉 등이 약간 남아 있다.

광벽(光璧)이 가첩(家牒)을 가지고 와서 나에게 "선조(先祖)의 사적(事跡)은 본말이 다 갖추어져 남아 있지만, 그동안 세상에 어려운 일이 많아 행장 짓는 일을 여태 맡기지 못하였으니, 감히 우리 그대가 써 주기 바랍니다."라고 하였다. 스스로 생각해 보니 학문이 변변찮은 후학으로서 어떻게 감히 덕을 기록하고 일을 찬술하여 주제넘게 행장을 짓는 죄[393]를 범할 수 있겠는가. 감히 할 수 없다고 사양하자, 지헌군(持憲君)[394]이 눈물을 뚝뚝 흘리면서 "지금 선조의 시대로부터 장차 100여 년이 되어 갑니다. 지금에도 이 일을 도모하지 않는다면 더욱 희미해져서 징험할 것이 없게 됩니다. 그대는 선조를 깊이 앙모하고 있으니 어찌 이 행장을 짓는 것에 무정할 수 있겠습니까. 감히 간곡히 청합니다."라고 하였다. 내가 감히 끝내 사양할 수 없어, 삼가 가첩에 따라 이렇게 차례로 기록하여 글 쓰는 사람들이 상고할 수 있도록 하였다. 삼가 행장을 쓴다.

병신년(1776, 영조52) 중춘(仲春) 상완(上浣)[395]일에 한산(韓山) 이상정(李象靖)은 행장을 쓰노라.

393 주제넘게……죄 : 원문 '범불위지죄(犯不韙之罪)'는 옳지 못한 일을 한 죄라는 말이다. 자신의 역량을 헤아리지 못하고 분수에 넘치게 옳지 못한 일을 하는 것을 말한다.

394 지헌군(持憲君) : 사헌부 지평을 지헌으로 부르기도 한다. 행장을 부탁한 최광벽(崔光璧)이 전 지평이었으므로 이렇게 지칭한 것이다.

395 상완(上浣) : 당나라 제도에 조정에서 벼슬하는 사람들에게 10일 만에 휴가를 주는데, 목욕하라는 것이라 하여 초순(初旬)은 상완(上浣), 중순은 중완, 하순은 하완이라 하였다. 완(浣)을 한(澣)이라고도 한다.

묘갈명 墓碣銘

유명조선 증 순충보조공신 자헌대부 예조판서 겸 지경연의금부춘추관사 동지성균관사 홍문관제학 완성군 행 통정대부 수 강원도관찰사 겸 병마수군절도사 순찰사 인재선생 최공 묘갈명

有明朝鮮 贈純忠補祚功臣 資憲大夫 禮曹判書 兼知經筵義禁府春秋館事 同知成均館事 弘文館提學 完城君 行通政大夫 守江原道觀察使 兼兵馬水軍節度使 巡察使 訒齋先生 崔公 墓碣銘

우리 영남에 인재(訒齋) 최공(崔公)이 있으니 문장(文章)과 덕업(德業)으로 한 시대를 압도하였다. 나는 가마득히 먼 후생인 데다가 견문이 적고 고루하여 공에 대하여 대략적인 것만 거칠게 알았을 뿐 자세한 내용을 알지 못하였다. 근래에 공의 후손 수이(壽頤)가 공의 행록(行錄)과 유문(遺文)을 가지고 수백 리를 멀다 하지 않고 와서 나에게 묘갈명(墓碣銘)을 지어 달라고 부탁하였다. 내가 사양하였으나 받아들여지지 않아 마침내 그 기록을 살펴보고 다음과 같이 짓는다.

공의 휘(諱)는 현(晛)이고 자(字)는 계승(季昇)이며 자호가 인재이다. 공의 본관은 전주(全州)로, 비조 아(阿)는 고려조에 문하시중을 지냈고 시호는 문성(文成)이다. 문성 이후에 벼슬한 선조들이 계속 쭉 이어지다가 5대를 내려와 수지(水智)에 이르러 과거에 급제하고 관직이 비안 현감(比安縣監)에 이르렀으니 공에게 고조부가 된다. 증조부의 휘는 이회(以淮)로, 사복시 주부(司僕寺主簿)를 지냈고 통례원 좌통례(通禮院左通禮)에 추증되었다. 조부의 휘는 치운(致雲)으로, 장사랑(將仕郎)을 지냈고 승정원 좌승지(承政院左承旨)에 추증되었다. 아버지의 휘는 심(深)으로, 감추어진 덕이 있었으며 의정부 좌참찬(議政府左參贊)에 추증되었다. 이처럼 삼대가 추증된 것은 모두 공이 귀하게 되었기 때문이다. 어머니 성산 이씨(星山李氏)는 사간원 정언(司諫院正言)을 지낸 경은(耕隱) 선생 이맹전(李孟專)의 증손녀이고, 병절교위(秉節校尉)를 지낸 이지원(李智源)의 따님이다.

공은 가정(嘉靖) 계해년(1563, 명종18)에 태어났다. 어려서부터 영특하고 빼어났다. 8세에 두곡(杜谷) 고응척(高應陟) 공(公)에게 배웠는데, 한번은 시구를 구점(口占)하도록 명하자 곧바로 사람들을 놀라게 할 만한 구절을 읊어 두곡이 크게 기특하게 여겼다. 9세에 어머니 상을 당했는데 상례를 치르는 것이 어른과 같았다. 부친 참찬공(參贊公)이 항상 소중히 여기면서 "이 아이가 장차 우리 집안을 일으킬 것이다."라고 하였는데, 겨우 15세 되었을 때부터 문장에 대한 사람들의 칭찬이 대단하였다. 약관에 학봉(鶴峯) 김 선생(金先生) 문하에서 배워 학문하는 큰 방법을 들을 수 있었다. 이로부터 학업이 날로 발전하여 동년배들이 앞지를 수가 없었다.

무자년(1588, 선조21)에 사마시에 급제하여 성균관에 들어갔다. 기축년(1589)에 부친 참찬공의 상을 당하여 예를 갖추어 장례 지내고 제사 지냈다. 무술년(1598, 선조31)에 천거되어 능서랑(陵署郞 참봉)에 제수되었는데 사은하고 돌아와 만언의 상소문을 올렸다. 병오년(1606, 선조39)에 문과에 급제하여 예문관에 선발되어 들어갔다.

광해군 초(1608, 광해군 즉위년)에 대교(待敎)로 옮겼고 이윽고 시강원 설서(侍講院說書)로 옮겼다가 사간원 정언(司諫院正言)으로 승진하여 〈구지명(九知銘)〉을 지어 스스로 성찰하였다. 8월에 서장관(書狀官)으로 연경에 갔고, 이듬해 3월에 복명하였다. 칙서 중에 '국사를 임시로 맡는다.'라는 말을 미처 고쳐서 바로잡지 못하였기 때문에 공과 상사(上使), 부사(副使)가 모두 체포되어 추고를 당했다. 4월 고향으로 돌아왔다. 10월에 정언(正言)에 제수되었지만 상경하는 도중에 체직되었다.

이로부터 계축년(1613, 광해군5)에 이르기까지 사헌부 지평(司憲府持平), 홍문관 수찬(弘文館修撰)·부교리(副校理), 시강원 문학(侍講院文學), 사간원 정언(司諫院正言)을 역임하였고 중간에 또한 실록청 낭청(實錄廳郞廳), 체부 종사관(體府從事官), 비변사 낭청(備邊司郞廳), 주사 종사관(舟師從事官), 양남 순무어사(兩南巡撫御史)가 되었는데 시행하는 것이 법도에 들어맞아 일들이 모두 두서가 있게 되었다.

당시 적신(賊臣) 이이첨(李爾瞻)이 김제남(金悌男)이 반역하여 영창대군(永昌大君)을 옹립하려 한다고 무고하였다. 그리하여 법대로 처리해야 한다는 상소가 시작되자 공은 작은 혐의를 들어 벼슬에서 떠나기를 강구하니 폐주(廢主)가 노여워하여 특별히 파직

할 것을 명하였다. 정조(鄭造)와 윤인(尹訒) 등이 탄핵하여 관직이 삭탈되었다. 이로부터 고향에 물러나 거처한 세월이 모두 11년이었다.

계해년(1623, 인조1) 인조반정에 즉시 공을 기용하여 홍문관 수찬(弘文館修撰)으로 삼았다. 공이 스스로 탄핵하여 "지난날 신이 사간원에 있으면서 한마디 말을 하여 왕자의 죽음을 구하지 못했습니다. 신은 진실로 한 번 죽는 것을 아까워하여 선왕을 저버렸으니 유독 마음에 부끄럽지 않겠습니까."라고 하였다. 그러나 상이 넉넉한 비답을 내리고 허락하지 않았다.

당시에 국문할 죄수가 옥에 가득차자 공이, 위협을 받아 어쩔 수 없이 따라간 사람들은 죄를 다스리지 말고, 죄의 경중을 따라 등급을 나누고, 곡직을 살피도록 힘쓰기를 청하였다. 상이 매우 옳다고 여기고 즉시 교리(校理)를 제수하였다.

공이 경연에 입시하여 진심을 다해 왕을 선으로 인도하였고,[396] 적을 막는 방책을 진술하였다. 상이 경청하면서 편안한 모습으로 대화하는 것이 메아리가 울리는 것과 같았다. 때마침 도원수(都元帥)가 공을 불러 종사관(從事官)으로 삼았다. 7월에 황주(黃州)에 이르러 해서(海西)의 군병들을 점검하였다. 8월에 홍문관 응교(弘文館應教)에 제수되어 조정으로 돌아와 성균관 사예로 옮겼다가 사도시 정(司䆃寺正)으로 전직되었다. 조금 뒤 의정부 사인,

396 선으로 인도하였고 : 원문 '계옥(啓沃)'은 선도(善道)를 개진하여 임금을 인도하고 보좌한다는 뜻이다. 《서경(書經)》 〈열명 상(說命上)〉에, 은(殷)나라 고종(高宗)이 부열(傅說)에게 "그대의 마음을 열어 나의 마음을 적셔라.〔啓乃心, 沃朕心.〕" 하였다.

사헌부 집의, 홍문관 응교, 성균관 사성, 시강원 보덕에 차례대로 제수되었다.

갑자년(1624, 인조2) 1월에 또 사인(舍人)에 제수되었다. 이괄(李适)이 병사를 일으켜 반역하였는데, 매우 거세게 창궐하는 형세였다. 상이 공을 명하여 독전어사(督戰御史)로 삼고 검(劍)을 주면서 "부원수 이하로 명을 따르지 않는 이를 모두 이 칼로 베어라."라고 하였다. 공이 밤새 서쪽 반역지 평안도로 말을 타고 달려가서 장수와 병사들을 독려하고 충과 의로써 면려하였다. 도원수 장만(張晩)에게 공문서를 보내어 그가 병사를 통솔한 채 지체하면서 싸우지 않는다고 질책하자 장만이 노여워하였다. 저탄(猪灘)에서 패배함에 이르러서는 장만이 최공이 전쟁을 재촉하였기 때문에 졌다고 허물을 돌리면서 스스로 임금에게 해명하였다. 공 또한 장계를 올려 "장만이 역적의 기세를 키워 근심을 남겼습니다."라고 논하자 장만이 매우 유감스럽게 여겼다. 얼마 되지 않아 적병이 평정되어 공이 말을 달려 행재소(行在所)에 나아갔다. 상이 묻기를 "안현(鞍峴) 전투의 공은 누가 마땅히 으뜸이 되어야 하는가."라고 하자, 공이 대답하여 "전투에서 지시한 방략(方略)은 장만에게서 나왔으니 장만이 마땅히 으뜸이 되어야 합니다."라고 하였다. 또 상이 "이흥립(李興立)을 어떻게 처리해야 하는가."라고 묻자, 대답하여 "이흥립의 죄는 역적을 맞이한 것에 있으니 용서할 수 없습니다."라고 하였다. 상이 모두 공의 말을 따랐다.

임금이 도성으로 돌아와 공을 발탁하여 첨지중추부사(僉知中樞府事)에 제수하였는데, 공은 아무런 공이 없이 승진하는 것을 사양하였다. 7월에 병조 참지(兵曹參知)로서 승정원 동부승지(承政院同副承旨)에 임명되었다. 공이 사안에 따라 왕명을 되돌려 보내고 논박하며 출납을 공정하게 하니 당시에 의논하는 이들이 훌륭하게 여겼다. 9월에 호군(護軍)에 체직되었다가 겨울에 사간원 대사간(司諫院大司諫)이 되었다. 공이 천재지변으로 인하여 당시의 폐단을 지극히 진술하였고, 또 훈신(勳臣)들이 군관(軍官)을 두어 사실(私室)을 호위하는 잘못된 점을 말하니, 상이 후한 비답을 내렸다. 이에 훈신들이 노여워하여 많은 원망이 떼 지어 일어나자 공이 혐의를 피하여 체직되기를 청하였다. 겨울에 병조 참지(兵曹參知)로 옮겨 제수되었다. 마침 역적 김원(金愿)이 공을 끌어들여 무고하였는데 훈신들이 이 기회를 타서 공격하자, 공이 상소를 올려 스스로 해명하였다.

을축년(1625, 인조3)에 진강하는 기회에 폐정(弊政)을 닦아 밝히는 일에 대해 진술하는 차자를 올렸다. 봄에 형조 참의(刑曹參議)에서 예조 참의(禮曹參議)로 옮겼고 또 대사성(大司成) 겸 승문원 부제조(承文院副提調)로 옮겼다. 공이 상소를 올려 사양했으나 상이 허락하지 않았다.

병인년(1626, 인조4) 2월에 우부승지(右副承旨)에서 좌부승지(左副承旨)로 옮겼다. 당시에 흰 무지개가 해를 꿰는 변고가 있었는데, 공이 장계를 올려 진실로써 하늘에 응답하여 재앙을 그치게 할 것을 아뢰었다.

반조사(頒詔使) 강왈광(姜曰廣)과 왕몽윤(王夢尹)[397]이 바다를

397 반조사(頒詔使) 강왈광(姜曰廣)과 왕몽윤(王夢尹) : 황자(皇子) 탄생의 조서

건너 장차 우리나라에 이르려고 하자 공이 연위사(延慰使)로서 관서(關西)로 내려갔지만, 병으로 임무를 수행하지 못하고 돌아와 체직을 청하고는 고향으로 내려왔다. 고향으로 오는 도중에 또 좌승지에 제수되자 또 상소를 올려 체직되었다. 상이 특별히 약물(藥物)을 하사하였다. 8월에 강원도 관찰사가 되었다.

정묘년(1627, 인조5)에 건노(建奴)[398]가 동쪽으로 우리나라를 침략하여 갑자기 평산(平山)까지 이르자 임금이 피난길에 올랐다. 도원수(都元帥) 및 함경도(咸鏡道)의 군사들이 모두 회양(淮陽), 철원(鐵原) 사이에 모여서 강원도에 군량미를 요구하니 공이 다방면으로 힘써 응하여 군수물자를 부족하지 않게 하였다. 또 격문(檄文)을 작성하여 충의(忠義)를 격발시키고 화복(禍福)의 일로 깨우치니 사람들이 다투어 떨쳐 일어나 싸우게 되었다. 오랑캐가 물러나자 공이 개연히 상소를 올려 경계할 것을 진술하였는데, 대의는 큰 뜻을 세우고 기강(紀綱)을 진작시키는 것을 근본으로 삼는 것이고, 그 밖의 다른 말들도 폐단을 개혁하고 시대를 구제하는 핵심이 아닌 것이 없었다.

9월에 행부(行部)[399]하여 횡성(橫城)에 이르자 이인거(李仁居)가 공을 알현하였다. 그의 말이 매우 도리에 어긋나서 공이 의심

를 반포하기 위해 우리나라에 온 한림원 편수(翰林院編修) 강왈광과 공과 급사중(工科給事中) 왕몽윤이다.

398 건노(建奴) : 후금을 말한다. 건은 건주위(建州衛)를 말하는데, 명나라 성조(成祖)가 여진족(女眞族)의 근거지였던 길림(吉林) 부근과 목릉하(穆陵河) 유역에 설치한 것으로, 후금이 발원한 곳이다.

399 행부(行部) : 감사가 관할 지방을 순시(巡視)하는 일이다.

하여 원주(原州)와 횡성 수령에게 그의 동태를 잘 살펴 이상한 낌새가 있으면 보고하게 하였다. 원주 목사 홍보(洪靌)가 이인거를 체포하여[400] 먼저 조정에 알리자 조정의 사간원들이 공이 반역을 다스리는 데 느슨하였음을 따졌다. 공이 체포되어 구금된 채 겨울을 넘기면서 재앙의 기미가 어떻게 될지 예측할 수 없었으나, 공은 평소의 태도를 바꾸지 않고 태연하였다. 결국 무신년(1628, 인조6) 봄에 회령(會寧)으로 유배되었다가 겨울에 사면되어 돌아왔다.

경오년(1630, 인조8)에 무뢰배인 역적 양천식(楊天植)이 반역을 도모하다가 일이 발각되었는데, 공초(供招)의 말이 공에게까지 미치게 되어 또 체포되었다. 상이 "최현이 일찍이 대궐 안의 일에 대해 득실을 말하였는데, 그 말이 매우 간절하고 강직하여 내가 매우 괴로웠다. 자리를 파한 뒤에 생각해 보니 진실로 나를 사랑한 것이었다. 이와 같이 충성스럽고 진실한 사람이 어찌 역적과 서로 알고 지낼 이치가 있겠는가. 그를 석방시켜라."라고 하였다. 정묘년(1627, 인조5)의 옥사 때도 상이 이 일을 들어 공이 결백하다고 말했는데 이번에 이르러서도 거듭 이 말을 하였으니, 논자들이 여기에서 올바른 군신 간의 관계를 볼 수 있다고 생각하였다.

정축년(1637, 인조15) 봄에 남한산성의 포위가 풀리자 공의 아

400 원주……체포하여 : 최현이 횡성을 떠나 홍천(洪川)을 순시하고 있을 때 이인거가 군기를 탈취하여 반란을 일으켰다. 이에 원주 목사 홍보가 군사를 보내 이인거를 체포하였다.

들 산휘(山輝)가 조정에 달려가 임금의 안부를 여쭈었는데, 돌아오는 길에 역병에 걸려 일어나지 못하고 세상을 떠났다. 공이 슬프고 상심하여 집에 거처하고 싶어 하지 않아 금릉(金陵)의 별서(別墅)로 옮겨 거처하였다. 나이 78세에 돌아가셨으니 숭정(崇禎) 경진년(1640, 인조18) 6월 4일이었다. 9월에 선산(善山) 묵평(默坪) 곤향(坤向) 언덕에 반장하였다. 상이 예관(禮官)을 파견하여 치제(致祭)하게 하였다. 산휘가 훈공에 참록되었기 때문에 공이 보조공신(補祚功臣) 자헌대부(資憲大夫) 예조 판서(禮曹判書)에 추증되고 완성군(完城君)에 봉해졌다.

공은 타고난 자질이 뛰어나고 국량이 너그럽고 넓었다. 바라보면 공이 큰 인물이고 훌륭한 덕이 있음을 알아 사람들이 원대한 인물로 기대하지 않음이 없었고 공도 경세제민으로 자임하였다. 항상 격앙하고 강개하여 고금의 성패와 득실을 논하면 마치 황하의 물줄기를 터트려 바다로 흘러 들어가게 하는 것과 같았고, 변방을 방어하는 응변(應變)의 계책에 더욱 뛰어났다. 당시에 백사(白沙),[401] 한음(漢陰),[402] 오리(梧里)[403]와 같은 여러 대신들이 모두 국사(國士)로 공을 대우하여 서로 다투어 공을 불

401 백사(白沙) : 이항복(李恒福, 1556~1618)의 호이다. 본관은 경주(慶州), 자는 자상(子常), 호는 필운(弼雲)·백사·동강(東岡)이다. 저서로는 《백사집》·《북천일록(北遷日錄)》 등이 있다

402 한음(漢陰) : 이덕형(李德馨, 1561~1613)의 호이다. 본관은 광주(廣州), 자는 명보(明甫), 호는 한음·쌍송·포옹산인(抱雍散人)이다. 저서로 《한음문고》가 있다.

403 오리(梧里) : 이원익(李元翼, 1547~1634)의 호이다. 본관은 전주(全州), 자는 공려(公勵), 호는 오리, 시호는 문충(文忠)이다. 저서로는 《오리집》이 있다.

러 자신을 돕게 하였다. 광해군 시절의 버려지고 폐해진 상태에서 기용되어 성스러운 임금〔인조〕의 알아줌을 만나 감격하여 은혜에 보답하고자 하였으며 충성을 다하고 숨기는 마음이 없었다. 모든 상소장과 주의문(奏議文)이 모두 확실하게 핵심을 관통하는 것이었다. 그리하여 공이 한번 포부를 펴기를 바랐는데 불행하게 두 번이나 체포되어 감옥에 갇히고 거듭 요직에 있는 사람들의 비위를 거슬러 끝내 답답하고 우울하게 되어 크게 뜻을 펼치지 못하였다.

아, 안타깝구나! 공은 다른 사람의 좋은 점은 말하기 좋아하고 다른 사람의 허물과 악한 점은 말하지 않았다. 이해관계에 임하고 사변(事變)을 만나서는 의연하게 빼앗을 수 없는 지조가 있었다. 마음가짐이 공평하여 의론의 같고 다름으로써 편을 나누어 대하지 않았으며, 다른 사람들도 감히 공을 비방하지 못했다. 공이 이른 나이에 학봉(鶴峯) 사문(師門)에 들어가 이미 정인(正人)과 군자의 논의를 들었고 또 한강(寒岡),[404] 여헌(旅軒)[405] 두 선생에게 배워 덕에 점점 무젖어들고 도를 갈고 닦아 온축한 학문을 평소에 가지고 있었다. 그러니 공이 세운 업적이 어찌 근본이 없이 그렇게 될 수 있었겠는가.

공은 총명하고 박문강기(博聞强記)하여 천문, 지리, 병법, 산수

404 한강(寒岡) : 정구(鄭逑, 1543~1620)의 호이다. 본관은 청주(淸州), 자는 도가(道可), 시호는 문목(文穆)이다. 저서로 《한강집》이 있다.

405 여헌(旅軒) : 장현광(張顯光, 1554~1637)의 호이다. 본관은 인동(仁同), 자는 덕회(德晦), 시호는 문강(文康)이다. 저서로 《여헌집》이 있다.

에 통하지 않음이 없었다. 문장을 지음에 까다롭고 교묘한 것을 일삼지 않았고, 여유롭고 호방하면서도 전적으로 이치를 표달(表達)하는 것을 위주로 하였다. 저술로는 시문(詩文)과 소차(疏箚), 《일선지(一善志)》, 《난중잡록(亂中雜錄)》이 집에 보관되어 있다.

공은 모두 세 번 혼인하였는데 첫 부인은 의성 김씨(義城金氏) 부사(府使) 김복일(金復一)의 따님으로, 외아들 산휘(山輝)를 낳으니 산휘는 통정대부(通政大夫) 청송 부사(青松府使)를 지냈다. 둘째와 셋째 부인은 창녕 조씨(昌寧曺氏)와 재령 이씨(載寧李氏)인데 모두 후사가 없다. 이 세 부인은 모두 정부인(貞夫人)에 추증되었다. 부사는 3남 1녀를 두었으니, 아들 이박(爾博), 이후(爾厚), 이원(爾遠)은 모두 공보다 먼저 요절하였고, 사위는 현감 박황(朴熀)이다. 증손자 중에 응건(應乾), 체건(體乾)은 이박의 소생이다. 대건(大乾), 상건(象乾), 준건(峻乾)은 이후의 소생이다. 현감에게는 5남 3녀가 있었으니, 한로(漢老), 태로(台老), 담로(聃老), 문로(文老)는 모두 일찍 죽었다. 다섯째는 성인이 되지도 못하고 요절하였다. 3녀는 교관(敎官) 이재아(李在雅)와 조시호(曺時虎), 이원례(李元禮)에게 각각 시집갔다. 내외(內外)의 현손(玄孫)은 다 기록하지 않는다. 명은 다음과 같다.

선비가 바야흐로 궁핍함에 처하여	士方處窮
자신을 기약함이 매우 확고하다가	自期甚確
이미 현달하여 세상에 쓰이면	旣達而試
직분과 책임을 다하는 이 드물다네	鮮克稱塞
높고 높은 오직 공만이	嶷嶷維公

진실로 명실상부하였네 允副名實

대개 공이 수립한 업적은 蓋公樹立

어찌 학문의 힘이 아니겠는가 孰非學力

일찍부터 사우를 따라 배워 早從師友

절차탁마하고 훈도되었네 琢磨薰刮

덕에 무젖고 학문이 쌓이니 涵停秩積

본말이 모두 갖추어졌네 有本有末

내면에 온축하여 덕행이 되고 蘊爲德行

발현하여 훌륭한 업적이 되었네 發爲事業

조정에서 자신의 의견을 내어 乃議于朝

이에 그 절의를 떨쳤네 乃奮其節

솔개처럼 우뚝 서서 훌륭한 말로 鶚立昌言

임금의 곁에서 잘 보필하였네 左右君側

지나간 법칙에 근거하여 根據往則

힘써 임금을 선으로 인도하였네 密勿啓沃

하는 일마다 옳지 않음이 없었으니 投無不可

진실로 나라의 뛰어난 인재였네 展也邦傑

가령 그 능력을 다하게 하였다면 使究厥用

나라 바로잡음에 어려움이 있었겠는가 何有匡國

어찌하여 끝내 불우하여 胡卒不遇

곤궁한 재액에 걸렸는가 遭罹蹇厄

수용되지 못하는 것도 천명이나 不容亦命

오직 명성은 영원할 것이네 維名之永

나의 글은 아첨하는 것이 아니니 我銘非諛

후인들은 이것을 거울로 삼을지어다　來者是鏡

숙종 42년 병신년(1716) 10월 모일 봉렬대부(奉列大夫) 전(前) 장수 현감(長水縣監) 권두인(權斗寅)[406]이 짓는다.

406 권두인(權斗寅) : 1643~1719. 본관은 안동(安東), 자는 춘경(春卿), 호는 하당(荷塘)이다. 저서로는 《하당집(荷塘集)》이 있다.

신도비명 神道碑銘

증 순충보조공신 자헌대부 예조판서 겸 지경연의금부춘추관사 동지성균관사 홍문관제학 완성군 행 통정대부 수강원도관찰사 겸 병마수군절도사 순찰사 인재 선생 최공 신도비명

贈純忠補祚功臣 資憲大夫 禮曹判書 兼知經筵義禁府春秋館事 同知成均館事 弘文館提學 完城君 行通政大夫 守江原道觀察使 兼兵馬水軍節度使 巡察使 訒齋先生 崔公 神道碑銘

공의 휘는 현(晛), 자는 계승(季昇), 자호(自號)는 인재(訒齋)이다. 최씨의 본관은 전주(全州)이니 비조(鼻祖) 휘 아(阿)는 고려조에 문하시중을 지냈고, 5대를 내려와 비안 현감(比安縣監)인 휘 수지(水智)에 이르러 비로소 선산(善山)의 해평현(海平縣)에 거주하게 되면서 자손들이 여기에 터를 잡고 살게 되었다. 휘 이회(以淮)는 사복시 주부(司僕寺主簿)를 지냈으며 통례원 좌통례(通禮院左通禮)에 추증되었고, 휘 치운(致雲)은 참봉을 지냈으며 승정원 좌승지(承政院左承旨)에 추증되었고, 휘 심(深)은 의정부 좌참찬(議政府左參贊)에 추증되었다. 이분들은 공의 증조부, 조부, 부친인데, 공이 귀하게 되었기 때문에 삼대를 추증한 것이다.

모친은 정부인(貞夫人)으로 추증되었는데 성산 이씨(星山李氏) 지원(智源)의 따님이다.

공은 약관에 학봉(鶴峯) 김 선생(金先生)의 문하에서 배워 학문하는 큰 방도를 들었다. 만력(萬曆) 무자년(1588, 선조21)에 생원이 되었다. 병오년(1606, 선조39)에 문과에 급제하여 예문관원이 된 이후 비록 그 사이에 혼조(昏朝 광해군)를 만나 고향에서 불우하게 지냈으나 인조반정에 이르러서는 임금에게 인정받아 충성심을 다하여 삼사(三司)를 두루 거치고 지위가 강원도 관찰사까지 올랐다. 관직의 서열은 현달하지 않음이 없었고, 재주와 지혜는 쓰이지 않음이 없었으나, 훗날의 사람들이 공의 평생에 대하여 언급하면서 혹 거듭 한숨을 쉬고 길게 탄식함을 그만둘 수 없었던 점이 있었으니 그 까닭은 어째서인가.

공은 타고난 자질이 뛰어나고 재주와 지혜가 통명하고 영민했다. 사우들과 강론한 것이 발현하여 나라를 경륜하는 대업(大業)이 되었다. 바야흐로 임진왜란 때 포의(布衣)로 체찰사 막부(體察使幕府)에 글을 올리니 모두 나라를 다스리고 난리를 바로잡는 계책이었으므로 이원익(李元翼) 공이 감탄하였다. 건원릉 참봉(健元陵參奉)에 제수되자 사은숙배한 뒤 만언의 상소문을 올렸는데, 그 조목은 9가지이지만 그것을 행하는 것은 하나〔誠〕이니, 말한 내용이 모두 당시의 폐단에 적중한 것이었다. 얼마 후 병으로 사직하고 고향으로 돌아왔다. 문과에 급제하여 예문관 검열에 제수되었다.

광해군(光海君) 무신년(1608, 광해군 즉위년)에 시강원 설서(侍講院說書)로 옮겼다가 사간원 정언(司諫院正言)에 제수되어

〈구지명(九知銘)〉을 지어 스스로를 성찰하였다. 하절사(賀節使)의 서장관(書狀官)이 되어 연경에 갔는데 자신을 엄격하게 다스리고 아랫사람을 잘 부리니 역관들이 모두 숙연히 두려워하였다. 돌아와 연이어 사간원 정언, 사헌부 지평(司憲府持平), 실록청 낭청(實錄廳郎廳), 체부 종사관(體府從事官)에 제수되었다. 옥서(玉署 홍문관)에 선발되어 암행어사의 왕명을 받들어 관서(關西) 강연안의 방수(防守)를 살피고 돌아와 복명(復命)하였다. 대신 이덕형(李德馨)과 이항복(李恒福)이 불러 비변사 낭청(備邊司郎廳) 겸 주사 구관사 종사관(舟師句管司從事官)으로 삼으니, 공이 주사(舟師)의 이해(利害)에 대하여 상소를 올렸다. 마침내 호남과 영남을 두루 순시하며 시행한 조치들이 법도에 맞았다. 얼마 뒤 경성 판관(鏡城判官)에 제수되매 대신들이 주사 관직은 누구도 최공을 대신하기 어렵다고 누차 아뢰자 상이 그대로 맡고 있는 일을 하게 하였다.

홍문관 수찬(弘文館修撰)에 임명되었다. 이때 광해군이 술사의 말에 현혹되어 천도(遷都)하기를 의론하였는데 공이 차자를 올려 힘써 쟁론하니 의론이 마침내 잠잠해지게 되었다. 또 교리(校理)에 제수되었다가 시강원 문학(侍講院文學)으로 옮겨졌다. 광해군이 마침 자전(慈殿)을 추숭하여 받들고자 천자에게 고명(誥命)을 주청하려고 의논하자 공이 차자를 올려 "집안에는 두 어른이 없고 예에는 두 적처(嫡妻)를 둘 수가 없습니다. 노(魯)나라 은공(隱公)이 중자(仲子)에게 한 일과 희공(僖公)이 성풍(成風)에게 한 일을 《춘추(春秋)》에서 몹시 잘못되었다고 하였기에 이 두 군주가 천자에게 책명(冊命)을 추급하여 청했다는 것을 듣지 못했으니, 어찌 예를 지키고 의를 두려워하여 감히 하지 못한 것이 아니겠습니까."라고 하였다.

정언(正言)으로 옮겨졌다. 적신(賊臣) 이이첨(李爾瞻)이 대비의 아버지 연흥부원군(延興府院君) 김제남(金悌男)이 영창대군(永昌大君)을 옹위하여 반역을 도모한다고 무고하였다. 옥사가 이미 이루어짐에 대각의 신하들이 영창대군을 법대로 처리해야 한다고 의논하였다. 공은 다투어 보아도 무익하다는 것을 헤아리고 규례를 들어 혐의(嫌疑)[407]가 있음을 이유로 사직을 청하여 체직되었다. 이이첨의 무리들은 성을 내며 공을 탄핵하여 관직을 삭탈하였다. 이후 공이 편안한 마음으로 고향에 돌아와 은거한 것이 11년간이었다.

인조반정 때 홍문관 수찬 겸 도원수 종사관(都元帥從事官)에 임명되었다. 공이 상소를 올려 "바야흐로 흉악한 무리들이 영창대군을 무고하여 죽일 때에 신의 관직은 사간원 정언이었지만 입을 다물고 한마디 말도 하지 못했으니 어찌 정온(鄭蘊)에게 죄인이 되지 않겠습니까."라고 하였다. 이로부터 홍문관 응교(弘文館應敎), 의정부 사인(議政府舍人), 사헌부 집의(司憲府執義), 성균관 사성(成均館司成), 시강원 보덕(侍講院輔德), 체부 종사관(體府從事官)을 역임하였고 통정대부(通政大夫)로 승진하였다. 누차 승지(承

407 혐의(嫌疑) : 최현이 백의(白衣) 차림으로 외출하였다가 길에서 숭양부원군(嵩陽府院君) 김신원(金信元)을 만나매 미처 피하지 못하고 말을 탄 채 대화를 나누었는데, 낮은 관직에 있는 사람이 백의 차림으로 말을 탄 채 1품(品)의 관원을 본 일에 대해 자책한 것이다. 《국역 광해군일기 5년 5월 4일》

旨)에 제수되었고 대사간(大司諫), 예조 참의(禮曹參議), 병조 참의(兵曹參議), 형조 참의(刑曹參議), 대사성(大司成), 부제학(副提學), 승문원 부제조(承文院副提調) 등으로 전직되었다. 묘당에서 신하들 중에 재주가 장수를 감당할 수 있는 자 10명을 천거하였을 때 공이 거기에 들었으니, 모두 엄선된 뛰어난 인재들이었다.

인조가 처음 즉위하였을 때에 공훈귀척의 세력이 매우 드세어 처신함에 청의(淸議)의 비판을 자못 개의치 않았으며, 청나라 오랑캐들은 날마다 서북 지역을 호시탐탐 노려서 아침저녁으로 근심거리가 되었다. 공은 이미 벼슬에서 폐해진 데서 기용되어 임금의 특별한 대우에 감격하여 일 중에 조정의 득실과 관련된 것이 있으면 말하지 않음이 없었고, 말하면 극진히 하지 않음이 없어서, 이 두 가지 일에 대하여 정성스럽고 간절하게 누차 뜻을 다해 그칠 줄을 몰랐다. 공이 옥당(玉堂)의 관원으로 진강(進講)함에 "옥사를 다스리는 것이 너무 지나치면 안 되고, 붕당(朋黨)은 지정대공(至正大公)하게 처리하지 않음이 없어서 치우치고 사사로운 논의가 자연히 크게 변화토록 해야 합니다."라고 힘써 말하였다. 청나라 적을 막는 계책을 논하여 말하기를 "오랑캐가 만약 승승장구하여 그들과 칼날을 다툴 수 없다면, 그 형편상 피할 수밖에 없습니다. 지금 외구(外寇)를 피하는 것을 말하기 꺼려 하나 급한 상황에 다다르면 피하는 일도 쉽지 않습니다. 비록 미리 피하는 것을 말하여 민심을 태만하게 만들어서도 안 되지만, 또한 성벽을 굳건하게 지키고 들판을 말끔하게 치우는 것도 하지 않아서는 안 됩니다."라고 하였다.

원수(元帥)의 막사에 달려감에 상이 술을 하사하면서 "가서 공무에 힘쓸지어다."라고 하였다. 말을 달려 황주(黃州)에 가서 해서(海西) 지역의 병사와 말을 사열하였다. 얼마 되지 않아 역적 이괄(李适)이 반란을 일으켰다. 상이 공을 명하여 독전어사(督戰御史)로 삼고 검(劍)을 주면서 "전쟁에 힘쓰지 않는 자는 부원수로부터 그 이하는 이 검으로 참수하라."라고 하였다. 원수 장만(張晩)이 역적들과 저탄(猪灘)에서 만나 싸웠지만 불리하여 곧 장계를 올려 공이 전쟁을 독촉했기 때문이라고 허물을 돌리자 공 또한 장계를 올려 장만의 죄를 아뢰었다. 안현(鞍峴) 전투의 대승리에 이르러서는 조정의 논공행상이 아직 결정되지 않았는데, 공이 행재소(行在所)에 나아가 장만이 전투의 방략(方略)을 지시한 것에 대하여 성대하게 칭찬하였다. 이 덕분에 장만이 원훈(元勳)이 되었다.

공이 승지(承旨)가 되었을 때에 대비궁(大妃宮)의 하인 중에 위조된 도장으로 경기의 고을에서 소란을 피우는 자가 있었는데 사헌부에서 법으로 다스렸다. 상이 신칙(申飭)하여 "하인은 자전(慈殿)에 속하는 사람이니 삼가고 형벌을 가하지 말라."라고 하였지만, 공이 전교를 받들지 않고 도로 반송하니 상이 매우 질책하였다. 대비궁의 하인이 뒤에 또다시 이런 불법을 저질렀기에 사헌부가 급히 그를 잡아 죄를 다스리니, 상이 또 풀어 주라고 명하였다. 그러나 공이 전교를 받들지 않고 도로 반송하기를 이전처럼 하였다. 이에 공이 "신은 차라리 전하에게 죄를 얻을지언정 전하로 하여금 백성들에게 죄를 얻게 하고 싶지는 않습니다."라고 아뢰었다.

대사간(大司諫)으로 차자를 올려 극언하기를 "근래에 모두(旄

頭)[408]가 움직이고 빛나며 천랑(天狼)[409]에 망각(芒角)[410]이 생겼습니다. 감추어졌던 천둥과 번개가 묘성(昴星)과 필성(畢星)의 분야(分野)에서 발생하였으니, 이곳은 연호(燕胡)에 해당됩니다. 막 세력이 강성하여 호시탐탐 저희를 노리는 외적이 계책을 준비하고 때를 기다리고 있는데, 대신들은 머뭇거리는 데 익숙하고 유명 인사들은 멀리 내다보는 도모에 어둡습니다."라고 하였고, 또 훈신(勳臣)들이 군관(軍官)을 모아 사실(私室)을 지키게 하여 이루 다 말할 수 없는 폐단이 있음을 거듭 말하였다.

아, 공의 마음은 임금과 나라에 있을 뿐이었다. 상소문의 한 글자마다 공의 우국충절에 여러 번 감탄이 나오니 당시의 일에 대하여 누차 뜻을 다한 것이 여기에 있었고 다른 데에 있지 않았기 때문이다. 그런데도 공을 싫어하는 무리들이 공을 우물에 밀어 넣고 돌까지 떨어뜨리며[411] 노여워하는 말들이 뒤따라 일어나서 공으로 하여금 끝내 몸을 움직여 능력을 펼 수 없게 만든 것은 또한 그들의 의도가 애초부터 다른 데에 있지 않음이 없었던 것이

408 모두(旄頭) : 묘수(昴宿)의 다른 이름으로 호성(胡星)이며, 오랑캐를 상징한다고 한다.

409 천랑(天狼) : 천랑성(天狼星)으로, 침략을 상징한다고 여겨졌던 별 이름이다.

410 망각(芒角) : 별에서 날카롭게 뻗어 나오는 빛살을 말한다.

411 우물에……떨어뜨리며 : 원문 '정석(穽石)'의 뜻이다. 정석은 낙정하석(落穽下石)의 준말로, 투정하석(投穽下石)이라고도 한다. 한유의 〈유자후묘지명(柳子厚墓志銘)〉에 "어느 날 작은 이해를 눈앞에 두면 함정에 떨어졌을 경우 손을 내밀어 구해 주기는커녕 도리어 밀치거나 또 돌을 떨어뜨리니 모두 이러한 자들이다.〔一旦臨小利害, 落陷穽不一引手救, 反擠之又下石焉者, 皆是也.〕"라고 한 것에서 온 말이다.

다. 아, 슬프구나! 당시의 공훈귀족들이 크게 노하여 상에게 아뢰기를 "최현의 말은 기찰(譏察)을 막아 역도(逆徒)로 하여금 그들의 책략을 펴게 하려고 한 것입니다."라고 하였다. 마침 역적 김원(金愿)이 무고하여 공을 끌어들이자 좌찬성 김류(金瑬)가 심지어는 공이 반역을 알고도 보고하지 않았다고 생각하였다. 그러자 상이 사실과 다르다고 꾸짖고는 특별히 공을 용서해 주고 문책하지 말게 하였다.

부제학(副提學)으로서 차자를 올려 여덟 가지 힘써야 할 일을 진술하였고, 또 폐정(弊政)을 닦아 밝히는 것을 진술하는 차자를 올려 관제(官制), 전제(田制), 병제(兵制)에 대하여 말했는데 옛날의 제도를 가지고 와 오늘날에 알맞게 적용하였으니 모두 지나친 것은 덜어 내고 부족한 것은 보충하여 합당하게 하였다. 얼마 지나지 않아 강원도 관찰사에 임명되었다.

이듬해 정묘년(1627, 인조5)에 청나라가 우리나라를 침략해 오자 공이 급히 정예 병사를 선발하여 해서(海西)의 군진(軍陣)에 도움을 주었고, 공도 스스로 병사 천여 명을 거느리고 한강 나루터에 진을 쳤다. 도원수(都元帥) 및 관북(關北)의 군사로 강원도 경내에 주둔하고 있는 이들에게는 군량미를 대 주어 끊어지지 않게 하였으며, 격문(檄文)을 작성하여 의사(義士)들을 권면하자 의사들이 다투어 싸우고자 하였다. 청나라가 물러나자 공이 비분강개하면서 다시 만언(萬言)의 상소를 올렸다. 그 핵심은 먼저 뜻을 세우고, 그다음은 기강을 세우고, 쓸데없는 관직을 줄이며, 군병을 기르고, 재용을 축적하며, 요새를 설치하는 것 등 다섯 가지를 급선무로 삼는 것이었다. 상소 끝에 "강화도와 남한산성은 안전한 곳이 아닙니다. 오직 적상산성(赤裳山城)은 호남과 영남의 경계에 웅거하여 물자와 인력이 풍부하고, 한산도(閑山島) 등 여러 섬과 통영(統營)의 주사(舟師)와 서로 도움을 주고받을 수 있으니, 지금의 요새지는 아마도 이곳보다 나은 곳이 없을 것입니다."라고 하였다. 상이 가납하여 빨리 의론하여 처리하라고 명하였지만, 조정에서는 끝내 선생의 말을 채용하지 않았다.

당시에 횡성(橫城)의 역적 이인거(李仁居)가 반란을 도모하였는데 원주(原州)의 수령 홍보(洪靌)가 잡아서 조정에 바쳤다. 이전에 이미 공이 이인거가 반란을 도모하지 않을까 의심하여 은밀히 홍보(洪靌)에게 잘 살펴서 보고하게 하였다. 그러나 공을 좋아하지 않는 조신(朝臣)들은 도리어 공이 역적을 놓아주었다고 하면서 체포하여 옥에 가두어야 한다고 하였다. 상이 "최현은 일찍이 야대(夜對)에서 대궐 안의 일에 대해 잘못을 직설적으로 말하기에 내가 매우 괴로웠다. 그러나 천천히 생각해 보니 그것은 진실로 나를 매우 사랑한 것이었다. 이러한 사람이 역적과 서로 연루됐다고 말할 수 있겠는가."라고 하며 특별히 풀어 주었다. 그러나 간관들이 계속 고집하여 회령(會寧)에 유배되었다가 이윽고 사면을 받아 고향으로 돌아왔다. 뒤에 무뢰배 역적 양천식(楊天植)이 공을 무고하였기에 공이 체포되었는데, 상이 또 이전에 전교한 내용으로 교지하여 공을 풀어 주었다. 아! 이것은 진실로 인조의 명성(明聖)이 공의 곧은 말을 잊지 않은 것이니 또한 공의 고충(孤忠)과 곧은 도리가 임금의 마음과 결속함이 깊었음을 알 수 있다.

경진년(1640) 6월 4일에 돌아가셨으니 향년 78세였다. 선산(善山) 묵평(默坪) 곤향(坤向)의 언덕에 장사하였다. 상이 예관(禮

官)을 보내 조문하고 치제(致祭)하였다. 순충보조공신(純忠補祚功臣) 자헌대부(資憲大夫) 예조 판서(禮曹判書)와 관례에 따른 관직이 겸하여 추증된 것은 아들 산휘(山輝)가 공훈 녹권에 참여하였기 때문이다.

공은 일찍 사문(師門 김성일(金誠一))에 들어갔고, 또 한강(寒岡)과 여헌(旅軒) 등의 선생에게 배웠다. 천문학, 지리학, 병법, 수학에 두루 통하지 않음이 없었으나 백세 뒤에도 볼만한 것은 오직 남아 있는 상소문들이다. 공이 아직 돌아가시기 전에 인조가 남한산성에서 항복하여 내려오는 치욕[412]이 있었다. 공이 이 일에 앞서 상소한 말들이 불행하게도 모두 적중하였으니, 공을 배척하고 그 말을 쓰지 않음으로써 결국 국사(國事)가 어떻게 되었는가. 공의 말이 채용되지 않은 것은 공의 불행이 아니고, 실제로 세운(世運)이 그렇게 만든 것이다. 훗날에 공의 글을 읽는 이들이 어찌 누차 흐느끼고 길게 탄식함이 없겠는가.

공의 첫째 부인은 의성 김씨(義城金氏) 부사(府使) 김복일(金復一)의 따님으로 외아들 산휘를 낳았으니, 산휘는 영사공신(寧社功臣)에 책록되었고 통정대부(通政大夫)에 올랐으며 부사(府使)를 지냈다. 후의 부인들은 창녕 조씨(昌寧曺氏)와 재령 이씨(載寧李氏)인데, 부인 셋은 모두 정부인(貞夫人)에 추증되었다. 산휘는 3남 1녀를 두었으니 이박(爾博), 이후(爾厚), 이원(爾遠)이고 사위는 현감인 박황(朴愰)이다. 이박(爾博)은 2남 1녀를 두었으니

412 남한산성에서 내려오는 치욕 : 인조(仁祖)가 1636년 포위된 남한산성을 내려와 삼전도(三田渡)에서 청군(淸軍)에 항복한 것을 말한다.

응건(應乾), 체건(體乾)이고, 사위는 여경화(呂景和)이다. 이후(爾厚)는 3남 1녀를 두었으니 대건(大乾), 상건(象乾), 준건(峻乾)이고 사위는 진사 이만영(李萬英)이다. 이원(爾遠)은 아들이 없었다. 현손(玄孫)으로 사마시(司馬試)에 합격한 이는 1명이니 두원(斗元)이다. 5세손으로 사마시에 합격한 이는 2명이니 수이(壽頤)와 수인(壽仁)이고 대과에 급제한 이는 1명이니 경(憼)이다. 6세손으로 사마시에 합격한 이는 7명이니 만주(萬柱), 정주(廷柱), 광옥(光玉), 광악(光岳), 광익(光翊), 광직(光稷), 광적(光迪)이고, 대과에 급제한 이는 1명이니 광벽(光璧)으로, 바로 나에게 묘비명을 부탁한 이다. 7세손으로 사마시에 합격한 이는 3명이니 작(綽), 명우(溟羽), 양우(陽羽)이다. 내외 운손(雲孫)과 잉손(仍孫)[413]은 많아서 다 기록하지 않는다. 명은 다음과 같다.

군자의 학문은	君子之學
연원이 있음을 귀하게 여기니	所貴淵源
바르구나 최공이여	韙哉崔公
빛나는 사문에서 배웠네	有光師門
공이 분발하여 스스로 노력하니	公奮自躬
인조께서 공을 알아보셨네	仁廟知臣
어떠한 방법으로 총애하셨는가	何以寵之

413 운손(雲孫)과 잉손(仍孫) : 원문의 '운잉(雲仍)'은 운손과 잉손의 병칭으로, 후손을 뜻한다. 증손 다음이 현손(玄孫)이고, 그다음 내손(來孫), 곤손(昆孫), 잉손, 운손으로 이어진다.

옥당과 사간원에 임명하셨네　玉署薇垣
치세에도 걱정하고 명군도 위태롭게 여겨[414]　憂治危明
공은 충정으로 가슴 답답하였네[415]　公膽輪囷
나라 안에서는 공훈귀척들이　內有勳貴
사병(私兵)을 구름같이 많이 두었고　家兵如雲
나라 바깥에서는 강한 오랑캐 있어　外有强胡
이빨을 갈고 호랑이처럼 웅크리고 있었네　磨牙虎蹲
공이 상소문[416]을 올려　公有琅函
피눈물을 흘리며 궁궐에 충간하니　瀝血天閽
왕이 "훌륭하구나"라고 하시면서　王曰旨哉
그의 말들을 가납하셨네　嘉乃攸言
권신들이 화를 내고 꾸짖으니　柄臣憤詈
입에 거품이 날 정도였네　口正沫出
기회를 틈타 돌을 아래로 떨어뜨리니　乘機下石
재앙이 쌓여 공의 몸이 외롭게 되었네　禍積身孑
왕이 말하길 "나는 아노라　王曰予知
그대의 충직함을"이라고 하셨네　汝惟忠直

414 치세에도……여겨 : 소식(蘇軾)의 〈전표성주의서(田表聖奏議序)〉에 "옛날의 군자는 반드시 치세에도 근심하고 밝은 임금에 대해서도 위태롭게 생각했다.〔古之君子, 必憂治世而危明主.〕"라고 하였다.

415 가슴 답답하였네 : 원문 '윤균(輪囷)'은 가슴에 천자를 보필할 기국과 역량이 있는데, 그것을 펼치지 못해 응어리가 져서 답답한 것을 말한다.

416 상소문 : 원문 '낭함(琅函)'은 옥으로 만든 함이라는 뜻으로, 중요한 서책을 담는 것이니, 여기서는 공이 올리는 상소문이라는 뜻으로 쓰였다.

옥문(獄門)을 열라고 명하셨으니	命開圜戶
하늘의 떠 있는 해처럼 밝았네	天日之白
공은 버려져 집에 있었으니	公廢在家
남한산성의 치욕을 어떻게 하랴	奈何南漢
사람이 없다고 말하지 말아라	勿謂無人
공은 실로 먼저 예견하였네	公實先見
인조께서 성스럽고 밝으시니	仁廟明聖
공을 버렸다고 말하지 마라	匪曰棄公
공이 넘어져도 손상되지 않음은	公躓不騫
실로 저 하늘 같은 임금 은덕이라네	實維彼穹
묵평의 묘소에	默坪之阡
가래나무 울창한데	有鬱其楸
나의 신도비문에 밝게 보였으니	我銘昭視
지사들의 탄식이 있으리라	志士之吁

보국숭록대부(輔國崇祿大夫) 행(行) 판중추부사(判中樞府事) 원임 겸 병조 판서(原任兼兵曹判書) 판의금부사(判義禁府事) 겸 지경연춘추관사(知經筵春秋館事) 홍문관 제학(弘文館提學) 예문관 제학(藝文館提學) 세손좌빈객(世孫左賓客) 규장각 제학(奎章閣提學) 채제공(蔡濟恭)[417]은 짓는다.

417 채제공(蔡濟恭) : 1720~1799. 본관은 평강(平康), 자는 백규(伯規), 호는 번암(樊巖), 시호는 문숙(文肅)이다. 1743년(영조19) 문과에 급제하여 벼슬이 영의정에 이르렀다. 저서로 《번암집》이 있다.

묘지명 墓誌銘

유명조선 증 순충보조공신 자헌대부 예조판서 겸 지경연의금부춘추관사 동지성균관사 홍문관제학 완성군 행 통정대부 수 강원도관찰사 겸 병마수군절도사 순찰사 인재 선생 최공 묘지명

有明朝鮮 贈純忠補祚功臣 資憲大夫 禮曹判書 兼知經筵義禁府春秋館事 同知成均館事 弘文館提學 完城君 行通政大夫 守江原道觀察使 兼兵馬水軍節度使 巡察使 訒齋先生 崔公 墓誌銘

고(故) 관찰사(觀察使) 인재(訒齋) 선생 최공이 돌아가신 지가 지금 백여 년이 되었다. 공의 6세손 광벽(光璧)이 공의 행장을 가지고 보잘것없는 나〔範祖〕에게 와서 "우리 집안이 대를 이어 현달하지 못하여 우리 선조 유당(幽堂)의 글[418]을 당세의 군자에게 부탁하지 못하고 지금 감히 그대에게 부탁합니다."라고 하였다. 내가 이미 사양했으나 되지 않아 삼가 공이 입조(立朝)하여 행했던 일을 살펴보고 그윽이 개연히 탄식하면서 '한(漢)나라의 가태부(賈太傅)가 어찌 문제(文帝)에게 조우(遭遇)받지 못했으리오마

418 유당(幽堂)의 글 : 유당은 묘소이니, 묘갈문(墓碣文)과 묘비명(墓碑銘), 묘지문(墓誌文)을 통칭하는 말이다.

는 유독 공훈대신인 주발(周勃)과 관영(灌嬰) 등에게 아첨하지 못하여 끝내 배척되고 등용되지 못했는데,[419] 공이 뛰어난 재주와 통달한 식견으로 성스럽고 밝으신 인조를 만났지만 당시에 공훈대신들의 미움을 받아 신변이 위태롭게 되어 본래 지니고 있던 학문을 펼 수가 없었으니 가태부와 세상은 다르지만 처지는 동일하다. 그러나 공이 일에 앞서서 환란을 염려하여 미리 치밀하게 준비한[420] 계책들이 비록 공허한 말로 아무런 보탬이 없는 데로 돌아가고 말았지만, 오히려 후세의 법이 되기에 충분하다.'라고 생각하였다. 그러므로 내가 공의 생애의 시종을 서술하면서 특별히 계해년(1623)과 정묘년(1627) 사이에 있었던 일에 대하여서는 더욱 자세하게 기록한다.

공의 성은 최씨(崔氏)이고 휘는 현(晛)이며 자는 계승(季昇)이다. 일찍이 스스로 힘써 배워서 13세에 관찰사가 성리(性理)에 대한 책문으로 시험을 치른 데서 일등을 차지하여 칭찬이 자자하였다. 선조 무자년(1588, 선조21)에 사마시(司馬試)에 합격하였

419 한(漢)나라의……못했는데 : 가태부는 장사왕 태부(長沙王太傅)를 지낸 가의(賈誼)를 말한다. 원문 '강관(絳灌)'은 한나라의 개국공신인 강후(絳侯) 주발(周勃)과 영음후(潁陰侯) 관영(灌嬰)의 병칭이다. 가의가 20세 때 문제(文帝)의 부름을 받고 조정에 들어와 1년도 안 되어 태중 대부(太中大夫)에 이르면서 예악에 입각한 문치(文治)의 정책을 과감하게 건의하자, 문예를 잘 모르는 주발과 관영 등 대신들이 이를 시기하여 조정에서 쫓아내어 장사왕 태부가 되게 하였다.

420 미리 치밀하게 준비한 : 원문 '주무(綢繆)'는 환란을 당하지 않도록 미리 조처하여 예방하는 것을 말한다. 《시경》 〈치효(鴟鴞)〉에 "음우가 내리기 전에 뽕나무 뿌리를 거두어 출입문을 단단히 얽어 두면 지금 백성들이 감히 나를 업신여기겠는가.〔迨天之未陰雨, 徹彼桑土, 綢繆牖戶, 今女下民, 或敢侮予?〕"라고 한 데서 온 것이다.

다. 그로부터 오랜 뒤에 재신(宰臣)들이 공을 천거하여 건원릉 참봉(健元陵參奉)에 제수되었다. 이때 만여 언의 상소를 올려 당시의 정사에 대하여 극론하고, 곧바로 벼슬을 그만두고 고향으로 돌아왔다. 뒤에 누차 참봉에 제수되었지만 나아가지 않았다.

병오년(1606, 선조39)에 문과에 급제하였다. 무릇 벼슬살이의 대략은 예문관 검열(藝文館檢閱)에서 대교(待敎)에 이르렀고, 시강원 설서(侍講院說書)에서 보덕(輔德)과 의정부 사인(議政府舍人)에 이르렀으며, 성균관 사예(成均館司藝)에서 대사성(大司成)에 이르렀다. 승문원에 선임되어 부제조(承文院副提調)를 겸하고, 사간원 정언(司諫院正言)에서 대사간(大司諫)에 이르고, 사헌부 지평(司憲府持平)에서 집의(執義)에 이르렀으며, 홍문관 수찬(弘文館修撰)에서 응교(應敎)와 부제학(副提學)에 이르렀다. 승정원 승지(承政院承旨), 병조 참지(兵曹參知), 예조 참의(禮曹參議), 형조 참의(刑曹參議), 강원도 관찰사(江原道觀察使)를 지냈다.

공이 예문관 검열(藝文館檢閱)이 되었을 때 수상(首相) 유영경(柳永慶)[421]이 정사를 전횡한다고 곧은 말로 글을 써 요직에 있는 대신의 마음을 거스르자 고유(告由)하고 고향으로 돌아왔다. 얼마 되지 않아 상국(相國) 이덕형(李德馨)과 이항복(李恒福)이 계청

421 유영경(柳永慶) : 1550~1608. 본관은 전주(全州), 자는 선여(善餘), 호는 춘호(春湖)이다. 1572년(선조5) 문과에 급제하여 호성공신(扈聖功臣)에 책록되고, 영의정에 올랐다. 소북(小北)의 영수로, 영창대군(永昌大君)의 옹립을 꾀하려다 죽임을 당했으나, 인조반정(仁祖反正)으로 관작이 복구되었다.

하여 공을 비변사 낭청(備邊司郎廳) 겸 주사 구관사 종사관(舟師句管司從事官)으로 삼아 해안 방어의 여러 가지 업무를 감독하게 하였는데, 호남과 영남에 일을 조치하는 것이 사리에 합당하였다. 이윽고 경성 통판(鏡城通判)에 제수되었는데 여러 공들이 또 "해안의 방어는 최 모(崔某)가 아니면 대신하여 관리할 수 있는 사람이 없습니다."라고 계청하였다. 당시에 이이첨(李爾瞻)이 대비(大妃)의 아버지 김제남(金悌男)이 영창대군(永昌大君)을 임금으로 추대하려 한다고 사주하고 모함해서 큰 옥사를 일으켰다. 영창대군을 법대로 처리해야 한다는 의론이 장차 일어났는데, 공은 마침 간원(諫院)의 지위에 있었지만 그들과 다툴 수 없다고 생각하여 규례를 들어 혐의(嫌疑)가 있다는 이유로 사직을 청하여 체직되었다. 이이첨의 무리들은 공이 교묘하게 법망을 피할 궁리를 한다고 하면서 탄핵하여 관직을 삭탈하였다.

계해년(1623, 인조1) 인조반정에 첫 번째로 공을 홍문관 수찬(弘文館修撰) 겸 도원수 종사관(都元帥從事官)에 임명하였다. 공이 입조(立朝)한 이후로는 강개하게 정사에 대하여 논하면서 거리낌이 없었다. 박식한 학문은 시무에 통달하였고, 경세제민(經國濟民)으로 자임하였다. 이미 성군현신의 성대한 세상을 만나 더욱 마음으로 감격하여 아는 것은 말하지 않음이 없었고, 임금의 특별한 대우에 보답하기를 생각하였다. 진강(進講)을 통하여 "대비를 해치기를 도모한 이들은 죄에 경중이 있으니 마땅히 죄의 등급에 따라 법을 적용해야 하고 오랫동안 감옥에 가두어 두어서는 안 됩니다. 군자와 소인은 각기 붕당이 되니 마땅히 공평하고 밝게 분별해야 하고 섞어 혼동해서는 안 됩니다."라고 하였다. 당시에 건주(建州)의 오랑캐〔청나라〕가 세력이 매우 강성하여 우리나라를 침략해 올 근심이 있자 "국가가 병사와 식량을 다 모아 서쪽 변방으로 보내더라도 끝내는 강한 오랑캐의 승승장구한 세력을 막을 수 없습니다. 그렇다면 차라리 지킬 수 있는 계책을 미리 마련해야 합니다."라고 진술하고, 서로(西路 관서 지역)의 산천성지(山川城池)를 그림으로 그려 올렸다. 장차 원수(元帥)의 막부에 부임하려고 임금과 작별하매 상이 활과 화살을 하사하였다. 공이 황주(黃州)의 병기와 군량미를 검열하고 장정을 선발하여 관서(關西)로 갔다가 조정으로 돌아왔다. 상이 비변사(備邊司)로 하여금 유신(儒臣) 중에 장수의 재질을 가진 이를 천거하라고 하였는데 공이 선발되었다. 상국(相國) 이원익(李元翼)이 도체찰사(都體察使)로서 계청하여 공을 체부 종사관(體府從事官)으로 삼았다.

갑자년(1624, 인조2)에 평안 병사(平安兵使) 이괄(李适)이 병사를 일으켜 모반하였다. 상이 공을 독전어사(督戰御史)에 임명하고 검을 주면서 "부원수 이하로 힘써 싸우지 않는 이는 모두 참수하라."라고 하였다. 공이 말을 타고 달려가 여러 장수를 격려하였고, 원수(元帥) 장만(張晩)에게 편지를 보내 병사들을 모아 놓은 채 지체하여 머무르기만 한다고 꾸짖으며 나아가 싸우도록 독촉하였다. 공이 행재소(行在所)에 이르러 안현(鞍峴) 전투의 승리에 장만을 마땅히 첫 번째 공로에 두어야 함과 이흥립(李興立)이 역적을 맞이한 죄는 마땅히 참형해야 한다는 상황을 아뢰니, 상이 모두 공의 말을 따랐다. 임금의 수레가 공주(公州)로부터 환도하자 공을 특별히 통정대부(通政大夫)로 승진시켰으며 얼마 되지 않아 동부승지(同副承旨)에 임명하였다.

대비궁(大妃宮)의 하인이 인장을 위조하여 여항에서 간사한 짓을 하였는데 사헌부가 법대로 처리하였다. 상이 전교하여 "자전(慈殿)에 소속된 자는 형신(刑訊)하는 일을 해서는 안 된다."라고 하면서 사헌부를 계칙하였다. 공은 어명을 이행하지 않고 하교(下敎)를 도로 반송하면서 계장을 올려 "간특한 이의 죄를 밝혀 바로잡아 원망이 자전에 돌아가지 않게 하는 것이 사헌부가 하는 일입니다."라고 말하였다. 상이 누차 엄한 교지를 내렸으나 공이 다투고 그만두지 않으니 사람들이 모두 어려운 일이라고 여겼다.

대사간(大司諫)의 직책에 있으면서 천재이변으로 인하여 차자를 올렸다. 그 대략은 "우레와 번개가 이미 숨어 있다가 유일(酉日)에 발생하였는데, 유(酉)는 묘성(昴星)과 필성(畢星)이 담당하는 분야(分野)로, 연호(燕胡)에 해당하니 오랑캐가 침략하려는 상이 있는 것입니다. 그러나 우리의 기강은 날마다 문란하고 민심은 날마다 동요하며, 군정은 날마다 무너지고 국가의 계책은 날로 위축되니, 지금의 형세를 위급하다고 말할 만합니다. 진실로 충실(忠實)하고 굉박(宏博)한 인재를 구하여 고굉(股肱)의 소임을 맡기고, 재략이 있고 용감한 사람을 구하여 곤수(閫帥)의 직책을 주되, 전임하여 맡기고 일이 완성되기를 요구한다면 누가 감히 마음과 힘을 다하지 않겠습니까."라고 아뢰었다.

또 "원근의 무사들이 공훈대신들에게 귀부(歸附)하여 사실(私室)을 지키는 것은 서쪽 변방으로 수자리 가는 것을 피하고자 도모하는 것이니, 마땅히 일절 금지시켜야 합니다."라고 아뢰었다.

당시의 공훈대신들이 비상한 사태를 기찰한다고 말하면서 무사를 모집하고 사사로이 부려 노비와 토지를 빼앗았는데 왕의 외척들도 똑같이 보고 따라 하여 여항(閭巷)을 침범하며 소란스러우니 백성들의 원망이 거리에 가득 찼다. 그러므로 공이 이런 폐단을 진술한 것이다. 상이 칭찬하고 장려하는 비답을 내렸지만 공훈대신들은 모두 공에게 분노하면서, 유언비어로 비방함을 선동하여 반드시 공을 중상모략하고자 하였다.

부제학(副提學)으로 차자를 올려 '심학을 밝혀 정치를 이루는 근본으로 삼고, 사령(辭令 말씀과 명령)을 삼가서 아랫사람들의 마음을 순하게 따르도록 하며, 궁액(宮掖 비빈(妃嬪)이 있는 왕궁(王宮))의 기강을 엄히 다스려 민간의 비난을 그치게 하고, 상신(相臣)을 존중하여 치국평천하(治國平天下)의 효과를 맡기고, 사람들을 기량에 맞게 부려 한 시대의 인재를 모두 등용하며, 관직을 자주 옮기는 것을 경계하여 돈후하고 질박한 풍토를 보존하고, 공론(公論)을 수립하여 붕당(朋黨)의 폐단을 없애며, 유학을 숭상하여 교화의 근본을 배양할 것'을 청하였다. 또 차자를 올려 관제(官制)와 전제(田制)와 병제(兵制)를 닦아 밝힐 것을 청하였으니 모두 고금의 제도를 짐작하여 진술함에 정연(井然)하게 조리가 있었다.

이윽고 강원도 관찰사로 제수되자, 조사하여 땅도 없는데 세금을 매기는 것과 도망가서 갚을 수 없는 적곡(糴穀)을 탕감해 주어 온 도(道)에 고르게 은택을 베풀었고, 관리의 고과는 엄히 하면서도 훌륭한 풍도를 유지하는 데 힘썼다.

정묘년(1627, 인조5)에 건주의 오랑캐〔후금〕가 우리나라를 침범하여 임금이 강화도로 피난길에 오르니, 공이 정예 병사를 선발하여 해서(海西) 지역으로 달려가게 하였다. 또 자신은 병사를 모집하여 한강 나루터를 지키고, 삼로(三路 황해도, 평안도, 함경도)의 여러 군사로 강원도 경내에 주둔하고 있는 병사들에게는 군량미를 보급하여 끊어지지 않게 하였다. 선비와 백성들에게 격문을 보내 깨우쳐 그들에게 의병을 창도하여 외적과 싸우게 하니 사람들이 다투어 분발하여 일어났다. 오랑캐가 이미 물러나매 상소를 올려 외적을 막고 치욕을 씻는 방책에 대하여 논하였다. 그 핵심은 "임금은 마땅히 먼저 그 뜻을 세워 기강을 바르게 하며, 병사를 농사와 분리시켜 장정을 선발하여 항오(行伍)에 예속시키고, 백성들에게 살아갈 재물을 많이 보태 주고 부역을 덜어 주며, 날마다 군사를 조련하여 수령이 각각 그 병사들을 거느려 스스로 싸우게 해야 합니다. 그리고 당시의 벼슬아치 이외에 귀천을 막론하고 몸소 군량미와 군포를 내어 군대의 재용을 넉넉하게 해야 합니다. 남한산성과 강화도는 안전한 요새지가 아니고, 무주(茂朱) 적상산성(赤裳山城)은 호남과 영남에 걸쳐 웅거하여 물자와 인력이 풍부하며 한산도(閑山島) 등 여러 섬과 통영(統營) 주사(舟師)들과 서로 도움을 주고받을 수 있기에 요새지로 여기보다 나은 곳이 없으니, 마땅히 미리 성곽을 설치해야 합니다."라는 것이었다. 무릇 수천 글자의 말들이 모두 당시의 급선무에 간절하고 적중하였지만 조정에서는 끝내 공의 말을 실행하지 않았다. 병자호란 때에 강화도가 함락되고 남한산성이 포위되어 왕이 성에서 나와 항복하는 치욕을 당하는 데에 이르렀으니, 한결같이 공의 말과 같이 되고 말았다.

처음에 공이 이미 공훈귀족들의 마음을 거슬렀고 이때 마침 역적 김원(金愿)이 조신(朝臣)과 명류(名流) 그리고 공까지도 무고하여 끌어들였다. 게다가 김류(金瑬)가 공을 공박하는 것이 매우 심하였고 심지어 반역을 알고 있으면서도 고하지 않았다고 말했다. 상이 "나는 최현이 본래 질박하고 정직하다는 것을 알고 있으니 사실과 다른 것으로 그 사람을 논하지 말라."라고 하고 특별히 용서해 주었다. 이때에 이르러 횡성(橫城)의 역적 이인거(李仁居)가 모반을 도모하다가 죽임을 당했다. 공이 먼저 이미 그 사람의 정적(情跡)을 의심하여 은밀하게 원주(原州)와 횡성의 수령에게 경계하여 잘 감시하게 하였다. 그러나 미처 증거가 적발되기 전에 이인거가 반란을 일으켰으니, 간원들이 공이 역적을 다스리는 데 느슨하였다고 하면서 공을 체포하고 형벌을 줄 것을 청하니 화가 장차 어떻게 될지 예측할 수가 없었다. 상이 "이 사람은 대궐 안의 일에 대하여 논의한 적이 있었는데 매우 적절하고 곧았으니 진실로 나를 사랑하는 사람이었다."라고 하면서 완전히 석방시키게 명령하였다. 그러나 간원들이 계속 고집하였기 때문에 회령(會寧)에 유배되었다가, 이윽고 용서받아 고향으로 돌아와 집에 거주하였다.

13년 후 경진년(1640) 6월 4일에 세상을 떠나니, 공이 태어난 계해년(1563, 명종18)으로부터 헤아리면 향년 78세가 된다. 선산(善山) 묵평산(默坪山) 곤향(坤向)의 언덕에 장사 지냈다. 부고가 알려지자 상이 예관(禮官)을 보내어 조문하고 치제(致祭)하였다. 아들 산휘(山輝)가 공훈이 있었기 때문에, 자헌대부(資憲大夫) 예조 판서(禮曹判書) 홍문관 제학(弘文館提學)에 추증되었다.

공은 충신(忠信)하고 근후(謹厚)하며 선을 좋아하였다. 다른 사람의 허물을 말하기를 꺼려 하였으나 시비를 분변하는 데에 이르러서는 큰 절개가 의연(毅然)하여 빼앗을 수가 없었다. 세상 사람들이 바야흐로 자신과 같으면 무리 짓고 다르면 공격하였으나 공은 홀로 다른 사람의 선악을 보고 취사선택하였다. 대개 일찍이 학봉(鶴峯) 김 선생(金先生)을 스승으로 모셨고, 또 한강(寒岡) 정 선생(鄭先生), 여헌(旅軒) 장 선생(張先生)과 종유하여 학문을 배우고 강론하여 익힌 것이 타고난 덕성의 아름다움을 발휘하는 데 많은 도움을 주었다. 기예에도 두루 통하여 천문(天文), 지리(地理), 병진(兵陳), 주수(籌數)에 대하여 대략을 섭렵하지 않음이 없었다. 지은 문장은 부섬하고 굉박하였으며, 말과 이치가 모두 훌륭하였다. 학문이 자신의 몸에 온축되어 당대에 쓰일 수 있는 것이 이와 같았음에도 불구하고 당시에 막혀 쓰이지 못하고 죽었으니 어찌 천명이 아니겠는가.

공의 본관은 전주(全州)이다. 고려조에 문하시중을 지냈고 시호가 문성(文成)이며 휘가 아(阿)인 시조로부터 5대를 내려와, 문과에 급제하여 비안 현감(比安縣監)을 지내고 승정원 도승지(承政院都承旨)에 추증된 휘 수지(水智)에 이르렀고, 도승지는 사복시 정(司僕寺正)를 지내고 통례원 좌통례(通禮院左通禮)에 추증된 휘 이회(以淮)를 낳았으며, 좌통례는 장사랑(將仕郞) 순릉참봉(順陵參奉)을 지내고 좌승지(左承旨)에 추증된 휘 치운(致雲)을 낳았으니, 이분들은 모두 공의 고조부, 증조부, 조부이다. 부친의 휘는 심(深)이니 자헌대부(資憲大夫) 의정부 좌참찬(議政府左參贊)에 추증되었다. 증조부에서 아버지까지 모두 추증된 것은 공이 귀하게 되었기 때문이다. 부친 참찬공은 덕을 온축한 채 벼슬하지 않았는데, 여헌(旅軒) 선생이 그의 묘갈명을 지었다. 모친은 정부인(貞夫人)에 추증된 성산 이씨(星山李氏)이니 정언(正言) 이맹전(李孟專)의 증손녀이자, 병절교위(秉節校尉) 이지원(李智源)의 따님이다. 공의 첫째 부인은 의성 김씨(義城金氏)로, 부사(府使)를 지낸 김복일(金復一)의 따님이다. 영사공신(寧社功臣)에 책록되고 통정대부(通政大夫)로 부사(府使)를 지낸 외아들 산휘(山輝)를 낳았다. 뒤의 부인은 창녕 조씨(昌寧曺氏)와 재령 이씨(載寧李氏)인데 모두 후사가 없었다. 세 부인은 모두 정부인(貞夫人)에 추증되었다.

산휘는 봉사(奉事)를 지낸 영덕 주씨(盈德朱氏) 응방(應邦)의 딸에게 장가들어 3남 1녀를 두었으니, 장남 이박(爾博)은 음직으로 부사과(副司果)에 제수되었고 둘째는 이후(爾厚)이며 셋째는 이원(爾遠)이고, 딸은 본관이 밀양(密陽)이며 현감을 지낸 박황(朴愰)에게 시집갔다. 이박은 현감을 지낸 진주 유씨(晉州柳氏) 시형(時亨)의 딸에게 장가들어 2남 1녀를 두었는데 장남은 응건(應乾)으로 부호군(副護軍)을 지냈고, 둘째는 체건(體乾)으로 부사과(副司果)를 지냈으며, 딸은 여경화(呂景和)에게 시집갔다. 이후는 도사(都事)를 지낸 풍산 김씨(豐山金氏) 창조(昌祖)의 딸에게 장가들어 3남 1녀를 두었으니, 장남은 대건(大乾), 둘째는 상건(象乾), 셋째는 준건(峻乾)이고 딸은 진사(進士) 이만영(李萬英)에게 시집갔다. 이원은 자식이 없다. 박황은 4남 3녀를 두었는데 장남은 한로(漢老), 둘째는 태로(台老), 셋째는 문로(文老), 넷째는 담로(聃老)이고 큰딸은 교관(敎官) 이재아(李在雅)에게 시집갔고, 둘째 딸은 조시호(曺時虎)에게 시집갔으며, 셋째 딸은 이원례(李元禮)에게 시집갔다. 무릇 현손(玄孫)으로 사마시(司馬試)에 합격한 이는 1명이니 두원(斗元)이고, 5대손으로 사마시에 합격한 이는 2명이니 수이(壽頤), 수인(壽仁)이고, 대과에 급제한 이는 1명이니 경(憼)이다. 6세손으로 사마시에 합격한 이는 6명이니 만주(萬柱), 정주(廷柱), 광옥(光玉), 광악(光岳), 광익(光翊), 광직(光稷)이고, 대과에 합격한 이는 1명이니 광벽(光璧)이다. 7세손으로 사마시에 합격한 이는 2명이니 작(綽), 양우(陽羽)이다. 나머지는 다 기록하지 않는다. 명은 다음과 같다.

공은 유학의 가르침을 닦아	公淑儒訓
학문이 넓고 들은 것이 많았네	博學多聞
혼조에서는 명철함으로 처신하였고	處昏以哲
명군을 만나서는 날아올랐네	逢明而騫
섬기는 바에 충성을 다하여	輸忠所事
심혈을 다 쏟아 내었네	瀉其血肝
원대한 생각은 우활한 듯하고	慮遠若迂
곧은 말은 어리석은 듯하였네	言直若愚
끝내 험한 구덩이에 빠졌지만	卒蹈于坎
다시 일어나 활을 당겼네	復張以弧
몸은 넘어져도 마음은 형통하였고	身躓心亨
명성이 비방으로 인해 영화롭게 되었네	名因謗榮
부디 후세의 사람들은	尚冀來世
이 묘지명을 보시라	視此幽銘

통정대부(通政大夫) 전 승정원 동부승지(承政院同副承旨) 금성(錦城 나주(羅州)) 정범조(丁範祖)[422]는 짓는다.

422 정범조(丁範祖) : 1723～1801. 본관은 나주(羅州), 자는 법세(法世), 호는 해좌(海左)이다. 정조 때 대사성과 형조 참판을 지냈고 순조 즉위년에 지실록사(知實錄事)로 《정조실록》 편찬에 참여하였다. 시호는 문헌(文憲)이다.

사제문
賜祭文

숭정(崇禎) 13년 경진년(1640, 인조18) 7월 경진삭(庚辰朔) 22일 신축(辛丑)에 국왕이 신하 예조 좌랑(禮曹佐郎) 장응일(張應一)[423]을 보내어 작고한 감사(監司) 최현(崔晛)의 영혼에 유제(諭祭)하노라.

아, 영령이시여	惟靈
우리나라의 인재는	我邦人才
영남보다 성대한 곳이 없으나	莫盛嶺南
등용되고 퇴출되는 것은	用舍之際
시대의 성쇠에 관련되었네	隆替與參
이전 선조대왕 시대에	往在先朝
교화와 다스림이 진실로 성대하여	化理允覃
인재를 배양하고 발탁하였으니	培植拔擢
훌륭한 재목들이었네[424]	杞梓楩楠
경이 특출하게 뛰어남은	惟卿特出
패금[425]이 된 이후부터였네	粤自佩衿

423 장응일(張應一) : 1599~1676. 본관은 인동(仁同), 자는 경숙(經叔), 호는 청천당(聽天堂), 시호는 문목(文穆)으로, 장현광의 아들이다. 1629년 문과에 급제하여 벼슬이 대사성에 이르렀다. 저서로 《청천당집》이 있다.

424 훌륭한 재목들이었네 : 소태나무〔杞〕, 가래나무〔梓〕, 편목나무〔楩〕, 녹나무〔枏〕는 좋은 재목으로, 나라를 짊어질 훌륭한 인재를 비유한다.

늦은 나이에 분발하여 대과에 합격하여 晩奮大科
임금의 측근에 있게 되었네 卽置邇列
외직으로 나가 상부를 도우니 出佐相府
진실로 기무의 계책에 맞았네 允協機策
이어 혼란한 시대의 임금을 만나 旋遭昏亂
스스로 폐척됨을 달갑게 여겼네 自甘廢斥
곧은 소나무 굳센 대나무처럼 貞松勁筠
엄동설한에도 변함이 없었네 大冬嚴雪
내〔인조〕가 나라를 안정시킨 후 迨予靖國
나와 가까운 관직에 복직시켰네 卽復近密
역적 이괄(李适)이 반란을 일으키자 逆豎內訌
또 독전어사의 부절을 잡고 갔네 又持繡節
천토를 감독하고 행하여 督行天討
능히 훌륭한 업적을 이루었네 克著奇績
홍문관과 사간원의 직책으로 中書諫省
나를 선으로 인도하고 바로잡아 주었네 啓沃糾匡
문관과 무관을 드나들며 出入文武
종합 검토하여 적절하게 조치하였네 錯綜弛張
공론을 잡아 지켜서 秉公持論
치우치거나 어긋나지 않았네 不偏不回
나와 함께 마땅하고 바르게 하여[426] 庶幾共貞

425 패금(佩衿) : 푸른 패옥(佩玉)과 푸른 옷깃으로, 푸른 복장(服裝)을 한 청년 학도를 가리키니, 1588년에 사마시에 합격하여 성균관에 들어간 것을 말한다.

그대가 나를 잘 보필하였네[427] 其克弼諧
어찌하여 운수가 기구하여 緣何奇隻
뜻밖의 재앙을 만났는가 無妄有災
영서의 일[428]에 嶺西之事
어찌 경에게 다른 마음이 있었겠는가 卿豈有他
법규에 의거하여 관대하게 처리했지만 文法雖寬
나는 진실로 애석하게 여겼네 予實惜嗟
경오년의 체포[429]는 庚午之逮
더욱 예측하지 못한 것이니 尤非所測
내가 진심으로 그대를 선발하였으니 簡在予衷
어찌 굽은 것을 곧게 하지 않겠는가 何枉不直
막 복직[430]시키려고 하였는데 方期牽復

426 함께……하여 : 원문 '공정(共貞)'은 임금과 신하가 함께 마땅하고 바르게 하여 나라를 태평하게 다스린다는 뜻이다. 주(周)나라 성왕(成王) 때 주공(周公)이 낙읍(洛邑)을 자리 잡아 정한 뒤에 사신을 보내 성왕에게 보고하자, 성왕이 좋은 곳에 자리 잡았다고 칭찬하고 "우리 두 사람에게 모두 합당할 것이다.〔我二人共貞〕"라고 하였다. 《書經 洛誥》

427 그대가……보필하였네 : 원문 '필해(弼諧)'는 고요(皐陶)가 일찍이 우(禹)임금에게 말하기를 "임금이 진실로 그 덕을 실천하면 신하들의 꾀하는 것이 밝아지고, 보필하는 자가 화합할 것입니다.〔允迪厥德, 謨明弼諧.〕"라고 한 데서 온 말이다. 《書經 皐陶謨》 전하여 신하들이 서로 화합하여 임금을 잘 보좌하는 것을 의미한다.

428 영서(嶺西)의 일 : 역적 이인거(李仁居)의 반란을 조속히 보고하고 처리해야 하는데 조치가 늦어져 간원들에게 탄핵을 받아 회령으로 귀양 간 것을 말한다.

429 경오년의 체포 : 경오년(1630, 인조8)에 천성이 간교한 역적 양천식(楊天植)의 역모가 발각되었는데, 최현이 초사(招辭)에 연루되어 체포된 일을 말한다.

430 복직 : 원문 '견복(牽復)'은 원래는 견인하여 정도(正道)를 회복시킴을 이르는

이미 병들었다고 말하는구나	已告衰疾
갑자기 그대의 부고를 아뢰니	倏來訃奏
짐은 애달프고 슬프구나	予其悼惻
충신의 행실과	忠信之行
해박한 학문이며	博綜之學
겸손한 지조와	退讓之操
트이고 통달한[431] 식견이었네	疏通之識
지금 그대는 이미 죽고 없으니	今其已亡
세상에 이런 충신 몇 명이나 있을까	世寧有幾
그대와 시대를 함께한 인재들이	同時諸彦
죽어 거의 다 없어졌으니	淪喪殆盡
목가[432]의 재앙으로	木稼之孼
나라가 시들어 망하려 하네	邦家之殄

말이다. 《주역》 〈소축(小畜)〉의 "구이(九二)는 이끌어 회복함이니, 길(吉)하다.〔九二, 牽復, 吉.〕"라는 구절에서 나왔는데, 여기서는 다시 관직에 복귀한다는 의미로 쓰였다.

431 트이고 통달한 : 원문 '소통(疏通)'은 소통지원(疏通知遠)의 줄임말로, 통달하여 앞날을 내다볼 수 있음을 말한다. 최현이 청나라와 싸울 수 없으며, 남한산성과 강화도는 만전을 대비할 수 있는 곳이 아니고 오직 적성산성만이 안전한 요새지라고 하며 앞날을 내다보는 상소를 올렸지만, 받아들여지지 않았던 것을 두고 말한다.

432 목가(木稼) : 나무의 물방울이 추위에 얼어붙어서 마치 갑주(甲冑)를 입은 것처럼 주렁주렁 매달려 있는 것을 말하는데, 현인(賢人)이나 고관(高官)에게 재앙이 있을 때 나타나는 조짐이라고 한다. 송(宋)나라 왕안석(王安石)이 지은 한기(韓琦)의 만사(輓詞)에 "나무 고드름에 고관이 떨었다는 말을 들었는데 산이 무너진 오늘 철인이 돌아갔네.〔木稼曾聞達官怕, 山頹今見哲人萎.〕"라고 하였다. 《石林詩話》

지금을 상심하고 옛날을 생각하니	傷今思古
내 마음을 어찌 가누랴	予懷曷任
만약 혼령이 지각이 있다면	靈若有知
마땅히 내려와 흠향하리라	想宜來歆

-지제교(知製敎) 김세렴(金世濂)[433] 행(行)-

433 김세렴(金世濂) : 1593~1646. 본관은 선산(善山), 자는 도원(道源), 호는 동명(東溟)이다. 22세에 생원·진사시에 합격하고 1616년(광해군8) 문과에 장원 급제하였다. 벼슬이 평안도 관찰사와 대사헌에 이르렀다. 시호는 문강(文康)이다. 저서로는 《동명집》과 《해사록(海槎錄)》 등이 있다.

제문 〔향교 유생 김정일 등〕

祭文 〔鄕校儒生 金挺一等〕

생각건대 영령께서는 안색을 장엄하게 하지 않아도 위엄을 무겁게 하기에 충분하였고, 말을 많이 하지 않아도 널리 이롭게 하기에 충분하였습니다. 명철함을 드러내지 않더라도 기미를 먼저 알아채기에 충분하였고, 빼어남을 드러내지 않더라도 일을 요해하기에 충분하였습니다. 가르침을 번거롭게 하지 않더라도 사람들을 열심히 공부하러 오도록 만들기에 충분하였고, 덕을 표면에 나타내지 않더라도 선비들의 본보기가 되기에 충분하였습니다. 문장은 소식(蘇軾)을 닮아 바른 논의가 한 시대를 격동시키기에 충분하였고, 충량(忠諒)함은 육공(陸公)[434]과 비슷하여 굳센 절개는 후대의 역사에 기록되기에 충분하였습니다.

우리 고을에 증거할 만한 문헌(文獻)[435]이 없었지만 공에 의지

434 육공(陸公) : 육지(陸贄, 754~805)를 말한다. 자는 경여(敬輿)이며 가흥(嘉興) 출신이다. 771년 진사가 되었다. 당(唐)나라 덕종(德宗)이 두 차례 피난길에 올랐을 때 항상 곁에서 조칙(詔勅)의 기초와 정책(政策) 입안을 담당하였으므로 '내상(內相)'이라 일컬어졌다. 저서로 《육선공주의(陸宣公奏議)》가 유명하다.

435 문헌(文獻) : 《논어》 〈팔일(八佾)〉에 공자가 "하나라 예를 내가 말할 수는 있지만 기나라에서 증거 자료를 찾기가 어렵고, 은나라 예를 내가 말할 수는 있지만 송나라에서 증거 자료를 찾기가 어렵다. 이는 문헌이 부족하기 때문인데, 문헌만 충분하다면 내가 실증할 수가 있다.〔夏禮吾能言之, 杞不足徵也, 殷禮吾能言之, 宋不足徵也. 文獻不足故也, 足則吾能徵之矣.〕"라고 했다. 문헌에 대해서 주희(朱熹)는 "문은 전적을 가리키고, 헌은 현인을 가리킨다.〔文, 典籍也; 獻, 賢也.〕"라고 풀이하였다.

하여 뭇사람들의 어리석음을 계발하기에 충분하였고, 우리 고을의 선현(先賢)들이 드러나지 못한 지가 오래되었지만 공에 의지하여 향사를 정하여 올리게 됨에 충분하였습니다. 학교의 일에 정성을 다해 간절히 힘씀과 유림(儒林)의 뜻을 인도하여 도와주는 것에 대하여는 바른 도와 곧은 말로 도움을 준 것이 매우 많았습니다. 나라를 걱정하여 집안일을 잊어버릴 정도로 성의(誠意)가 매우 간절하였고, 현상을 관찰하고 이치를 살핌에 꿰뚫어 통하지 않음이 없었으며, 백성을 다스리고 병사를 운용함에 각각 조리가 있었습니다.

그 강건함은 얻음과 잃음, 칭찬과 비난에 굽히지 않았고, 그 지조는 화복과 생사에 변하지 않았습니다. 이것은 온 나라 사람들의 공변된 말이니 어찌 우리 선비들의 사사로운 뜻이겠습니까. 바야흐로 조정에서 선생을 다시 등용하기를 기약하였는데 갑자기 선생의 목소리와 모습을 영원히 작별하게 되었습니다. 사제간이라면 누군들 사이가 좋지 않겠습니까만 우리 고을의 선비들은 공이 선비들을 구하는 마음이 선비들이 공을 구하는 마음보다 많은 것에 감동하였습니다. 동향(同鄕) 사람이라면 누군들 의리가 없겠습니까만 우리 고을의 선비들은 공이 사람을 대하는 것이 보통 사람들이 즐거워하는 것과 다름에 감복하였습니다.

아, 재주는 조물주에게 시기함을 당하고 명성은 도가(道家)에서 꺼리는 것입니다. 공의 덕으로도 장수하지 못하였고 공의 재주로도 벼슬이 높은 관직에 이르지 못하였습니다. 공이 집에서 수신제가하여 조정에 진언한 것이 어찌하여 백에 하나도 쓰이지 않았습니까. 아, 고을에는 노성(老成)한 분이 없고 나라에는 큰 인재가 없으니 임금의 실정을 누가 바로잡아 줄 것이며, 조정의 기강이 무너짐을 누가 떨쳐 일으켜 세우겠습니까. 착하지 않은 이 백성들이 어디로부터 보고 감동하여 마음을 고칠 것이며, 학문을 묻는 후생들은 어디로부터 권면과 가르침을 받겠습니까.

바다처럼 모든 것을 머금고 땅처럼 만물을 지는[436] 글을 다시는 볼 수가 없으며 봄처럼 따뜻하고 산처럼 중후한 기상을 다시는 모실 수가 없습니다. 먼 길 떠나는 장례 치르는 날에 선생의 덕을 그리워하는 생각이 더욱 더해지니, 감히 변변찮은 제수를 가지고 저희들의 마음과 예를 갖추어 올립니다. 생각건대 평소에 저희들을 사랑하고 좋아하였으니 유명(幽明)으로 인하여 어찌 달라지겠습니까. 게다가 많은 선비들이 지극한 정성을 다하니 영령께서는 제사를 흠향해 주시기를 바랍니다. 선생의 행적을 서술하고 슬픔을 펴니 애통함을 그만둘 수가 없습니다. 슬프도다!

436 바다처럼……지는 : 한유(韓愈) 〈번소술묘지(樊紹述墓誌)〉에 "바다는 모든 것을 머금고 땅은 만물을 진다.〔海含地負〕"라 하였다.

또 〔금오서원 원생 김영좌[437] 등〕

又〔金烏院生 金英佐等〕

아, 우리 공이시여	嗚呼我公
품부받은 재주는 출중하셨네	稟賦出倫
산하의 기상과 도량이며	山河氣度
빙옥과 같은 정신이었네	氷玉精神
학문으로 완성하시어	濟以問學
덕과 인에 의거하셨네[438]	據德依仁
아, 우리 공이시여	嗚呼我公
군자로다 이분이시여	君子哉人
가의(賈誼)에게 견주어 보면	較諸賈生
뜻은 같지만 재주는 더 많았고	志等才多
소식(蘇軾)에게 견주어 보면	方於蘇子
문장은 같았지만 덕은 더 뛰어났네	文如德過
아, 우리 공이시여	嗚呼我公
천명을 어찌 하겠습니까	其如命何
세 임금 조정[439]을 출입함에	三朝出入

437 김영좌(金英佐) : 1594~?. 본관은 일선(一善)으로, 김녕(金寧, 1567~1650)의 장남이다.

438 덕과 인에 의거하셨네 : 원문 '거덕의인(據德依仁)'은 《논어》 〈술이(述而)〉에 "도에 뜻을 두며, 덕에 근거하며 인에 의지하며 예에서 노닌다.〔志於道, 據於德, 依於仁, 游於藝.〕"라고 한 말에서 따온 것이다.

일심으로 충성하고 곧았네	一心忠貞
날 적에 날개를 다 펴지 못해	飛不盡翰
고향의 들판으로 물러났다네	遜于郊坰
아, 우리 공이시여	嗚呼我公
무슨 도인들 행하지 못하겠습니까	何道不行
감당나무에서 교화를 베푸니[440]	宣化甘棠
백성들이 모두 제자리를 얻었네	民皆自得
그들이 추념하고 노래하니	追思歌之
지금까지도 은택이 남아 있네	尙有餘澤
아, 우리 공이시여	嗚呼我公
이것들이 모두 남기신 조박[441]이네	此其糟粕
70세를 넘어 80세를 바라보았으니	踰七望八

439 세 임금 조정 : 선조, 광해군, 인조를 말한다.

440 감당나무에서 교화를 베푸니 : 고을 원으로 선정을 베풀어 백성들이 사모함을 말한다. 《시경(詩經)》 〈감당(甘棠)〉에 의하면, 주(周)나라 소공(召公)이 남국을 순시하면서 정사를 펼 적에 감당나무 아래에 머물렀는데, 그 뒤 백성들이 그의 덕을 사모하여 그 감당나무를 차마 베지 못하였다 한다. 최현이 강원도 관찰사 등 지방관을 지냈음을 말한다.

441 조박(糟粕) : 원래는 서책이나 글을 의미하나 여기서는 최현이 관직을 지내면서 남긴 업적을 말한다. 춘추 시대 제 환공(齊桓公)이 대청 위에서 글을 읽고 있을 때, 수레바퀴를 깎는 편(扁)이란 장인(匠人)이 대청 아래에서 수레바퀴를 깎고 있다가 제 환공에게 묻기를 "공께서 읽으시는 것이 무슨 말입니까?〔公之所讀者何言耶〕" 하자, 환공이 성인(聖人)의 말씀이라고 대답하였다. 그가 또 성인이 살아 있느냐고 물으므로, 환공이 이미 돌아갔다고 대답하자, 그가 "그렇다면 왕께서 읽으시는 것은 옛사람의 찌꺼기일 뿐입니다.〔然則君之所讀者, 古人之糟粕已夫.〕"라고 하였다는 데서 가져온 말이다. 《莊子 天道》

장수했다고 보면 장수한 것이지만	壽則高矣
지위는 삼공(三公)에 이르지 못했으니	位未台鼎
우리들의 뜻에 충족되지 못하네	不充我意
아, 우리 공이시여	嗚呼我公
하늘은 믿을 수가 없네	天不可恃
우리 서원을 세우는 데	黌宮設施
공이 많은 힘을 썼으니	公多有力
문을 바라보고 달려오는 생도들은	望門而趨
모두 공의 인도해 줌을 받았네	悉蒙誘掖
아, 우리 공이시여	嗚呼我公
모든 일에 극진하지 않음이 없었네	靡所不極
고을에는 훌륭한 어른이 없고	鄕無老成
선비들은 종장을 잃어버렸네	士失宗匠
의문점을 누구에게 물을 것이며	稽疑誰從
인재 양육을 누구에게 바랄까	育材誰望
아, 우리 공이시여	嗚呼我公
어찌 길이 슬프지 않으리오	胡不永愴
훌륭한 아들과 현명한 손자들이	令子賢孫
공에 앞서 이미 죽었으니	先公已淪
아득히 먼 증손자가	曾孫藐然
4대를 한 몸에 간직했네	四世一身
아, 우리 공이시여	嗚呼我公
이 이치를 누구에게 하소연할까	此理誰因
하늘까지 닿는 영특함과	窮天之英

고금을 관통하는 식견으로	貫古之識
하루아침에 여기를 떠나시어	一朝去此
끝내 다시 어디로 가려 하십니까[442]	終復何適
아, 우리 공이시여	嗚呼我公
이로부터 길이 이별합니다	從此永隔
실성하며 길이 울부짖으니	失聲長號
천지가 아득합니다	天地茫茫
제문을 지어 흠향을 권하고	以文爲侑
술을 따라 술잔을 올리니	酌酒薦觴
아, 우리 공이시여	嗚呼我公
이 향기로운 음식을 흠향하소서	歆此馨香

442 하늘까지……하십니까 : 유종원(柳宗元)의 〈제여형주온문(祭呂衡州溫文)〉에 "하늘까지 닿는 영특함과 고금을 관통하는 식견을 지니시고 하루아침에 이곳을 떠나 끝내 어디를 가신단 말씀입니까. 아, 화광이시여, 지금 다시 무엇을 하시렵니까. 멈추시렵니까, 가시렵니까.〔窮天之英, 貫古之識, 一朝去此, 終復何適. 嗚呼化光, 今復何爲乎? 止乎行乎?〕"라고 하였다.

또 〔월암서원 원생 김시선 등〕

又〔月巖院生 金是璿等〕

오호애재라	嗚呼哀哉
영령께서는	惟靈
고을에는 모범과 표준이셨으며	表準鄕閭
유림에서는 종장이셨네	宗匠儒林
명성은 옥당에서 드높았고	名高玉署
은택은 감당나무 그늘에 끼쳤네	澤流棠陰
부침은 운수가 있는 법	升沈有數
고향에서 반생을 보냈네	半世丘園
현인을 숭상함에 뜻을 두고	志存尙賢
유학을 부지(扶持)하였네	扶植斯文
이 서원의 건립을 생각해 보니	念玆創院
우리 공이 설계하여 시작하셨네[443]	我公經始
경건히 선현의 혼령들을 모시니	揭虔妥靈
우리 도가 의지할 곳이 있게 되었네	吾道有寄
선자에 복 준다는 말 징험할 수 없으니	福善無徵
천도를 어찌 믿을 수 있겠습니까	天道何恃

443 설계하여 시작하셨네 : 원문 '경시(經始)'의 뜻이다. 《시경》 〈영대(靈臺)〉에 "영대를 설계하여 시작하여 경영하고 위치를 정하니, 서민들이 와서 일하는지라 하루도 못 되어 완공하였도다.〔經始靈臺, 經之營之, 庶民攻之, 不日成之.〕"라고 하였다.

슬픔에 휩싸여 실명할 정도였고[444]	悲纏喪明
꿈속에서 깨어 십 리를 걸어갔네	夢驚十里
고을에는 존경할 사람이 없어져	鄉無所宗
사람들은 나아갈 방향을 잃었네	人失趨向
덕스러운 그 모습 길이 작별하니	德宇永閟
저희들은 어디에 의지하겠습니까	小子安倣
월암서원은 우뚝하게 서 있고	月巖巖巖
낙동강은 양양히 흐르는데	洛水洋洋
삼인묘[445] 사당 안에서	三仁廟裏
아마도 혼령께서 서성이겠지요	魂庶倘佯
오호애재라	嗚呼哀哉

444 슬픔에……정도였고 : 최현의 아들 산휘가 먼저 죽어 슬퍼함을 말한다. 《예기(禮記)》 〈단궁 상(檀弓上)〉에 "자하가 아들을 잃고 실명을 했다.〔子夏喪其子而喪其明〕"라고 한 데서 온 말이다.

445 삼인묘(三仁廟) : 월암서원 경내에 있는 사당으로, 김주(金澍), 하위지(河緯地), 이맹전(李孟專) 등 세 분의 위패를 모셨기에 그렇게 명명하였다. 삼인(三仁)은 공자가 은나라 미자(微子), 기자(箕子), 비간(比干)을 두고 찬미한 말에서 온 것이다. 《論語 微子》

또 〔김응조[446]〕

又〔金應祖〕

아, 애통하구나. 공의 자질은 빼어나면서도 드높아서 우뚝한 옛 대장부의 모습이었네. 공의 재주는 통달하면서도 민첩하여 빛나는 참된 학사(學士)의 문필이었네. 공의 덕은 너그러우면서도 돈후하여 장중한 대군자의 유풍(遺風)이었네.

공이 하늘에서 타고난 자질이 어찌 이렇게 대단하였음에도 불구하고 세상에서 출세함은 또 어찌 이렇게 앞에서는 형통하였다가 뒤에서는 막혔던가. 바야흐로 조정에서 의표(儀表)가 되어서는 마치 아름다운 난초가 향기를 퍼트리는 듯하더니 홀연히 억울하게 옥사에 걸려든[447] 것이 마치 흰 태양이 구름에 가리는 듯하였네.

대개 때에는 통하고 막힘이 있고 도에는 소멸하고 생장하는 법칙이 있는 것은 천명이니, 공이 이에 대하여 어찌 기뻐하거나 슬퍼함이 있었겠는가. 노년에 자식과 손자를 잃어 시름에 잠기게 하였으니 하늘의 뜻은 헤아리기가 어렵네. 내가 아직 늙지 않았는데 선생과 그 아들, 손자 삼대가 죽는 것을 곡하였으니 인간 세상에서 누가 장수할 것이라고 장담할 수 있겠는가.[448] 생각건대 영령

446 김응조(金應祖) : 1587~1667. 본관은 풍산(豊山), 자는 효징(孝徵), 호는 학사(鶴沙)이다. 유성룡(柳成龍), 장현광(張顯光), 정경세(鄭經世) 등에게 수학하였고, 1623년(인조1) 문과에 급제하여 좌승지, 예조 참의 등을 역임하였다.

447 옥사에 걸려든 : 원문 '누설(縲絏)'은 죄인을 포승으로 꽁꽁 묶어 감옥에 두는 것을 말한다.

께서 지각이 있다면 변변찮은 제수[449]를 굽어 살펴 흠향하시기 바랍니다. 아, 애통하구나.

448 내가……있겠는가 : 한유(韓愈)의 〈전중소감마군묘지(殿中少監馬君墓誌)〉에 "처음부터 지금에 이르기까지 40년도 못 되었는데, 그 조부와 아들과 손자 삼대의 죽음을 통곡했으니, 인간 세상에 대하여 어떤 생각이 들겠는가. 사람이 죽지 않고 오래도록 이 세상을 보며 살고자 하는 자는 어째서인가.〔自始至今未四十年, 而哭其祖子孫三世, 于人世何如也? 人欲久不死而觀居此世者, 何也?〕"라고 하였다.

449 변변찮은 제수 : 원문 '형작(泂酌)'은 《시경》 〈형작〉에 "저 멀리 길바닥에 고인 물을 떠다가 여기에 부어도 선밥과 술밥을 지을 수 있노라.〔泂酌彼行潦, 挹彼注玆, 可以餴饎.〕"라고 한 데서 온 말로, 후에 제사에 올리는 변변찮은 음식을 일컫는 말로 쓰인다.

또 〔장응일[450]〕
又〔張應一〕

세상에서 선산 지역을	世稱一善
인재가 많이 나는 곳[451]이라 하니	人材冀北
유명한 사람과 뛰어난 선비가	名人碩士
연이어[452] 배출되었네	接武而作
삼가 생각건대 우리 공은	恭惟我公
또한 영웅호걸이었네	亦云豪傑
자질은 빼어나고	而質之秀
국량은 넓으셨네	而器之弘
젊은 시절로부터	粤自妙歲
아름다운 명성이 일어났네	嘉聲聿興
경술로 학문을 치장하여	飾以經術

450 장응일(張應一) : 1599~1676. 본관은 인동(仁同), 자는 경숙(經叔), 호는 청천당(聽天堂)으로, 장현광(張顯光)의 양자이다. 1629년(인조7) 문과에 급제하여 벼슬이 대사간과 가선대부(嘉善大夫)에 이르렀다. 성격이 청렴 강직하였으며, 시호는 문목(文穆)이다.

451 인재가……곳 : 원문 '기북(冀北)'은 옛날 중국 기주(冀州)의 북쪽으로 지금의 하북성(河北省)을 말하는데, 좋은 말을 많이 생산한 곳이라 한다. 여기서는 훌륭한 학자가 많이 난 곳이란 뜻이다. 한유(韓愈)의 〈송온조처사서(送溫造處士序)〉에 그 내용이 보인다.

452 연이어 : 원문 '접무(接武)'는 《예기》 〈곡례〉에 "당 위에서는 두 발 사이를 가까이 붙여 살살 걷고, 당 아래에서는 발을 멀리 띄어 걷는다.〔堂上接武, 堂下布武.〕"라고 한 데서 온 말이다.

찬란한 그 문장이었네 焕然其章
문사를 지으니 修于文辭
옥처럼 빛나고 쇠 울리듯했네 玉耀金鏘
비유하자면 저 좋은 나무는 譬彼良木
뿌리는 깊고 가지는 쭉쭉 뻗었네 根深條達
선정을 따라 배워서 追遊先正
가르침을 가슴에 간직하였네 佩服訓說
나아갈 방향을 분명히 알아 明其趨向
귀숙처를 정하였네 定其歸宿
만약 흰 바탕이 없었다면 如無粉地
그림을 그릴 수 있었겠는가[453] 繪事何加
늦은 나이에 과거에 급제하여[454] 晚登亨衢
조정에 의표가 되었네 羽儀王家
갑자기 혼암한 조정을 만났지만 俄際昏朝
기미를 밝게 알아차려 은거하였네 炳幾而藏
운림[455]에서 십 년을 보내면서 雲林十載

453 만약……있었겠는가 : 흰 바탕이 있은 이후에 채색 그림을 그리듯이, 사람이 충신(忠信)의 바탕이 있은 이후에 예악을 더할 수 있으니 최현도 그와 같다는 말이다. 《논어》 〈팔일(八佾)〉에 "자하가 묻기를, '귀엽게 웃으니 보조개가 예쁘며 아름다운 눈의 눈동자가 선명하구나. 흰 비단으로 채색을 한다.〔巧笑倩兮, 美目盼兮, 素以爲絢兮.〕' 하였는데, 무슨 말입니까.〔何謂也〕" 하니 공자가 말씀하시기를, "그림 그리는 일은 흰 비단을 마련한 뒤에 하는 것이다.〔繪事後素〕"라고 하였다.

454 과거에 급제하여 : 원문 '형구(亨衢)'는 《주역》 〈대축(大畜)〉에 "상구는 하늘의 거리이니, 형통하다.〔上九, 何天之衢, 亨.〕"라고 하였다. 형구는 임금이 있는 조정을 말하니 과거에 급제하여 조정에 벼슬함을 말한다.

난초를 차고 연잎의 옷을 입었네 蘭佩荷裳

이 성대한 때[456]에 이르자 逮玆昌辰

군자의 도가 자라났네 君子道長

옥당과 사간원에서 玉署薇垣

계옥[457]하여 임금의 잘못을 바로잡았네 啓沃糾匡

잠시 서쪽 군대를 감독하여[458] 暫督西師

무공을 이루었네 集是戎功

이에 유생들의 스승으로 발탁되어[459] 爰擢師儒

유교의 문풍을 넓히었네 弘我文風

훌륭한 강원도 관찰사가 되어[460] 惟良共理

관동 지역에 교화를 베풀었네 宣化關東

세금 거두는 것을 균등하게 하니 征賦是均

홀아비와 과부들이 편안하게 되었네 鰥嫠以康

감당나무를 자르지 말라[461] 칭송했더니 方歌勿翦

455 운림(雲林) : 구름이 끼어 있는 숲인데, 처사(處士)가 은둔(隱遁)하는 곳을 말한다.

456 성대한 때 : 1623년에 일어난 인조반정을 말한다.

457 계옥(啓沃) : 선도(善道)를 개진하여 임금을 인도하고 보좌한다는 뜻이다. 《서경(書經)》 〈열명 상(說命上)〉에, 은(殷)나라 고종(高宗)이 부열(傅說)에게 "그대의 마음을 열어 나의 마음을 적셔라.〔啓乃心, 沃朕心.〕" 하였다.

458 잠시……감독하여 : 1624년 이괄의 난 때 독전어사를 맡은 것을 말한다.

459 유생들의 스승으로 발탁되어 : 1625년 성균관 대사성에 제수된 것을 말한다.

460 강원도 관찰사가 되어 : 원문 '공리(共理)'는 옛날의 임금은 수령 자리를 가리켜 함께 다스리는 직책〔共理之職〕이라고 하였으니, 여기서는 최현이 강원도 관찰사가 된 것을 말한다.

461 감당나무를 자르지 말라 : 고을 원으로 선정을 베풀어 백성들이 사모함을 말한

갑자기 액운을 만나 유배 갔네[462] 遽厄投荒
빛나는 태양이 동쪽에서 떠오르듯 旭日在東
공은 여전히 일편단심을 가졌네 寸心猶赤
살아서 돌아오는 희망을 넘어 生還踰望
봉증의 은전이 더해졌네[463] 封贈又及
성군께서는 공의 마음을 아셨으니 聖君知公
공은 또한 무슨 유감이 있었겠는가 公又何慼
가래나무 타고 박옥이 훼손되니 焚梓毁璞
단지 나의 슬픔만 더해지네 只增我悲
공의 두터운 덕망은 公之厚德
복의 기틀이 되어서 維福之基
아들과 손자들이 若子若孫
마땅히 대단하고 창성해야 하거늘 宜大宜昌
그 보답을 받지도 못하고 未食其報
또 자손들이 죽어 버렸네 而又喪亡
하늘의 도가 어둡고 어두우니 天道昧昧
선을 행하는 이가 의혹하네 爲善者惑
내가 어릴 때로부터 自余童丱
공을 스승으로 찾아뵙고 登拜丈席

다. 주 440 '감당나무에서 교화를 베푸니' 참조.

462 유배 갔네 : 원문 '투황(投荒)'은 거친 지역에 내던져짐을 말하는 것으로, 1628년 회령(會寧)에 유배된 것을 말한다.

463 봉증의 은전이 더해졌네 : 사후에 순충보조공신에 봉해지고 예조 판서에 추증된 사실을 말한다.

그 인연으로 드나들었는데	夤緣出入
지금은 백발 늙은이가 되었네	白首今日
공의 평소 모습을 추억해 보니	追惟平素
어제처럼 완연히 앞에 계신 듯하네	宛其如昨
훌륭한 본보기는 눈에 아련하고	典刑在目
조리 있는 논의는 귀에 쟁쟁하네	緒論在耳
아, 슬프구나	嗚呼哀哉
현철한 분이 돌아가셨네	哲人已矣
수명은 장수를 누렸고	壽享遐齡
지위는 높은 반열에 오르셨으니	位躋崇班
공의 죽음에 섭섭한 점 없지만	公歸無憾
나의 눈물은 줄줄 흐르네	我涕則潸
세상의 도는 어찌하여	世道如何
이러한 극단에 이르렀는가[464]	而至此極
삶과 죽음 중에서	生之與死
어느 것이 영광스럽고 욕되는가	孰榮孰辱
보잘것없는 제수를 올리지만	伊奠之薄
정성만은 정결하오니	而誠之潔
삼가 혼령께서는	伏惟尊靈
강림하시기를 바랍니다	庶其降格

464 이러한 극단에 이르렀는가 : 1636년 병자호란 이후에 청나라에서 제시한 11조항과 명나라와의 전쟁에서 파병을 요청한 것, 전후 처리 등의 문제로 사회가 극심한 혼란에 휩싸인 것을 말한다.

또 〔김양[465]〕

又〔金瀁〕

오호라. 공이 금릉(金陵)에서 돌아가셔서 선산(善山)으로 시신을 운구하는데[466] 오늘 저의 마을을 지나가게 되었습니다. 이 마을 노소가 누구인들 평소에 공에게 가르침을 받지 않았겠습니까. 평소에 가르침을 받은 노소가 길가에 다 모여 일제히 소리 내어 공을 조곡하니, 공은 그것을 아십니까, 모르십니까.

오호라. 사람들이 이 세상에 태어난 것이 태어나지 않은 것만 못합니다. 공이 지하에서 자손들에게 환영을 받는다면 세상이 싫은 오늘 공은 진실로 편안할 것입니다. 그럼에도 불구하고 우리들이 일제히 소리를 내어 공을 조곡하는 까닭은 진실로 고을에는 덕이 높은 어르신이 없고 선비들은 종장(宗匠)을 잃어버렸기 때문입니다. 고을 사람에 대한 평가의 가부(可否)는 어디에 품의하여 그 가부를 결정하겠으며, 사론(士論)의 시비(是非)는 어디에 나아가 그 시비를 질정하겠습니까.

묵평(默坪)은 쓸쓸하고 하리(下里)[467]는 적막하니 장대한 모습

465 김양(金瀁) : 1574~1644. 본관은 선산(善山), 자는 여함(汝涵), 호는 양탄(瀁灘)이다. 정구(鄭逑)와 장현광(張顯光)의 제자로 1605년(선조38)에 진사가 되었다. 병자호란 소식을 접한 이후 누차 벼슬을 내렸으나 응하지 않고 두문불출하면서 학문에 전념하였다.

466 공이……운구하는데 : 최현은 1640년 6월 4일 금산 봉계(金山鳳溪)의 별서(別墅)에서 졸(卒)하였고, 9월에 선산 묵평(善山默坪)으로 반장(返葬)되었다.

과 장자(長者)의 풍모, 주공(周公)의 뜻과 공자(孔子)의 생각,[468] 여사(餘事)로 지은 문장도 지금 다시 우리 고을에서 볼 수 없게 되었습니다. 생각이 여기에 이르매 저의 애통함이 이에 간절해집니다. 한 잔의 술로 상여에 곡하니 저의 마음을 글로 표현할 수 없습니다. 오호애재라.

467 하리(下里) : 최현이 태어난 곳인 해평리 송산(松山), 즉 솔뫼를 말한다.

468 주공(周公)의……생각 : 성현(聖賢)과 같은 높은 기상을 표현한 말로, 당(唐)나라 이한(李漢)의 〈한창려집서(韓昌黎集序)〉에 한유(韓愈)를 평가하여 "태양처럼 빛나고 옥같이 깨끗하며, 주공의 뜻이요 공자의 생각이다.〔日光玉潔, 周情孔思.〕"라고 하였다.

또 〔박진경[469] 등〕

又〔朴晉慶等〕

아, 공이 세상에 생존해 있었음이 78년이었고, 공이 세상을 떠남은 겨우 이제 25개월이 되었습니다. 그렇다면 공이 세상에 있었던 것이 오래지 않았다고 말할 수 없고, 공이 세상을 떠난 것이 멀지 않다고 말할 수 있습니다. 그럼에도 불구하고 공이 세상에 있었던 것이 마치 하루같이 훌쩍 지나가 버렸고, 공이 세상을 떠난 것이 마치 장차 십기(十紀 120년)가 지나간 듯하니, 이것은 어째서 그런 것입니까. 공이 세상에 있을 때에는 소중하였고 세상을 떠났을 때는 애석하게 여길 만하기 때문입니다.

아, 공의 의표(儀表)는 언회(彦回)[470]의 풍도였고 공의 사학(詞學)은 사마자장(司馬子長 사마천(司馬遷))의 문장이었습니다. 공의 마음은 오늘날 사람처럼 악착스럽지 않았고 공의 자취는 오늘날 사람처럼 행행(悻悻)[471]하지도 않았습니다. 이것이 공이 세상에

469 박진경(朴晉慶) : 1581~1665. 본관은 밀양(密陽), 자는 명술(明述), 호는 와유당(臥遊堂)·소암(巢巖)이다. 장현광의 문인이면서 사위이다. 참봉을 지냈으며, 병자호란 때 최현과 더불어 의병을 일으켰다. 남강서원(南岡書院)에 제향되었다.

470 언회(彦回) : 저연(褚淵, 435~482)으로, 남조 송제(宋齊) 교체기 때 하남(河南) 양적(陽翟) 사람이다. 어려서부터 맑다는 칭송이 있었다. 벼슬이 이부상서(吏部尙書)와 상서우복야(尙書右僕射)에 이르렀다. 시호는 문간(文簡)이다. 남조 송나라의 산음공주(山陰公主)가 저연을 유혹하였으나 흔들림이 없자, "수염이 창날 같은데, 어찌 장부의 뜻이 없는가.〔君鬚髯如戟, 何無丈夫意?〕"라고 찬탄한 고사가 있다.

있을 때 소중하기가 오늘날 더욱 소중한 까닭이며, 공이 세상을 떠난 것이 애석하기가 오늘날 더욱 애석한 까닭입니다. 아, 공이 세상에 있을 적에 내가 홀로 공을 뵈었을 때는 공의 소중함을 알지 못했는데, 공이 세상을 떠남에 일세(一世)를 굽어보며 헤아려 보니 공과 같은 이를 보지 못했습니다.

비유하자면 산림과 천택(川澤)에 용이 없어지고 호랑이가 떠나면 사람들이 반드시 그 신택(神澤)과 무채(霧彩)를 생각하기 때문에 절로 미꾸라지 헤엄치고 살쾡이 짖는 지역에서 용호(龍虎)를 잊지 못하는 것과 같습니다. 오호라. 텅 빈 산은 저물녘 안개에 잠겨 있고, 새벽달 아래 외로운 꾀꼬리가 울고 있습니다. 들판의 풀도 근심스럽게 객을 대하고 샘물조차 오열하면서 사람을 맞이합니다. 비록 안인(安仁)[472]이 있더라도 누가 능히 뇌문(誄文)을 지을 수 있을 것이며, 송옥(宋玉)[473]을 보지 못하였으니 초혼(招魂)을 이해하기 어렵습니다. 그렇다면 영(郢) 땅의 노래는 이미 어그러졌지만 하리(下俚)의 노래라도 누가 이을 수 있겠습니

471 행행(悻悻) : 성을 발끈 내는 것을 말한다. 맹자가 "내가 어찌 속 좁은 사내처럼 임금에게 간하여 받아 주지 않으면 성을 내며 얼굴에 노기를 드러내고, 한번 떠나면 하루 종일 쉬지 않고 간 뒤에야 묵겠느냐.〔予豈若是小丈夫然哉? 諫於其君而不受則怒, 悻悻然見於其面, 去則窮日之力而後宿哉?〕"라고 하였다. 《孟子 公孫丑下》

472 안인(安仁) : 반악(潘嶽, 247~300)의 자이다. 서진(西晉) 무제 때 저작랑, 산기시랑, 급사황문시랑 등을 역임하였다. 처의 죽음을 애도(哀悼)하여 지은 〈도망시(悼亡詩)〉, 〈애영서문(哀永逝文)〉 등 죽음을 애도하는 뇌문을 잘 짓기로 유명하였다.

473 송옥(宋玉) : 서기전 290~서기전 222. 굴원에게 사사하여 초나라의 대부가 되었으나, 뒤에 실직하였다. 굴원에 다음가는 부(賦)의 작가로, 두 시인을 병칭하여 '굴송(屈宋)'이라 한다. 작품으로 〈구변(九辨)〉, 〈초혼(招魂)〉 등이 유명하다.

까.[474] 제물을 올리며 함께 모여 곡하니, 만사가 바람 앞의 등불처럼 위태롭습니다. 오호애재라.

474 영(郢)……있겠습니까 : 옛날에 초(楚)나라의 서울 영(郢)에서 어떤 사람이 노래를 잘 불렀는데, 처음에는 보통 유행가인 〈하리(下俚)〉나 〈파인(巴人)〉 같은 것을 불렀더니, 같이 합창하여 부르는 자가 수백 명이었다. 그러나 수준이 더 높은 노래를 부르니 따라서 합창하는 자가 10여 명에 지나지 않았고, 〈양춘백설가(陽春白雪歌)〉라는 최고 수준의 노래를 부르니 화답하는 자가 거의 없었다고 한다.

만사〔김세렴[475]〕

輓詞〔金世濂〕

옥당과 분조에서 후배인 나를 부끄럽게 했고	玉署分曹愧後生
금란지교[476] 맺음에 동명[477]을 욕보였네	金蘭托契忝同明
한때의 업적으로 왕업을 일으키고	一時事業興王際
십 년 동안 이별에 모습 그리웠네	十載音容戀別情
영욕은 하늘에 달렸으니 도를 곧게 할 뿐	榮悴在天惟直道
나라가 위태로운데 누가 바로잡을까	危亡無日孰提衡
청컨대 천 겹의 험준한 죽령을 보라	請看竹嶺千重峻
선생의 만대 명성에는 미치지 못하리	不及先生萬代名

475 김세렴(金世濂) : 1593~1646. 본관은 선산(善山), 자는 도원(道源), 호는 동명(東溟), 시호는 문강(文康)이다. 벼슬이 도승지(都承旨)와 호조 판서에 이르렀다.

476 금란지교 : 변함없는 굳은 교제를 말한다. 《주역》 〈계사전 상(繫辭傳上)〉에 "두 사람이 마음을 같이하니, 그 단단함이 쇠를 끊을 만하도다. 마음이 서로 같은 말은 그 향내가 난초와 같도다.〔二人同心, 其利斷金, 同心之言, 其臭如蘭.〕"라고 하였다.

477 동명(同明) : 동명상조(同明相照)의 줄임말로, 두 빛이 서로 비추어 더욱 빛난다는 뜻이니, 김세렴이 뛰어난 현인 최현을 얻어 더욱 명성이 높아짐을 비유한 것이다. 《사기(史記)》 〈백이열전(伯夷列傳)〉에 "같은 밝음은 서로 비추고 같은 유는 서로 구한다.〔同明相照, 同類相求.〕"라고 하였다.

또 〔이식[478]〕

又〔李植〕

해박한 학문은 타인을 계발해서 완성해 주고[479]	綜博要開物
적절한 조치는 시대 구제를 급선무로 여겼네	便宜急濟時
한평생 진한 술과 같은 성품이었고[480]	平生醇酎性
시종일관 눈과 서리 같은 자품이었네	終始雪霜姿
빼어난 책략은 흙다리에서 전수받은 병법[481]이고	鬱崋圯橋略
답답한 마음의 표현은 굴원의 초사[482]였네	牢騷楚澤詞

478 이식(李植) : 1584~1647. 본관은 덕수(德水), 자는 여고(汝固), 호는 택당(澤堂)이다. 1610년(광해군2) 문과에 급제했다. 벼슬이 대제학과 대사헌과 이조 판서에 이르렀다. 저서로 《택당집》과 《두시비해(杜詩批解)》 등이 있다.

479 타인을……주고 : 원문 '개물(開物)'은 개물성무(開物成務)의 준 말이다. 《주역》 〈계사전 상〉에 "무릇 역은 다른 존재를 계발시켜 주고 일을 완성시켜 준다. 천하의 도리를 다 포함하고 있으니 이와 같을 뿐이다.〔夫易, 開物成務, 冒天下之道, 如斯而已者也.〕"라고 하였다.

480 진한……성품이었고 : 두 사람 간에 교분이 두터움을 말한다. 삼국 시대 오(吳)나라 정보(程普)가 주유(周瑜)와의 두터운 교분을 비유하면서 "주 공근과 사귀다 보면 마치 진한 술을 마신 것처럼 나도 모르게 절로 훈훈하게 취해 온다.〔與周公瑾交, 若飮醇醪, 不覺自醉.〕"라고 하였다. 순주는 진한 술이고, 공근은 주유의 자이다. 《資治通鑑 卷66 漢紀 建安 15年 12月》

481 흙다리에서 전수받은 병법 : 장량(張良)이 하비(下邳) 흙다리 위에서 황석공(黃石公)이란 노인을 만나 그로부터 태공망(太公望)의 병서(兵書)를 받아 유방(劉邦)을 도와 대업(大業)을 이루었다.

482 굴원의 초사 : 원문 '초택(楚澤)'은 굴원(屈原)이 초 회왕(楚懷王)에게 버림받

용사의 해에 나라가 병드니[483]	龍蛇屬殄瘁
강과 바다도 날마다 서글퍼하네[484]	江海日凄其

시원에서 함께 등불 밝혀 밤을 지샜고	試院留燈夜
산문에서 걸상 내려놓고[485] 정담 나누었네	山門下榻秋
국가의 안위를 걱정하는 계책을 내고	安危大國計

고 멱라수에 빠져 죽기 전까지 배회하던 상강(湘江) 일대를 말한다. 굴원이 여기에서 〈이소(離騷)〉를 비롯한 많은 초사 작품을 지어 자기의 고결함과 시대가 알아주지 않는 한스러움을 묘사하였다.

483 용사(龍蛇)의……병드니 : 용사의 해는 현인이 죽는 해를 말한다. 후한(後漢)의 정현(鄭玄)이 만년에 병이 들어 벼슬에서 물러나 집에 돌아와 지냈는데, 하루는 꿈에 공자가 나타나 "일어나라, 일어나라. 올해는 용의 해이고 내년은 뱀의 해이다."라고 하였다. 정현은 꿈에서 깨어나 참언(讖言)으로 맞추어 보고는 자신의 천명이 다했음을 알았으며, 그해에 죽었다. 그 뒤 용사(龍蛇)에 해당하는 진년(辰年)과 사년(巳年)은 불행이 닥쳐 현인이 죽는 흉년으로 일컬어졌다. 《後漢書 卷35 鄭玄列傳》 최현은 경진년(1640)에 죽었다. 진췌(殄瘁)는 현인의 죽음으로 나라가 병드는 것을 말한다. 《시경》 〈첨앙(瞻卬)〉에 "현인이 죽으니, 나라가 병들었네.〔人之云亡, 邦國殄瘁.〕"라고 하였으니, 현인의 죽음을 슬퍼한 것이다.

484 강과……서글퍼하네 : 현자가 죽고 나라가 병드니 사람은 말할 것도 없고 무생물인 강과 바다도 처량해한다는 말이다. 원문 '처기(凄其)'는 본래 바람이 싸늘한 것인데, 여기서는 마음이 서글픈 것을 형용한 말로 쓰였다. 《시경》 〈녹의(綠衣)〉에 "고운 갈포며 굵은 갈포여, 바람이 싸늘하게 불어오도다. 내가 옛사람을 생각하노니, 정말 내 마음을 알아주도다.〔絺兮綌兮, 凄其以風, 我思古人, 實獲我心.〕"라고 한 데서 온 말이다.

485 걸상 내려놓고 : 원문 '하탑(下榻)'은 손님을 특별히 예우함을 뜻한다. 후한(後漢)의 진번(陳蕃)이 예장 태수(豫章太守)로 있을 때, 걸상 하나를 걸어 두었다가 당시의 은사 서치(徐稺)가 오면 이것을 내려서 앉게 함으로써 우대했다고 한다.

고인의 출처에 대하여 고민하였네	出處古人憂
지나간 일은 아직 할 말이 남아 있으니	往事言猶在
살아 있는 나는 부질없이 눈물을 흘리네	餘生淚謾流
남쪽 구름[486] 부질없이 끝없이 바라볼 뿐	南雲空極目
제수를 갖추어[487] 무덤에 가지 못하네	鷄絮阻荒丘

486 남쪽 구름 : 남쪽 구름을 보며 어버이를 생각하거나 고향을 그리워한다는 의미인데, 여기서는 최현을 그리워한다는 뜻으로 사용되었다.

487 제수를 갖추어 : 원문 '계서(鷄絮)'는 척계서주(隻鷄絮酒)의 준말로 변변찮은 제수를 의미하는데, 후한(後漢) 때의 명사인 서치(徐穉)의 고사에서 유래하였다. 그는 먼 곳에 조문(弔問)하러 갈 때면 늘 솜에 술을 적셔 볕에 말린 다음 그 솜에 구운 닭 한 마리를 싸 가지고 가서, 솜에 물을 적셔 술을 만들고 닭을 앞에 놓고 문상한 뒤에 돌아왔다고 한다. 《後漢書 卷53 徐穉列傳》

또 〔김수현[488]〕

又〔金壽賢〕

태평 시대에 인재가 많다고 말하나	昭代稱多士
공과 같은 이 다시 몇 사람이나 될까	如公復幾誰
문장은 분수 밖 나머지 일이었고	文章餘外事
경술을 힘써 실천하였다네	經術分中爲
서울의 학자들이 모두 우러러보았고	北學人皆仰
남쪽으로 돌아오니 도가 절로 따라왔네	南歸道自隨
부침은 세상을 따라 변하였고	浮沈從世變
재야에 은거함도 성은 덕분이네	偃息亦恩私
어려서 외람되이 뵈올 수 있었는데	少小叨承眄
평생토록 최고로 많이 알아주셨네	平生最受知
마음이 맞았으니 어찌 틈이 있으랴	心期寧間隔
연배도 크게 차이가 나지 않았네[489]	年輩不差池
성균관에서 함께 경전을 공부하였고	國子橫經日

488 김수현(金壽賢) : 1565~1653. 본관은 풍산(豐山), 자는 정수(廷叟), 호는 둔곡(遁谷), 시호는 정헌(靖憲)이다. 1602년(선조35) 문과에 장원으로 급제하여 벼슬이 자헌대부(資憲大夫) 우참찬에 올랐다. 《선조실록》의 편찬에 참여하였고, 병자호란 때에는 끝까지 척화(斥和)를 주장하였다.

489 차이가 나지 않았네 : 원문 '차지(差池)'는 가지런하지 않은 모양이니 제비가 위아래로 나는 모습으로, 별로 차이가 나지 않는다는 말이다. 《시경》〈연연(燕燕)〉에 "제비들 나는데, 그 날개가 들쭉날쭉하네.〔燕燕于飛, 差池其羽.〕"라고 했다.

승정원에서 같이 왕명을 출납하였네	銀臺掌奏時
어찌 10년의 이별을 견디었던가	那堪十載別
지금 구천으로 슬픔을 영결하네	永結九原悲
간혹 어질고 현명한 이가 액운을 당하지만	或者仁賢厄
덕 있는 사람은 장수함이 마땅하다네	當然齒德宜
들판의 바람이 상여 흰 끈에 처량하게 불고	野風凄素紼
산에 비가 오니 검은 장막[490]을 철거하네	山雨撤緇帷
저승의 공에 대한 생각은 무궁하지만	地下無窮計
이승의 나는 조문의 말에 한정이 있네	人間有盡辭
아손들이 뜻을 이어 효도할 것이거늘	兒孫能繼孝
부질없이 하늘에 따지는 시를 지어 본다네[491]	錯賦問天詩

490 검은 장막 : 고인(高人)과 현사(賢士)가 강학하는 곳에 둘러친 검은 장막을 말한다. "공자(孔子)가 치유(緇帷)의 숲 속에서 노닐며, 행단(杏壇) 위에 앉아서 휴식을 취했나니, 제자들은 글을 읽고 공자는 거문고를 타며 노래를 불렀다."라는 《장자》 〈어부(漁父)〉의 말에서 유래한다.

491 부질없이……본다네 : 작자가 하늘에게 최현의 아손들이 과연 조상의 뜻을 잇고 효도를 잘할 것인지를 물어보는 시를 지었다는 말이다. 가풍이 돈후하여 당연히 잘할 것이거늘 물어볼 필요가 없는 일을 했다는 말로, 해학적인 의미가 담겨 있다.

또 〔김응조〕

又 〔金應祖〕

우리 영남에 덕성이 어두워짐을 탄식하니	歎息吾南晦德星
철인의 의범이 이미 어둡고 아득해졌네	哲人儀範已冥冥
고상하고 탈속한 회포는 경은[492]을 따랐고	高懷脫略追耕隱
종횡무진하고 웅건한 글은 취병[493]께 배웠네	健筆縱橫學翠屛
노주가 조화가 될 줄[494] 어찌 알았겠으며	魯酒豈知成趙禍
부매가 은갱을 조리함[495]에 무엇이 부족하랴	傅梅何欠作殷羹

492 경은(耕隱) : 이맹전(李孟專, 1392~1480)의 호이다. 본관은 벽진(碧珍), 자는 백순(伯純)으로, 생육신 중 한 사람이다. 그의 사적이 기록된 《경은실기(耕隱實紀)》가 전한다. 같은 해평 출신이기에 한 말이다.

493 취병(翠屛) : 고응척(高應陟, 1531~1605)의 호이다. 본관은 안동, 자는 숙명(叔明), 호는 두곡(杜谷) 또는 취병이다. 1549년(명종4) 사마시에 합격하였고 1561년 문과에 급제하였다. 벼슬이 경주 부윤에 이르렀으며 사후에 선산의 낙봉서원(洛峯書院)에 제향되었다. 저술로는 《두곡집(杜谷集)》과 《대학개정장(大學改正章)》이 있다. 해평면 문량리 출신으로, 인재가 어릴 때 그에게 배웠다.

494 노주(魯酒)가……줄 : 노나라 술〔魯酒〕이 조나라 재앙〔趙禍〕이 된다는 말로, 아무런 잘못도 없이 뜻밖의 화를 입는 것을 뜻한다. 《장자(莊子)》 〈거협(胠篋)〉에 "노(魯)나라 술이 맛이 없으면 조나라의 한단이 포위를 당하고, 성인이 태어나면 큰 도적이 일어났다.〔魯酒薄而邯鄲圍, 聖人生而大盜起.〕"라고 한 데서 온 말이다. 여기서는 최현이 아무런 죄도 없이 역적들의 옥사에 연루되었음을 말한다.

495 부매(傅梅)가 은갱(殷羹)을 조리함 : 부매는 은나라 고종(高宗)의 재상이었던 부열(傅說)의 매실이라는 말이다. 그가 매실로 요리한 것이 은나라 국인 은갱(殷羹)이다. 《서경》 〈열명 하(說命下)〉에 고종이 부열에게 "너는 짐의 뜻을 가르쳐서 만약

인향의 옛 부사였던 저[496]는 지금 백발이니 仁鄕舊守今頭白
요동의 학 다시 돌아옴[497]에 눈물 흐르네 遼鶴重歸涕一零

술과 단술을 만들거든 네가 누룩과 엿기름이 되며, 만약 간을 맞춘 국을 만들거든 네가 소금과 매실이 되어야 한다.〔爾惟訓于朕志, 若作酒醴, 爾惟麴糱, 若作和羹, 爾惟鹽梅.〕"라고 하였다. 여기서는 최현이 국정을 잘 보필하였음을 말한다.

496 인향(仁鄕)……저 : 인향은 상대방 고을을 높여서 부르는 말로, 최현의 고향인 선산을 말한다. 김응조가 최현 생존 시에 선산 부사를 지낸 적이 있다.

497 요동의……돌아옴 : 최현이 죽어 고향으로 돌아왔다는 말이다. 정령위(丁令威)는 한(漢)나라의 요동(遼東) 사람으로, 영허산에서 신선술을 익혀 신선이 되었다. 후에 학이 되어 돌아와 성문의 화표주(華表柱)에 앉아 있었는데 어떤 소년이 활로 쏘려 하자 공중으로 날아올라 배회하며 "새 날아왔으니 정령위라, 옛집 천년 만에 돌아왔네. 성곽은 전과 같으나 사람은 아니구나, 어찌 신선을 배우지 않아 무덤만 늘어섰는가.〔有鳥有鳥丁令威, 去家千年今始歸. 城郭如故人民非, 何不學仙冢纍纍.〕" 라고 하였다. 《搜神後記 卷1》

또 〔박수홍[498]〕

又〔朴守弘〕

봉황의 자질, 용의 무늬, 바다 학의 자태로	鳳質龍章海鶴姿
유림의 종장이고 나라의 시귀[499]였네	儒林宗匠國蓍龜
임금의 업적을 이룸에 선배를 뛰어넘었고	致君事業超前輩
세상을 다스리는 계책은 후세에 빛났네	經世謨猷耀後時
하늘이 원로 빨리 빼앗아가 남겨 두지 않으니[500]	一老不遺天奪速
삼청으로 가는 길 꿈에서라도 더디 깨기를[501]	三淸有路夢醒遲
지금부터는 조야에 본받을 훌륭한 이 없으니	從今朝野無矜式
공과 사를 위해 거듭 눈물이 절로 흐르네	重爲公私淚自垂

498 박수홍(朴守弘) : 1588~1644. 본관은 밀양(密陽), 자는 언유(彦裕)이다. 1618년(광해군10) 문과에 급제하여 벼슬이 경주 부윤에 이르렀다.

499 시귀(蓍龜) : 거북과 시초(蓍草)로, 국가가 의지하는 원로임을 말한다. 옛날에 일의 시비와 길흉을 점칠 때 거북 껍질과 시초를 사용하여 판단 기준으로 삼았다. 이에 국가의 모든 의문을 판별해 주는 원로나 국사(國士)를 뜻하는 말로 쓰이게 되었다.

500 하늘이……않으니 : 하늘이 국가를 위해서 원로를 이 세상에 남겨 두려 하지 않는다는 탄식인데, 《시경》 〈시월지교(十月之交)〉에 "원로 한 분을 아껴 남겨 두어서 우리 임금을 지키게 하지 않는구나.〔不憖遺一老, 俾守我王.〕"라는 말에서 유래한 것이다.

501 삼청(三淸)으로……깨기를 : 삼청은 천상의 신선이 산다는 옥청(玉淸)·상청(上淸)·태청(太淸)의 세 궁궐이니, 여기서는 저승을 말한다. 최현이 저승으로 가는 것을 붙잡고 싶기에 꿈에서라도 더디 깨어나서 이런 슬픈 현실을 보고 싶지 않다는 말이다.

또 〔신민일[502]〕

又〔申敏一〕

산하의 정기 모아 태어난 신선이었으니	鍾精河嶽是神仙
당시 하늘의 뜻이 우연이 아니었으리라	天意當年不偶然
탁세에 마음 접고 은거함을 달가워했고[503]	濁世卷懷甘蠖屈
청조에 등용되니 붕새가 나는 것을 보았지	淸朝歷試看鵬騫
벼슬길 항상 편안하지 않음을 일찍 알았더니	早知雲路無常泰
끝내 몸과 명성 다 온전하였음을 믿겠네	終信身名有兩全
누가 양양기구전[504]을 지어	誰作襄陽耆舊傳
공의 숨겨진 덕[505]으로 전현을 잇게 할까	定教潛德續前賢

502 신민일(申敏一) : 1576~1650. 본관은 평산(平山), 자는 공보(功甫), 호는 화당(化堂)이다. 1615년(광해군7) 사마시를 거쳐 문과에 급제하여 벼슬이 대사성에 이르렀다. 저서로 《화당집》이 있다.

503 탁세(濁世)에……달가워했고 : 광해군 시절에 벼슬하려는 마음을 거두어 고향에 은거함을 달가워했다는 말이다. 원문 '확굴(蠖屈)'은 자벌레가 몸을 굽히는 것이다. 《주역》 〈계사전 하〉에 "자벌레가 몸을 굽히는 것은 장차 몸을 펴기 위함이요, 용과 뱀이 칩거하는 것은 몸을 보존하기 위함이다.〔尺蠖之屈, 以求信也, 龍蛇之蟄, 以存身也.〕"라고 하였다.

504 양양기구전(襄陽耆舊傳) : 진(晉)나라 습착치(習鑿齒)가 양양(襄陽)에 살았던 방덕공(龐德公)을 위시한 여러 고사(高士)의 전기를 모아 편찬한 책 이름이다.

505 숨겨진 덕 : 원문 '잠덕(潛德)'은 세상에 드러나지 않고 감추어진 덕을 말한다. 한유(韓愈)의 〈답최입지서(答崔立之書)〉에 "이미 죽은 간사한 자와 아첨꾼을 주벌하고 드러나지 않은 도덕자의 숨은 빛을 드러내겠습니다.〔誅奸諛於旣死, 發潛德之幽光.〕"라는 말이 보인다.

또 〔장응일〕

又 〔張應一〕

영재는 일선〔善山〕에 많으며	英才多一善
이 원로는 더욱 유학의 종장이었네	此老又斯文
말년에도 공의를 견지하였으니	末路持公議
위험한 처지에서 성은을 입었네	危途荷聖君
임금을 향한 충정[506]은 본래 빛났고	葵忱元炳炳
난초를 차니[507] 절로 향기롭네	蘭佩自芬芬
통곡하여도 이제는 미칠 수 없으니	痛哭今無及
텅 빈 산에 눈만 어지럽게 날리네	空山雨雪紛

506 임금을 향한 충정 : 원문 '규침(葵忱)'은 신하가 임금을 위하는 충정을 해바라기 꽃이 태양을 향하는 데에 비유한 말이다.

507 난초를 차니 : 은거하여 고결한 모습을 가질 때 형용하는 말이다. 굴원(屈原)의 〈이소경(離騷經)〉에 "강리와 벽지를 몸에 걸치고, 가을 난초 엮어 장신구로 삼는다네.〔扈江離與辟芷兮, 紉秋蘭以爲佩.〕"라고 하였다.

또 〔이도장[508]〕

又〔李道長〕

헌납하며 중흥의 임금을 모셨고[509]	獻納陪興運
문장으로 큰 명성 떨쳤네	文章振大名
왕명을 받들어 펼침은 지금의 보석[510]이고	承宣今保奭
경사의 학문은 옛날의 환영[511]이네	經史舊桓榮
만년의 절개는 풍운[512]에 막혔지만	晩節風雲阻
정충의 마음은 해와 달처럼 밝았네	精忠日月明
평소에 양계자[513]의 눈물 흘림은	平生羊季淚

508 이도장(李道長) : 1603～1644. 본관은 광주(廣州), 자는 태시(泰始), 호는 낙촌(洛村)이다. 1630년(인조8) 문과에 급제하여 이조 좌랑과 합천 군수에 이르렀다.

509 헌납하며……모셨고 : 인조가 반정하자 최현이 임금 가까이에 있으면서 보필하였다는 말이다. 헌납(獻納)은 임금의 잘못을 지적하여 고치게 하는 일을 맡은 사간원에 딸린 정5품 벼슬이다. 그러나 최현은 헌납의 벼슬을 한 적이 없으니 여기서는 왕명을 출납하며 보필하였다는 뜻으로 쓰였다.

510 보석(保奭) : 국가의 스승인 태보(太保)와 소공의 이름인 석(奭)을 합쳐서 줄인 말로, 《서경(書經)》 〈군석(君奭)〉에서 주공(周公)이 소공(召公)을 두고 부른 말이다.

511 환영(桓榮) : 후한(後漢) 때 환영이 태사였을 적에 명제(明帝)가 태상부(太常府)에 가서 백관과 환영의 제자들을 모아 놓고 친히 스스로 학업을 받고 늘 말하기를, "태사께서 여기에 계시다.〔太師在是〕"라고 하였다. 여기서는 최현이 환영과 같이 임금의 훌륭한 스승이었다는 것을 말한다.

512 풍운(風雲) : 모진 바람과 험악한 구름을 최현의 험난한 운명에 비유하여 말한 것이다.

513 양계자 : 남북조 시대 진(晉)나라 양담(羊曇)이니 사안(謝安)의 생질로, 시문

공과의 사사로운 정 때문만은 아니네　非獨爲私情

바른 기운이 동남 지역에서 사라졌지만　正氣東南歇
고명한 이름은 우주에 남아 있네　高名宇宙存
어찌 안회의 운명을 곤궁하게 여기랴　何窮顏氏命
고위 관직[514]을 대단케 여기지 않았네　不大晉公門
밝은 시대 붕새였으나 직언으로 파직되었고　賦罷明時鵬
지난날에는 놀란 원숭이 애간장이 다 탔네[515]　腸驚昔日猿
음덕에는 보답이 있을 줄 알겠으니　陰功知有報

(詩文)에 능하였다. 사안의 사랑을 받다가 사안이 죽자 그가 서주(西州)의 길을 차마 지나가지 못하였는데, 어느 날 술에 취해 자신도 모르게 서주의 성문에 이르자 슬퍼하며 통곡하고 떠나갔다 한다. 여기서는 양계자(羊季子)가 사안의 죽음을 슬퍼하여 눈물을 흘린 것처럼 이도장이 최현의 죽음을 슬퍼하여 눈물을 흘렸다는 말이다.

514 고위 관직 : 원문 '진공문(晉公門)'은 진나라의 권력을 세습하였던 조씨(趙氏) 집안을 말한다. 《맹자》 〈고자 상〉에 "조맹이 귀하게 해 준 것을 조맹이 천하게 할 수 있다.〔趙孟之所貴, 趙孟能賤之.〕"라고 하였는데, 조맹은 대대로 진나라 경(卿)으로서, 인사권을 독점하였던 조씨 집안의 종주(宗主)를 말한다.

515 밝은……탔네 : 밝은 시대는 인조반정을 말한다. 최현이 인조에게 나라와 임금을 바로잡기 위하여 서슴없이 충언의 직간을 하였으니, 그것은 마치 붕새가 하늘 높이 날아올라 자기 기상을 펴는 것과 같았다. 그러나 최현은 당시 권귀(權貴)들의 증오로 파직되었다. 놀란 원숭이 애간장이 다 탔다는 것은 "옛날 환온(桓溫)이 촉(蜀)에 들어가 삼협(三峽)에 이르렀을 때 부하 중 원숭이의 새끼를 잡아 온 자가 있었다. 그런데 원숭이의 어미가 절벽에 올라가 그 병선(兵船)을 바라보고 백 리(百里)를 따라오며 슬피 부르짖고 울다가 마침내 병선으로 뛰어들어 와 곧 숨을 거두었다. 어미의 배를 갈라 보니, 창자가 마디마디 모두 끊어져 있었다."라는 고사에서 온 말이다. 《世說新語 下卷 黜免 第28》 여기서는 최현이 아들과 손자가 자기에 앞서 죽었기에 지극히 슬퍼하였음을 말한다.

넉넉한 경사가 증손에게 있으리[516]	餘慶在曾孫

선친의 벗[517]들은 새벽별처럼 드물어지니	先人執友曉星稀
나의 여생을 다시 누구에게 의지할까	孤露餘生復孰依
우복이 돌아가시고 창석도 떠나시고	愚老忽焉蒼石逝
여헌이 돌아가시고 우리 공도 가셨네	旅軒已矣我公歸
유림이 이제부터 장차 어디에서 본받을까	儒林自此將安放
유도가 전부터 날마다 점점 잘못되었네	吾道由來日漸非
갑술년의 슬픔에 눈물이 다하지도 않았는데	甲戌年間未盡淚
오늘 아침 다시 잿마루 구름에 눈물 휘날리네[518]	今朝更向嶺雲揮

516 넉넉한……있으리 : 넉넉한 경사는 원문 '여경(餘慶)'의 뜻이다. 《주역》 〈곤괘(坤卦) 문언(文言)〉에 "선을 쌓은 집안에는 후손에게 반드시 넉넉한 경사가 있게 마련이고, 불선을 쌓은 집안에는 후손에게 반드시 넉넉한 재앙이 돌아오게 마련이다. 〔積善之家, 必有餘慶, 積不善之家, 必有餘殃.〕"라는 말이 나온다. "증손에게 있으리"라고 한 것은 최현의 아들과 손자는 공보다 먼저 죽었기 때문에 증손자에게 경사가 있을 것이라는 뜻으로 한 말이다.

517 선친의 벗 : 원문 '집우(執友)'는 아버지의 친구라는 말이다. 이도장의 아버지는 이윤우(李潤雨, 1569～1634)로, 최현과 매우 절친하였다.

518 갑술년의……휘날리네 : 이도장의 아버지 이윤우(李潤雨)가 1634년 갑술년에 돌아가셨다. 부친상을 당한 슬픔이 다 가시기도 전에 아버지의 친구 최현의 죽음을 보게 되어 더욱 슬프다는 뜻이다.

또 〔목장흠[519]〕
又〔睦長欽〕

경상도에 선비가 많아 우리나라에 기쁨이 되니	嶠南多士說吾東
낙수의 연원[520]을 이 어르신에게 볼 수 있었네	洛水淵源見此翁
포폄[521]은 훌륭한 사필로 일찍 일컬어졌고	袞鉞早稱良史筆
지방관[522]으로 성대히 고인의 풍도가 있었네	旬宣蔚有古人風
기러기 하늘 바깥으로 날아가니 몸이 멀어지고	鴻飛天外身仍遠
봉황이 떠나니 대 주변에 자취 더욱 텅 비네[523]	鳳去臺邊跡更空
서울에 남아 있는 백발 친구들은	京口舊知餘白首
눈물 줄기를 국화 떨기에 뿌리네	淚行霑灑菊花叢

519 목장흠(睦長欽) : 1572~1641. 본관은 사천(泗川), 자는 우경(禹卿), 호는 고석(孤石)이다. 1599년(선조32) 문과에 급제하여 벼슬이 도승지에 이르렀다.

520 낙수(洛水)의 연원 : 송(宋)나라 때 정호(程顥)와 정이(程頤)의 이학(理學)을 지칭한다. 두 사람이 이수(伊水)와 낙수(洛水) 사이에서 학문을 강론하였기 때문에 이락지학(伊洛之學)이라고도 하니, 즉 성리학 내지 주자학을 말한다.

521 포폄 : 원문 '곤월(袞鉞)'의 뜻이다. 《춘추(春秋)》의 한 글자의 표창이 곤룡포(袞龍袍)를 받는 것보다 더 영광스럽고, 한 글자의 폄하(貶下)가 도끼에 맞아 죽는 것보다 더 무섭다는 뜻으로, 《춘추》의 필법을 말한다.

522 지방관 : 원문 '순선(旬宣)'의 뜻이다. 《시경》 〈강한(江漢)〉에, "임금이 소호에게 명하시어 두루 다스리며 정사를 펴라 하셨네.〔王命召虎, 來旬來宣.〕"라고 하였는데, 순선은 지방관이 되어 왕정(王政)을 펴는 것을 말한다. '순(旬)'은 두루 다스린다는 뜻으로 '순(巡)'과 통한다.

523 기러기……텅비니 : 기러기가 멀리 가듯 최현이 회령으로 귀양을 갔고 이어 사면되어서 고향으로 영원히 은거한 뒤 죽어 버려서 더 이상 만날 수 없다는 뜻이다. 최현은 봉황과 같은 존재였기에 그가 떠난 중앙 관직의 자리가 텅 비었다는 말이다.

또 〔이경의[524]〕

又〔李景義〕

당시에 궁궐에서 과거[525]에 급제하였고	當年射策天門日
사관으로의 향기는 도성[526]을 감동시켰네	太史□香動玉京
큰 절개는 혼조에서 천 길처럼 우뚝하였고	大節昏朝千仞立
관찰사의 깃발로 순찰함에 당시에 영화였네	高牙巡察一時榮
북쪽 변방 유관에서 소인의 억울함을 겪었고[527]	楡關北塞騷人怨
남쪽 고향 상사[528]에서 만년 계책을 이루었네	桑社南鄕晩計成
다만 어린 증손에게 시례의 가르침[529] 기탁하고	秖有弱孫詩禮託
성대한 숲 텅 비어 오래된 사립문이 닫혀 있네	壯林空掩舊柴荊

524 이경의(李景義) : 1590~1640. 본관은 연안(延安), 자는 자방(子方), 호는 만사(晩沙)이다. 1616년(광해군8) 진사가 되었고 1619년 문과에 장원 급제하였다. 벼슬이 홍주 목사와 이조 참판에 이르렀다.

525 과거 : 원문 '사책(射策)'은 과거 시험에서 의의(疑義)를 책(策)에 써서 함봉해 두고 응시하는 자에게 하나씩 가져다 연역하여 과거 시험 답안지를 작성하여 바치게 한 것이다.

526 도성 : 원문 '옥경(玉京)'은 백옥경(白玉京)으로, 천제가 사는 궁궐을 말한다. 곧 임금, 황제가 있는 궁궐을 의미한다.

527 북쪽……겪었고 : 유관(楡關)은 요동(遼東)의 역참(驛站) 이름으로, 산해관(山海關)을 말하지만, 여기서는 1628년에 귀양 간 회령(會寧)을 가리킨다. 소인(騷人)은 〈이소경(離騷經)〉을 지은 굴원(屈原)을 말한다.

528 상사(桑社) : 농사와 뽕나무를 길러 누에 치는 일〔農桑〕을 하는 시골 고향을 말한다.

529 시례의 가르침 : 가학의 전통을 말한다. 공자(孔子)의 아들 리(鯉)가 뜰에서 빠른 걸음으로 공자의 앞을 지나다가 아버지로부터 시례를 배웠느냐는 가르침을 받은 일이 있다. 여기에서 유래하여 가정에서 부친으로부터 배우는 가학(家學)을 말할 때 쓴다.

또 〔이시명[530]〕

又〔李時明〕

금오산과 낙동강의 정기가 우리 현인에게 모였으니	烏洛精英鍾吾賢
재주는 어찌도 뛰어나며 식견은 어찌도 깊었던가	才何雋也識何淵
관동에서 잠깐 백성들의 바람을 위로하였고	東山暫慰蒼生望
북궐에서 백간[531]의 권한을 오로지 맡았네	北闕曾專白簡權
군중에 출입함은 범로[532]과 같았고	出入軍中同范老
강호로 돌아가 쉼은 신선 같은 도연명과 비슷했네	歸休江上似陶仙
가족들은 선생의 유언[533]을 기억해야 하고	家人須記臨終語

530 이시명(李時明) : 1590~1674. 본관은 재령(載寧), 자는 회숙(晦叔), 호는 석계(石溪)로, 이현일(李玄逸)의 아버지이며 장흥효(張興孝)의 문인이다. 1612년(광해군4) 사마시에 합격하여 성균관에 들어갔으나, 광해군의 난정을 보고 과거를 단념하였다. 저서로 《석계집》이 있다.

531 백간(白簡) : 관원을 탄핵하는 상소 등을 말한다.

532 범로(范老) : 소범 노자(小范老子)의 준말로, 송(宋)나라 범중엄(范仲淹)을 가리킨다. 그가 용도각 직학사(龍圖閣直學士)로 있다가 섬서 경략사(陝西經略使)로 나가 수년 동안 변방을 지킬 때에, 강족(羌族)이 그를 존경하여 용도 노자(龍圖老子)라고 부르고 서하인(西夏人)은 소범 노자(小范老子)라고 부르면서, "그의 흉중에 수만 갑병(甲兵)이 들어 있다."라며 두려워하여 감히 침범하지 못했다는 고사가 있다. 《宋史 卷314 范仲淹列傳》

533 선생의 유언 : 최현이 임종 때에 자식들에게 "거처할 적에 공손히 하며, 일을 할 적에 공경하며, 사람을 대할 적에 충성스러워야 한다. 이것은 이적의 나라에 가더라도 버려서는 안 된다. 이것은 나의 말이 아니라 공자의 말씀이니 너희들은 마땅히 종신토록 가슴에 담아 두어야 할 것이다.〔居處恭, 執事敬, 與人忠, 雖之夷狄, 不可棄

유표는 응당 한나라 역년에 있을 것이네[534]　　遺表應存漢曆年

也. 此非吾言, 乃孔聖之言, 汝宜終身服膺也.]"라는 유언을 남겼다.

534 유표(遺表)는……것이네 : 유표는 대신이 임종하기 전에 군주에게 건의할 사항을 써 놓았다가 죽은 뒤에 올리는 글을 말한다. 여기서는 최현이 평소에 임금에게 건의한 상소문을 가리킨다. 그 글이 빛나서 사마천(司馬遷)의 《사기(史記)》 〈제후연표(諸侯年表)〉처럼 우리나라의 역사책에 남아 있을 것이라는 말이다.

또 〔권산립[535]〕

又〔權山立〕

아름드리 되는 재목은 큰 집을 지탱할 수 있거늘	連抱材堪大廈支
어찌하여 도목수는 헌신짝처럼 버렸는가	如何匠石棄如遺
풍진 속에서 시들고 꺾임이 가련하구나	可憐萎折風塵裏
사사로운 슬픔이 아니라 나라를 위한 슬픔이네	不爲私悲爲國悲
상국의 몸으로 부질없이 임천에서 늙더니	虛老林泉相國身
오늘 저녁 세상을 떠나셨다는 소식 들었네	忽聞今夕厭浮塵
아양곡 줄 끊으니[536] 누가 나를 알아줄까	峨洋絃絶誰知己
남쪽 고을 돌아보니 눈물이 수건에 가득하네	回望南州淚滿巾

535 권산립(權山立) : 1568～1663. 본관은 안동(安東), 자는 준보(峻甫), 호는 만취당(晩翠堂)이다. 학봉의 문인이며 대질(大耋)로 호군(護軍)에 올랐다. 저서로 《만취당유고》가 있다.

536 아양곡 줄 끊으니 : 아양(峨洋)은 거문고의 소리를 형용한 것으로, 진정 자기의 마음을 알아주는 벗이 죽었음을 말한다. 춘추 시대의 백아(伯牙)가 거문고를 잘 탔는데, 그의 벗 종자기(鍾子期)가 거문고 소리를 잘 감상하였다. 백아가 거문고를 타면서 고산(高山)에 뜻을 두면 종자기가 "높고 높기가 마치 태산과 같도다!〔峨峨兮若泰山〕"라고 하였고, 또 유수(流水)에 뜻을 두면 "넓고 넓기가 마치 강하와 같도다!〔洋洋兮若江河〕"라고 하였는데, 종자기가 죽자 백아는 자신의 거문고 소리를 들을 사람이 없다 하여 줄을 끊고 다시는 거문고를 타지 않았다고 한다. 《列子 湯問》

또 〔김양〕

又 〔金瀁〕

남쪽 고을의 원로로 국가의 시귀였고	南州長老國蓍龜
일찍이 궁궐에서 세 임금을 섬겼네	曾是三朝侍玉墀
후학을 개도할 때 일선지를 지었고	開後學時修邑志
선사를 사모하는 곳에 향사를 세웠네[537]	慕先師處立鄕祠
진실로 강하니 굽은 낚싯바늘[538]을 만들겠는가	眞剛肯作盤針曲
곧은 줄기는 위태한 큰 집을 지탱할 만하네	直幹堪支大廈危
오늘 침문[539]에서 매우 눈물을 뿌리니	今日寢門偏灑淚
이 회포는 나의 사사로운 통곡뿐만이 아니네	此懷非獨哭吾私

537 후학을……세웠네 : 최현이 1618년(광해군10)에 《일선지(一善誌)》를 지었다. 또 1604년(선조37) 월암서원(月巖書院)을 건립하여 경내의 삼인묘(三仁廟)에 선산 출신의 김주(金澍), 하위지(河緯地), 이맹전(李孟專)을 제향하였다.

538 낚싯바늘 : 원문 '반침(盤針)'은 낚싯바늘을 말한다. 미끼를 던져 옳지 못한 방법으로 사람을 유인하는 것을 비유한다.

539 침문(寢門) : 내실(內室)의 문으로, 여기서는 상차(喪次)가 있는 곳을 말한다.

또〔김공[540]〕

又〔金玒〕

해동의 높은 산악이 다시 신백을 낳았으니[541]	海東崇嶽再生申
큰 그릇은 단연코 조정의 보배에 마땅하네	大器端宜廊廟珍
일로를 맑게 하는 암행어사가 되었고	一路澄淸持憲使
세 임금의 헌납관으로 직언하는 신하였네	三朝獻納直言臣
만년에 벼슬[542] 사양하고 초복[543]을 찾았더니	晩辭鵷鷺尋初服
용사의 운수[544]에 철인을 잃어버렸네	運屬龍蛇喪哲人
여기에 백발의 문하객이 있으니	此有白頭門下客
공사로 애통해하여 눈물이 배로 수건을 적시네	公哀私痛倍霑巾

540 김공(金玒) : 1581~1681. 본관은 선산(善山), 자는 자량(子亮), 호는 욕담(浴潭)이다. 1636년 병자호란 때 최현과 함께 창의하였으나 인조의 항복으로 뜻을 이루지 못하게 되자 비분한 나머지 스스로 광인이라 칭하였다.

541 신백을 낳았으니 : 《시경》 〈숭고(崧高)〉에 "높다란 저 산이, 우뚝하여 하늘에 닿았도다. 저 산이 신령을 내리어, 보후와 신후를 낳게 했도다.〔崧高維嶽, 駿極于天. 維嶽降神, 生甫及申.〕"라고 하였으니, 주(周)나라 선왕(宣王) 때 명신 보후(甫侯)와 신백(申伯)이 모두 산악의 정기를 받고 태어났다는 말이다. 여기서는 최현이 우리나라의 산악의 정기를 받고 태어나 훌륭한 인물이 되었다는 것을 의미한다.

542 벼슬 : 원문 '원로(鵷鷺)'는 원추새와 백로인데, 이 두 새는 모습이 한아(閑雅)하고 질서가 있다 하여 조정 반열에 늘어선 백관을 비유하는 말로 곧잘 쓰인다.

543 초복(初服) : 처음에 가졌던 뜻으로, 은거를 의미한다. 굴원의 《이소경》에 "나아가도 들어가지 못한 채 허물만 입게 되었으니, 물러나 장차 다시 내 처음 뜻을 행하리라.〔進不入以離尤兮, 退將復修吾初服.〕"라고 하였다.

544 용사(龍蛇)의 운수 : 현인이 죽는 해에 해당하는 운수이다.

숭덕사 상향문 〔정중기[545]〕

崇德祠 常享文〔鄭重器〕

학문은 연원이 있었고 學有淵源

재주는 경륜을 쌓았네 才蘊經綸

진퇴는 오직 의리에 따랐고 進退惟義

평소의 지조는 변함이 없었네[546] 素守不磷

545 정중기(鄭重器) : 1685~1757. 본관은 영일(迎日), 자는 도옹(道翁), 호는 매산(梅山)이다. 1715년에 생원에 합격하고 1727년에 문과에 합격하여 벼슬이 형조 참의에 이르렀다. 저서로 《매산집》, 《주자서절요집해(朱子書節要集解)》 등이 있다.

546 변함이 없었네 : 원문 '불린(不磷)'은 갈아도 닳지 않는 것으로, 변함이 없음을 말한다. 《논어》 〈양화(陽貨)〉에 "단단하지 아니한가, 갈아도 닳지 않으니. 희지 아니한가, 물들여도 검어지지 않으니.〔不曰堅乎? 磨而不磷. 不曰白乎? 涅而不緇.〕"라고 하였다.

지은이 **최현(崔晛)**

1563년(명종18)~1640년(인조18). 경북 선산 해평 출신으로, 본관은 전주(全州), 자는 계승(季昇), 호는 인재(訒齋)이다. 먼저 두곡(杜谷) 고응척(高應陟)에게 수학하고, 뒤에 학봉(鶴峯) 김성일(金誠一)과 한강(寒岡) 정구(鄭逑)에게 수학하였다. 1588년(선조21)에 생원시에 합격하고, 1592년 봄에 금오랑에 추천되었다. 임진왜란이 일어나자 의병을 일으켜 장령으로 활동했다. 1606년 문과 급제하여 예문관 검열에 제수 된 뒤, 여러 관직을 역임했다. 저서로는 《인재집》 외에 《일선지(一善誌)》, 《관서록(關西錄)》, 가사문학으로 〈용사음(龍蛇吟)〉, 〈명월음(明月吟)〉, 몽유록계 소설로 〈금생이문록(琴生異聞錄)〉이 있다.

옮긴이 **김영옥(金英玉)** : 별집 권1 번역

경북대학교 대학원 한문학과 박사과정을 수료하고, 현재 한국고전번역원 권역별거점연구소 경북대학교 영남문화연구원 선임연구원으로 재직 중이다. 역서로 《경당일기》(한국국학진흥원, 공역), 《목재집1》, 《구사당집2》, 《입재집》, 《인재집》 등이 있다.

옮긴이 **김숭호**: 별집 제2권~후지 번역

한문학 전공으로 박사학위를 받았다. 현재 한국고전번역원 권역별거점연구소 경북대학교 영남문화연구원 선임연구원으로 재직하고 있다. 한문 공부 모임인 주덕회(周德會) 회원이다. 역서로 《전쟁은 속임수다》가 있고, 《주자대전》, 《목재집》, 《구사당집》, 《입재집》 등의 번역에 참여하였다. 편서로 《초결가·초천자》가 있다.

옮긴이 **정지아**: 인재선생연보 번역

경북대학교 한문학과를 졸업하고, 동 대학원에서 〈청량산(淸凉山) 유산록(遊山錄)과 지리산(智異山) 유산록(遊山錄) 비교(比較) 연구(硏究)〉로 박사학위를 받았다. 현재 경북대학교 강사로 재직 중이다.

옮긴이 **김동현**: 행장~묘지명 번역

경북대학교 한문학과를 졸업하고, 동 대학원 중어중문학과에서 경학을 전공하여 주역(周易)으로 박사학위를 받았다.

옮긴이 **송희준**: 사제문~끝 번역

경북대학교 사학과를 졸업하고, 고려대학교 국어국문학과 한문학전공으로 박사학위를 받았다. 계명대학교 한학촌 교수를 역임하고, 한국고전번역원 권역별거점연구소 경북대학교영남문화연구원 책임연구원으로 재직했다. 역서로 《사미헌집》 권1~권3과 《대동운부군옥》 권11~권20(공역), 《조선의 마지막 문장》, 편서로 《심경주해총편》 10권과 《근사록주해총편》 10권 등이 있다.

한국고전번역원 권역별거점연구소협동번역사업
경북대학교 영남문화연구원 연구진

연구책임자 정병호(경북대학교 한문학과 교수)
공동연구원 이규필(경북대학교 한문학과 교수)
선임연구원 김영옥
김승호
보조연구원 정지아, 허태환
자문 이갑규(한국국학진흥원 대구강원 주임교수)
이세동(경북대학교 중어중문학과 교수)
황위주(경북대학교 한문학과 명예교수)

인재집 5
최현 지음 | 김영옥 · 김승호 · 정지아 · 김동현 · 송희준 옮김
2024년 12월 31일 초판 1쇄 발행
편집 · 발행 경북대학교출판부 | 등록 1973년 10월 10일 ㉣97호
주소 대구광역시 북구 대학로 80
전화 053-950-3830 | 팩스 053-953-4692 | 이메일 press@knu.ac.kr

값 30,000원

ISBN 978-89-7180-646-3 94810
978-89-7180-588-6 (세트)